어떤 캠보다 쓰기 쉽다!!

인벤터 캠 (INVENTOR CAM) 혼자하기

추원철 · 권대규 · 황철웅 · 장재현 공저

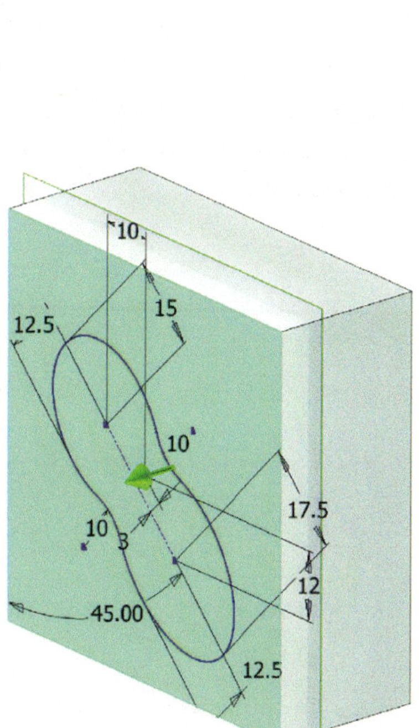

B.C.Info

Prologue

이렇게 다시 지면을 통하여 여러분들과 다시 만나 뵙게 되어 매우 반갑습니다. 항상 느끼는 것이지만 기술의 발전은 우리가 예상하는 것보다 빨라서 어느덧 특별한 기술로 취급되던 CAM이 기계가공에 뜻이 있는 사람이라면 누구나 해야 하는 것으로 변하기 시작하였습니다. 그러다 어느 날 CAM을 아주 쉽게 익힐 수 있는 방법이 있다는 것을 알게 되어 이렇게 글을 쓰게 되었습니다. CAM을 가능한 작은 조작으로 그리고 쉽게 끝낼 수 있다면 배우고 사용하는데 있어 더없을 겁니다. 인벤터 캠은 그 조작방법이 직관적이고 많은 옵션을 수정하지 않고도 원하는 결과물을 얻을 수 있는 훌륭한 프로그램입니다. 또한 다양한 옵션도 있어 어려움이 있는 가공에서도 사용할 수 있습니다.

DOS 시절에 하나하나 키보드로 명령을 입력하여 프로그램을 작동시키던 것이 Windows라는 GUI 운영체제가 나타나서 아이콘을 클릭만 하면 프로그램이 실행되었던 것처럼 프로그램의 발전에 따라 기능이 보강되기도 하지만 사용자 편의성이 높아지기도 하는 것 또한 일반적입니다. 따라서 CAM에서도 이러한 변화가 계속 진행되고 있고 인벤터 캠은 이러한 특징이 잘 부각되는 프로그램 중의 하나입니다.

인벤터 캠은 인벤터와 달리 최근에 버전이 바뀜에 따라 리본의 구성과 내용이 조금 다릅니다. 이 책은 현재 가장 최신버전인 2025 버전에 맞추어 책을 만들었으며 따라서 교재와 프로그램의 구성이 달라 배우는데 지장이 생기지 문제가 없어서 빠르게 배울 수 있을 겁니다.

지금은 모든 것이 빠르게 변하는 시대입니다. 이러한 변화의 흐름 속에 CAM을 배우고 싶은데 시간이 부족하다면 인벤터와 인벤터 캠을 추천 드립니다. 쉬운 사용법과 풍부한 기능들이 반드시 배우려는 분들을 만족시키리라 확신합니다.

2024년 8월

저자 일동

CONTENTS

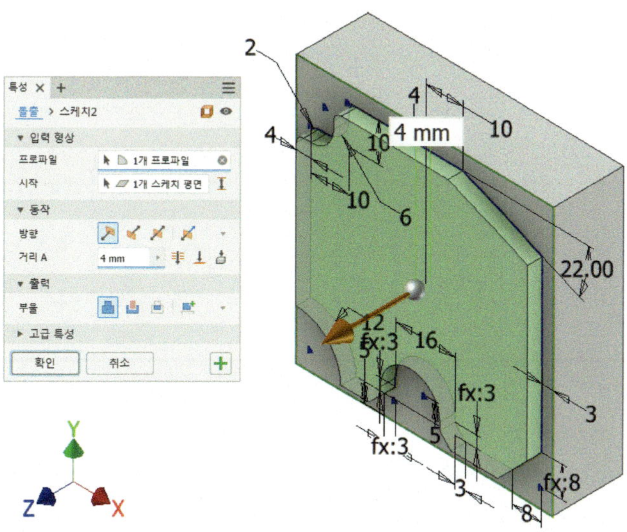

특성
돌출 > 스케치2
입력 형상
프로파일
1개 프로파일
시작
1개 스케치 평면
동작
방향
거리 A
4 mm
출력
부울
고급 특성
확인
취소
4 mm
22.00
fx:3
fx:8

CHAPTER 1

인벤터의 기초

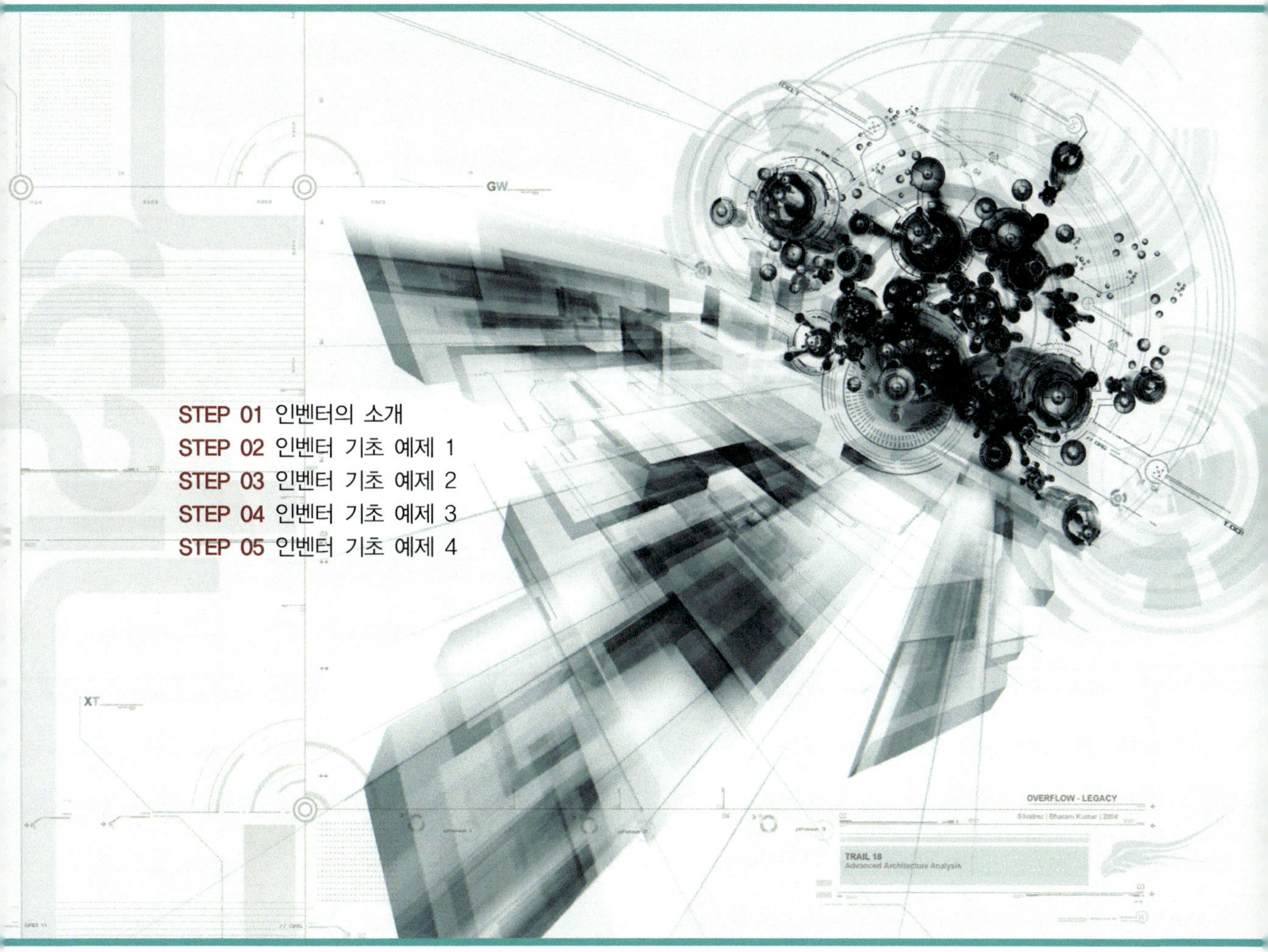

STEP 01 인벤터의 소개

1. 인벤터란 무엇인가?

Autodesk Inventor(이하 인벤터)는 1999년 오토데스크사에서 개발하여 출시한 3차원 기계설계, 시뮬레이션, 시각화 및 문서화 프로그램이다. 3차원 기계설계 모델링(모형화) 프로그램이 여러 종류가 있으나 그중 가장 빠르고 작업이 쉽다는 장점이 있다. 또한 2차원 도면문서 작업을 수행할 때 같은 회사에서 만든 AutoCAD가 업계의 주류(사실상 대부분이다.)이므로 내가 원하고자 하는대로 정확히 2차원 도면을 제작할 수 있다.

2. 인벤터의 시작

바탕화면의 우측과 같은 아이콘을 더블클릭하면 인벤터가 시작되고 다음과 같은 창이 생성된다. 인벤터의 버전이 올라갈 때마다 성능의 조금씩 향상되지만 한 번의 버전 업그레이드에 엄청난 변화가 생기지는 않는다. 윈도우(Windows) 10 이상의 운영체제에서는 2015 SP2 이상의 버전에서 인벤터가 정상작동하며 이 이상의 버전이면 이번 장의 내용을 따라 하는데 문제가 없다.

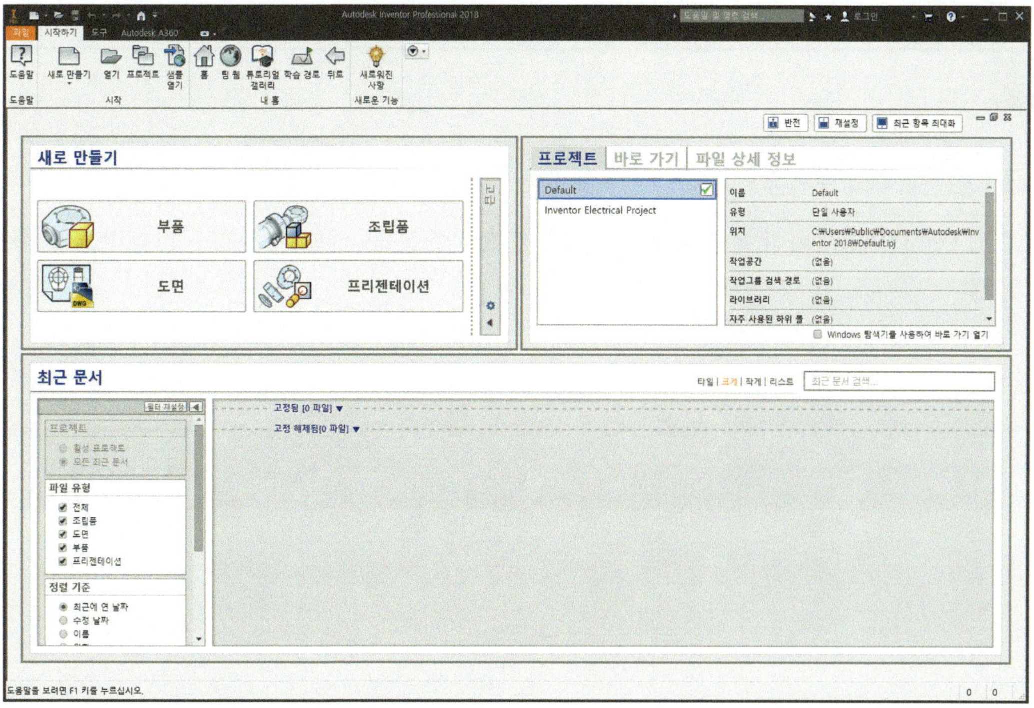

여기서 왼쪽의 새로 만들기에 부품을 클릭하면 아래와 같이 화면이 나온다. 이 책에서 별다른 표현이 없으면 마우스 버튼의 클릭은 왼쪽 마우스 버튼의 클릭을 의미한다.

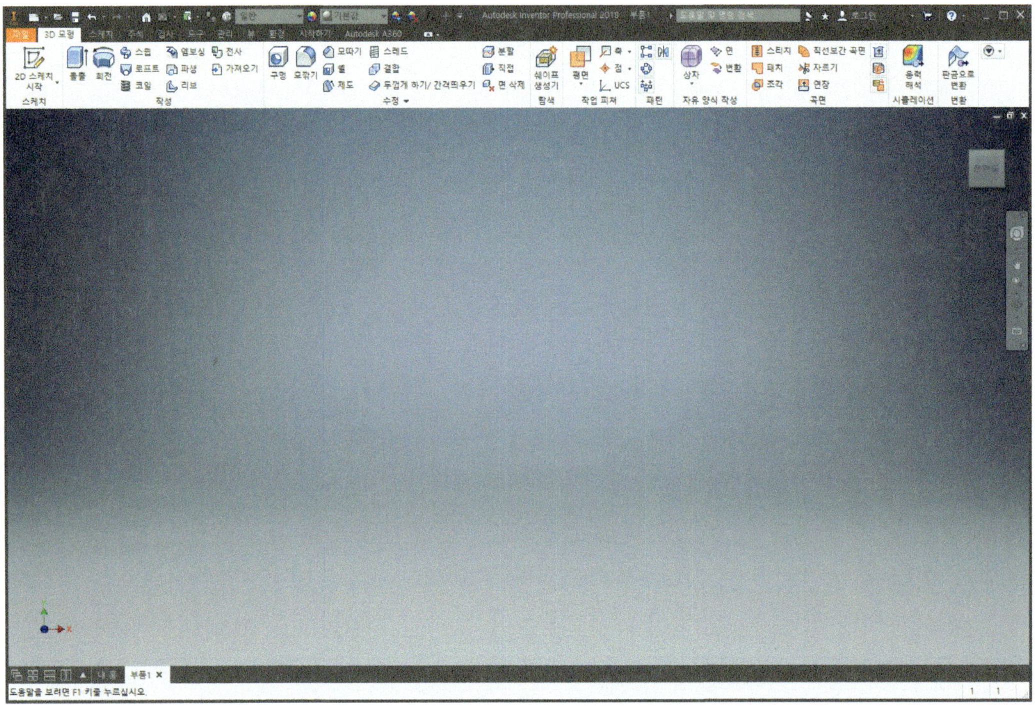

3. 인벤터의 구성

프로그램 화면 맨 위의 왼쪽에 있는 아래의 그림 부분을 신속 접근 도구막대라고 한다.

부품, 조립품 등의 작업에 들어가면 아이콘의 개수가 늘어난다.

프로그램 화면 윗부분에 있는 아래의 그림 부분을 리본(Ribbon)이라고 한다.

리본에서 아래 그림에 해당하는 부분을 탭(Tab)이라고 한다.

리본에서 아래 그림에 해당하는 부분을 패널(Panel)이라고 한다.

리본에서 아래 그램에 해당하는 아이콘들을 명령(command)이라고 한다.

신속 접근 도구막대나 리본에 있는 아이콘에 붙어있는 역삼각형 기호(▼)를 드롭다운 화살표라고 한다.

지금까지 아주 기초적인 내용만 설명하였다. 아직 알아야 할 것이 많지만 이렇게 나열하면 읽는데 싫증이 날 것이니 기초 예제를 몇 개 풀어보면서 몇 가지 기능도 같이 익혀보고자 한다.

4. 인벤터 키보드 바로 가기

리본에서 시작하기 탭의 내 홈 패널에 있는 튜토리얼 갤러리 명령(이후 리본 〉 시작하기 〉 내 홈 〉 튜토리얼 갤러리로 표시함)의 내용을 한번 살펴볼 것을 권장해 드린다. 오토데스크에서 제공하는 인벤터 프로그램의 매뉴얼(F1 키를 누르면 나온다)에서 시작하기 필수 비디오와 튜토리얼도 읽어보면 아주 세세한 기초지식을 얻을 수 있다. 다만 이 책을 어느 정도 읽고 난 뒤에 살펴보면 이해가 더 잘되어 보기 쉬울 것이다.

키	F1(F1)	이름	도움말	범주	전역
기능	활성 명령 또는 대화상자에 대한 도움말(매뉴얼)				

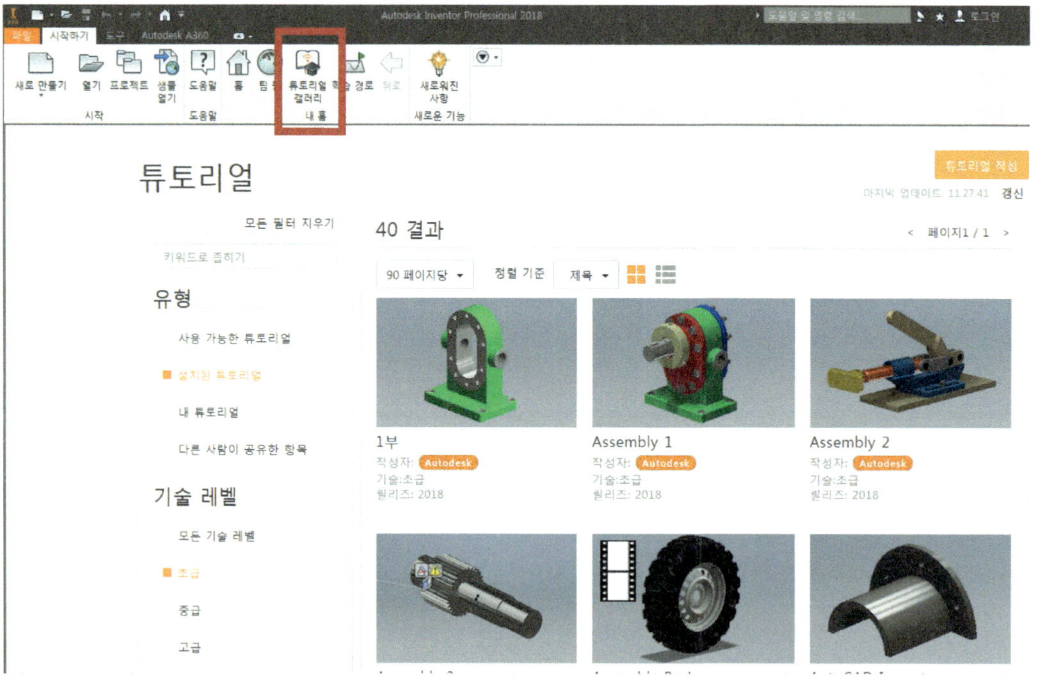

그 밖의 기본적으로 알아야 할 바로 가기 참조(명령)에 대해 알아보자.

키	F2(F2)	이름	초점이동	범주	전역
기능	그래픽 창을 초점이동 (마우스의 가운데 버튼을 누르는 것과 같음)				

키	F3(F3)	이름	줌	범주	전역
기능	그래픽 창에서 줌 확대 또는 축소				

키	F4(F4)	이름	회전	범주	전역
기능	그래픽 창에서 객체 회전				

키	F6(F6)	이름	등각투형 뷰	범주	전역
기능	모형의 등각투영 뷰 표시				

키	F7(F7)	이름	그래픽 슬라이스	범주	스케치
기능	모형을 부분적으로 슬라이스하여 스케치 평면을 표시				

키	F8(F8)	이름	전체 구속조건 표시	범주	스케치
기능	구속조건을 모두 표시				

키	F9(F9)	이름	전체 구속조건 숨기기	범주	스케치
기능	전체 구속조건 숨기기				

키	Ctrl+Shift+C (Ctrl+Shift+C)	이름	중심점 원	범주	스케치/도면
기능	원 그리기				

리본에 있는 아래의 명령과 같다.

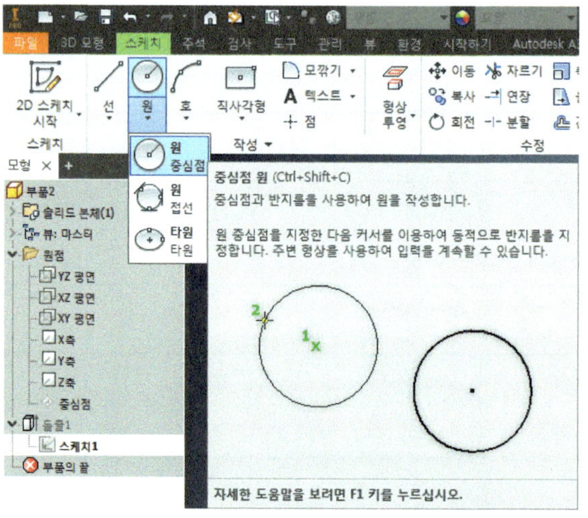

키	A(A)	이름	중심점 호	범주	스케치/도면
기능	호 그리기				

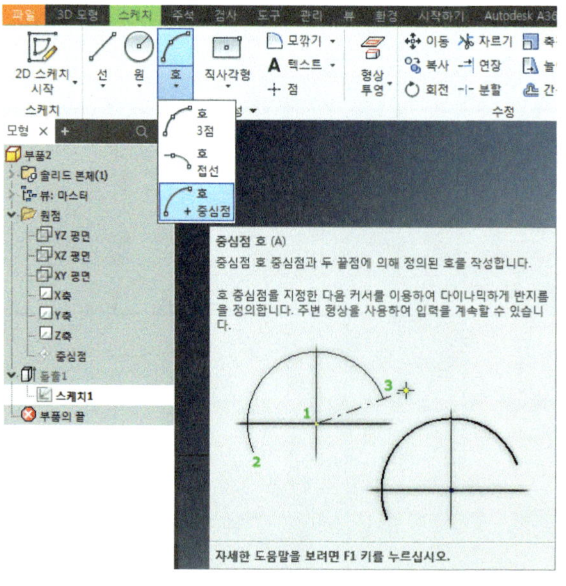

키	T(T)	이름	텍스트	범주	스케치/도면
기능	텍스트 명령 활성화				

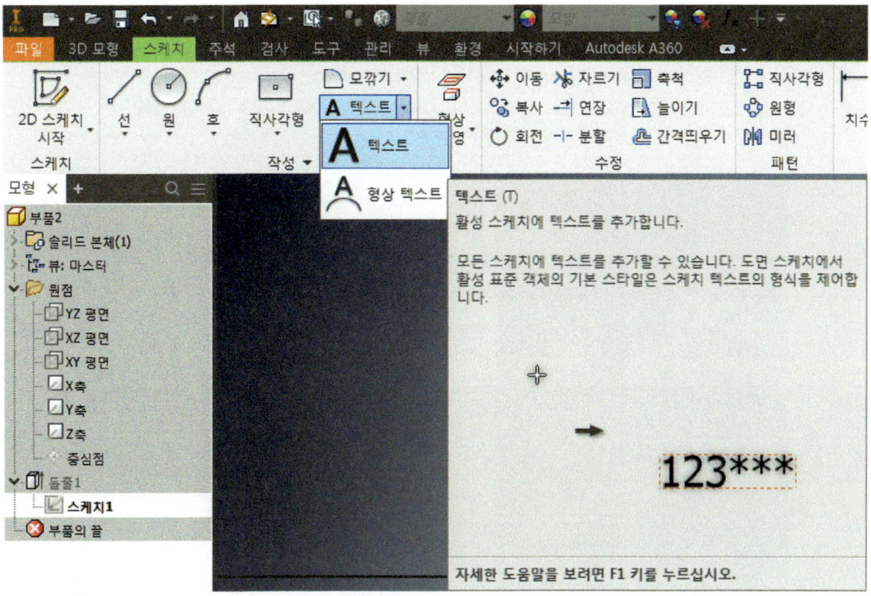

키	X(X)	이름	자르기	범주	스케치
기능	자르기 명령 활성화				

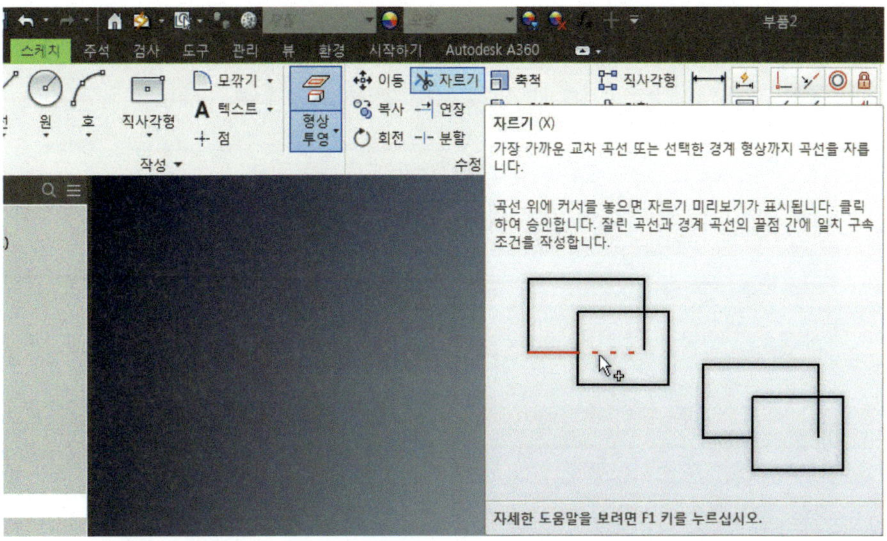

키	O(O)	이름	간격띄우기	범주	스케치
기능	간격띄우기 명령 활성화				

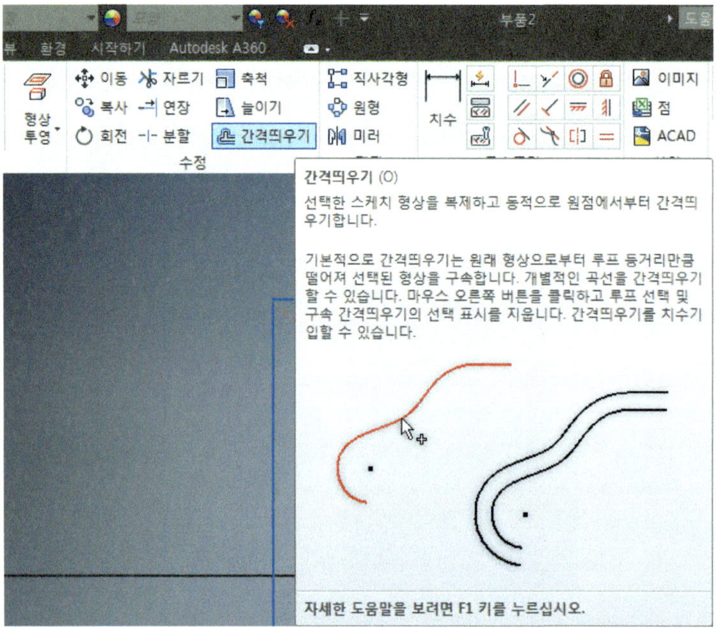

키	D(D)	이름	일반 치수	범주	스케치/도면
기능	일반 치수 명령 활성화				

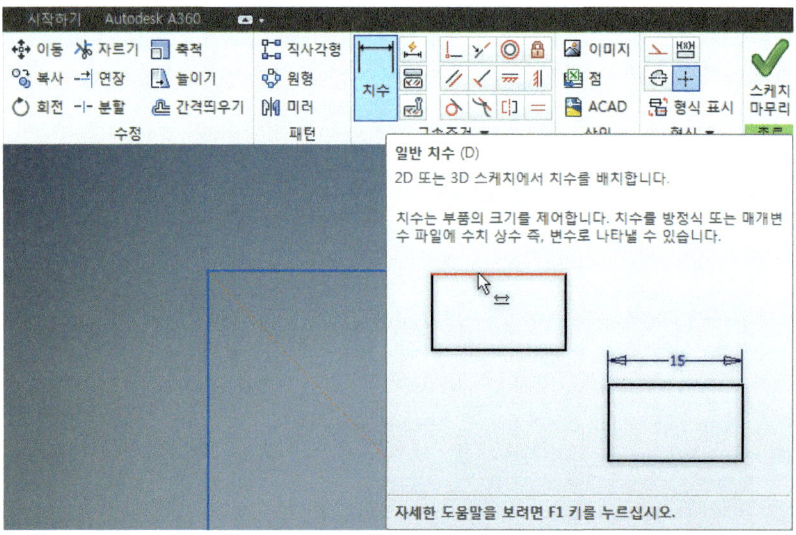

키	I(⎕)	이름	수직 구속조건	범주	스케치/도면
기능	수직 구속조건 명령 활성화				

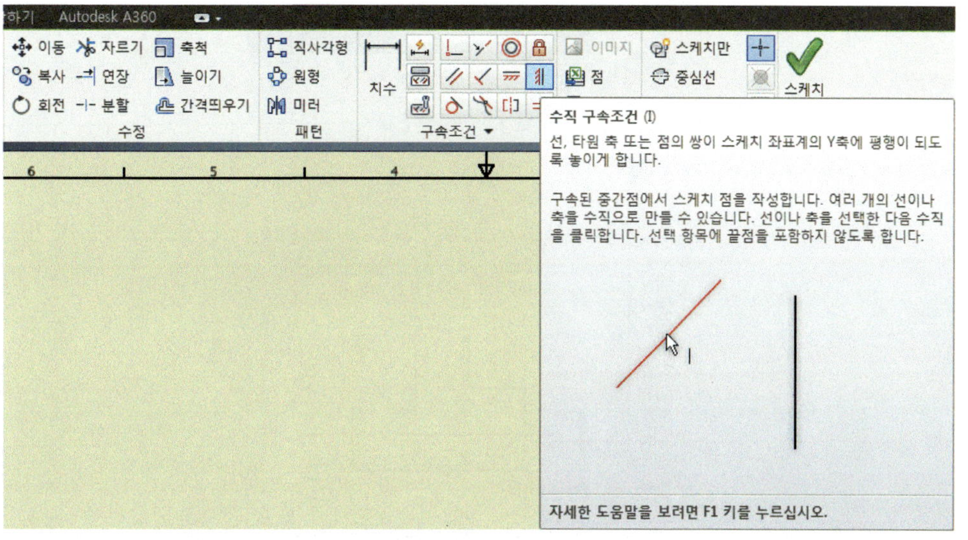

키	=(⎕)	이름	동일	범주	스케치/도면
기능	동일 명령 활성화				

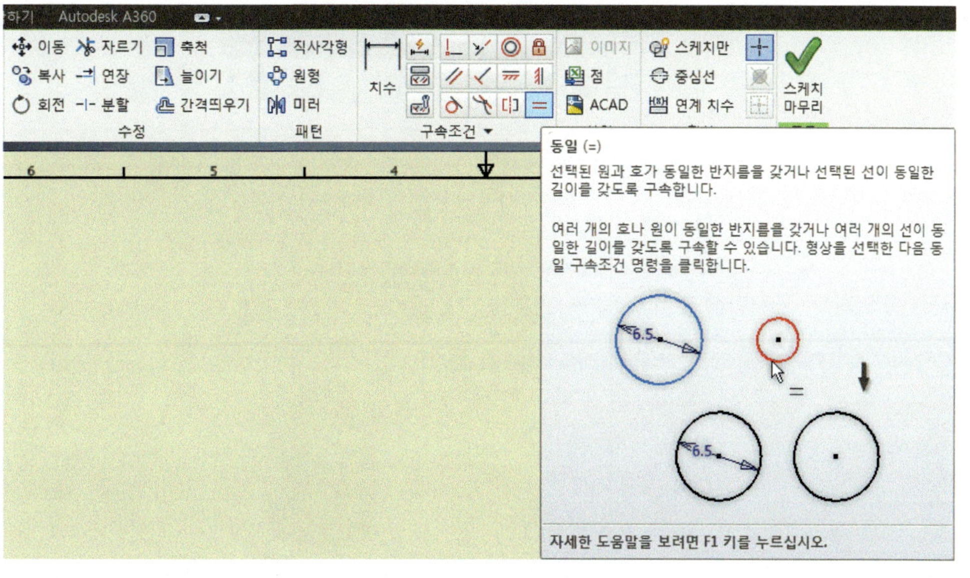

키	S(Ⓢ)	이름	2D 스케치	범주	2D 스케치/부품/조립품
기능	2D 스케치 명령 활성화				

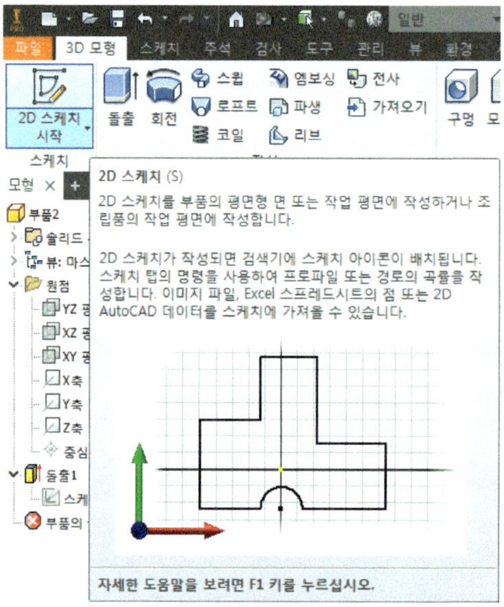

키	E(Ⓔ)	이름	돌출	범주	부품/조립품
기능	돌출 명령 활성화				

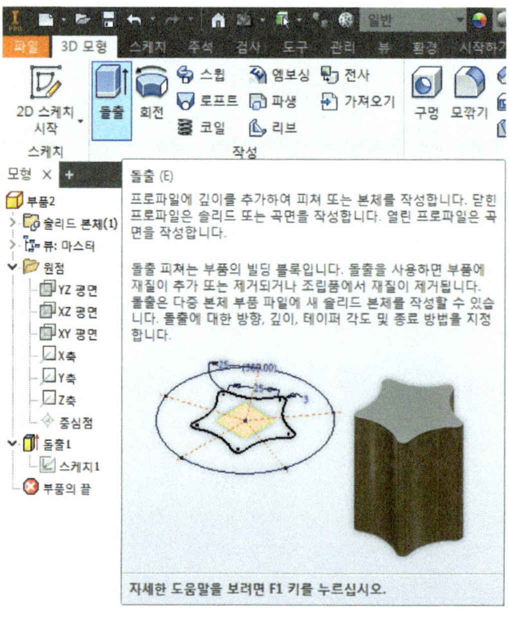

키	R(R)	이름	회전	범주	부품/조립품
기능	회전 명령 활성화				

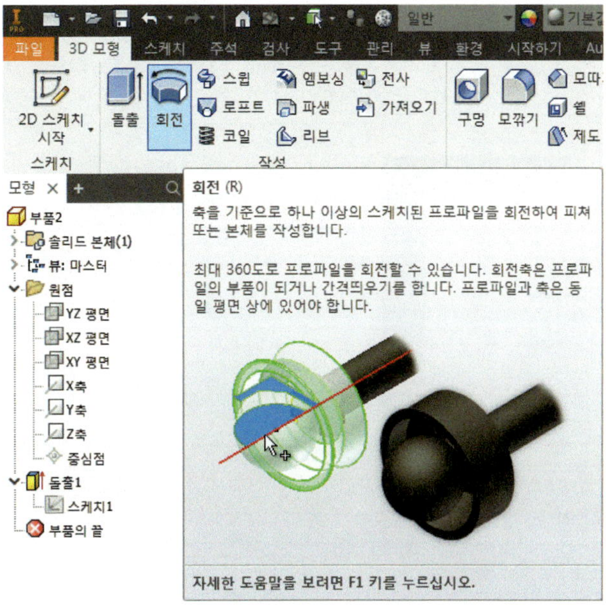

키	Ctrl+Shift+S (Ctrl+Shift+S)	이름	스윕	범주	부품/조립품
기능	스윕 피쳐 작성				

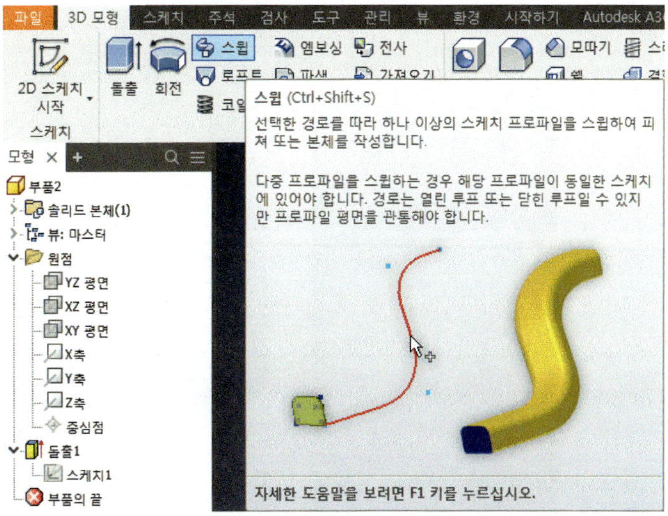

키	Ctrl+Shift+L (Ctrl+Shift+L)	이름	로프트	범주	부품
기능	로프트 피처 작성				

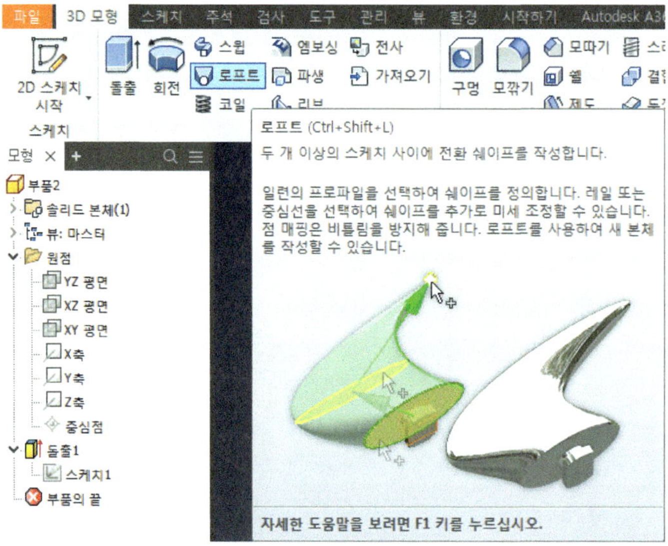

키	H(H)	이름	구멍	범주	부품/조립품
기능	구멍 명령 활성화				

키	F(F)	이름	모깎기	범주	부품/조립품
기능	모깎기 작성				

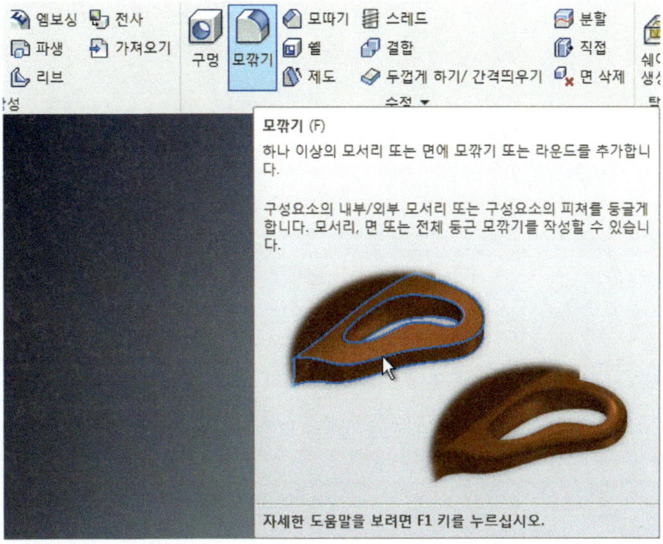

키	Ctrl+Shift+K (Ctrl+Shift+K)	이름	모따기	범주	부품/조립품
기능	모따기 작성				

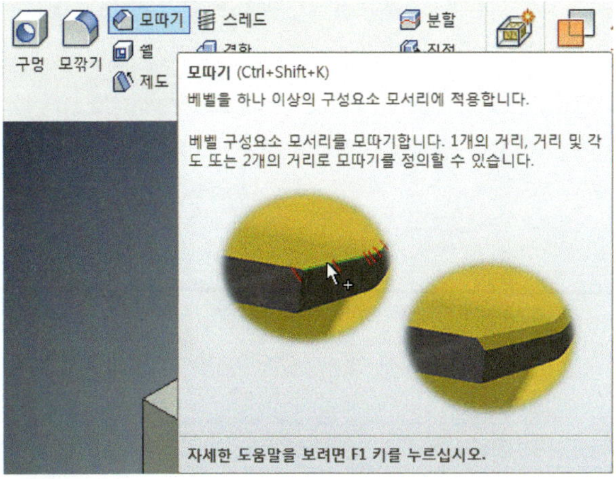

키	](ㅁ)	이름	작업 평면	범주	전역
기능	작업 평면 작성				

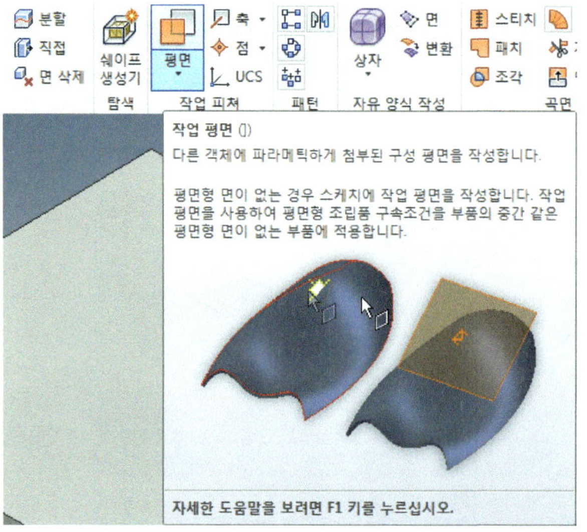

키	/(ㅁ)	이름	작업축	범주	전역
기능	작업축 작성				

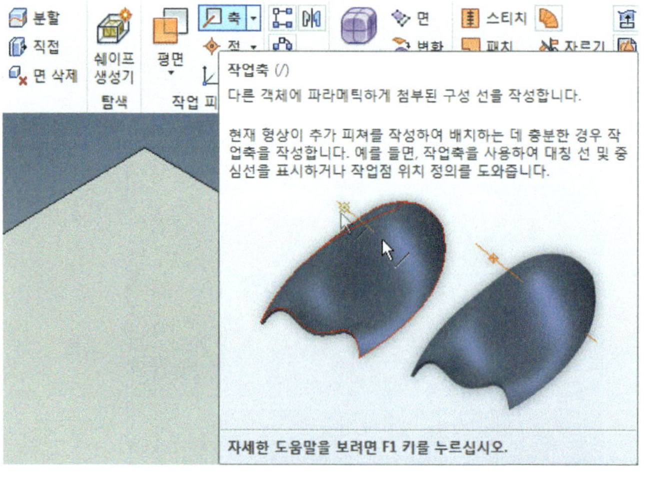

키	.(.)	이름	작업점	범주	전역
기능	작업점 작성				

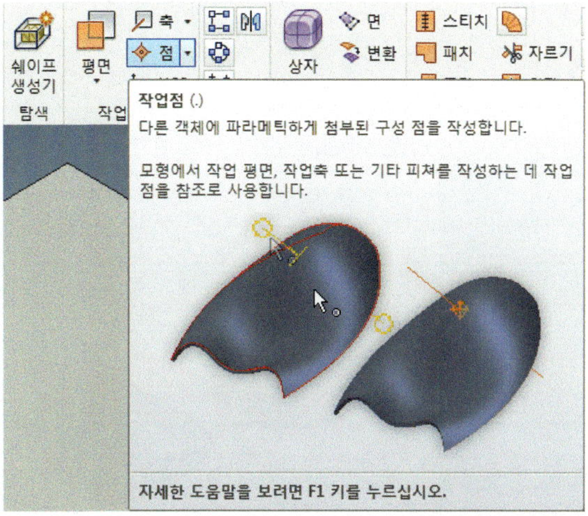

키	;(;)	이름	고정 작업점	범주	전역
기능	고정 작업점 작성				

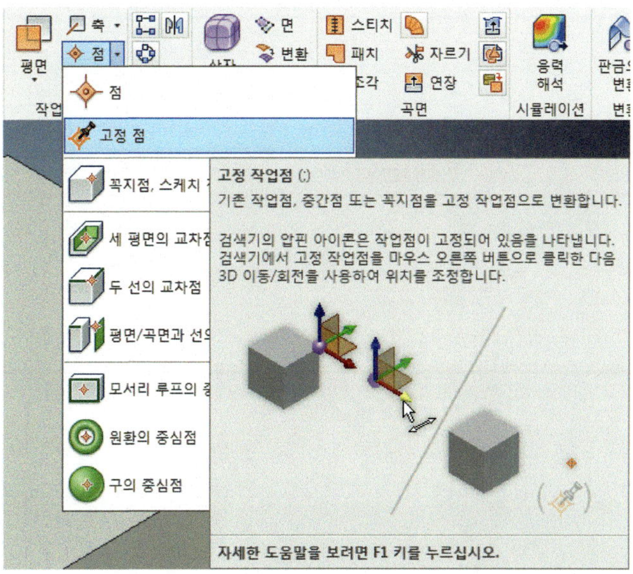

키	Ctrl+Shift+R (Ctrl+Shift+R)	이름	직사각형 패턴	범주	부품/조립품
기능	형상의 직사각형 패턴 작성 (참고: 스케치에서 패턴 패널의 명령들은 바로 가기 참조가 없음)				

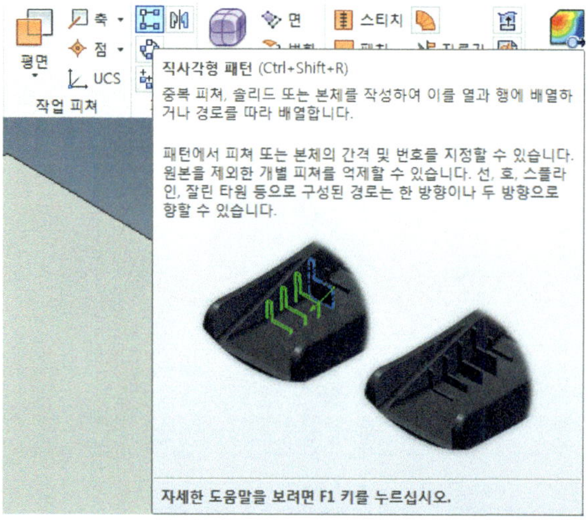

키	Ctrl+Shift+R (Ctrl+Shift+R)	이름	원형 패턴	범주	부품/조립품
기능	형상의 원형 패턴 작성				

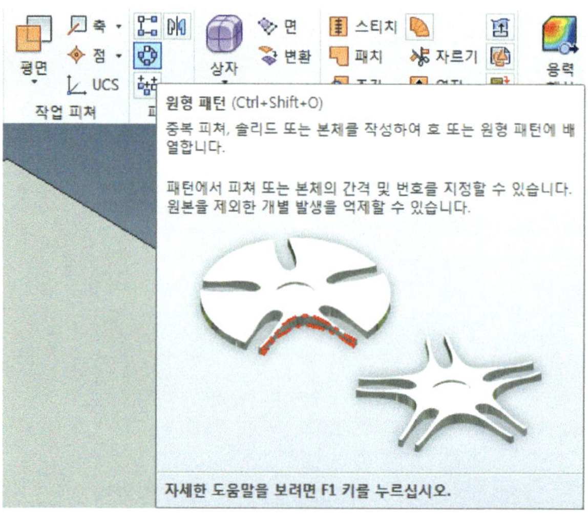

키	Ctrl+Shift+M (Ctrl+Shift+R)	이름	미러	범주	부품/조립품
기능	미러 피쳐 작성				

이제 실제로 인벤터를 사용하여 피쳐를 만들어보기 위해 다음으로 넘어가자.

STEP 02 인벤터 기초 예제 1

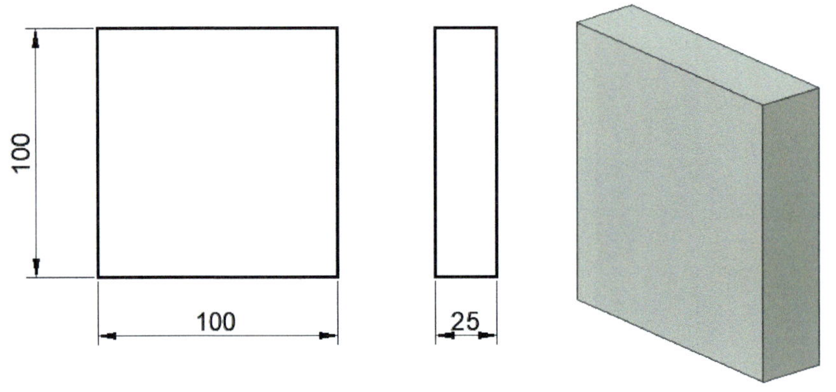

인벤터의 버전에 따라 기본으로 왼쪽에 있는 모형 검색기(모델 브라우저, Model Browser)가 보이지 않는 경우가 있다. 리본의 뷰 탭에서 창 패널에 있는 사용자 인터페이스 명령을 클릭하고 드롭다운된 창에서 모형을 클릭하여 체크하면 좌측에 생성된다(리본 〉 뷰 〉 창 〉 사용자 인터페이스 〉〉 모형).

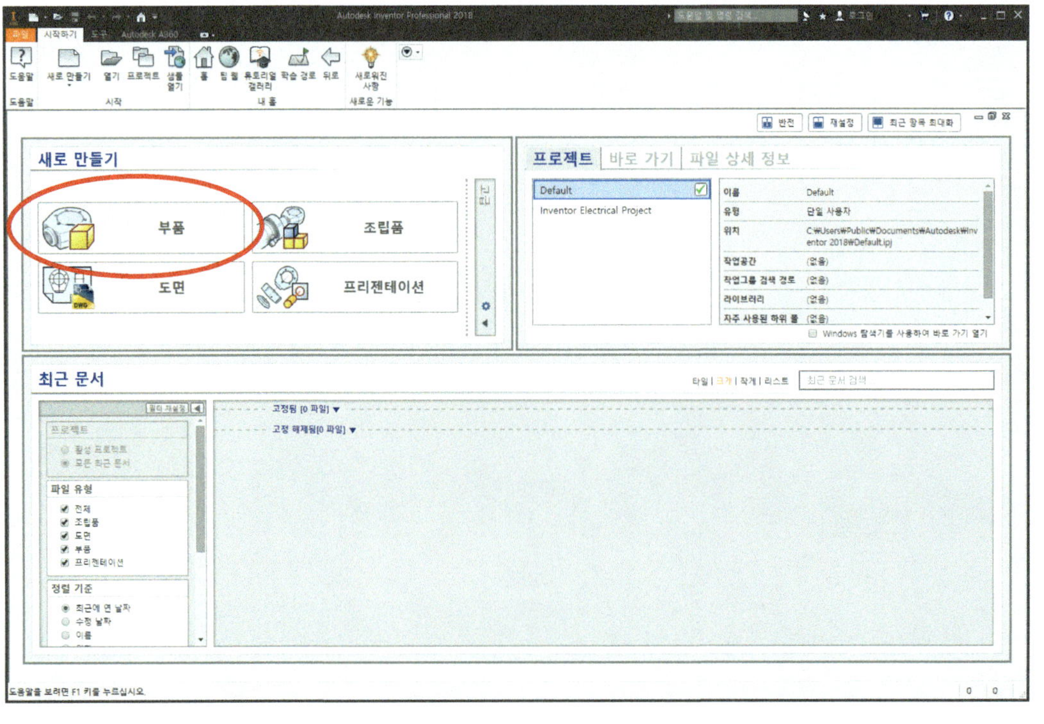

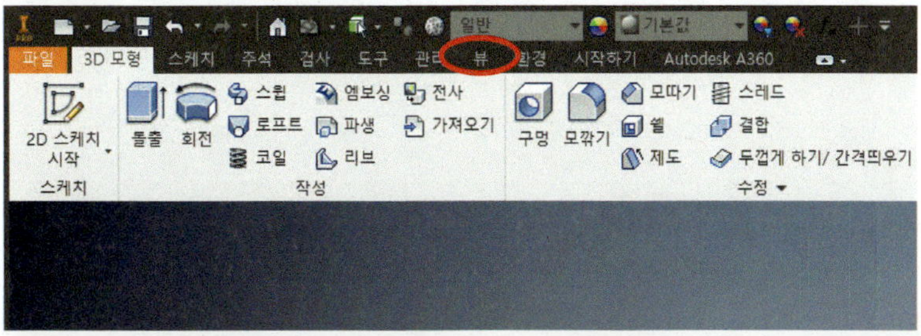

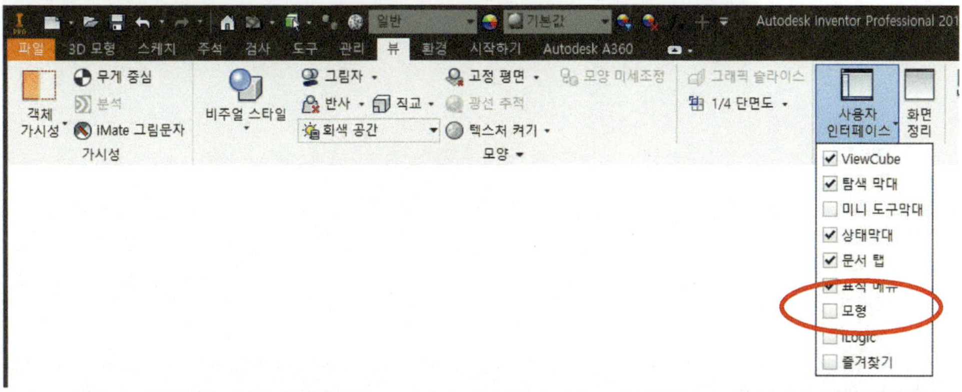

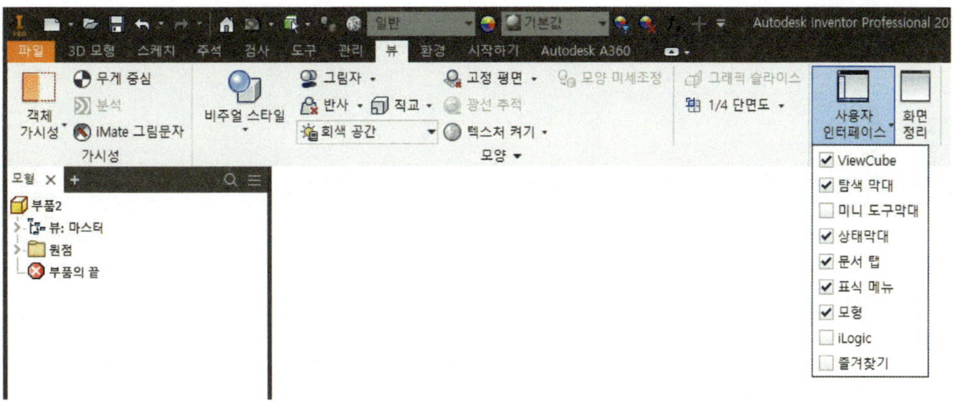

리본 〉 3D 모형 〉 스케치 〉 2D 스케치 시작 명령을 클릭한다.

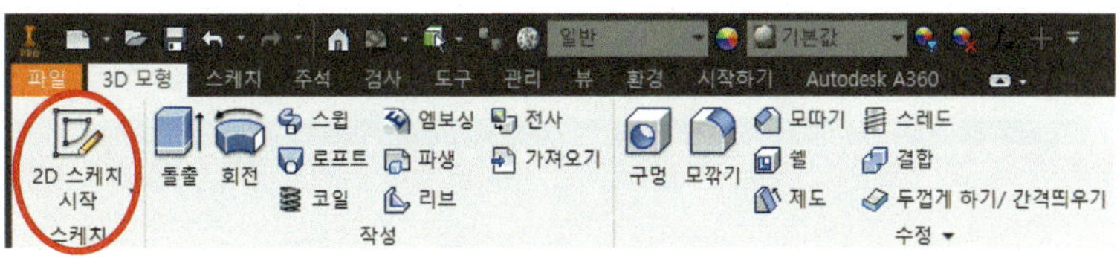

그래픽 창에서 XY 평면(XY Plane)을 클릭한다.

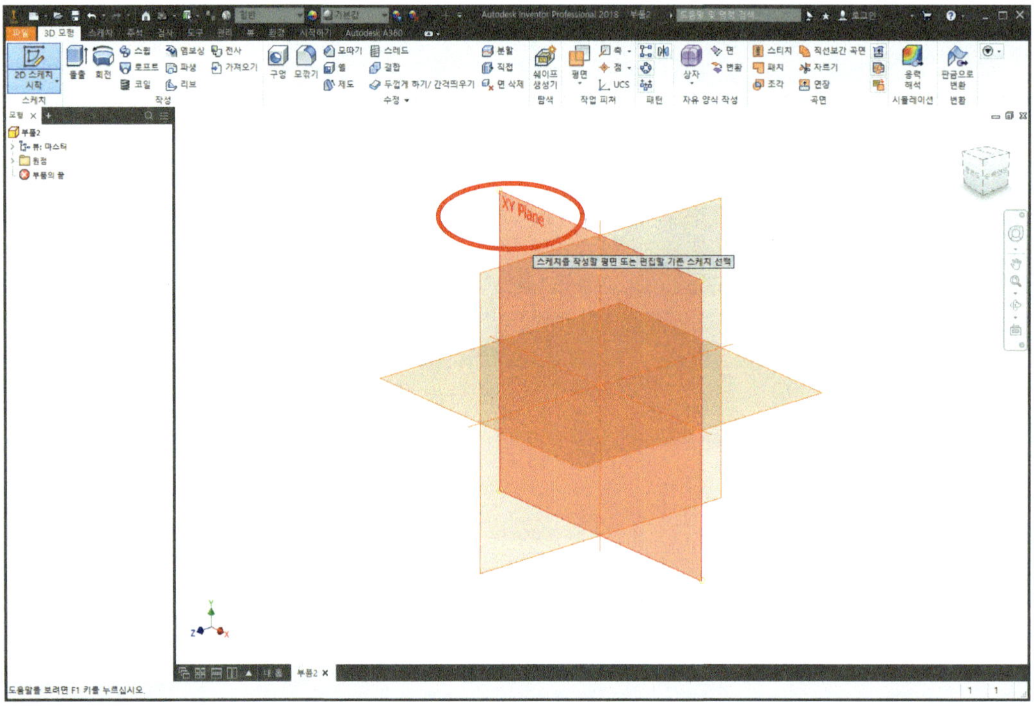

리본 〉 스케치 〉 작성 〉 직사각형 명령의 아래 드롭다운 화살표를 클릭하여 직사각형-두 점 중심을 선택한다(리본 〉 스케치 〉 작성 〉 직사각형 〉〉 직사각형 - 두 점 중심).

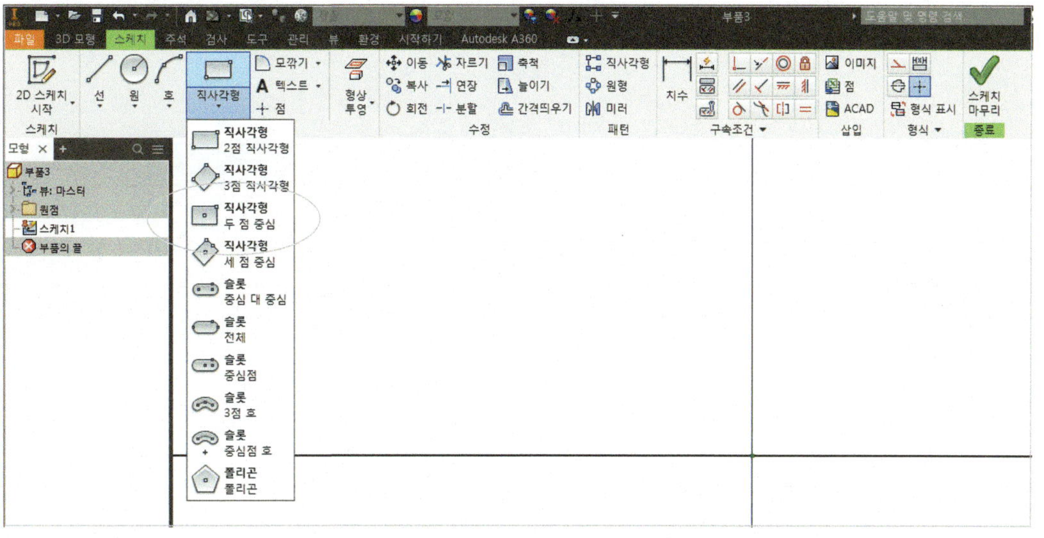

두 번을 클릭하는데 첫 번째는 그래픽 창의 가로선(X축)과 세로선(Y축)이 만나는 원점에 클릭하고(점이 녹색으로 변함) 두 번째는 우측의 임의의 공간을 클릭하여 아래 그림과 같이 만든다.

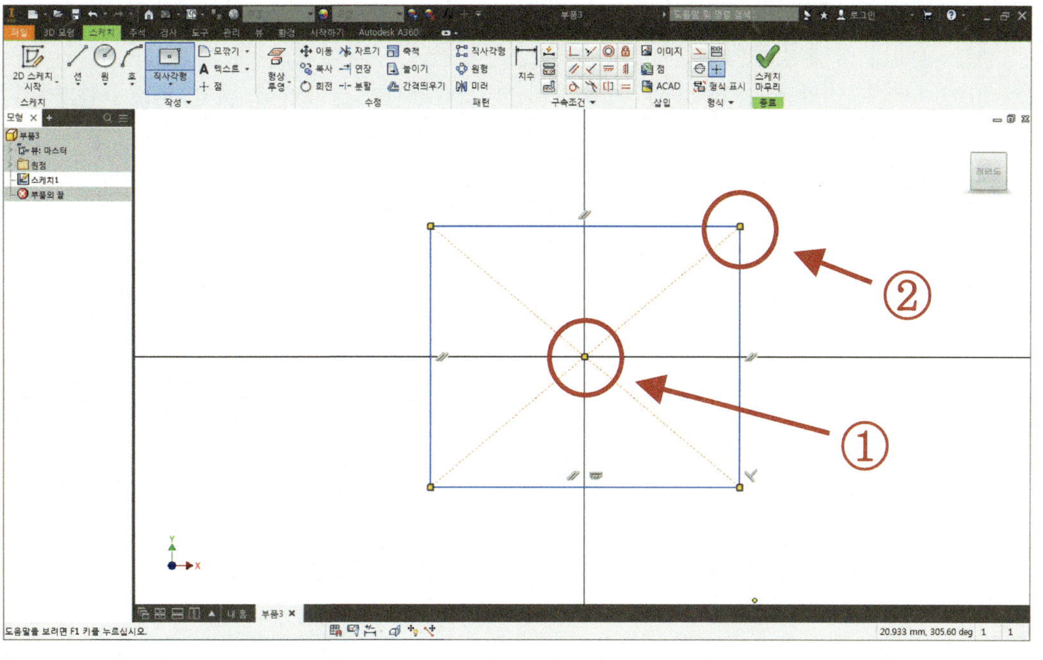

리본 〉 스케치 〉 구속조건 〉 치수 명령을 사용하여 사각형의 윗선을 클릭하고 화면과 같이 어느 정도 떨어진 위치에 한 번 더 클릭하여 치수가 표시될 곳을 정한다. 그 다음 치수를 넣어야 하는데 키보드로 100을 입력한 다음 엔터(Enter↵)키를 누른다. 잘못 입력하여 수정이 필요하면 치수의 숫자를 연속으로 빨리 두 번 클릭(더블클릭)하면 다시 수정할 수 있다.

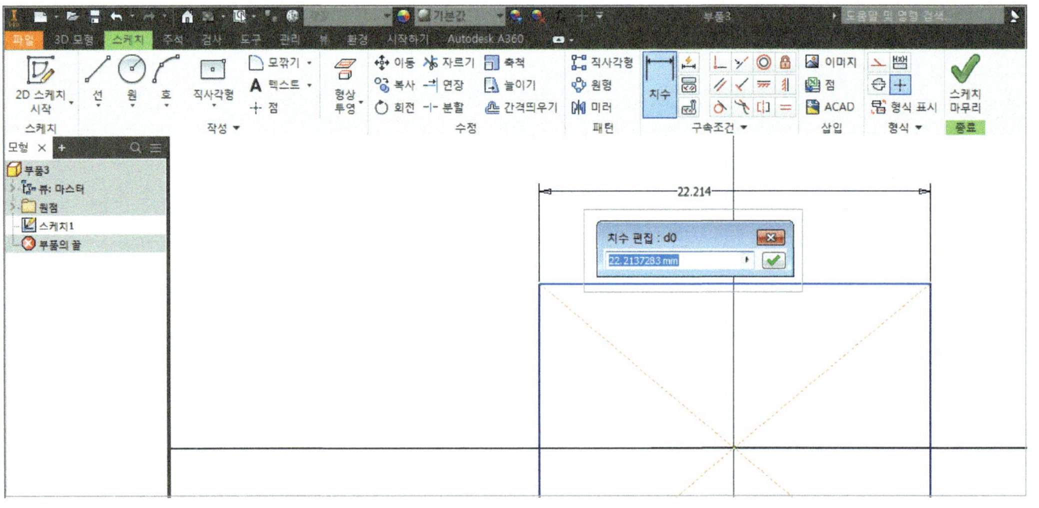

값을 입력한 후 원래의 값보다 상당히 크거나 작으면 그래픽 창에 잘 안 보이는 경우가 있다. 우측의 탐색 막대(Navigation Bar)에서 돋보기 아이콘(전체 줌)을 클릭하면 스케치 전체를 그래픽 창에 맞추어 보여준다. 돋보기 아이콘을 클릭하였을 때 스케치 전체가 들어오지 않으면 돋보기 아이콘 아래 드롭다운 화살표(▼)를 클릭하여 전체 줌을 선택한다.

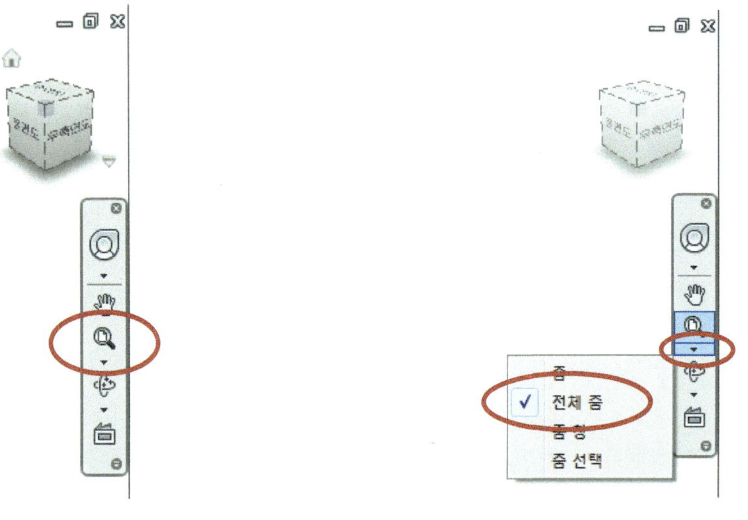

같은 방법으로 사각형의 우측 선에 100의 치수를 입력한다. 사용하는 명령을 더 이상 쓰지 않으려면 다른 명령을 클릭하거나 키보드의 ESC키(Esc)를 눌러 해제하면 된다.

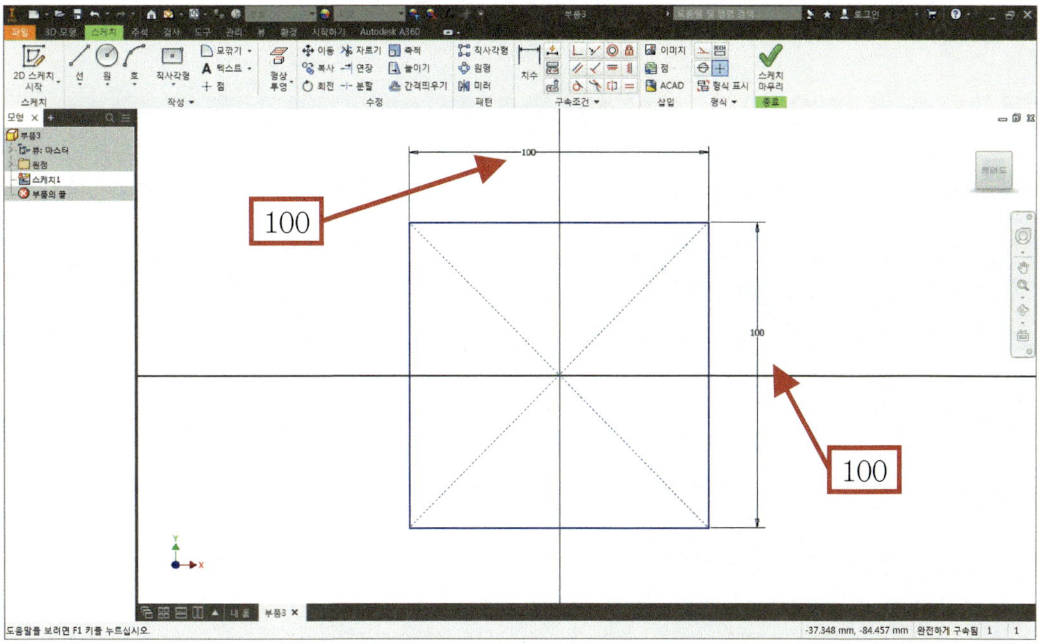

여기에 표시되는 치수가 제작사에서 여러 차례 고민해서 만든 크기이겠지만 좀 작게 보일지도 모르겠다. 치수문자를 키우고 싶으면 리본 > 도구 > 옵션 > 응용프로그램 옵션 명령을 클릭한다.

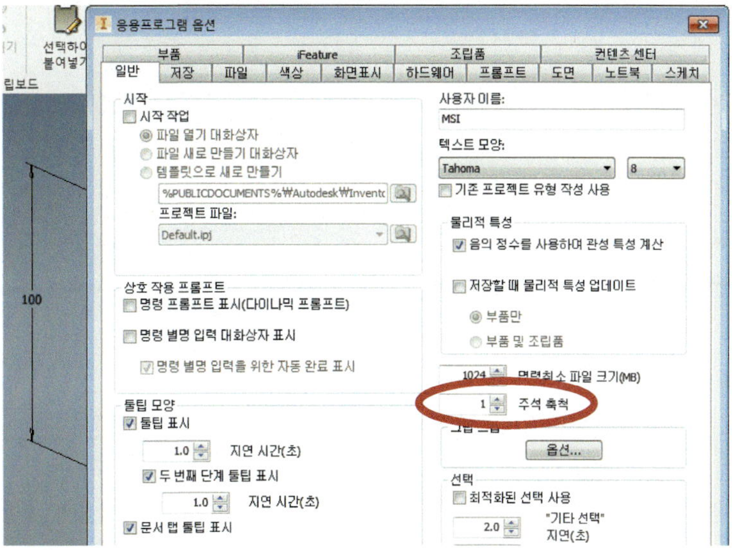

일반 탭에서 주석 축척의 숫자를 조절하면 지금 보고 있는 치수와 차수 문자의 크기가 이 숫자만큼 크거나 작아진다. 치수 값(여기서는 100) 자체가 작거나 크게 표시되는 것이 아니다. 적절한 숫자로 변경해 보자. 여기서는 예시를 위해 세 배 크게 만들었다. 수치를 변경하고 [적용] 버튼을 누르면 변경된다.

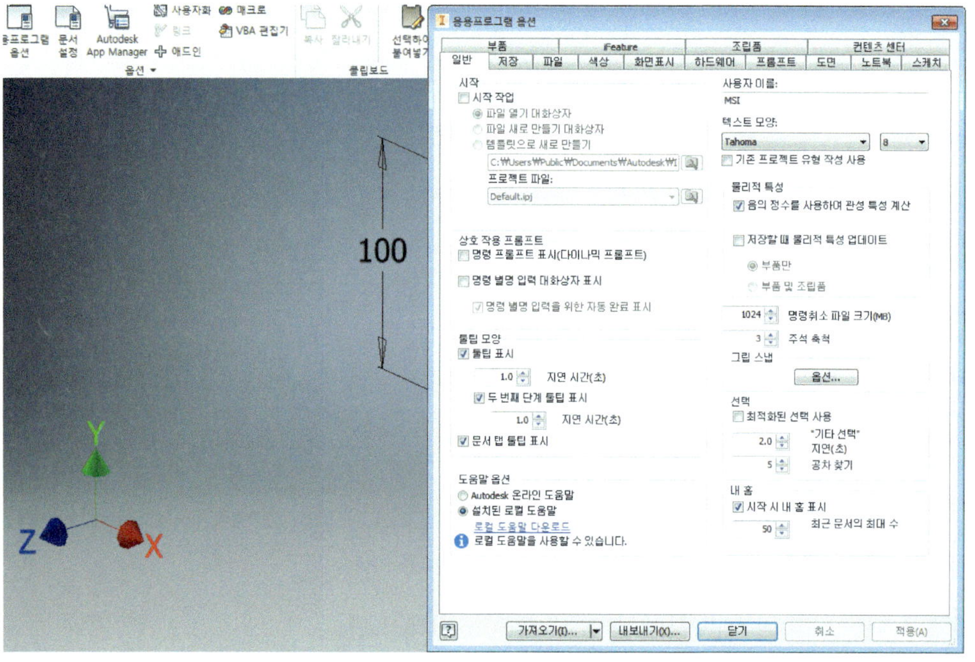

최근 버전은 기본 세팅이 잘 되어있어 굳이 바꿀 필요가 없지만 이 치수 축적과 함께 자주 변경하는 값으로 색상 탭의 색상 체계가 있다.

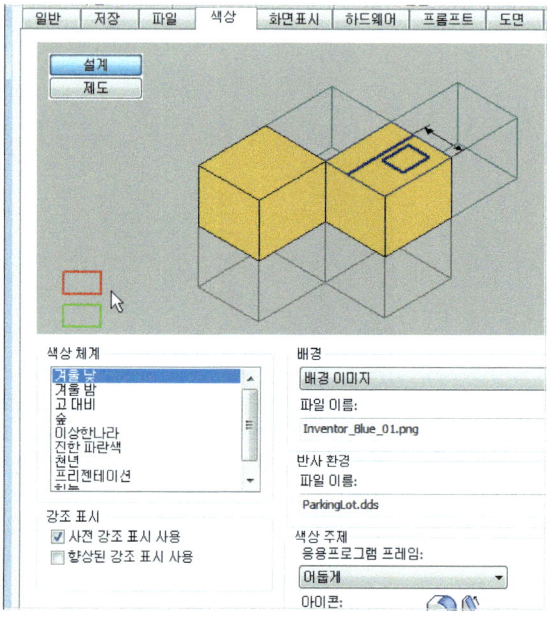

색상 체계는 대부분 여러 색이 눈에 잘 띄는 겨울 낮을 많이 선택하고 배경에는 1색상, 그라데이션, 배경 이미지 등이 있는데 여러 옵션을 선택해보고 자신만의 원하는 배경 설정을 찾아보자. 설정을 마쳤으면 그 외는 기본 값으로 사용하는데 아무런 문제가 없으므로 아래에 있는 [닫기] 버튼을 누른다.

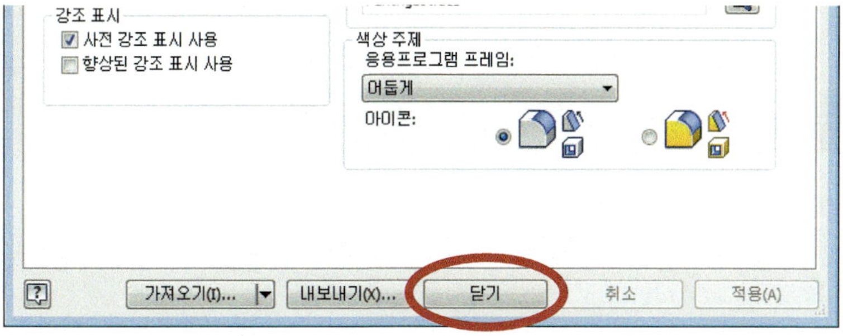

스케치 마무리 명령을 클릭하여 스케치를 종료한다.

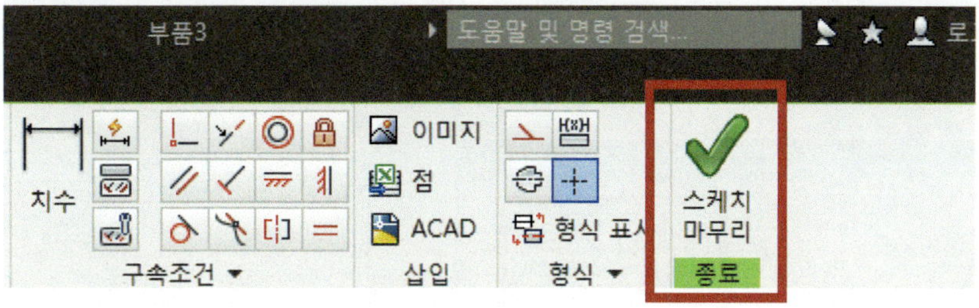

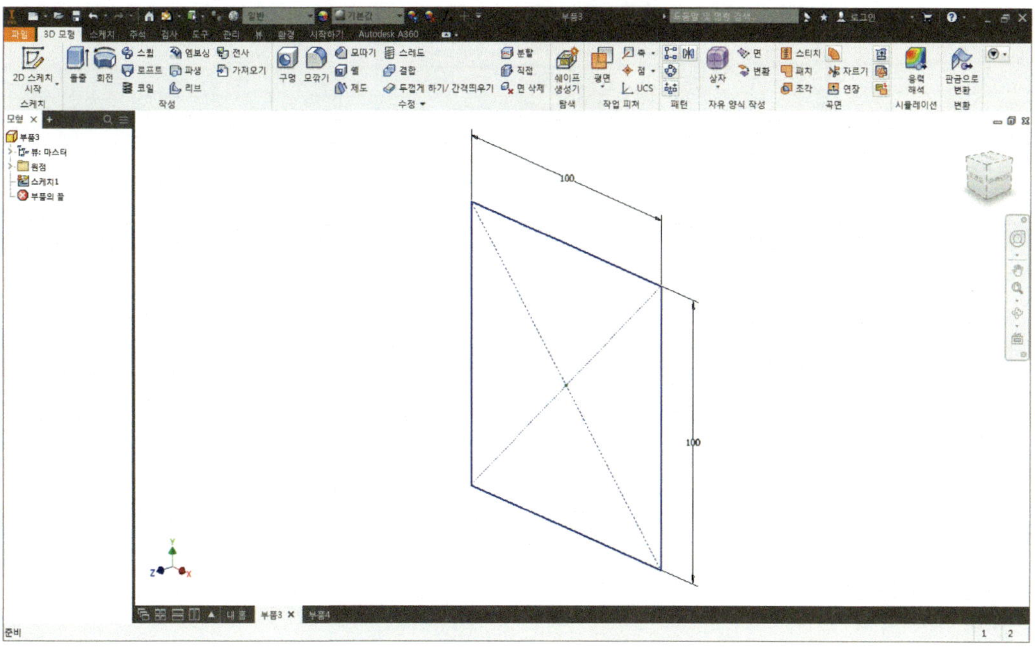

리본 〉 3D 모형 〉 작성 〉 돌출 명령을 클릭한다.

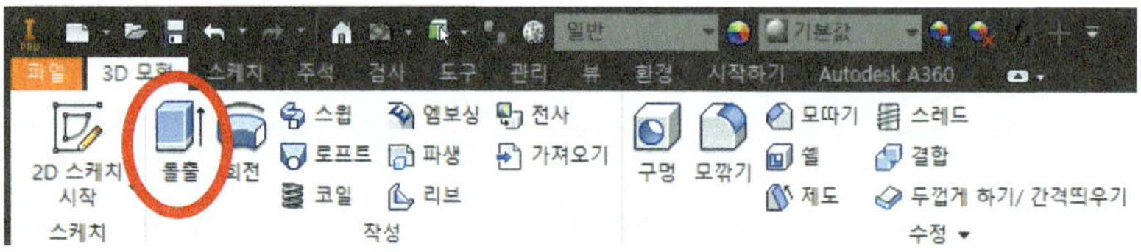

범위는 거리로 선택하고 값을 25로 입력한 다음, 확인 버튼을 클릭한다.

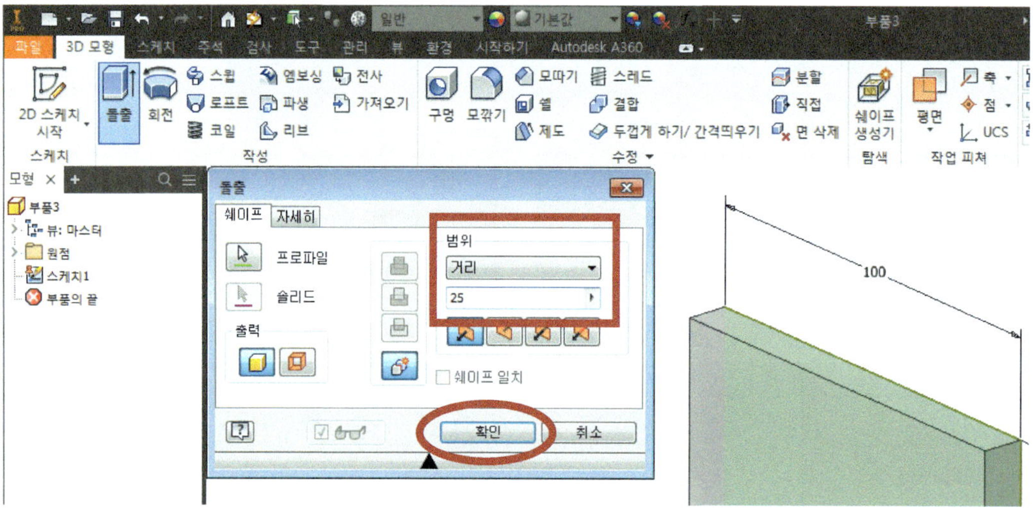

작업이 모두 끝났다. 작업을 마무리 지은 파일을 저장하기 위해 파일 〉 저장 버튼을 클릭하여 원하는 위치에 파일명을 부여하여 저장한다.

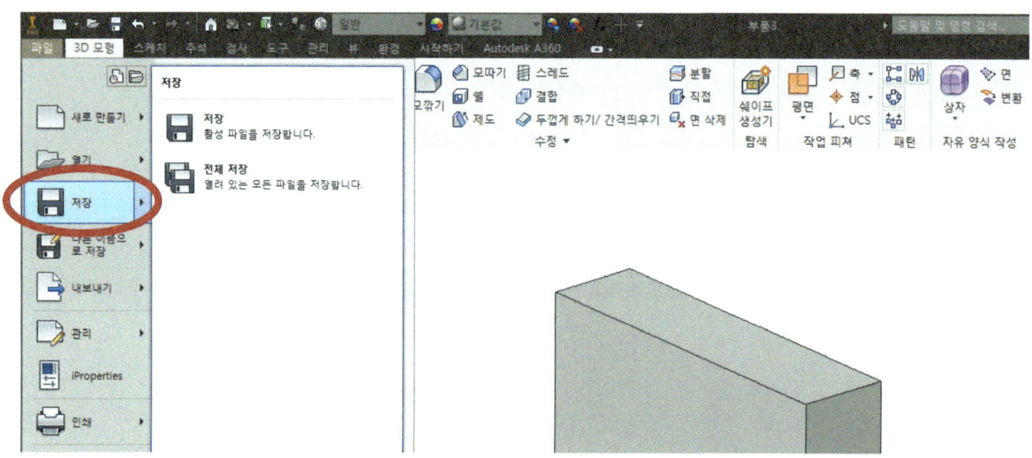

STEP 03 인벤터 기초 예제 2

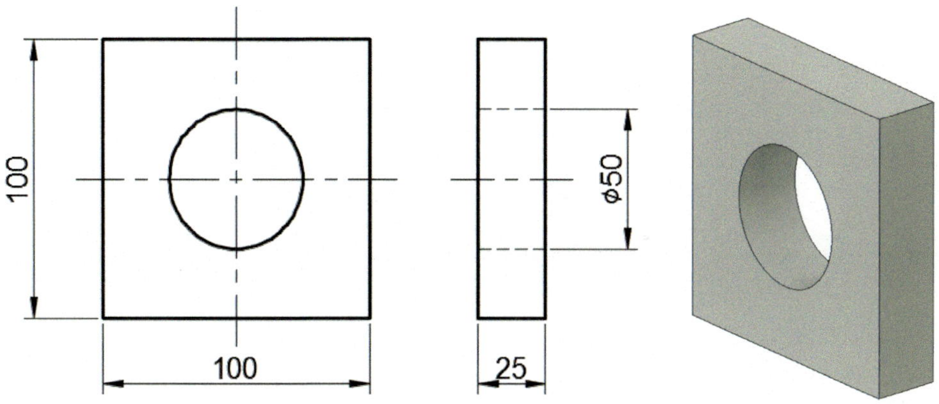

앞에서와 다른 방법으로 새 부품을 생성하고자 한다. 리본 〉 시작하기 〉 시작 〉 새로 만들기 명령을 클릭한다.

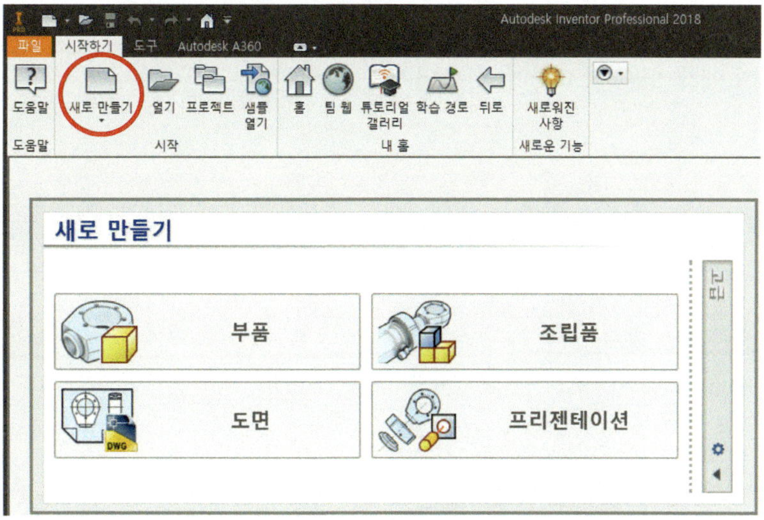

Standard.ipt를 선택하고 단위가 밀리미터가 맞는지 확인한 다음 작성 버튼을 클릭한다.

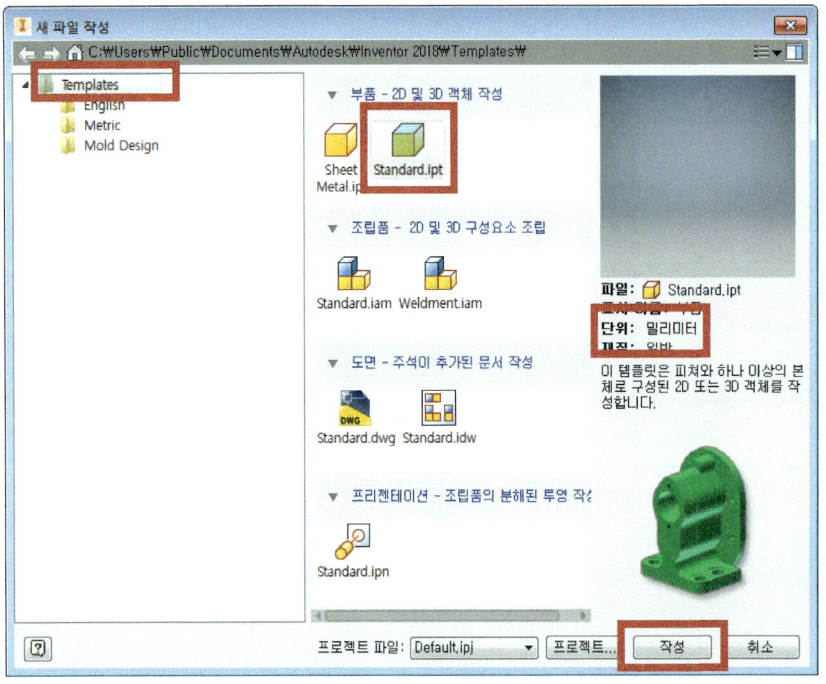

STEP 02의 인벤터 기초예제 1을 참고하여 직육면체를 생성한다.

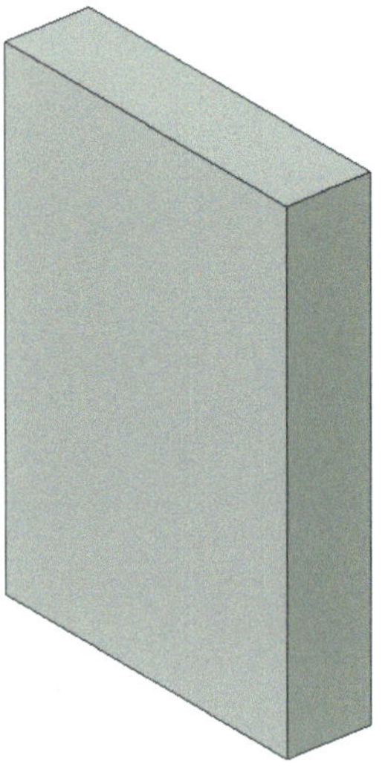

가운데 구멍을 내기 위해 평면에 스케치를 한다.

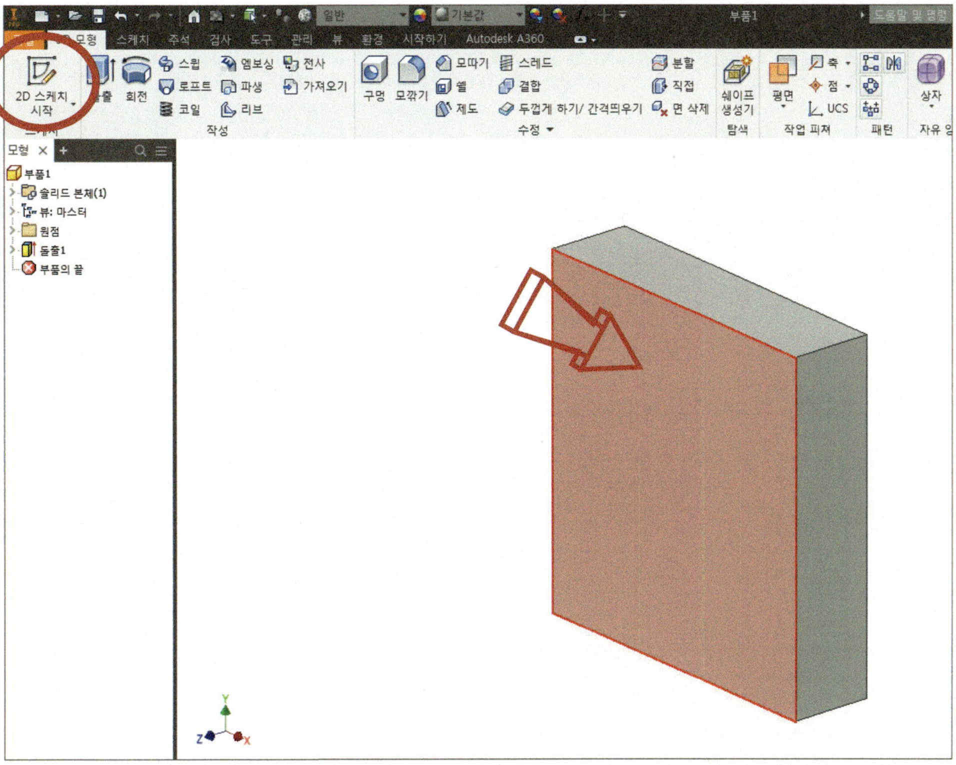

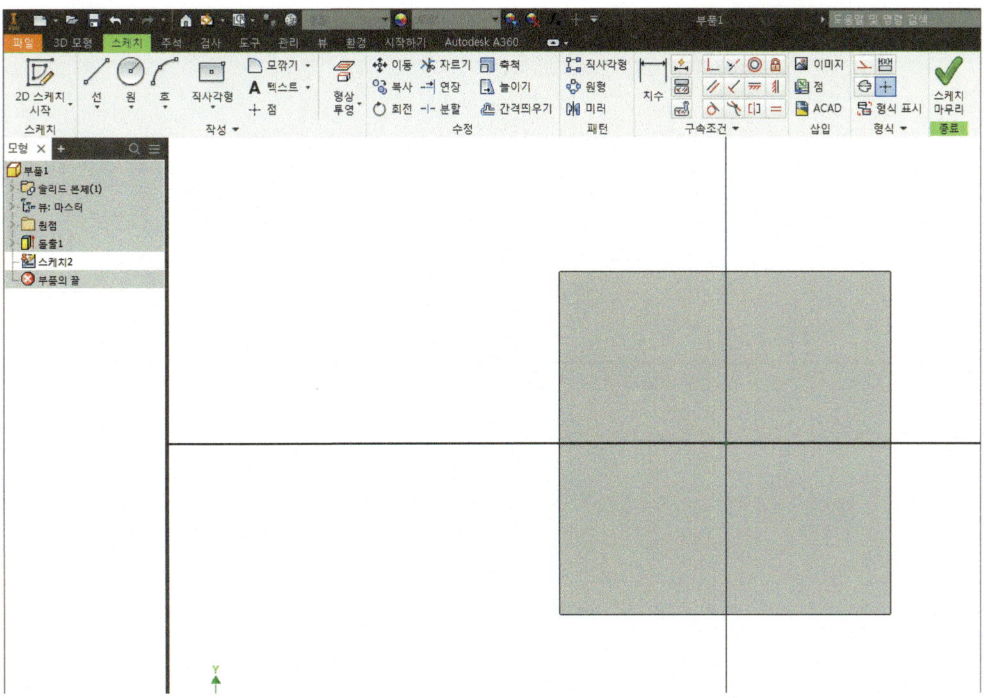

원(중심점 원) 명령을 클릭하고 그래픽 창의 원점을 클릭한다.

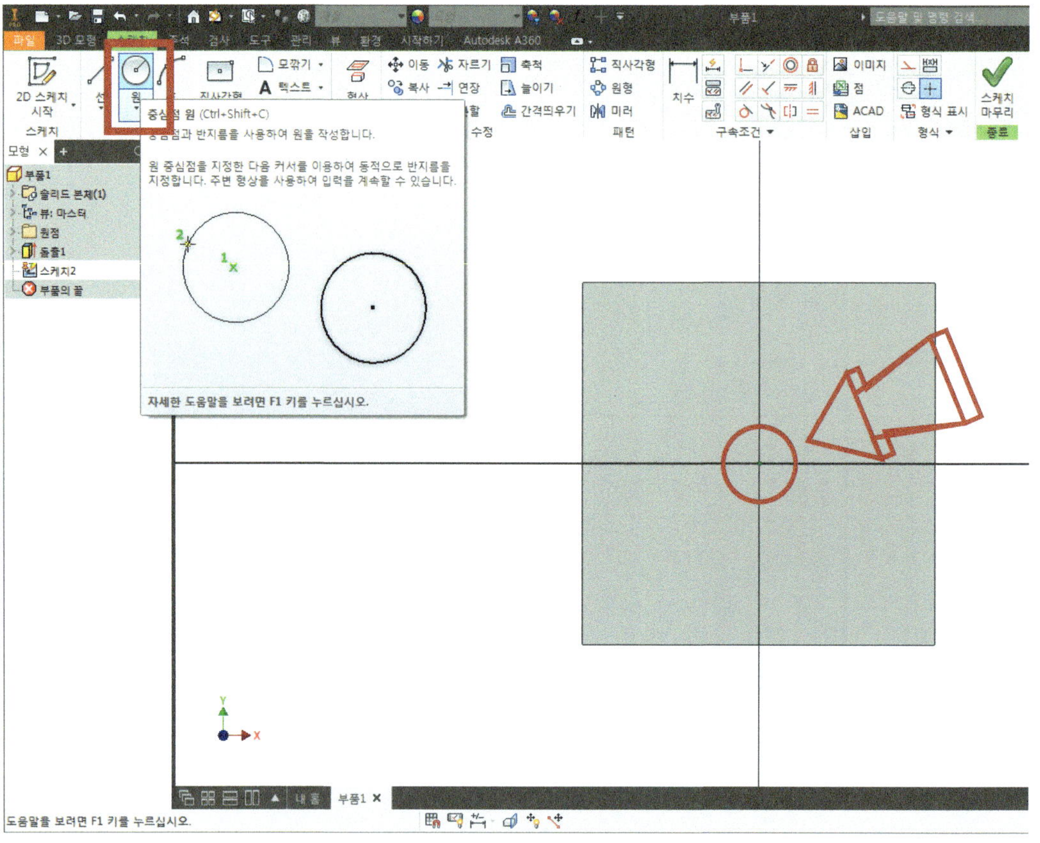

STEP 02의 인벤터 기초예제 1에서와 같이 적절한 위치에 한 번 더 클릭하여 원을 생성한다.

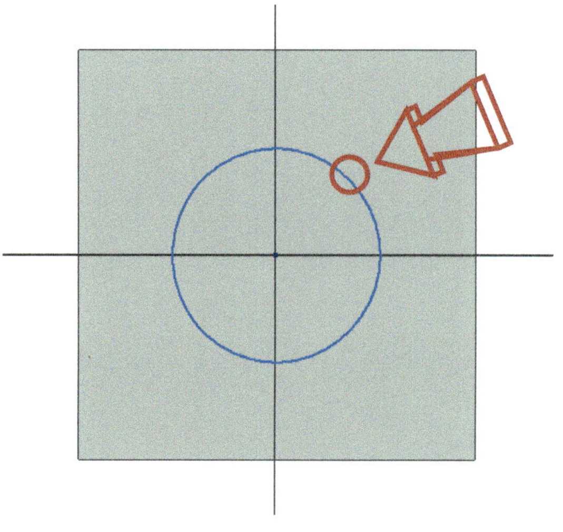

치수 명령을 클릭하고 원을 클릭한 다음 적절한 위치에 한번 더 클릭하여 치수를 생성한다. 이때 치수 값을 정해주어야 하는데 50을 입력하고 엔터키(Enter↵)를 누른다.

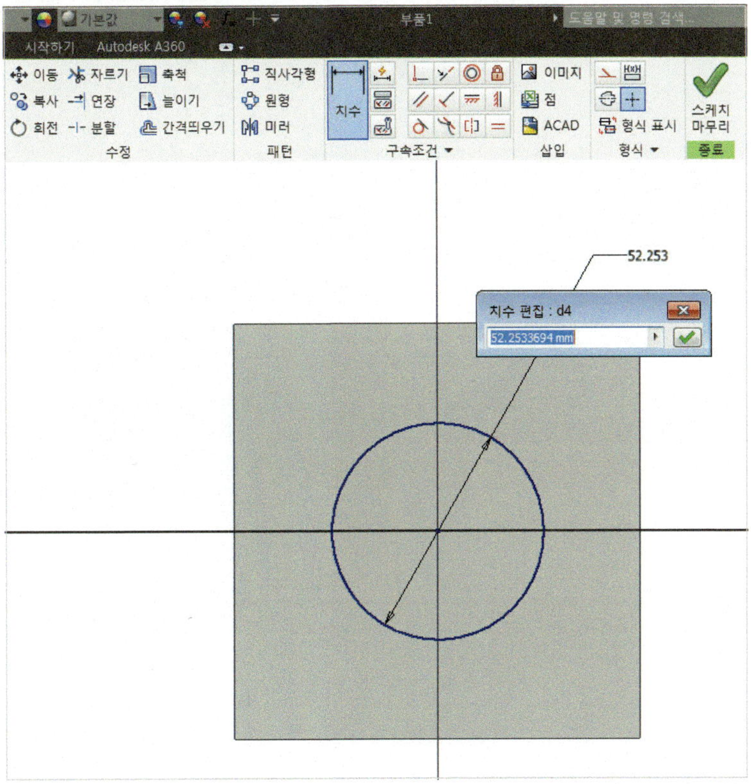

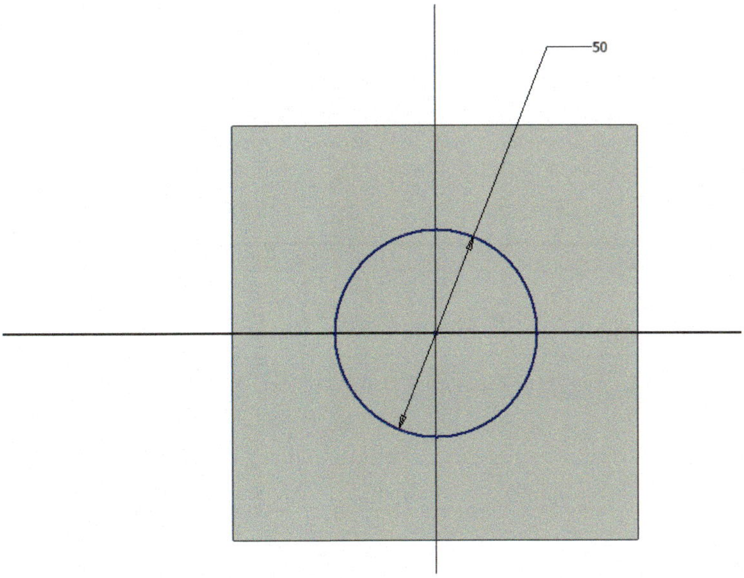

스케치 마무리 명령을 눌러 스케치를 종료하고 돌출 명령을 클릭한다.

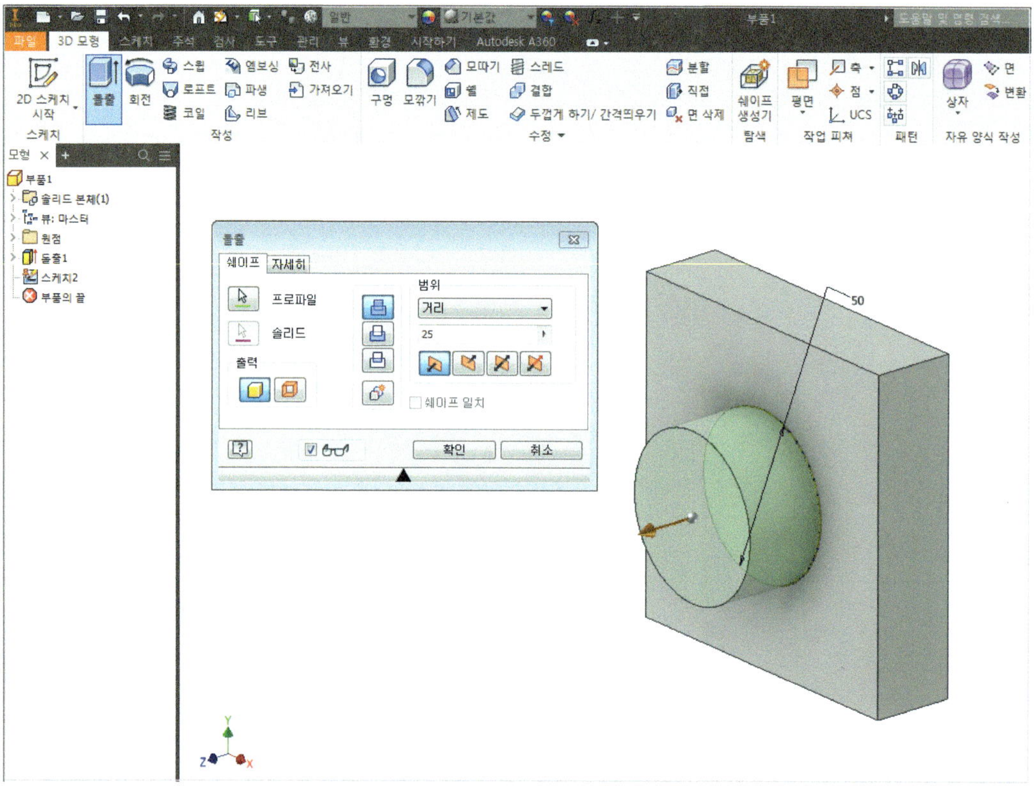

차집합(절단)을 선택하고 확인 버튼을 클릭한다.

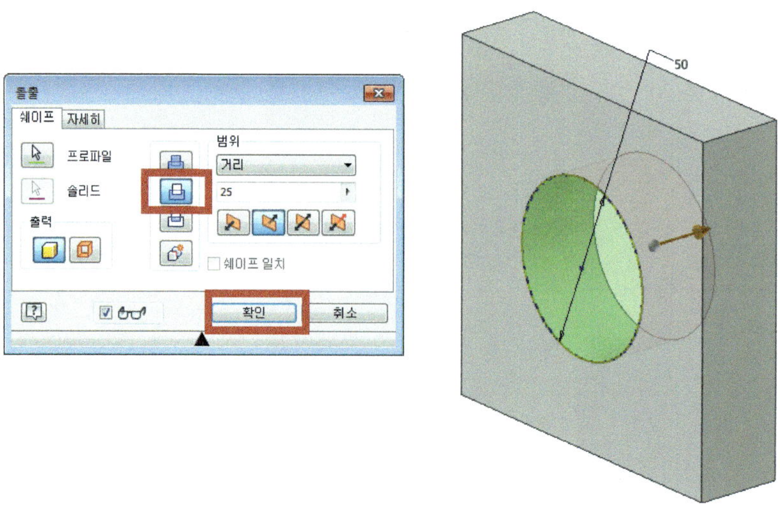

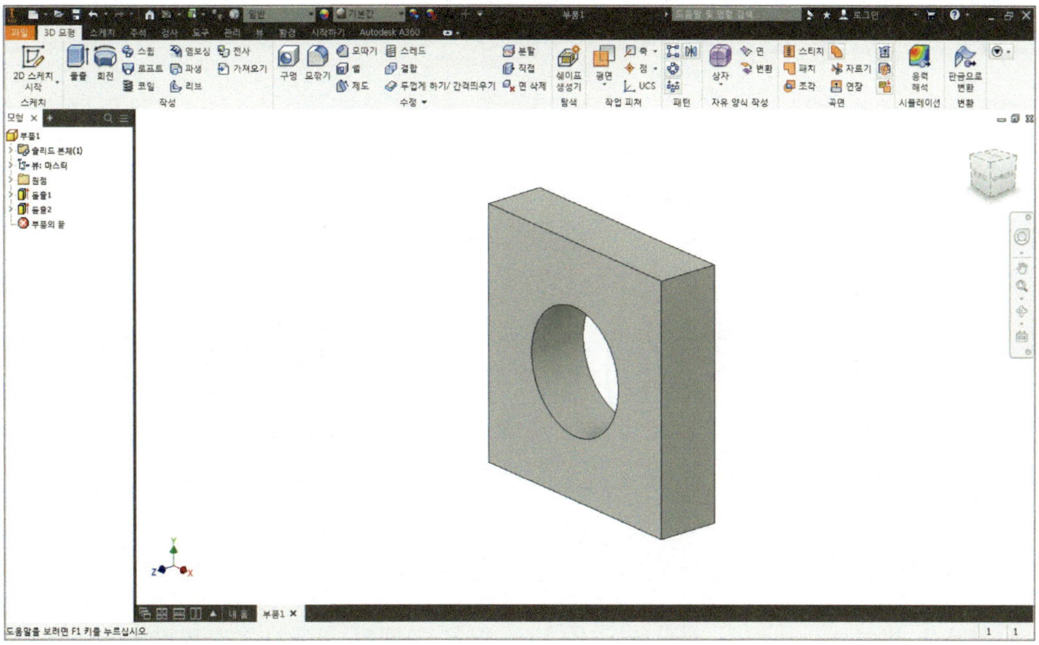

STEP 04 인벤터 기초 예제 3

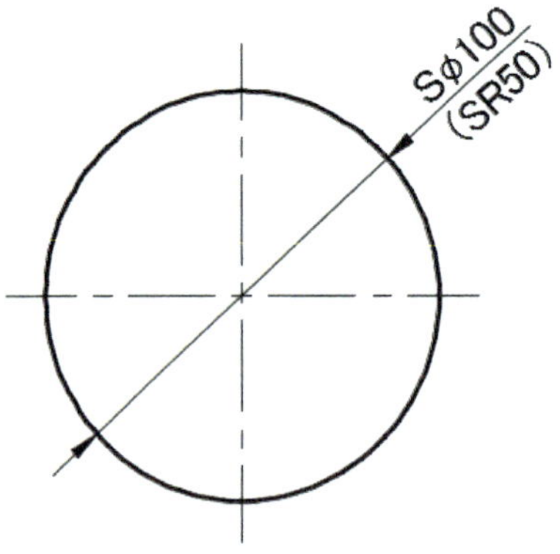

새 부품을 생성하고 스케치 시작 명령을 누른 다음 그래픽 창에서 XY 평면을 클릭한다.

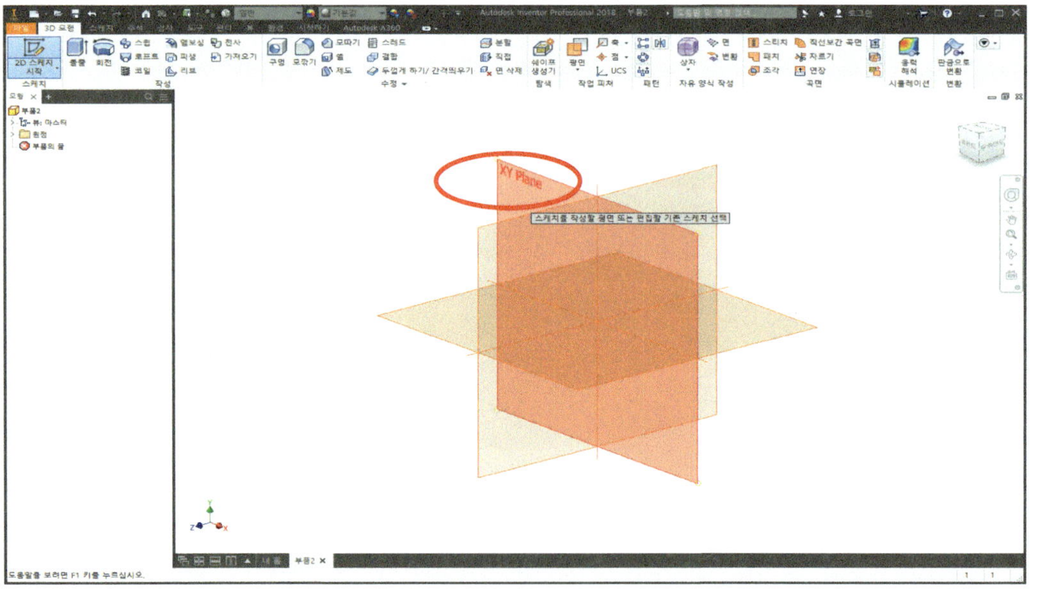

원 명령을 클릭하고 그래픽 창의 원점을 중심점으로 하는 적절한 크기의 원을 그린다.

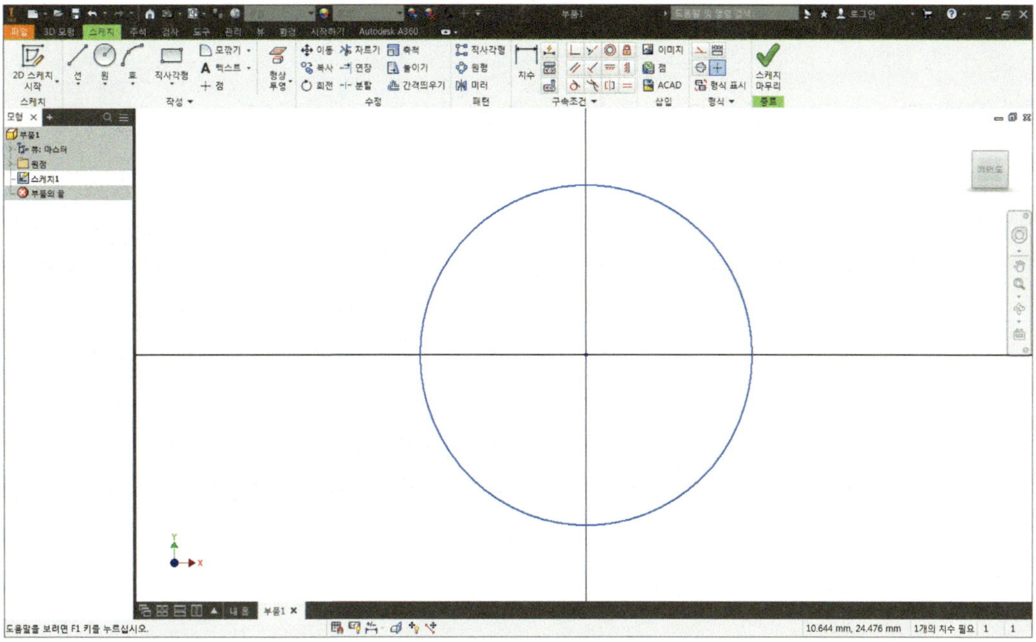

선 명령을 클릭하여 아래 그림과 같이 가로로 임의의 선을 그리는데 선의 길이가 원의 좌우보다 큰 위치에서 선의 시작과 끝을 클릭해야 하며, 수평 구속조건( )이 표시되는지 확인한 후 두 번째 클릭을 한다.

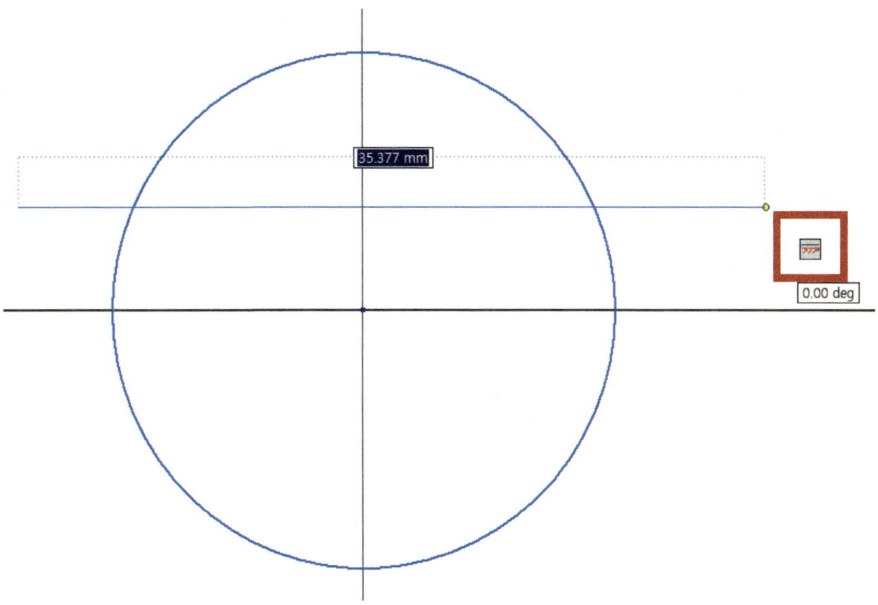

구속조건이 제대로 들어갔으면 선의 중간에 수평 구속조건이 걸려있음( )이 표시된다.

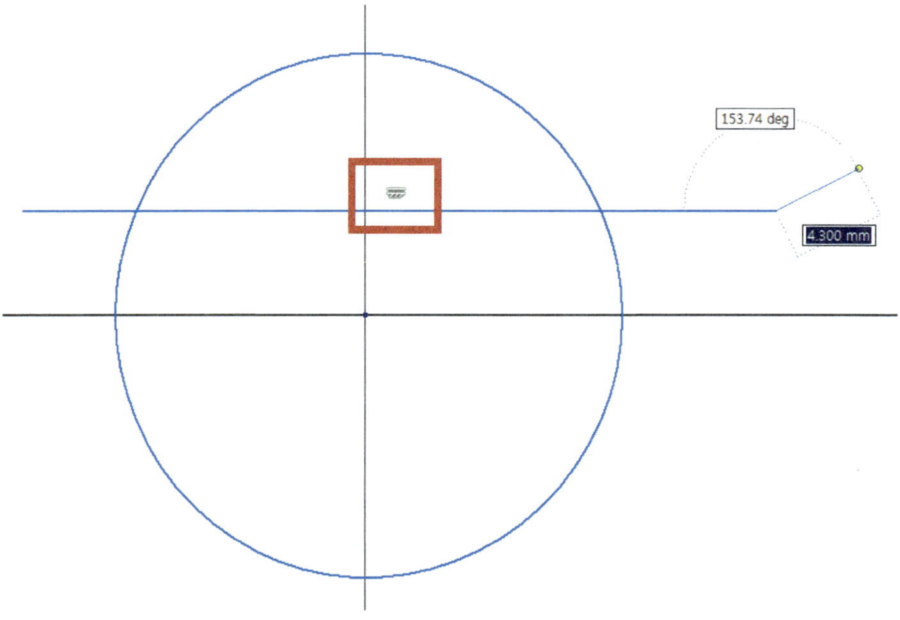

선 명령을 종료하려면 ESC키(Esc)를 누른다.

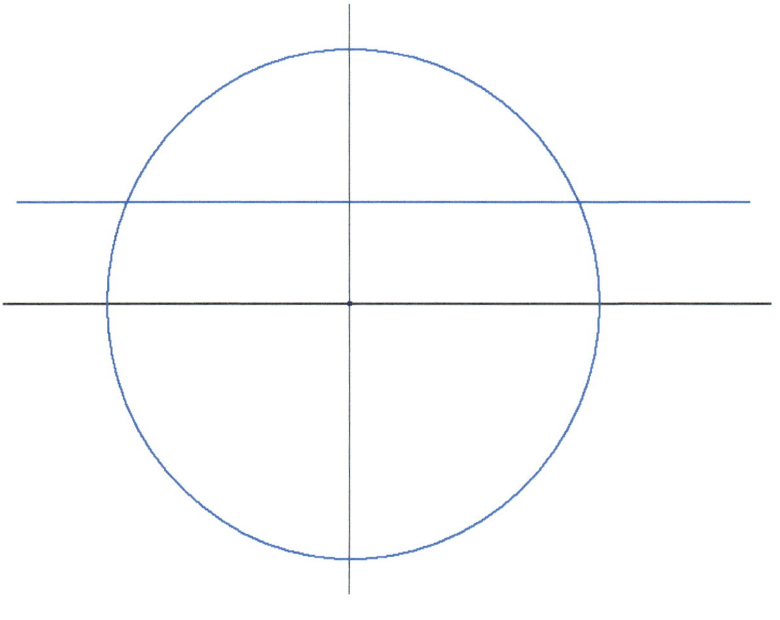

SHIFT키(Shift)를 누른 상태로 원점과 가로선을 클릭한다. 두 선을 같이 선택한 상태이며 원점과 가로선의 색깔이 바뀐다.

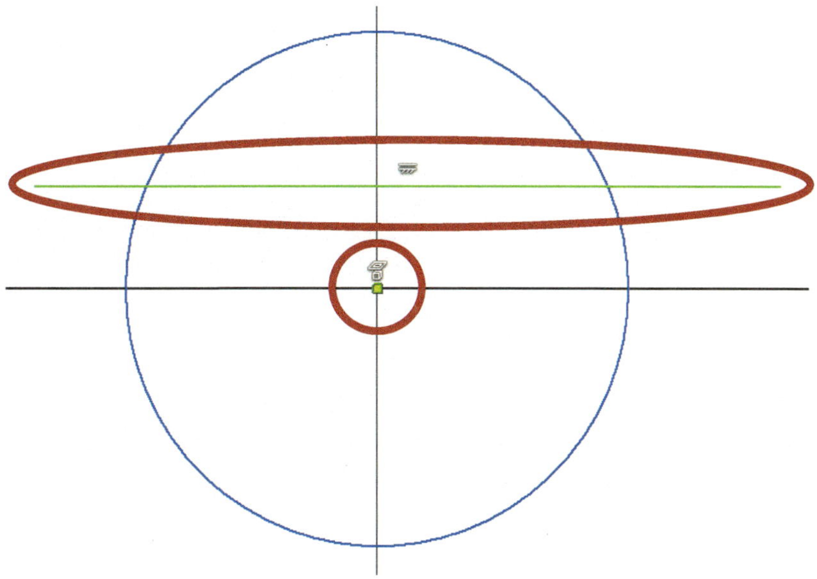

일치 구속조건()을 클릭하여 가로선을 원점과 일치시킨다. 리본에서 명령 아이콘에 커서를 가져놓고 일정시간이 지나면 아래의 그림과 같이 각 명령에 대한 간결한 설명이 나타나는데 이것을 툴팁(Tooltips)이라고 한다.

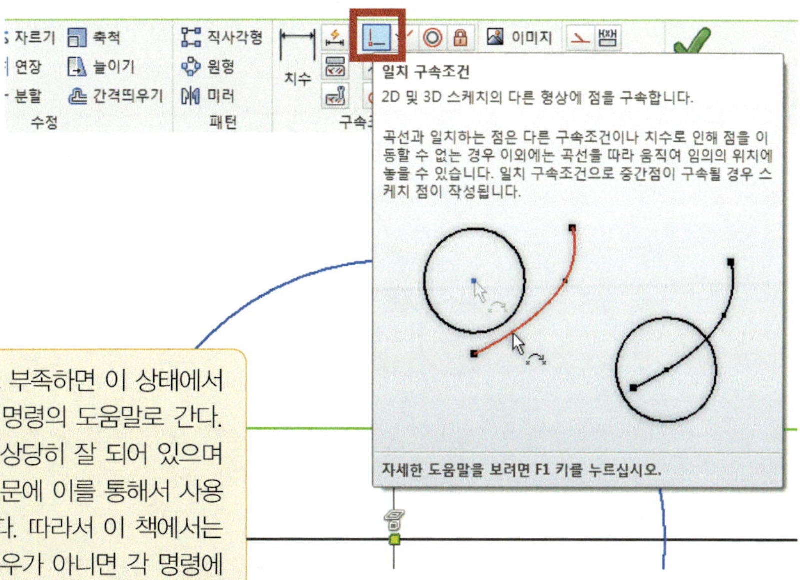

이 툴팁에 있는 설명으로 부족하면 이 상태에서 F1키(F1)를 누르면 해당 명령의 도움말로 간다. 인벤터의 도움말 체계는 상당히 잘 되어 있으며 한국어도 잘 지원하기 때문에 이를 통해서 사용 방법을 쉽게 익힐 수 있다. 따라서 이 책에서는 따라하는데 꼭 필요한 경우가 아니면 각 명령에 대한 자세한 설명은 피하고자 한다.

구속이 제대로 되면 아래의 그림과 같이 된다. 그림을 보고 이해하기 편하도록 X선과 Y선을 숨기고 설명을 계속하고자 한다.

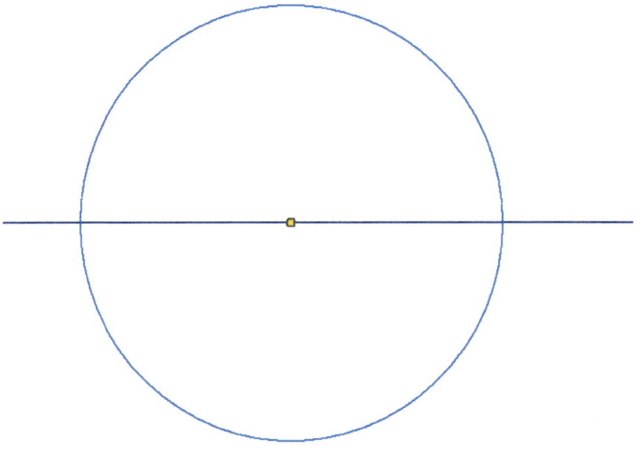

자르기 명령(리본 〉 스케치 〉 수정 〉 자르기)을 클릭하고 아래의 세 부분을 클릭하여 삭제한다.

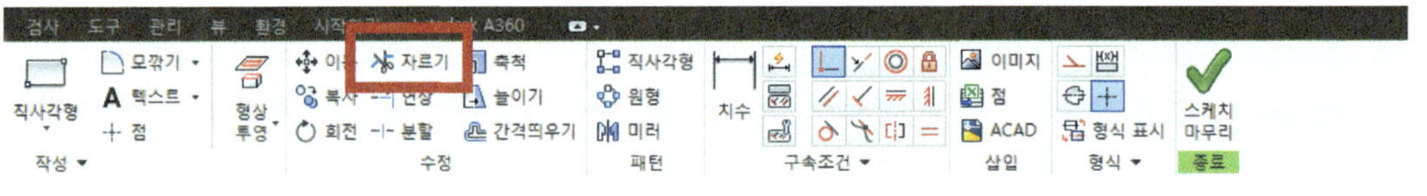

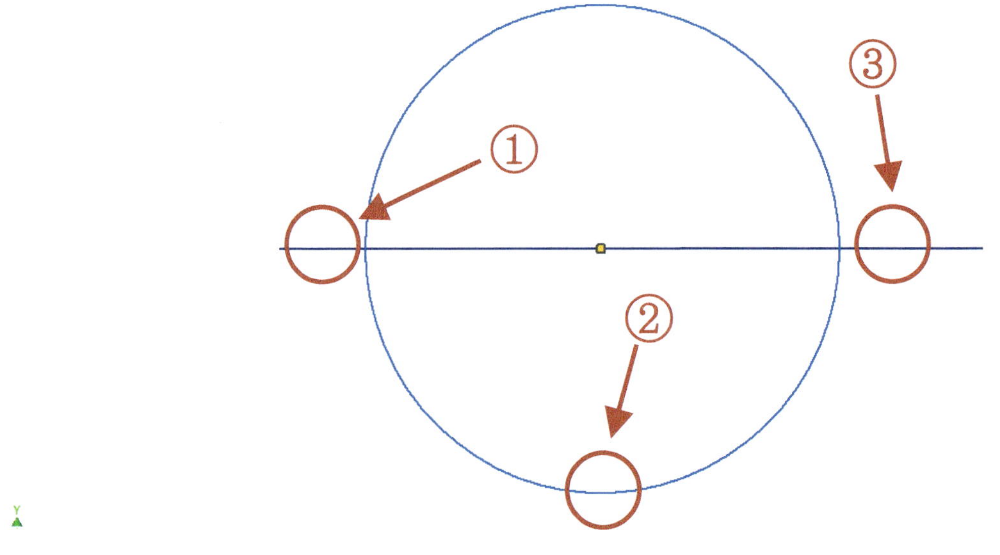

수평선(가로선)을 클릭하여 선택하고 중심선 명령()을 눌러 중심선으로 변경한다.

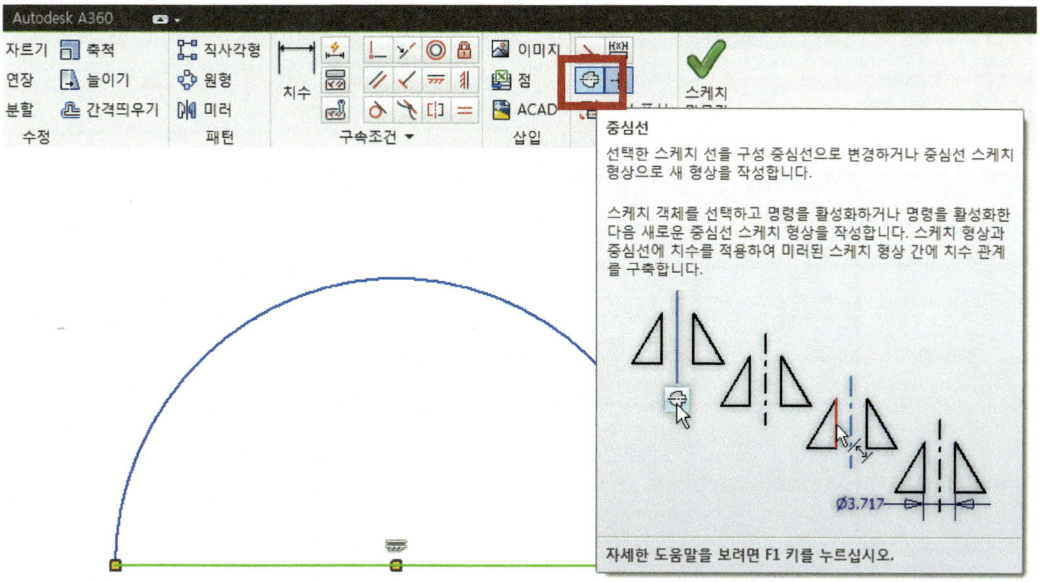

스케치 마무리 명령을 클릭하고 스케치를 종료한다.

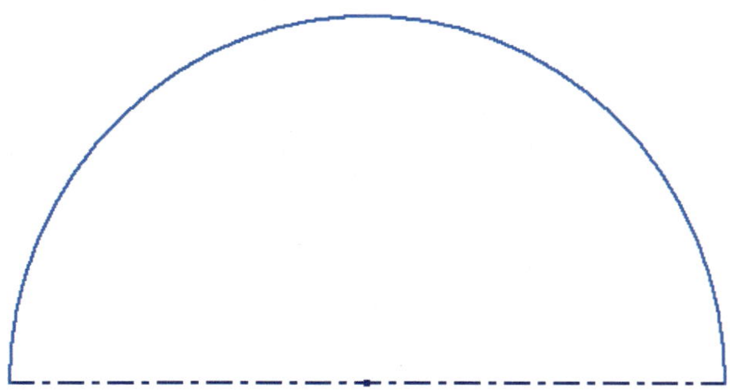

회전 명령을 누르고 확인 버튼을 클릭한다.

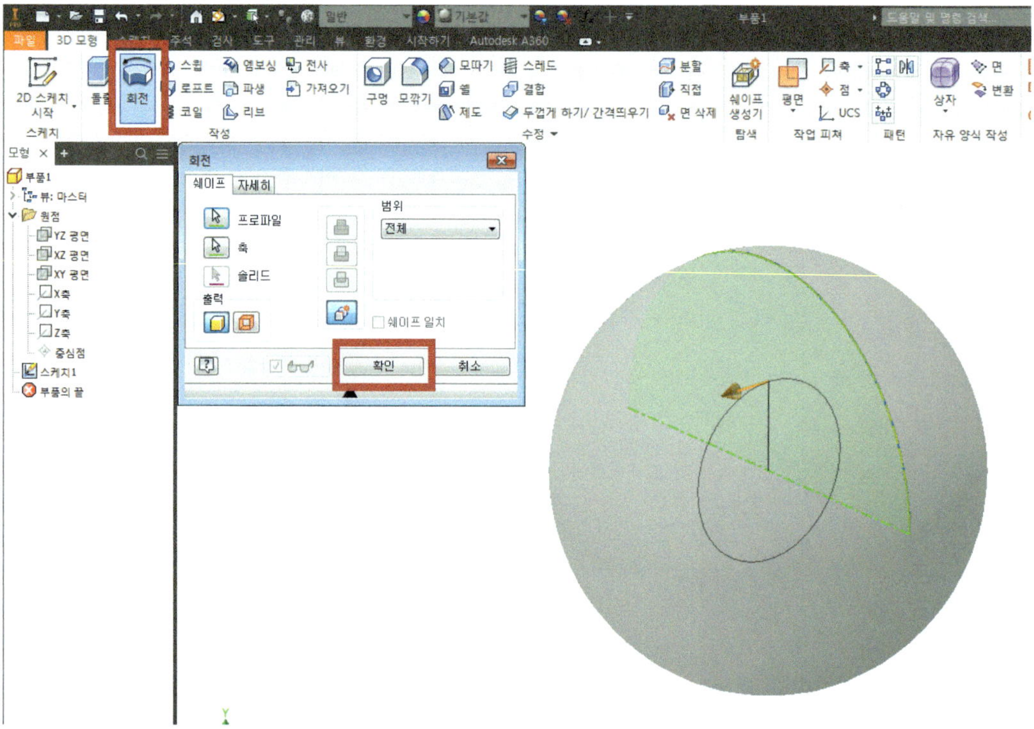

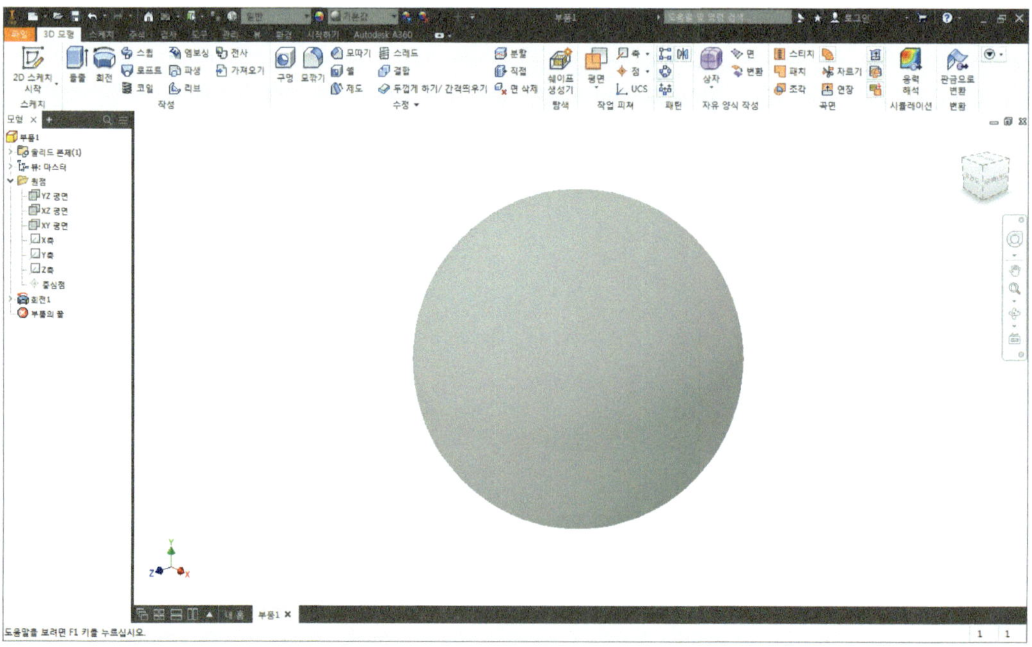

STEP 05 인벤터 기초 예제 4-1

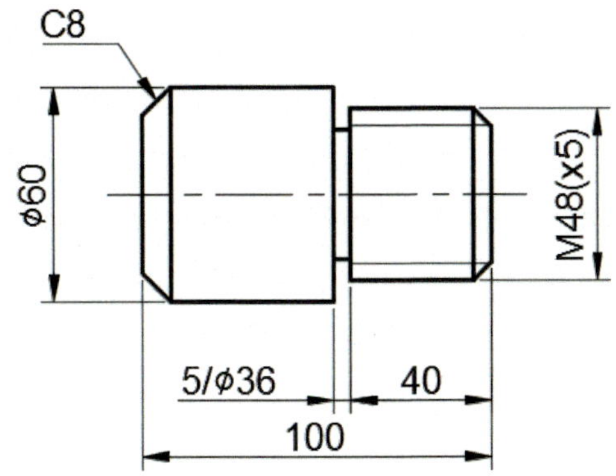

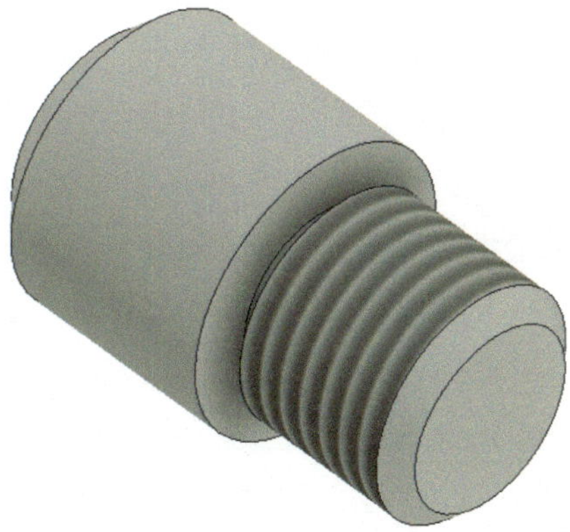

위의 예제를 2가지 방법(4-1과 4-2)으로 작성하고자 한다. 참고로 도면의 M48은 미터나사에 호칭지름이 48mm임을 의미한다.

새 부품을 생성하고 2D 스케치 시작 명령을 누른 다음 그래픽 창에서 XZ 평면을 클릭한다.

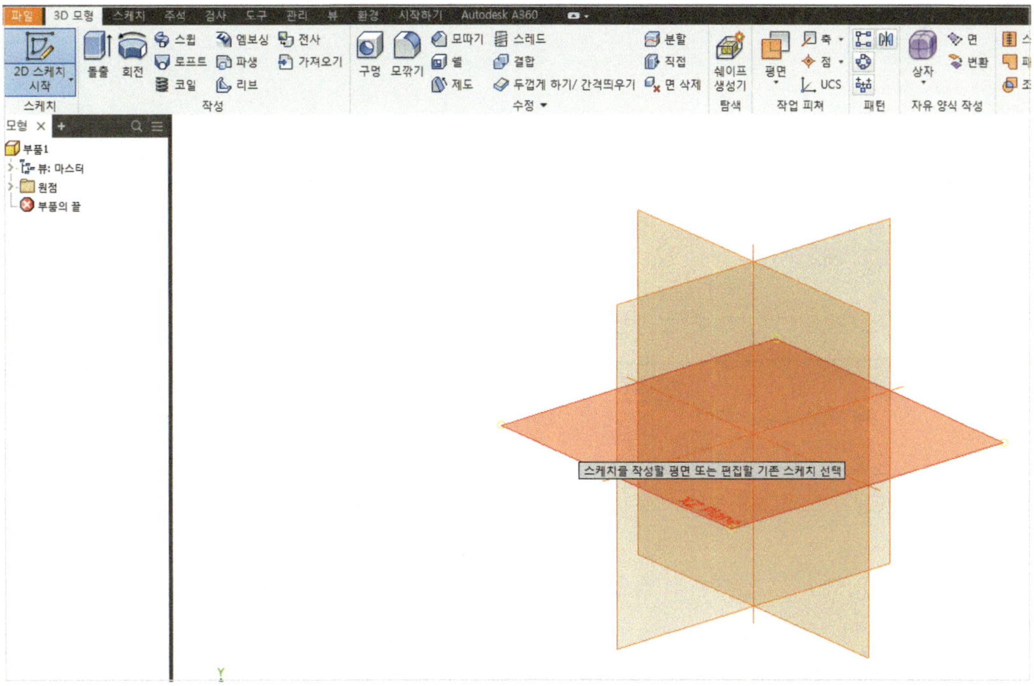

좌측 아래의 붉은색 원이 있는 곳을 보면 X+ 방향이 아래로 Z+ 방향이 왼쪽으로 되어 있다. 이 방향을 Z+ 방향이 오른쪽, X+ 방향이 위쪽으로 위치하도록 뷰큐브(우측 위에 붉은 화살표)의 오른쪽 위에 있는 면 뷰 롤 화살표 버튼을 사용하여 시계방향이나 반시계방향 버튼 어느 쪽이든 상관없이 같은 방향으로 두 번 누른다. 뷰큐브(ViewCube)는 현재 모형을 미리 정의된 세 그룹(구석, 모서리, 면)의 영역을 클릭해 다양한 위치에서 모형을 살펴볼 수 있게 해 준다. 뷰큐브의 면에 위치하려면 해당 면을 클릭한다. 면에 위치하면 뷰큐브 근처에 마우스를 움직여 커서를 가져가면 면 뷰 롤 화살표 버튼이 생기며 그래픽 창에 표시되는 면을 90도로 시계방향 또는 반시계방향으로 회전할 수 있게 된다. 또한 면에 위치하면 인접 면 뷰 버튼(뷰큐브 주위의 4개의 삼각형)이 나타난다. 뷰큐브 바로 밑에는 탐색 막대(Navigation Bar)가 있으며 이 둘이 그래픽 창을 살펴보는데 있어 가장 중요하다. 탐색 막대는 뒤에서 살펴보도록 하겠다.

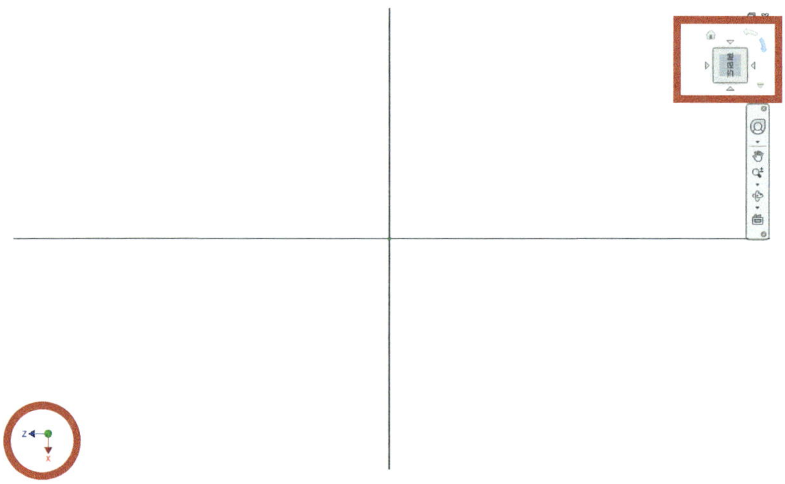

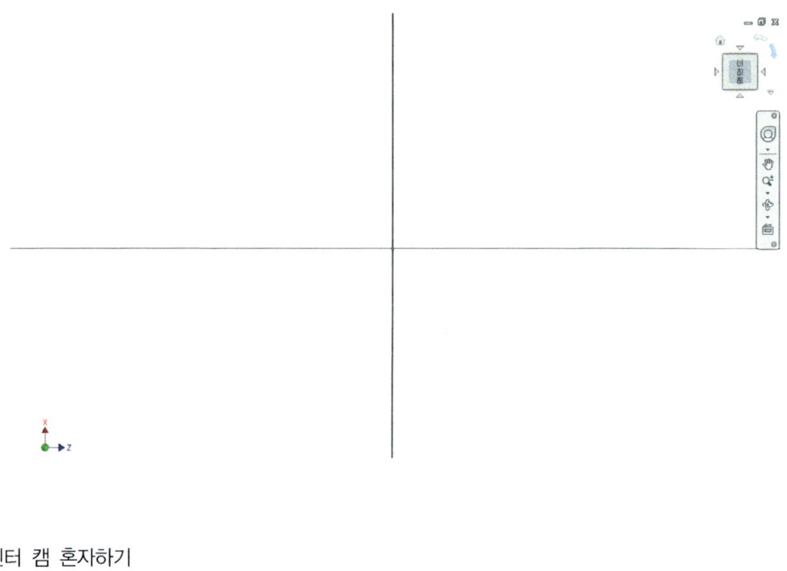

다음과 같이 구속조건을 주의하며 선 명령을 사용하여 대략적인 형상을 그린다. 원점에서 시작하여 원점에서 마무리하면 쉽다. 모든 선에 수직, 수평 또는 직교 구속조건이 걸려있어야 정상적으로 스케치 한 것이다. 직교 구속조건은 두 선 사이에 생기기 때문에 두 선이 만나는 점에 표시된다.

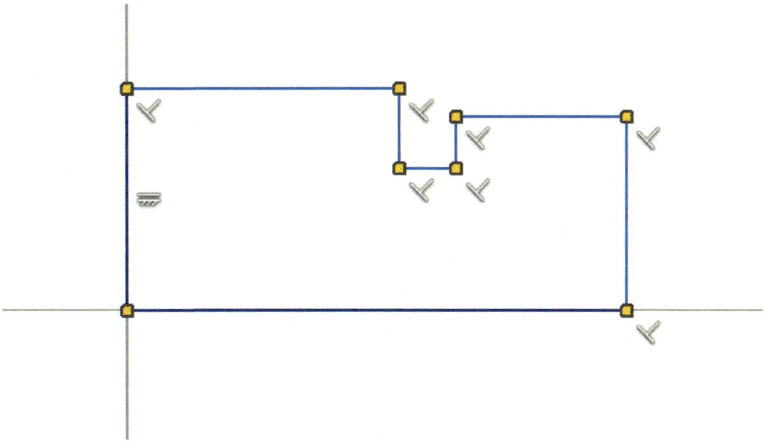

아래의 선을 중심선으로 바꾼다.

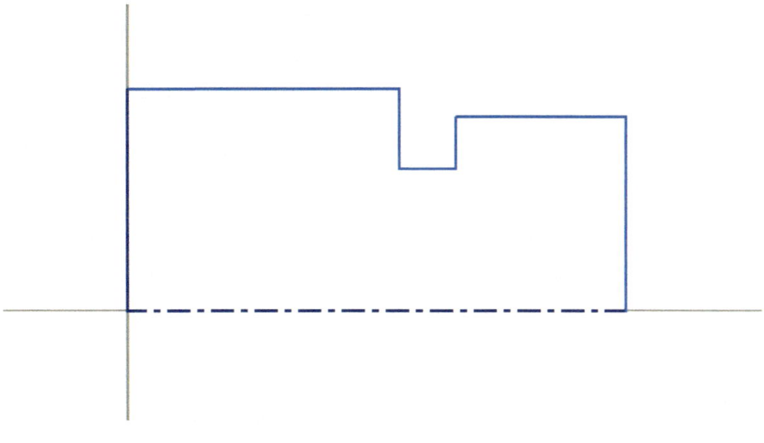

다음과 같이 치수조건을 준다. 치수 값은 보통 작은 치수에서 큰 치수로 값을 주며 치수가 부여되고 난 뒤에 형상이 틀어지는 경우가 있는데 틀어진 선을 클릭하여 원래의 형상으로 옮겨 주거나 명령취소 키(Ctrl+Z)를 사용하여 치수 부여 전으로 돌리고 영향을 주지 않는 다른 값을 찾아 먼저 주어야 한다. 구속조건 및 치수가 들어가서 구속이 되면 선의 색깔이 바뀌는 것에 유의하며 작업한다. 극히 몇몇 경우를 제외하고는 구속이 안 된 선이 있는지 확인해 보고 있으면 구속조건을 주어 임의의 변화가 발생하지 않도록 하여야 한다.

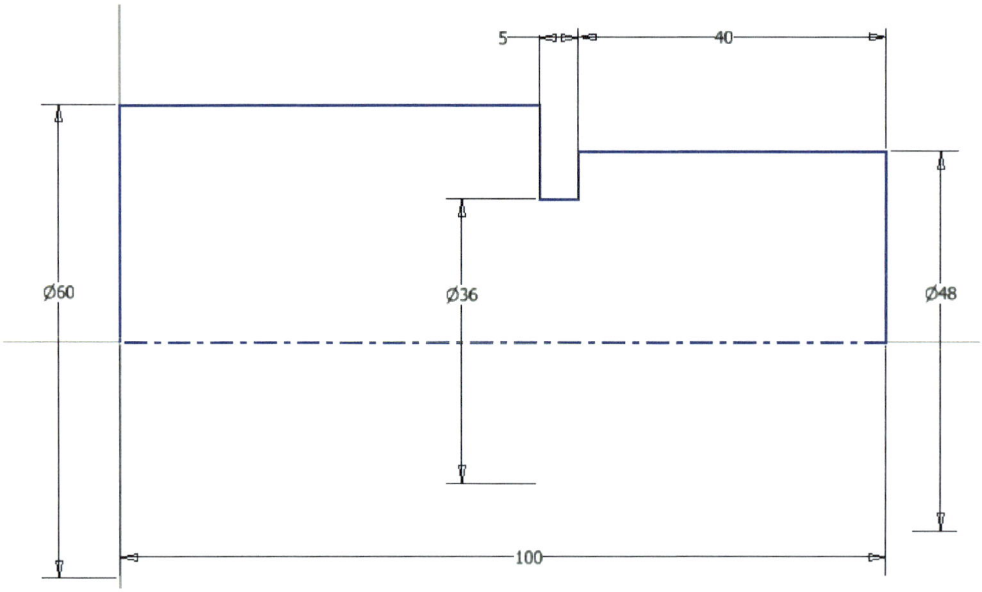

중심선이 있는 경우 치수 부여를 할 때 조심해야 할 것이 있다. 다음 두 경우에 표시되는 치수가 같은 크기에 대해 다르게 표시되는 것에 유의한다. 중심선이 없으면 회전 명령을 수행할 때 어느 선을 기준으로 회전할 것인지 사용자가 직접 선택해줘야 한다.

1. 중심선과 다른 한 선을 클릭하여 치수를 생성하는 경우

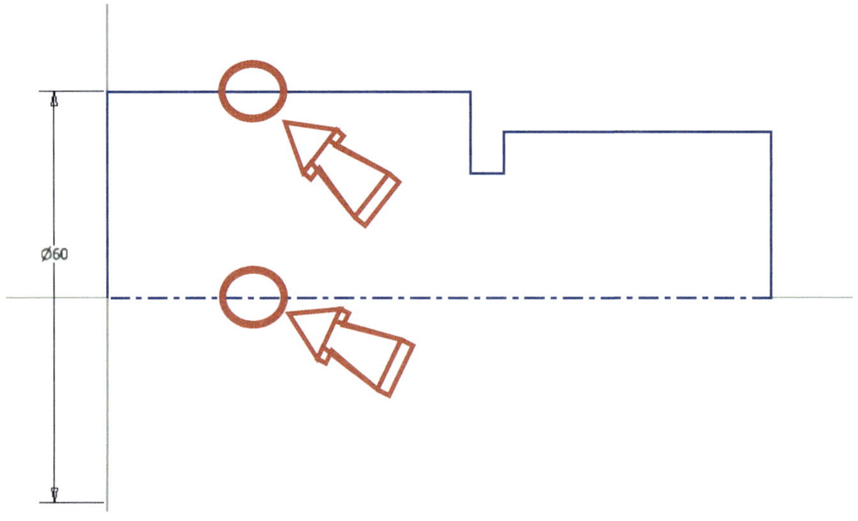

2. 한 선만 클릭해서 치수를 생성하는 경우

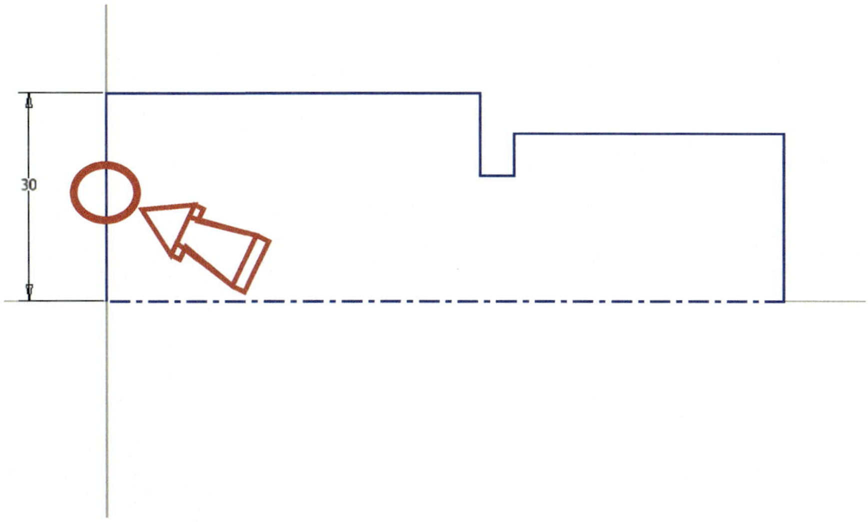

스케치 마무리 명령을 클릭하고 스케치를 종료한다. 회전 명령을 회전 명령을 누르고 확인 버튼을 클릭한다.

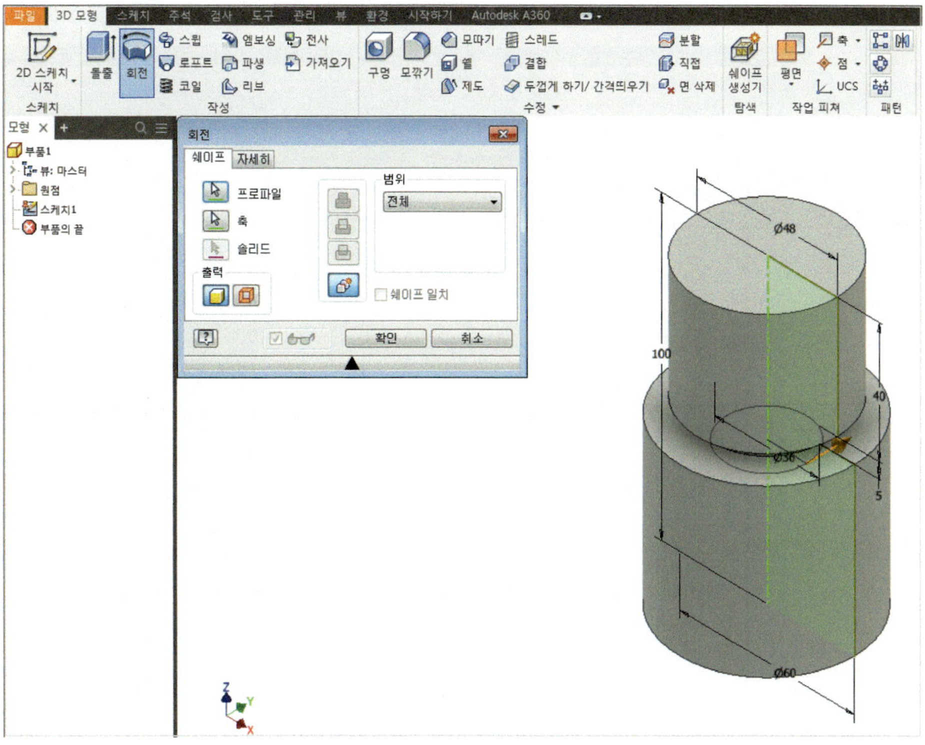

모따기 명령(리본 〉 3D 모형 〉 수정 〉 모따기)을 두 번 사용하여 위 아래에 모따기를 한다.

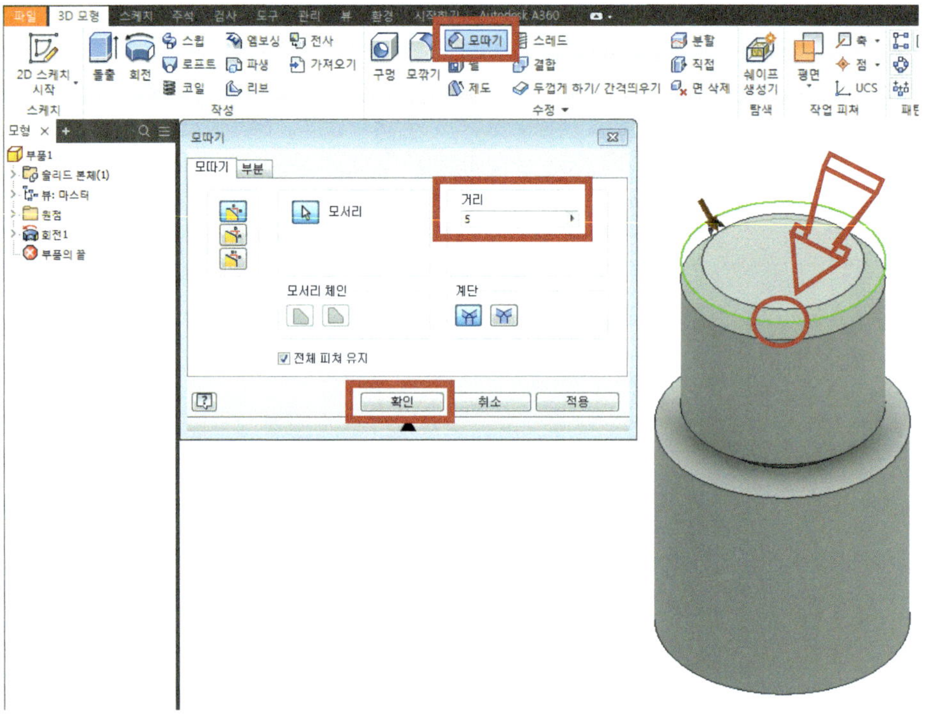

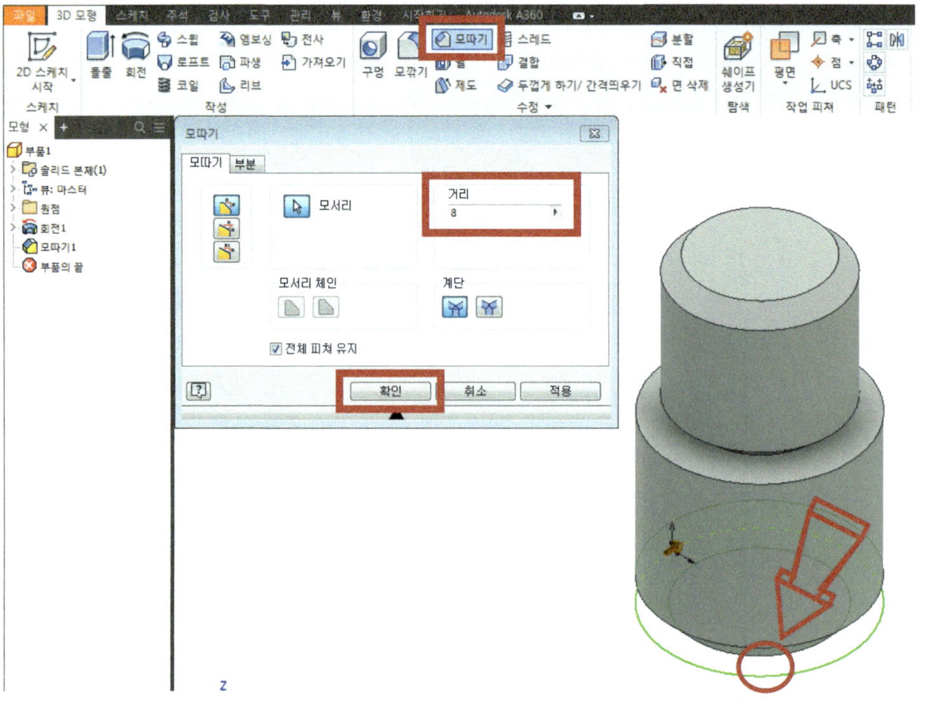

이제 보기 좋은 방향으로 부품을 회전시킨다. 여기에서는 뷰큐브를 사용해보기로 한다. 뷰큐브는 구석(꼭지점), 모서리, 면을 클릭하여 정해진 위치들 중에 원하는 위치를 잡으면 된다. 부품이 원하는 방향이 아니면 면에서 면 뷰 롤 화살표 버튼을 사용하여 회전시키면 된다.

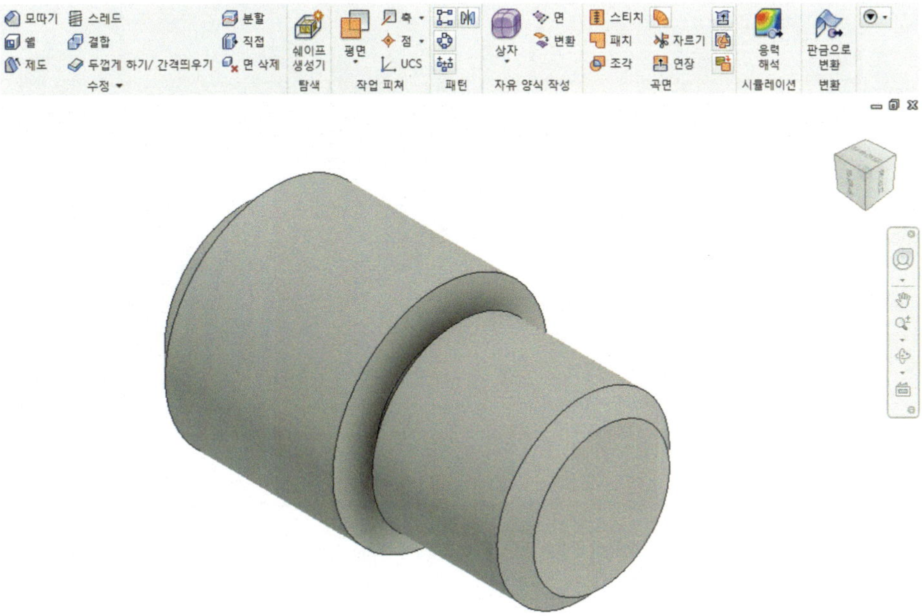

스레드 명령(리본 〉 3D 모형 〉 수정 〉 스레드)을 사용하여 아래 그림과 같이 작업한다.

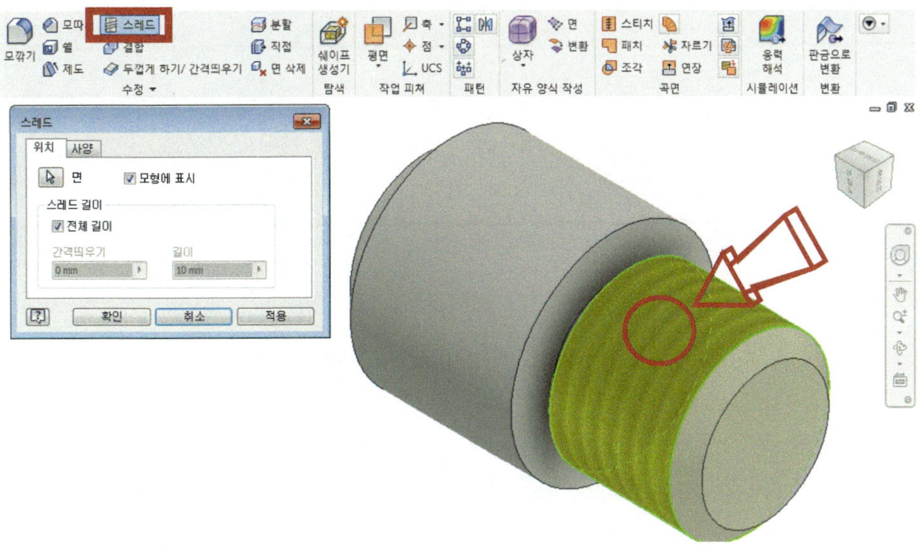

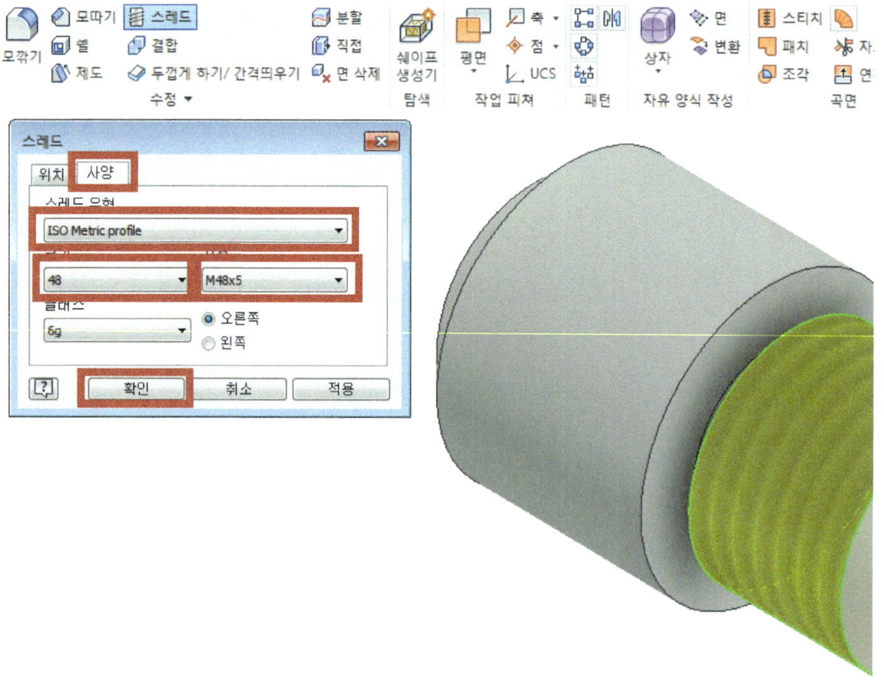

이제 모형 생성이 마무리 되었다. 모형의 이동(인벤터의 매뉴얼에서는 초점이동이라고 한다)과 확대축소 및 임의 회전을 마우스 중간버튼으로 하는 방법을 알아보자. 하는 방법은 마우스의 가운데 버튼만 누르면 모형이 이동한다.

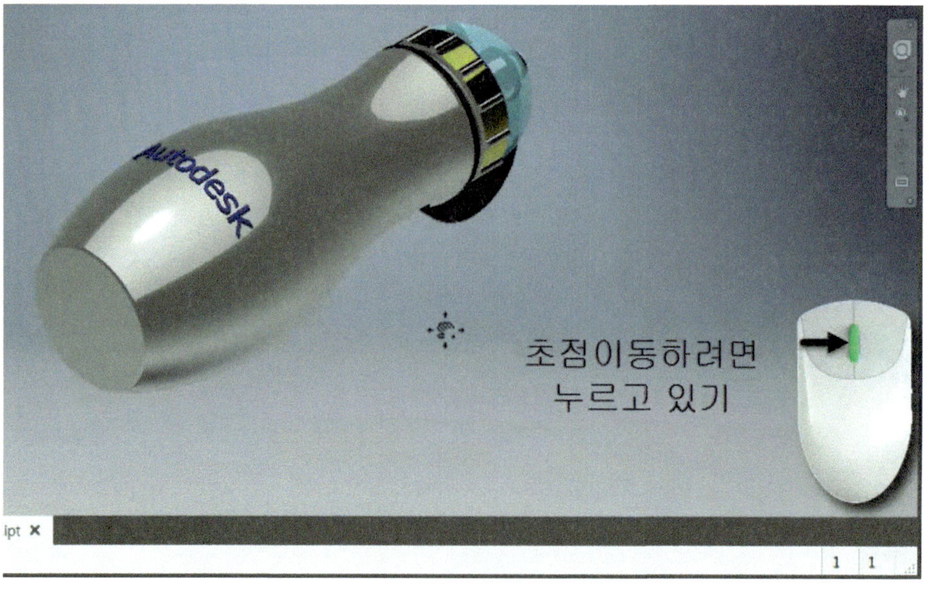

마우스의 가운데 휠을 돌리면 그래픽 창의 커서가 있는 곳을 기준으로, 즉 그 곳이 초점이 되어 확대 및 축소가 이루어진다.

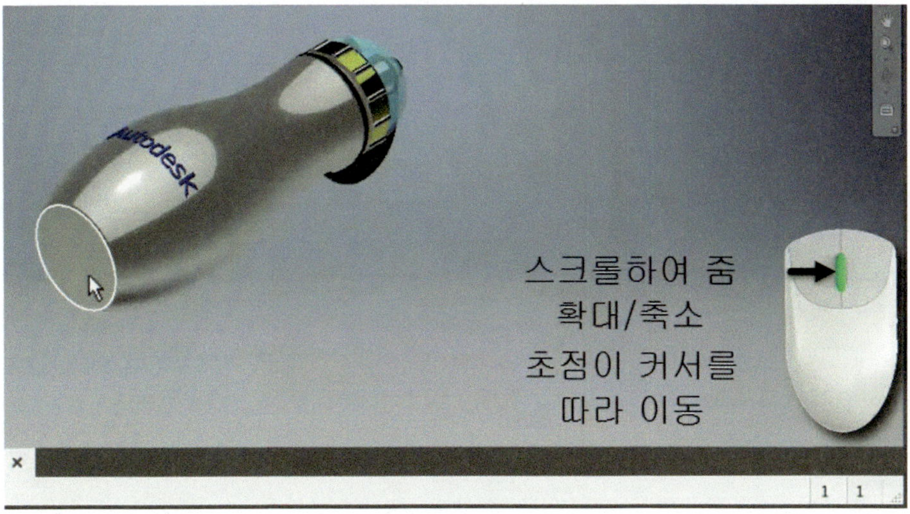

마우스의 가운데 버튼을 두 번 누르면 STEP 02. 인벤터 기초 예제 1에서 탐색 막대의 전체 줌을 클릭한 것과 같다.

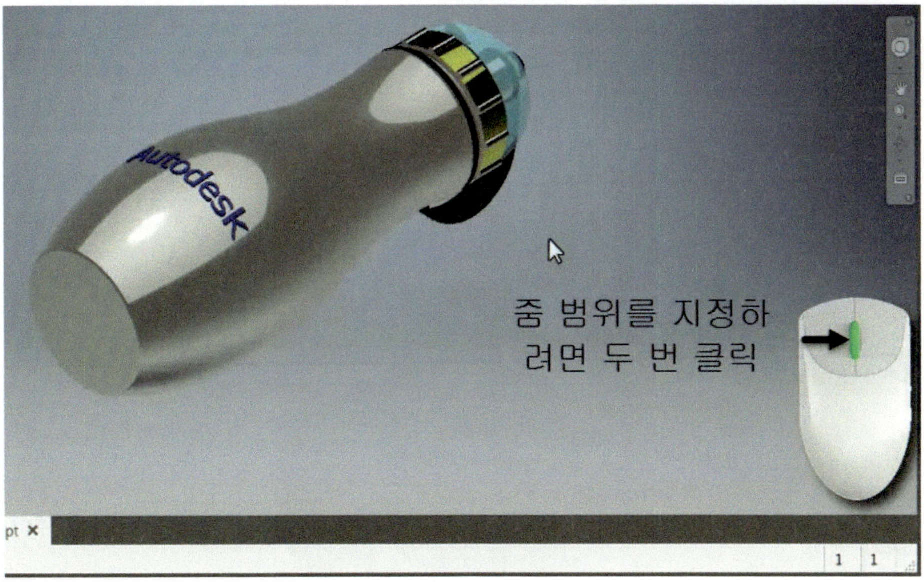

키보드의 SHIFT키(Shift)와 같이 마우스의 가운데 버튼을 누르면 모형이 회전한다. 이는 탐색 막대의 회전 명령에서 원 안에서 마우스를 클릭하고 움직였을 때와 같다.

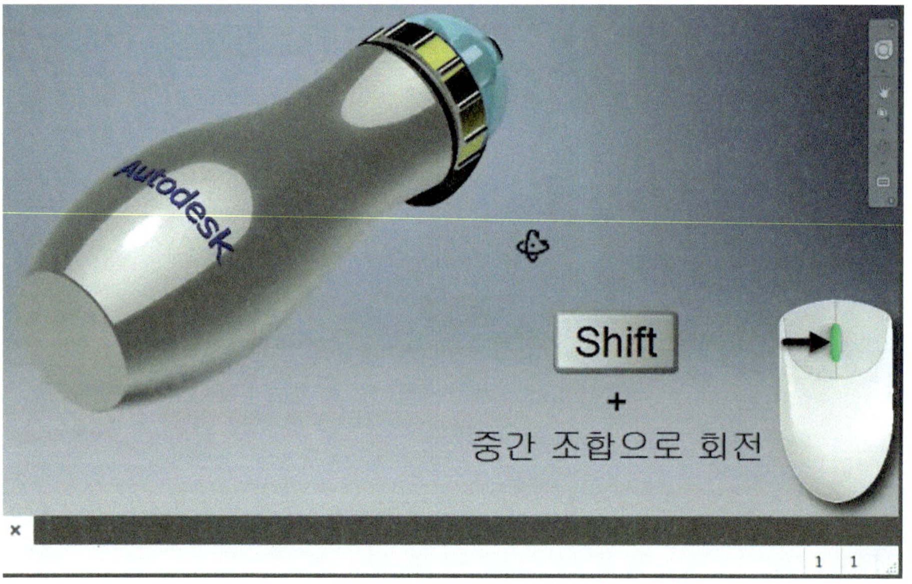

뷰큐브의 홈 명령과 탐색 막대의 명령들은 뷰 탭의 탐색 패널에도 동일하게 있다.

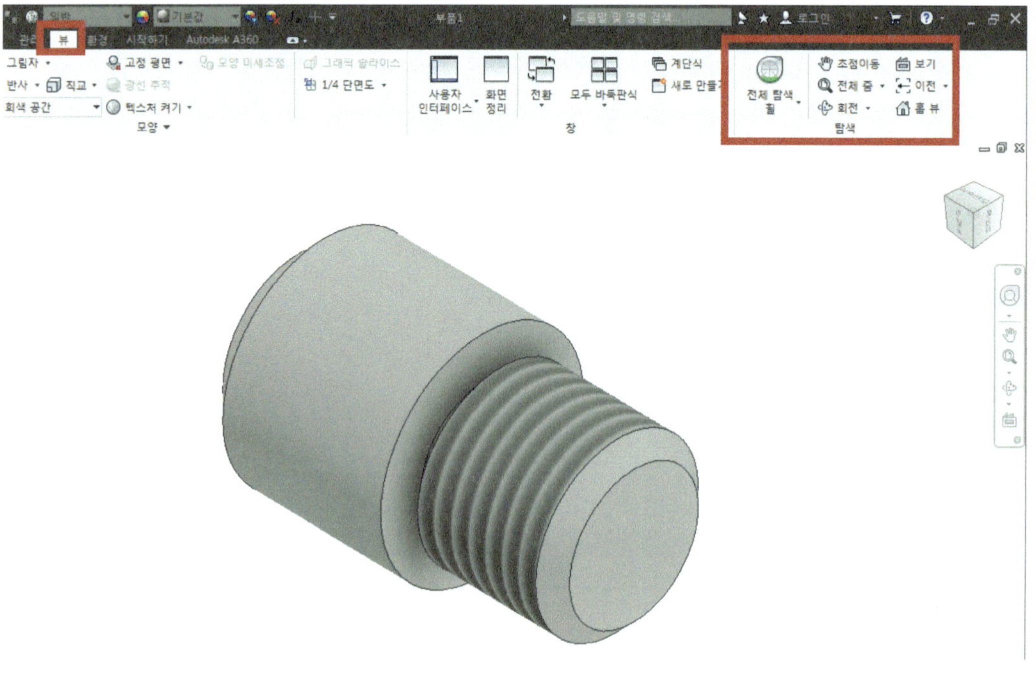

키보드의 F4키(F4)가 그래픽 창에서 객체회전 명령인데 F4키를 누른 상태에서 (왼쪽) 마우스 버튼을 클릭하면 탐색 막대나 탐색 패널에 있는 회전 명령과 같이 작동하는데 누른 상태에서만 회전 명령이 유지된다.

이상으로 인벤터의 필수 기술 비디오의 뷰 탐색을 기반으로 모형을 보는 방법을 설명하였다. 살펴본 바와 같이 인벤터의 도움말은 매우 직관적으로 이해하기 쉬운 설명으로 되어 있어 반드시 명령을 사용하기 전에 잠시 멈추어 툴팁(Tooltips)을 읽어보기 바라며 그래도 이해가 잘 안되면 F1키(F1)를 눌러 도움말을 읽어보는 것이 작업을 수행하는데 편리할 것이다.

〈 참 고 〉

나사를 표현하는데 있어 실제 나사부를 모델링하는 내용이 수록된 교재들이 많이 있다. 여기서는 책의 페이지 수 관계상 수록하지 못했으며 이는 실제로도 부품을 모아 조립품을 생성하는데 있어 적절한 방법이 되지 못하기 때문에 이 책의 방향과도 맞지 않은 이유도 있다. 인벤터를 제작한 오토데스크사에서도 여기에 대해 언급하고 있으며 관심이 있으면 아래의 내용을 구글 등의 검색엔진에서 찾아 들어가 보자. 오토데스크의 입장과 예제파일을 가지고 직접 살펴볼 수 있다.

- https://www.autodesk.co.kr/support/technical/article/caas/sfdcarticles/sfdcarticles/KOR/Modeled-Threads-can-significantly-slow-Inventor.html
- 모델링된 스레드는 Inventor의 속도를 크게 저하시킬 수 있다.

CHAPTER 2

인벤터 캠의 기초

STEP 06 인벤터 캠의 소개
STEP 07 인벤터 캠의 명령 아이콘 설명(국문 요약)

INVENTOR
CAM

STEP 06 인벤터 캠의 소개

1. 인벤터 캠이란 무엇인가?

Autodesk Inventor CAM(이하 인벤터 캠)은 스웨덴의 HSM Technology AB에서 SolidWorks와 통합되는 HSMWorks라는 CAM 소프트웨어를 만들었으며 2012년에 Autodesk가 HSM Technology AB를 인수하여 HSMWorks와 HSMXpress를 인벤터에 통합한 것이 지금의 Inventor CAM이다. 현재도 Autodesk에서 SolidWorks에 통합되는 CAM 소프트웨어인 HSMWorks를 판매하고 있다.

STEP 07 인벤터 캠의 명령 아이콘 설명(국문 요약)

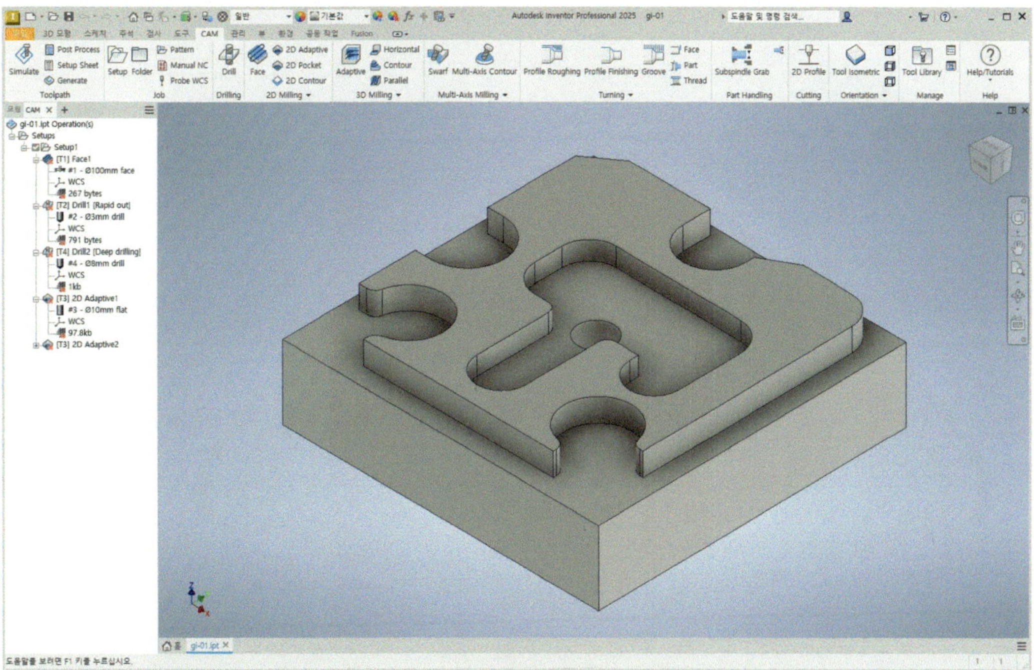

인벤터 캠의 명령(command) 아이콘은 인벤터의 리본에서 CAM 탭에 각 패널 별로 분류되어 있다.

1. Toolpath 패널

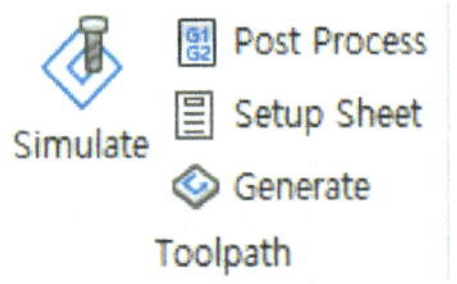

1.1 Simulate 명령 (리본 〉 CAM 〉 Toolpath 〉 Simulate)

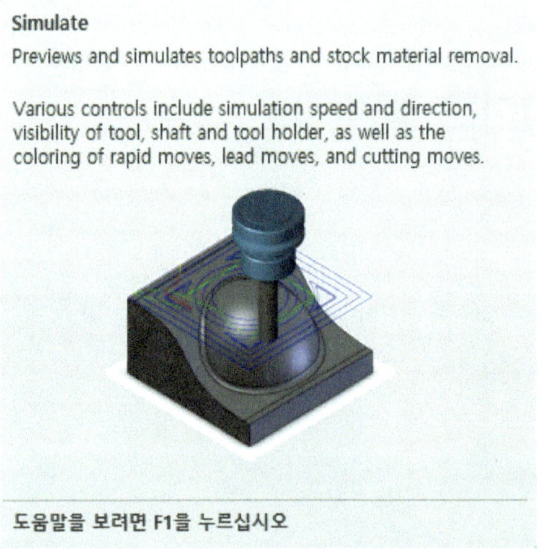

Simulate 명령 :

미리 보기 및 공구 경로와 소재의 절삭 가공을 시뮬레이션 한다. 다양한 제어 기능으로는 시뮬레이션 속도와 방향 및 공구, 축 그리고 공구 홀더의 가시성, 그리고 급속 이송, 리드 이송, 절삭 이송의 색상 변경 등이 포함된다.

참고

리드 이송이란 절삭 공구가 공작물(또는 작업물, work)에 접근하거나 공작물에서 벗어날 때 사용되는 이동을 의미한다.

1.2 Post Process 명령 (리본 〉 CAM 〉 Toolpath 〉 Post Process)

Post Process

Post Process

Converts the machine-independent cutter location data into machine-specific NC code.

Customizable post processor configurations are provided for all the commonly available CNC controls/machines.

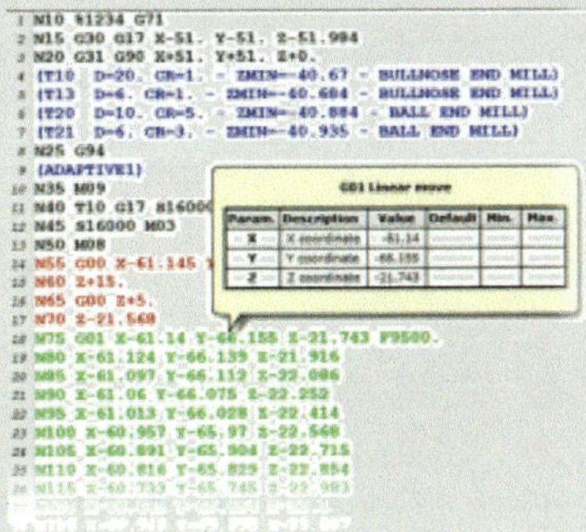

도움말을 보려면 F1을 누르십시오

Post Process 명령 :

특정 기계에 종속되지 않은 CL(cutter location) DATA를 각 기계에 적합한 NC 코드로 변환한다. 일반적으로 사용되는 모든 CNC 제어기 및 기계에 대해 사용자 정의 가능한 포스트 프로세서 설정을 제공한다.

> **참고**
>
> CL DATA는 공구의 위치와 이동 경로를 정의하는 데이터이며, CAM 소프트웨어에서 생성되고, NC 코드는 실제 CNC 공작 기계가 실행하는 명령어로, CL DATA를 기반으로 포스트 프로세서(후처리) 과정을 통해 생성된다.

1.3 Setup Sheet 명령 (리본 〉 CAM 〉 Toolpath 〉 Setup Sheet)

Setup Sheet

Setup Sheet

Generates an overview of the NC program for the CNC operator. Provides tool data, stock and work piece position, and machining statistics.

The setup sheet is fully customizable.

도움말을 보려면 F1을 누르십시오

Setup Sheet(설정 문서(시트)) 명령 :

CNC 기계 조작자를 위해 NC 프로그램의 개요(overview)를 생성한다. 공구 데이터, 재료 및 공작물의 위치, 가공 통계 정보를 제공한다. 설정 문서(시트)는 완전히 사용자 정의가 가능하다.

> **참고**
>
> 아래와 같이 Setup, Total, Tools, Operations의 4개 항목으로 된 HTML 문서를 생성한다.

Setup Sheet for Program 1001

Job Description: Setup1

Document Path: ₩gi-01.ipt

Setup

WCS: #0

Stock:
- DX: 70mm
- DY: 69mm
- DZ: 21mm

Part:
- DX: 70mm
- DY: 69mm
- DZ: 21mm

Stock Lower in WCS #0:
- X: 0mm
- Y: 0mm
- Z: -21mm

Stock Upper in WCS #0:
- X: 70mm
- Y: 69mm
- Z: 0mm

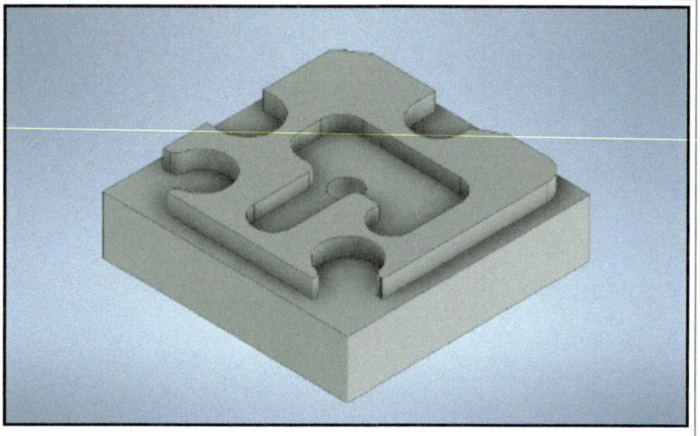

Total

Number Of Operations: 5
Number Of Tools: 4
Tools: T1 T2 T3 T4
Maximum Z: 15mm
Minimum Z: -26mm
Maximum Feedrate: 1000mm/min
Maximum Spindle Speed: 1000rpm
Cutting Distance: 2713.08mm
Rapid Distance: 1171.01mm
Estimated Cycle Time: 6m:54s

Tools

T1 D1 L1

Type: face mill	Minimum Z: 0mm
Diameter: 100mm	Maximum Feed: 100mm/min
Length: 50mm	Maximum Spindle Speed: 1000rpm
Flutes: 3	Cutting Distance: 268mm
	Rapid Distance: 25mm
	Estimated Cycle Time: 2m:47s (40.4%)

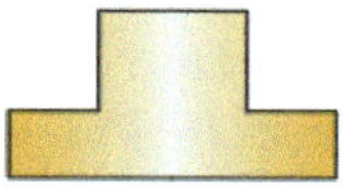

T2 D2 L2

Type: drill	Minimum Z: -4mm
Diameter: 3mm	Maximum Feed: 1000mm/min
Tip Angle: 118°	Maximum Spindle Speed: 1000rpm

1.4 Generate 명령 (리본 〉 CAM 〉 Toolpath 〉 Generate)

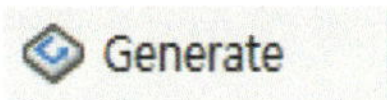

Generate

Regenerates a machining operation whenever a feature of a model is modified on which the operation depends.

You can regenerate all your operations either at once, or individually.

Generate 명령 :

가공 작업에 따르는 모델의 특성이 수정되었을 때 그 작업을 재생성 할 수 있다.
모든 작업에 대해 한 번에 모두 또는 각각 개별적으로 재생성할 수 있다.

2. Job 패널

2.1 Setup 명령 (리본 〉 CAM 〉 Job 〉 Setup)

Setup

Setup is an important first step in starting your manufacturing process. These selections will help you define the working model, stock size, fixtures and set the Work Coordinate System (WCS) zero.

Available work environments

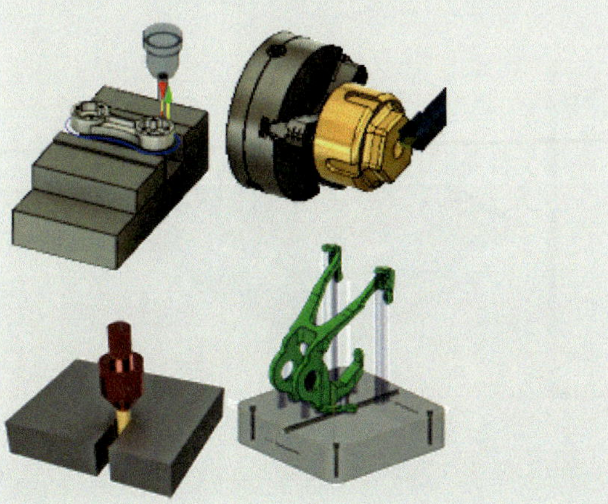

Setup 명령 :

Setup 명령은 제조 공정을 시작하는 중요한 첫 단계이다. 이 선택을 통해 공작물의 모델, 소재의 크기 및 고정구(fixture)를 정의하고 작업 좌표계(WCS)의 원점을 설정할 수 있다.
사용 가능한 작업 환경은 아래와 같다.

2.2 Folder 명령 (리본 〉 CAM 〉 Job 〉 Setup)

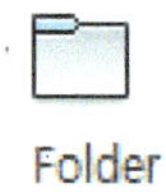

Folder 명령 :

CAM Browser(좌측에 모형 트리가 있는 부분에 CAM을 실행시킬 때 생성되는 브라우저를 말함)에 폴더를 생성한다.

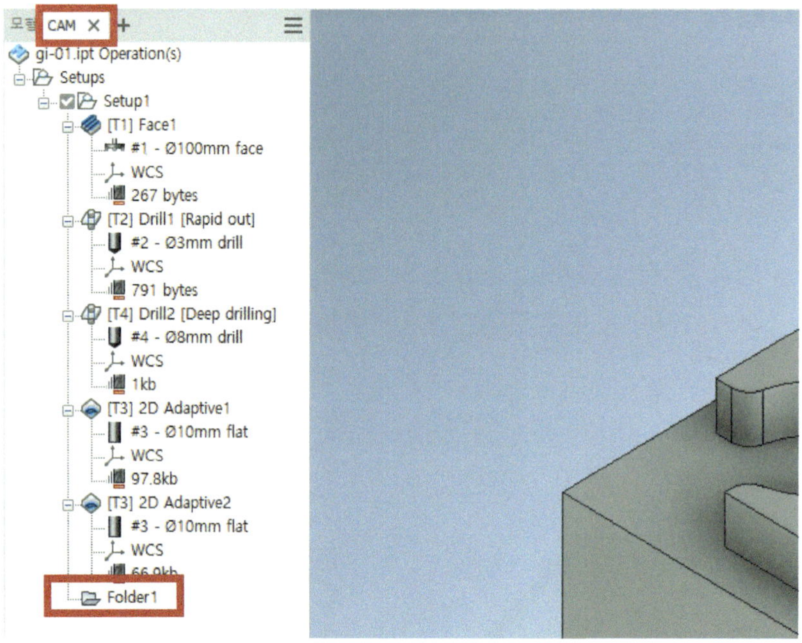

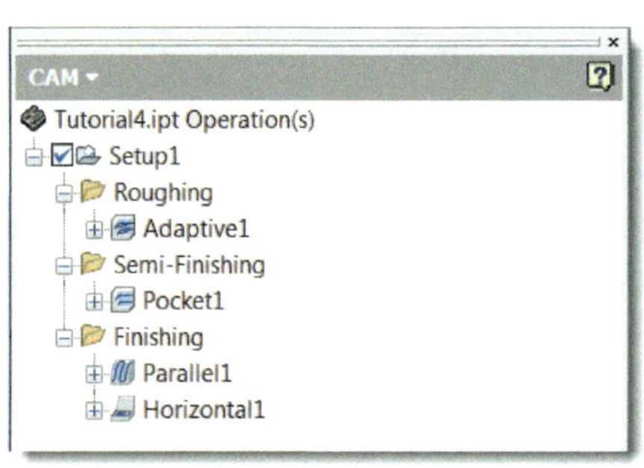

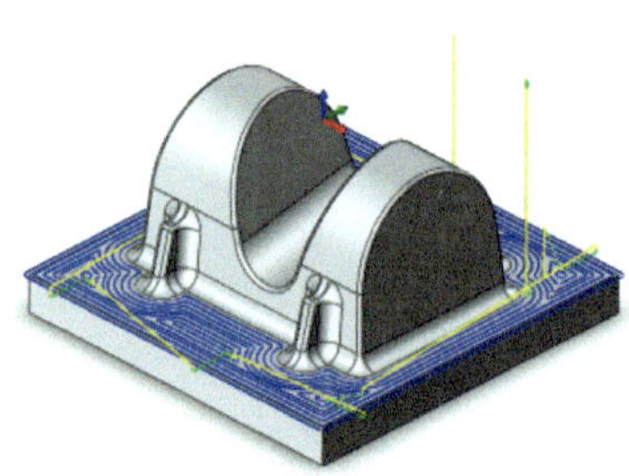

2.3 Pattern 명령 (리본 〉 CAM 〉 Job 〉 Pattern)

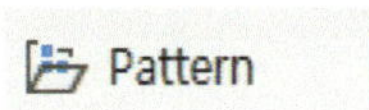

Pattern 명령 :

모델에서 동일한 기하학적 인스턴스가 여러 번 발생할 때, 공구 경로 패턴 기능을 활용할 수 있다. 이 기능을 사용하면 하나의 인스턴스에서만 공구 경로를 생성하고, 나머지 인스턴스에 대해서는 이를 복제할 수 있다.

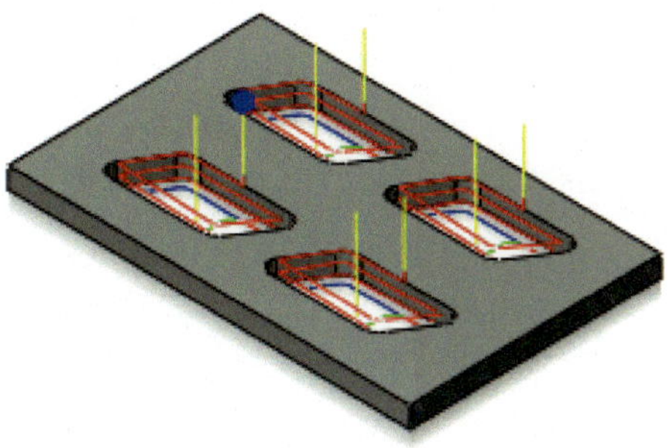

선형 패턴 공구 경로 예제

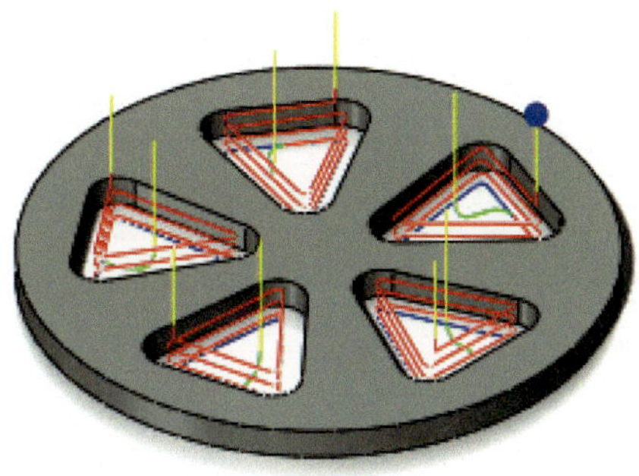

원형 패턴 공구 경로 예제

2.4 Manual NC 명령 (리본 〉 CAM 〉 Job 〉 Manual NC)

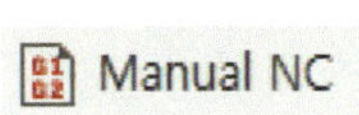

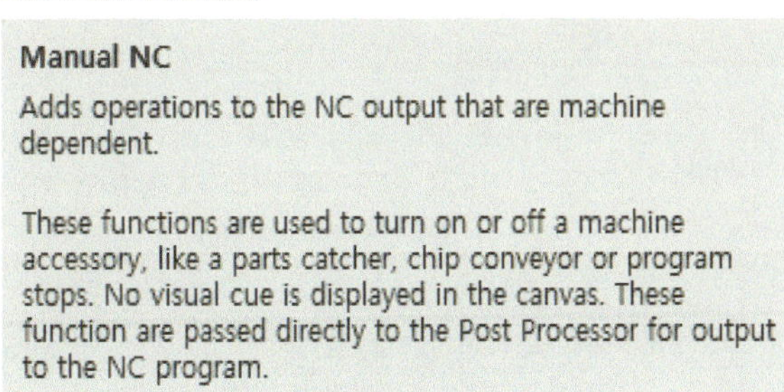

Manual NC

Adds operations to the NC output that are machine dependent.

These functions are used to turn on or off a machine accessory, like a parts catcher, chip conveyor or program stops. No visual cue is displayed in the canvas. These function are passed directly to the Post Processor for output to the NC program.

Manual NC 명령 :

기계에 맞춘 NC 출력에 작업을 추가한다. 이러한 기능에는 부품 캡처, 칩 컨베이어, 프로그램의 정지와 같은 기계 액세서리를 켜거나 끄는 데 사용된다. 이러한 기능은 포스트 프로세서에 직접 전달되어 NC 프로그램으로 출력된다.

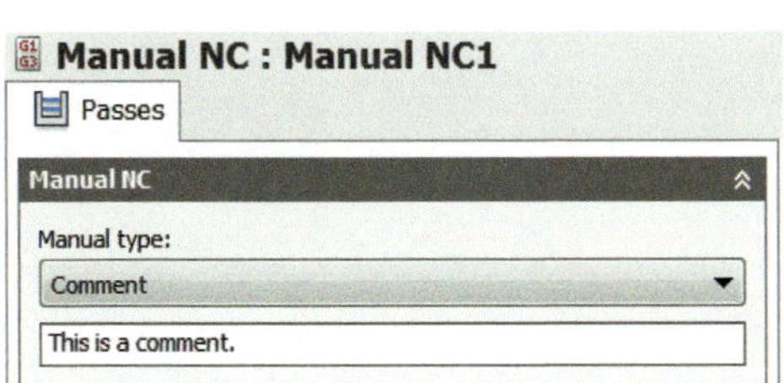

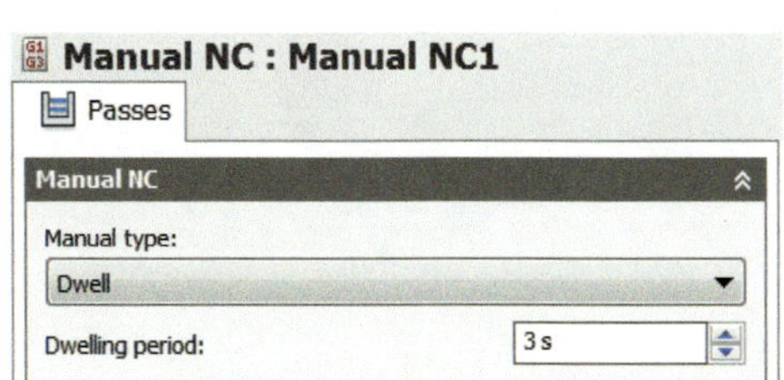

2.5 Probe WCS 명령 (리본 〉 CAM 〉 Job 〉 Probe WCS)

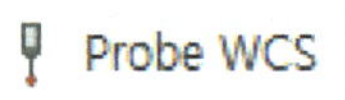

Probe WCS 명령 :

아래의 웹페이지에 있는 설명을 참조한다.

https://help.autodesk.com/view/INVCAM/2020/ENU/?guid=GUID-8FB4E732-1BF9-4104-86D1-AD8D5E73C0E4

3. Drilling 패널

3.1 Drill 명령 (리본 〉 CAM 〉 Drilling 〉 Drill)

Drill 명령 :

폭넓은 드릴링, 탭핑 및 홀 가공 작업에 접근할 수 있도록 만들어주며, 카운터보어와 카운터싱크와 같은 작업도 포함된다.

4. 2D Milling 패널

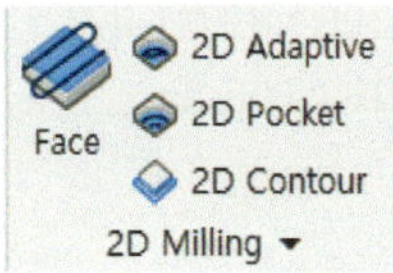

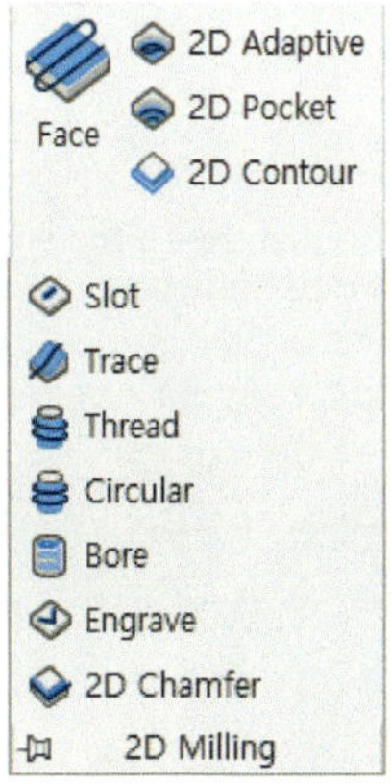

4.1 Face 명령 (리본 〉 CAM 〉 2D Milling 〉 Face)

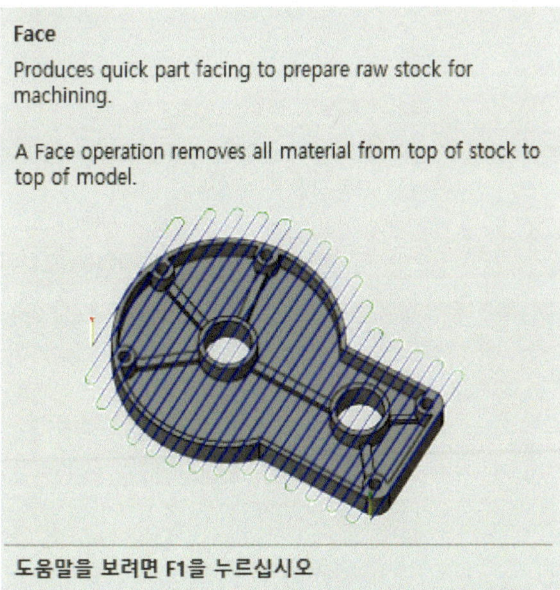

Face 명령(면 가공 명령) :

소재의 가공 준비를 위해 빠르게 부품의 면 가공을 한다. 면 가공 작업은 소재의 상단에서 모델의 상단까지 모든 재료를 제거한다.

4.2 2D Adaptive Clearing 명령 (리본 〉 CAM 〉 2D Milling 〉 2D Adaptive)

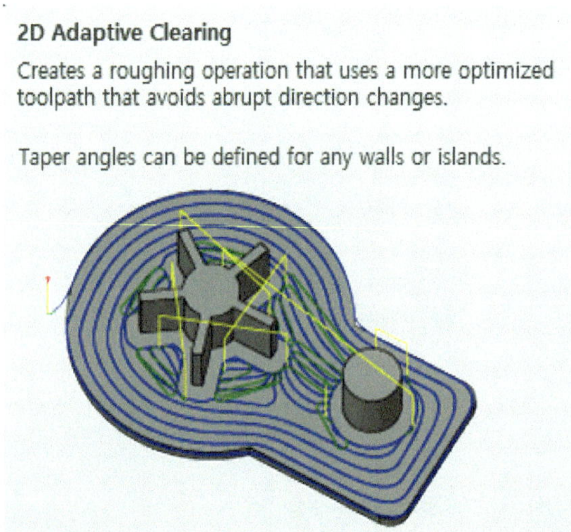

2D Adaptive Clearing 명령 :

공구 경로의 갑작스러운 방향 변경을 피하기 위해 더 최적화된 황삭 가공 작업을 생성한다. 모든 벽과 아일랜드(위의 그림에서 우측에 튀어나온 부분을 의미함)에 경사각을 정의할 수 있다.

4.3 2D Pocket 명령 (리본 〉 CAM 〉 2D Milling 〉 2D Pocket)

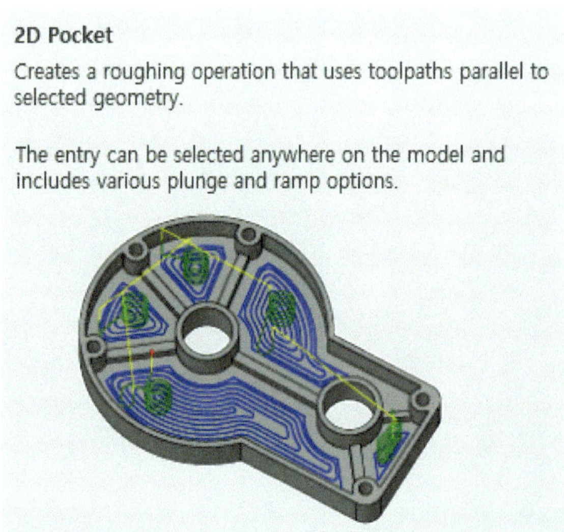

2D Pocket 명령 :

선택한 외형에 평행한 공구경로를 사용하여 황삭 가공작업을 생성한다.
모델의 어느 곳에서든 진입점을 선택할 수 있으며, 다양한 플런지 및 램프 작업이 포함된다.

> **참고**
> 플런지 작업(plunge operation)은 공구가 수직으로 공작물의 표면에 직접 들어가서 절삭을 시작하는 것을 말한다.

4.4 2D Contour 명령 (리본 〉 CAM 〉 2D Milling 〉 2D Contour)

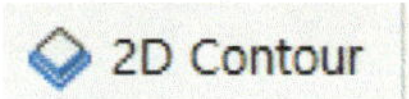

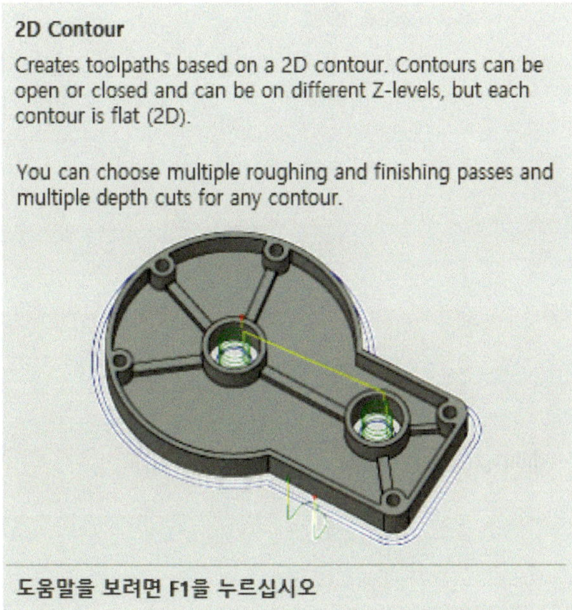

2D Contour 명령 :

2차원 윤곽을 기반으로 공구 경로를 생성한다. 윤곽선은 개방형 또는 폐쇄형일 수 있으며, 서로 다른 Z-레벨이 있을 수 있지만 각 윤곽선은 평면(2D)이다.

어떤 윤곽선이든 여러 개의 거칠기 및 마무리 패스와 여러 깊이 절삭을 선택할 수 있다.

4.5 Slot 명령 (리본 〉 CAM 〉 2D Milling 〉 Slot)

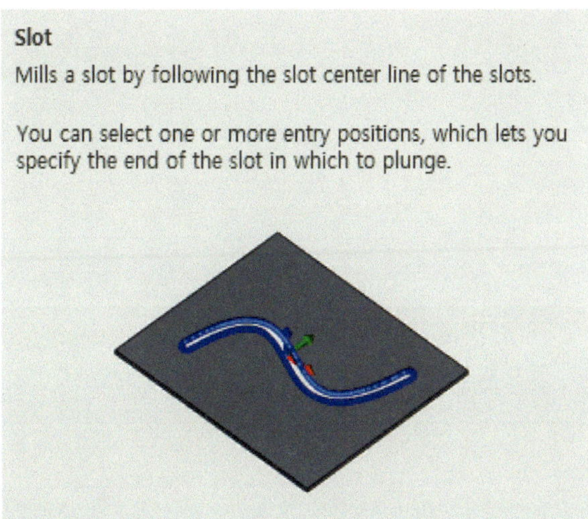

Slot 명령 :

슬롯의 중심선을 따라 슬롯 가공을 한다. 하나 이상의 진입 위치를 선택할 수 있으며, 이를 통해 공구가 플런지(plunge)할 슬롯의 끝을 지정할 수 있다.

4.6 Trace 명령 (리본 〉 CAM 〉 2D Milling 〉 Trace)

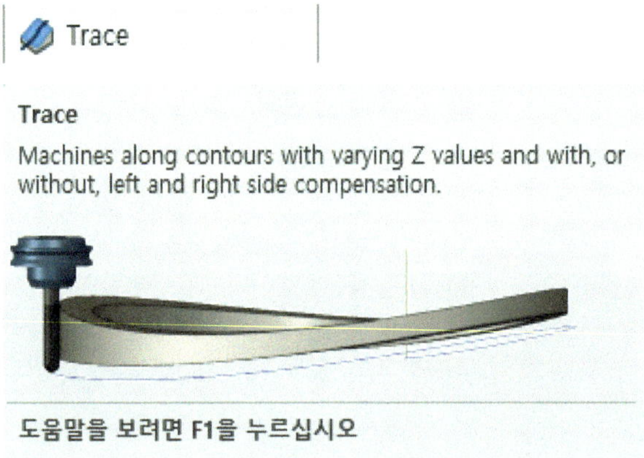

Trace 명령 :

좌보정 또는 우보정을 포함하거나 포함하지 않고, 다양한 Z 값을 가진 윤곽들을 따라 가공한다.

4.7 Thread 명령 (리본 〉 CAM 〉 2D Milling 〉 Thread)

Thread 명령 :

선택한 면에 대해 나선형 헬리컬 절삭을 생성하여 나사 밀링 가공을 수행한다.
가공할 원통형 또는 원뿔형 면을 선택한다. 높이와 깊이는 선택한 외형에 의해 감지된다. 원통, 원뿔, 원형, 캐비티 및 보스 모두 단일 작업으로 가공할 수 있다.

참고

캐비티와 보스는 기계가공에서 특정한 형상의 영역을 나타내는 용어이다.
- Cavity(캐비티) : 공작물의 내부에 파여 있는 음각 영역.
- Boss(보스) : 공작물의 표면에서 돌출된 양각 부분.

4.8 Circle 명령 (리본 〉 CAM 〉 2D Milling 〉 Circle)

Circular

Circular

Creates circular cuts at multiple heights along the selected faces, that includes a lead in/lead out move.

Select cylindrical or conical faces to machine. Heights and depths are detected from the selected geometry. Cylinders, cones, circular cavities and bosses can all be machined in a single operation.

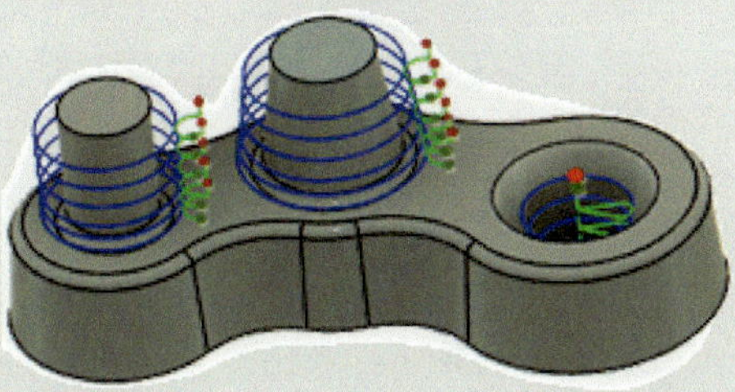

도움말을 보려면 F1을 누르십시오

Circle 명령 :

선택한 면을 따라 여러 높이에서 원형 절삭을 생성하며, 여기에는 리드 인/리드 아웃 이동이 포함된다. 원통형 또는 원뿔형 면을 선택하여 가공할 수 있다.

높이와 깊이는 선택한 외형에서 감지된다. 원통, 원뿔, 원형 공동 및 보스 모두 단일 작업으로 가공할 수 있다.

4.9 Bore 명령 (리본 〉 CAM 〉 2D Milling 〉 Bore)

Bore

Bore

Bore creates a spiraling helical cut, that stays in contact with the selected faces.

Select cylindrical or conical faces to machine. Heights and depths are detected from the selected geometry. Cylinders, cones, circular cavities and bosses can all be machined in a single operation.

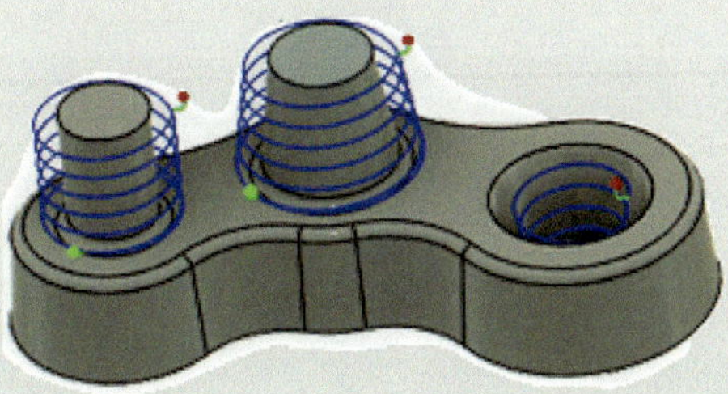

도움말을 보려면 F1을 누르십시오

Bore 명령 :

Bore 명령은 선택한 면과 접촉을 유지하면서 나선형 헬리컬 절삭을 생성한다. 원통형 또는 원뿔형 면을 선택하여 가공할 수 있다.

높이와 깊이는 선택한 외형에서 감지된다. 원통, 원뿔, 원형 공동 및 보스 모두 단일 작업으로 가공할 수 있다.

4.10 Engrave 명령 (리본 〉 CAM 〉 2D Milling 〉 Engrave)

Engrave

Engrave
Machines along contours with V-shaped chamfered walls.

도움말을 보려면 F1을 누르십시오

Engrave 명령 :

V-형의 챔퍼가 있는 윤곽을 따라 가공한다.

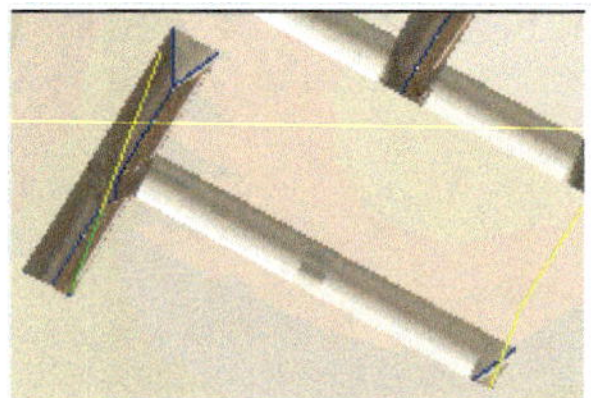

The Edge is selected (Blue).
The area is cleared out.
The corners are sharpened with the tool.

4.11 2D Chamfer 명령 (리본 〉 CAM 〉 2D Milling 〉 2D Chamfer)

2D Chamfer

2D Chamfer
Machines along contours creating a chamfered surface.

도움말을 보려면 F1을 누르십시오

2D Chamfer 명령 :

윤곽을 따라 가공하여 챔퍼가 있는 표면을 생성한다.

5. 3D Milling 패널

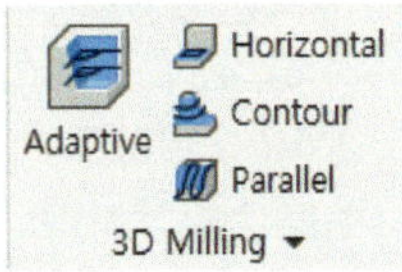

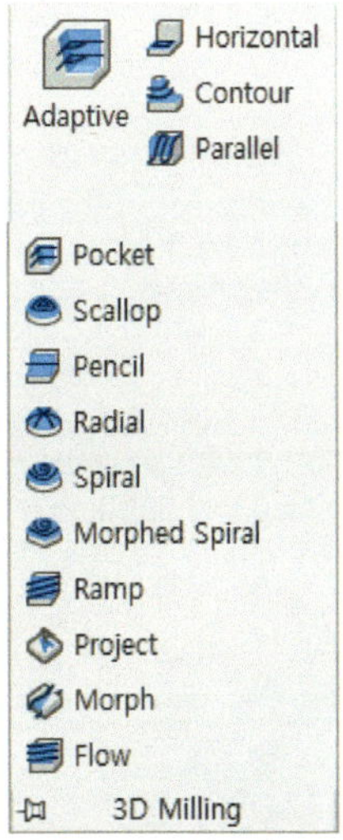

5.1 Adaptive Clearing 명령 (리본 〉 CAM 〉 3D Milling 〉 Adaptive)

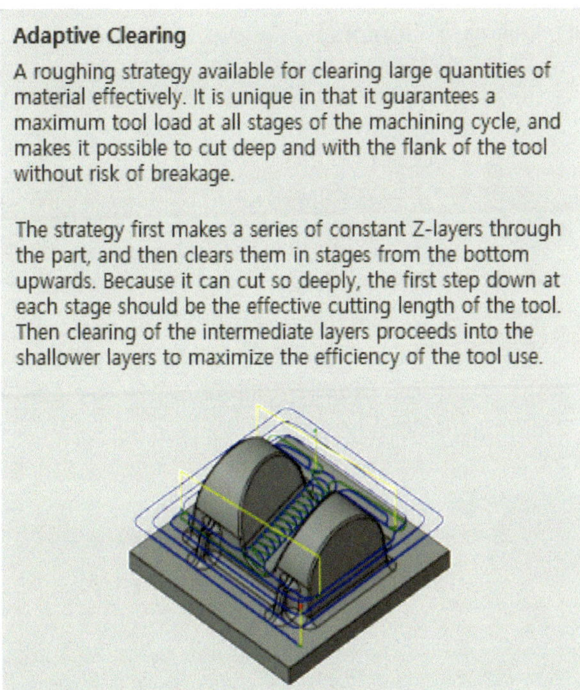

Adaptive Clearing 명령 :

대량의 소재를 효과적으로 제거하는데 사용할 수 있는 황삭 가공 전략이다.

이 전략의 특징은 가공 사이클의 모든 단계에서 최대 공구 부하를 보장하며, 공구의 측면을 사용하여 깊이 절삭할 수 있지만 공구가 파손될 위험이 없다는 점이다.

이 전략은 먼저 부품을 따라 일정한 Z-레이어를 생성한 다음, 아래에서 위로 단계별로 이들을 제거한다. 매우 깊게 절삭이 가능하므로 각 단계에서 첫 번째 하강은 공구의 유효 절삭 길이가 되어야 한다. 이후 중간 레이어를 제거하면서 공구 사용의 효율성을 극대화하기 위해 더 아래의 레이어로 내려간다.

5.2 Horizontal 명령 (리본 〉 CAM 〉 3D Milling 〉 Horizontal)

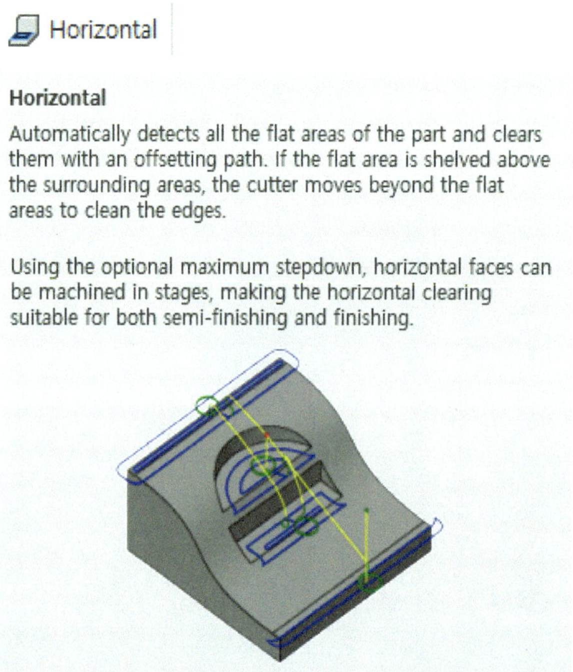

Horizontal 명령 :

자동으로 부품의 모든 평평한 영역을 감지하고, 이를 오프셋한 경로로 제거한다. 만약 평평한 영역이 주변 영역보다 위로 솟아 있다면, 컷터(공구)가 평평한 영역을 넘어서 가장자리를 제거한다. 선택적 최대 스텝다운(the optional maximum stepdown)을 사용하면, 수평면을 단계적으로 가공할 수 있어 수평방향 제거 가공에서 준 정삭과 정삭 가공 모두에 적합하다.

5.3 Contour 명령 (리본 〉 CAM 〉 3D Milling 〉 Contour)

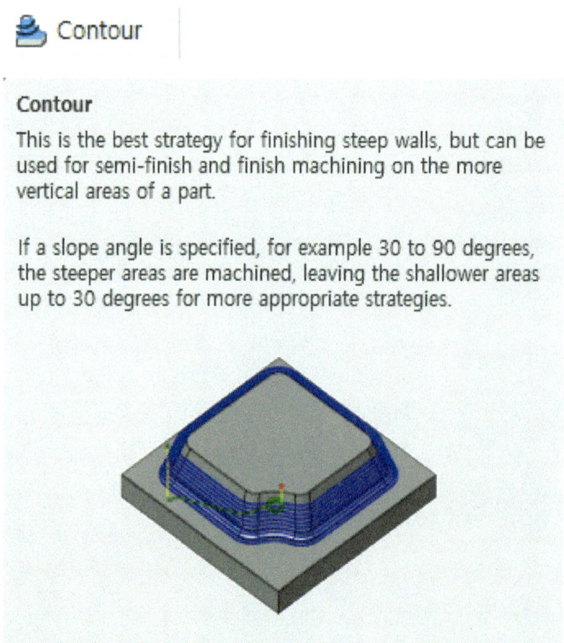

Contour 명령 :

이 명령은 가파른 벽을 정삭 가공하는 데 가장 좋은 전략이지만, 부품에서 더 가파른 수직인 영역에서 준 정삭과 정삭 가공에도 사용할 수 있다. 예를 들어, 30도에서 90도 사이의 경사 각도가 지정되면, 이 가파른 영역이 가공되며, 30도 이하의 영역은 더 적절한 가공 전략을 위해 남겨진다.

5.4 Parallel 명령 (리본 〉 CAM 〉 3D Milling 〉 Parallel)

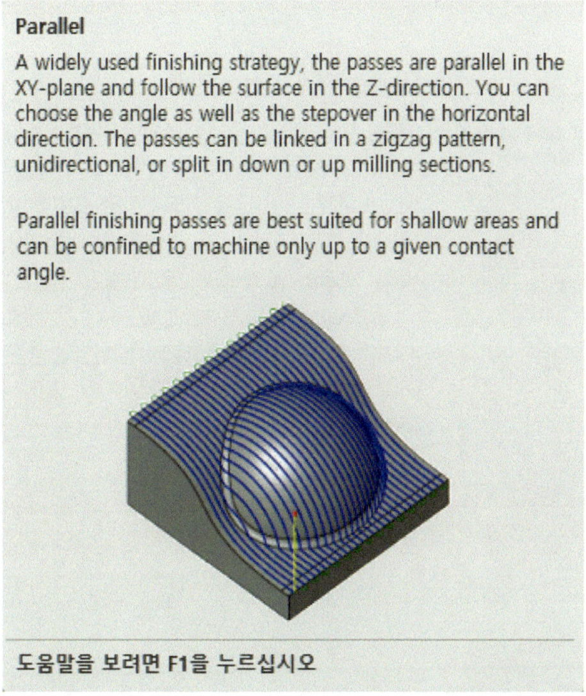

Parallel 명령 :

널리 사용되는 정삭 가공 전략으로, 패스는 XY 평면에서 평행하며 Z 방향으로 표면을 따라간다. 수평 방향의 각도와 스텝오버를 선택할 수 있다. 패스는 지그재그 패턴으로 연결하거나, 한 방향으로 설정하거나, 아래쪽 또는 위쪽 밀링 섹션으로 나눌 수 있다. 평행 마무리 패스는 얕은 영역에 가장 적합하며, 주어진 접촉 각도까지 가공하도록 제한할 수 있다.

참고

공구가 가공하면서 생기는 하나의 이동경로를 통상 '패스'라고 부른다. 보통 패스라고 한글로 적으면 복수형(passes)을 의미하는 경우도 있어 전체 가공경로를 의미하기도 한다. 이후 패스라는 단어는 이 책에서 별도의 번역 없이 그대로 사용하겠다.

5.5 Pocket Clearing 명령 (리본 〉 CAM 〉 3D Milling 〉 Parallel)

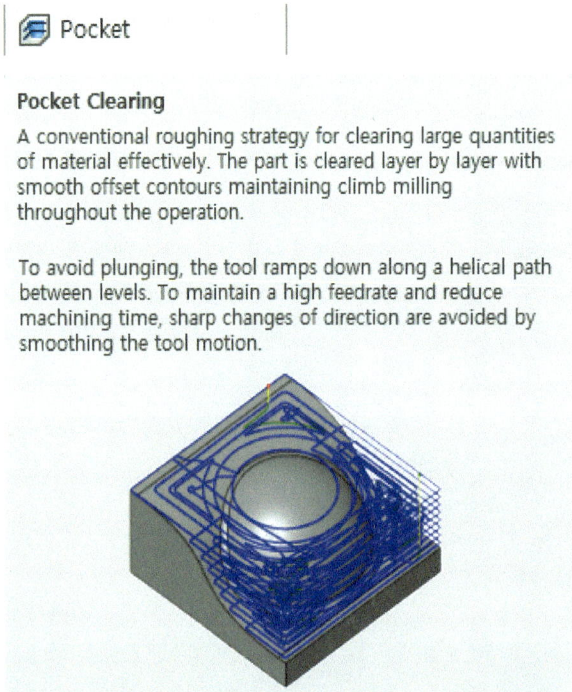

Pocket Clearing 명령 :

전통적인 황삭 가공 전략으로, 대량의 소재를 효과적으로 제거하는 방법이다. 부품은 매끄러운 오프셋 윤곽을 유지하며 층별로 제거된다. 작업 전반에 걸쳐 하향 절삭(클라임 밀링, Climb Milling)을 유지한다. 플런징(Plunging)을 피하기 위해, 도구는 각 레벨 사이를 나선형 경로를 따라 내려간다. 높은 이송 속도를 유지하고 가공 시간을 줄이기 위해, 공구의 움직임에서 급격한 방향 전환을 피하고 부드럽게 조절한다.

5.6 Scallop 명령 (리본 〉 CAM 〉 3D Milling 〉 Scallop)

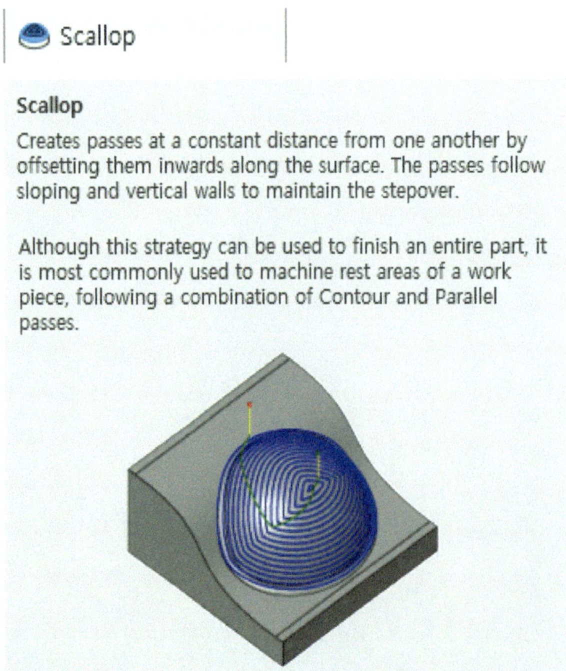

Scallop(스캘럽) 명령 :

이 가공 명령은 일정한 거리 간격으로 패스를 생성하며, 표면을 따라 안쪽으로 오프셋하여 패스를 만든다. 패스는 경사진 벽과 수직 벽을 따라가며 스텝오버를 유지한다. 이 전략은 전체 부품을 마무리하는 데 사용할 수 있지만, 일반적으로는 Contour(컨투어, 윤곽)와 Parallel(평행) 명령에서의 패스의 조합을 사용하여 잔삭 영역(rest area)을 가공하는 데 가장 많이 사용된다.

> **참고**
> - 스텝오버(stepover)는 가공 시 패스간의 거리 또는 간격을 의미하는데 정확히는 두 패스 사이의 수평거리를 말한다.
> - 잔삭 영역(rest area)은 절삭 가공 과정에서 아직 가공되지 않고 남은 부분을 말하며 보통 황삭 가공 후 남은 미세한 부분을 말한다.

5.7 Pencil(펜슬) 명령 (리본 〉 CAM 〉 3D Milling 〉 Pencil)

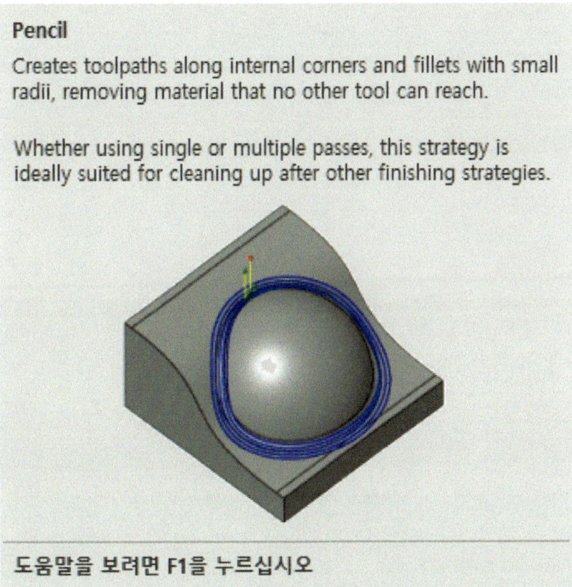

Pencil(펜슬) 명령 :

이 가공 명령은 내부 코너와 작은 반경의 필렛을 따라 공구 경로를 생성하여 다른 도구로는 접근할 수 없는 소재를 가공하여 제거한다.

단일 패스 또는 다중 패스를 사용할 수 있으며, 이 전략은 다른 정삭 작업 후에 가공 제거 작업을 수행하는 데 이상적이다.

5.8 Radial 명령 (리본 〉 CAM 〉 3D Milling 〉 Radial)

Radial

Radial

Like Spiral machining, this operation also starts from a center point, providing you with the ability to machine radial parts. It also provides the option to stop short of the center of the radial passes, where they become very dense.

The center point of the detail to be machined is located automatically, or can be user-specified. This routine can also be used with tool contact angles.

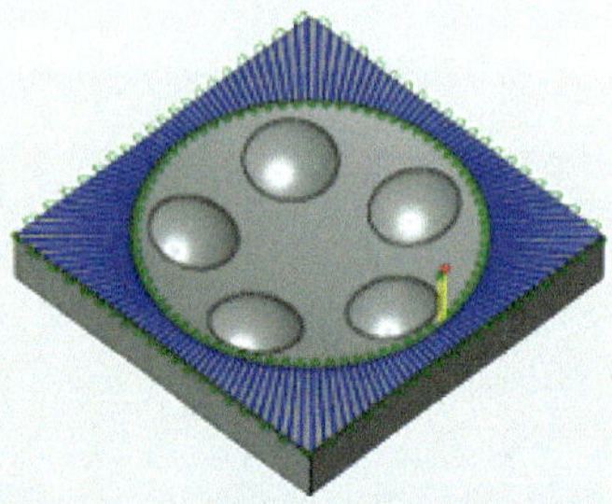

Radial 명령 :

스파이럴 가공과 마찬가지로, 이 작업도 중심점에서 시작하여 방사형 부품을 가공할 수 있는 기능을 제공한다. 또한, 방사형 패스가 매우 밀집되는 중심점의 근처에서 가공을 멈출 수 있는 옵션도 제공한다.

가공할 세부 사항의 중심점은 자동으로 찾으며 또한 사용자 지정도 가능하다. 이 루틴은 공구 접촉 각도(tool contact angles) 옵션과 함께 사용할 수 있다.

5.9 Spiral 명령 (리본 〉 CAM 〉 3D Milling 〉 Spiral)

Spiral

Spiral

Creates a spiral toolpath from a given center point, generating a constant contact as it machines within a given boundary. Ideally suited for use on round shallow parts using tool contact angles up to 40 degrees, in conjunction with Contour passes for the more vertical faces.

The center point of the detail to be machined is located automatically, or can be user-specified. This strategy also supports tool contact angles.

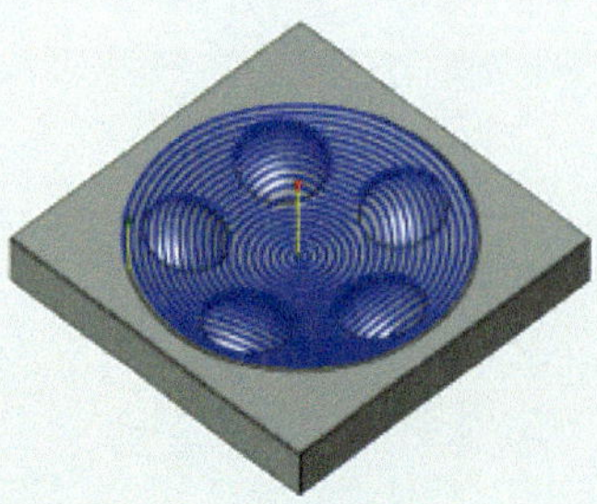

Spiral 명령 :

주어진 중심점에서 나선형 도구 경로를 생성하여, 주어진 경계 내에서 일정한 접촉을 유지하며 가공한다. 이 가공 전략은 반경이 얕은 원형 부품에 이상적이며, 공구 접촉 각도는 최대 40도까지이다. 이보다 더 수직의 면에 대해서는 컨투어(Contour) 패스와 함께 사용한다.

세부적으로 가공할 부분의 중심점은 자동으로 찾으며, 사용자 지정도 가능하다. 이 가공 전략은 공구 접촉 각도를 지원하여 유연한 가공이 가능하다.

5.10 Morphed Spiral 명령 (리본 〉 CAM 〉 3D Milling 〉 Morphed Spiral)

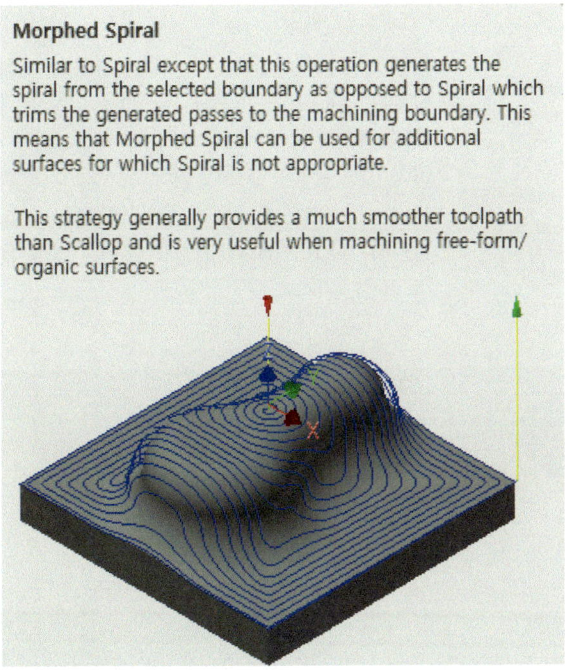

Morphed Spiral 명령 :

Spiral 명령과 유사하지만, 이 작업은 선택한 경계(boundary)안에서 나선형 경로를 생성하며, Spiral 명령의 생성된 패스를 가공 경계로 잘라내는 것과는 다르다. 즉, Morphed Spiral은 Spiral이 적합하지 않은 추가적인 표면에 사용될 수 있다.

이 전략은 일반적으로 스캘럽(Scallop)보다 훨씬 매끄러운 도구 경로를 제공하며, 자유형/유기적 표면을 가공할 때 매우 유용하다.

5.11 Ramp 명령 (리본 〉 CAM 〉 3D Milling 〉 Ramp)

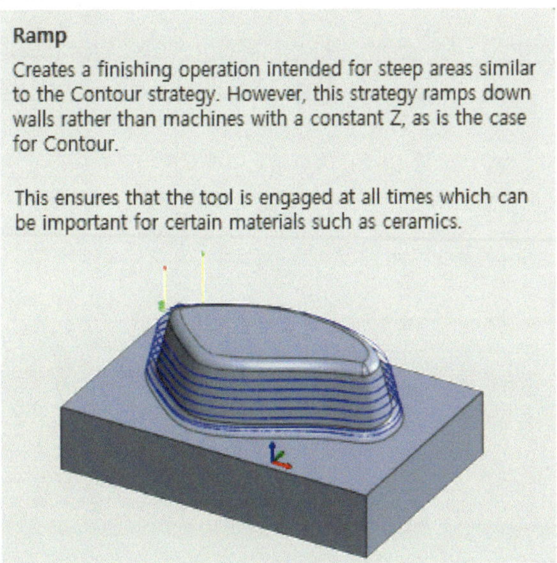

Ramp 명령 :

Contour 가공과 유사하게 가파른 부분에 정삭 가공 작업을 생성한다. 그러나 Contour는 일정한 Z 값으로 가공하는 반면, 이 전략은 벽을 따라 점진적으로 내려가는 방식으로 가공을 수행한다.

이 방식은 도구가 항상 공작물에 접촉하도록 보장하며, 이는 세라믹과 같은 특정 재료에서 중요한 요소가 될 수 있다.

5.12 Project 명령 (리본 〉 CAM 〉 3D Milling 〉 Project)

Project

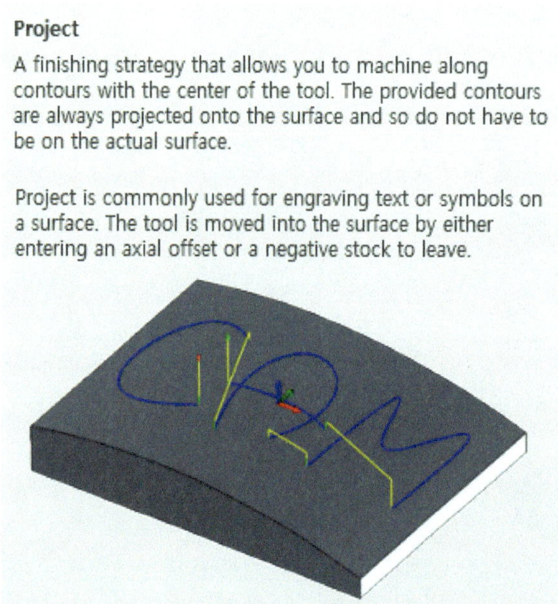

Project 명령 :

공구의 중심점이 윤곽선을 따라 가공하는 정삭 가공 전략이다. 제공된 윤곽선은 항상 표면에 투영되며, 실제 표면에 있어야 할 필요는 없다. 이 전략은 주로 표면에 문자나 기호를 새기는 데 사용된다. 공구는 축 방향 오프셋을 입력하거나 또는 소재 설정에 음(-)의 값을 넣어 표면 안으로 들어간다.

5.13 Morph 명령 (리본 〉 CAM 〉 3D Milling 〉 Morph)

Morph

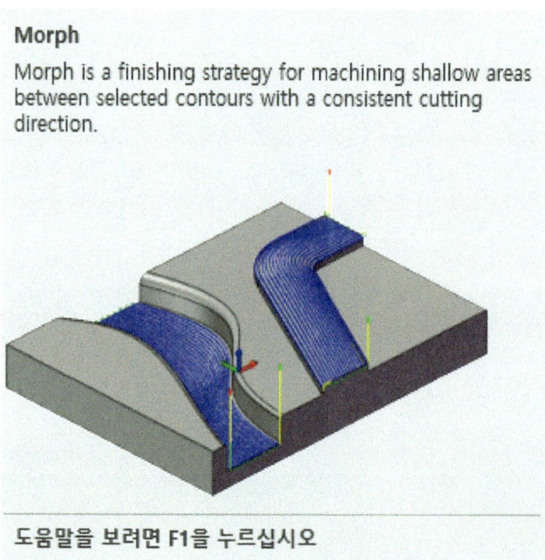

Morph 명령 :

Morph는 선택된 두 윤곽선 사이의 얕은 영역을 일관된 절삭 방향으로 가공하기 위한 정삭 가공 전략이다.

5.14 Flow 명령 (리본 〉 CAM 〉 3D Milling 〉 Flow)

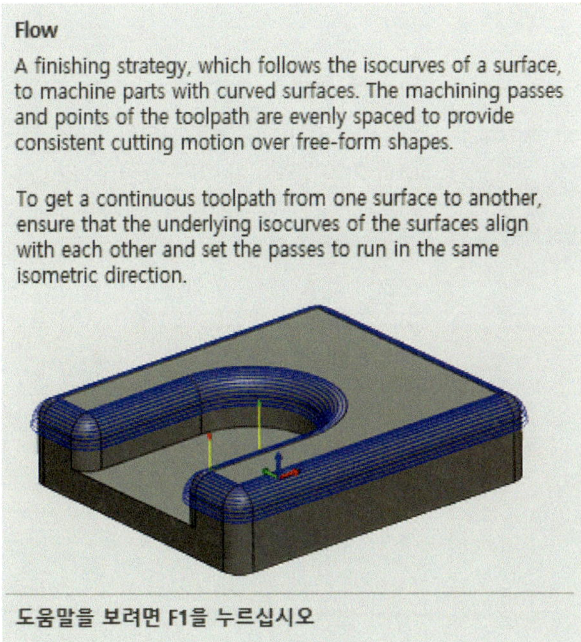

Flow 명령 :

표면으로부터 등간격 선을 따라 가공하며 곡면이 있는 부품을 가공하는 정삭 전략이다. 이 전략은 자유형 형상 위에서 일관된 절삭 동작을 제공하기 위해 가공 패스와 공구 경로의 점들을 균등하게 배치한다. 연속적인 공구 경로를 하나의 표면에서 다른 표면으로 이어지게 하기 위해, 표면의 등간격 선들(isocurves)이 서로 일치하도록 하고, 패스가 동일한 등축(等軸) 방향으로 실행되도록 설정합니다.

6. Multi-Axis Milling 패널

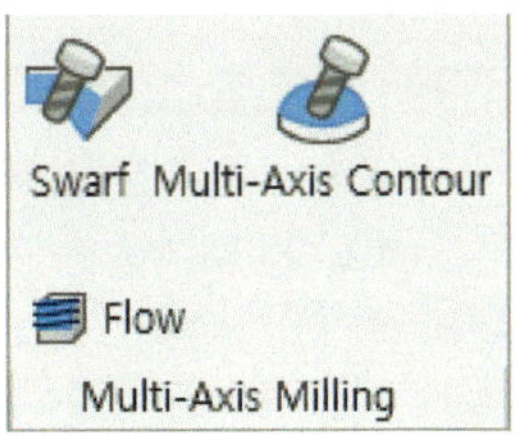

6.1 Swarf 명령 (리본 〉 CAM 〉 Multi-Axis Milling 〉 Swarf)

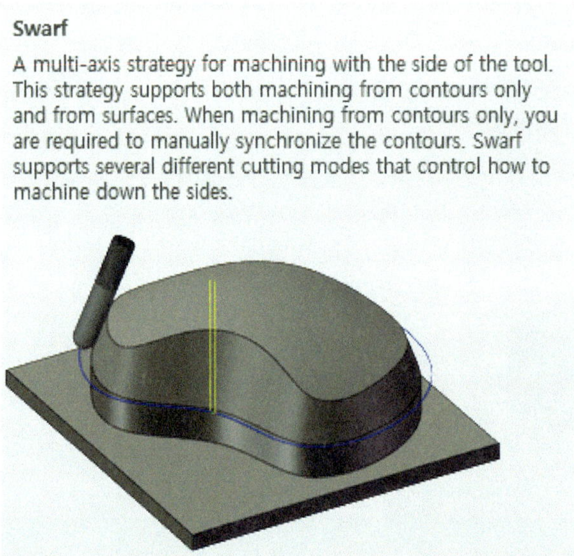

Swarf 명령 :

Swarf는 공구의 측면을 사용하여 가공하는 다축 가공 전략이다. 이 전략은 윤곽선들만 사용하거나 또는 표면에서 가공하는 것을 지원한다. 윤곽선만 사용할 때는 윤곽선들을 수동으로 동기화해야 한다. Swarf는 측면을 따라 가공하는 방식에 영향을 미치는 여러 절삭 모델을 지원한다.

6.2 Multi-Axis Contour 명령 (리본 〉 CAM 〉 Multi-Axis Milling 〉 Multi-Axis Contour)

Multi-Axis Contour 명령 :

Multi-Axis 가공 전략은 공구의 끝 부분을 사용하여 주어진 접촉 곡선(contact curve)을 따라 가공하는 방법이다. 기본적으로 공구는 표면에 수직으로 설정되지만, 필요에 따라 리드(lead), 레그(leg) 그리고 측면 기울기(sideways tilt)를 적용하여 공구의 접촉 지점을 조정할 수 있다. 이 가공 전략은 중앙(center), 왼쪽(left), 오른쪽(right) 보정을 할 수 있다.

6.3 Flow 명령 (리본 〉 CAM 〉 Multi-Axis Milling 〉 Flow)

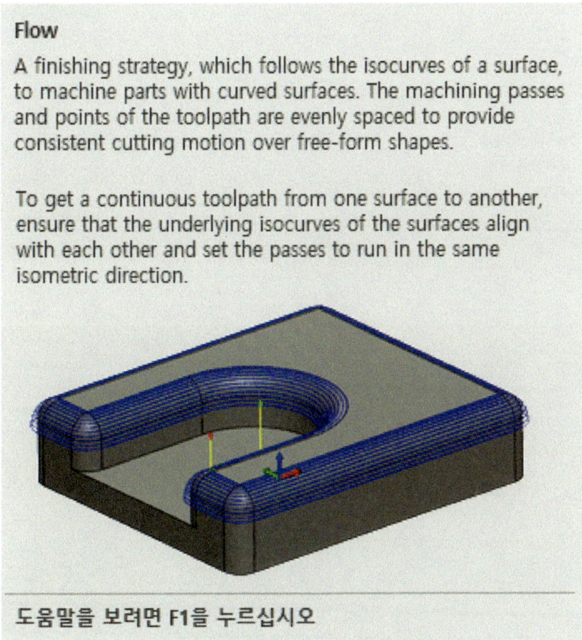

Flow 명령 :

표면으로부터 등간격 선을 따라 가공하며 곡면이 있는 부품을 가공하는 정삭 전략이다. 이 전략은 자유형 형상 위에서 일관된 절삭 동작을 제공하기 위해 가공 패스와 공구 경로의 점들을 균등하게 배치한다. 연속적인 공구 경로를 하나의 표면에서 다른 표면으로 이어지게 하기 위해, 표면의 등간격 선들(isocurves)이 서로 일치하도록 하고, 패스가 동일한 등축(等軸) 방향으로 실행되도록 설정한다.

7. Turning(선반) 패널

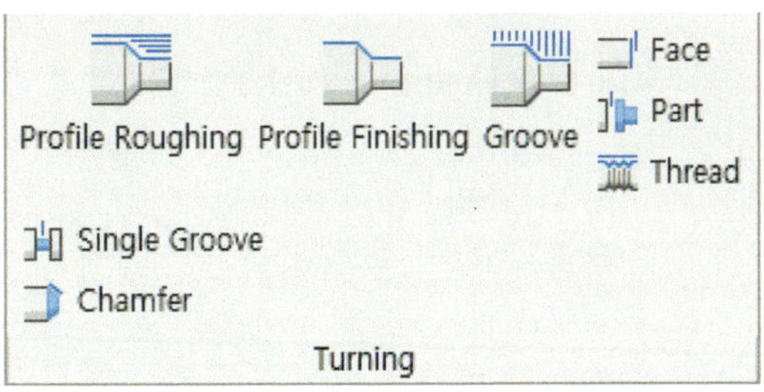

7.1 Turning Profile Roughing 명령 (리본 〉 CAM 〉 Turning 〉 Profile Roughing)

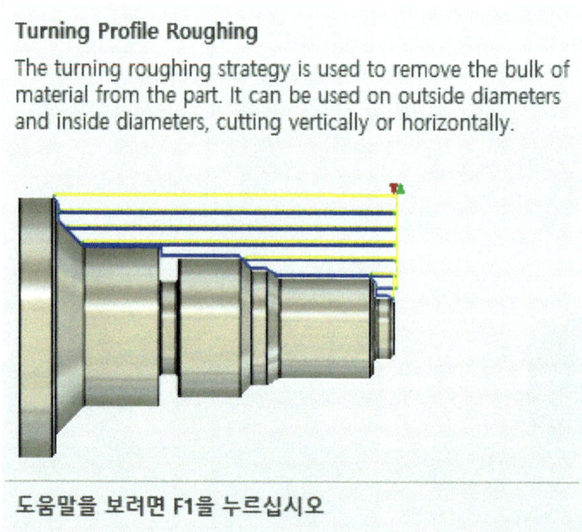

Turning Profile Roughing 명령 :

선반 윤곽 황삭 가공 전략은 부품에서 대량의 재료를 제거하는 데 사용된다. 이 가공 전략은 외경과 내경 모두에 적용할 수 있으며, 수직 또는 수평으로 절삭이 가능하다.

7.2 Turning Profile Finishing 명령 (리본 〉 CAM 〉 Turning 〉 Profile Finishing)

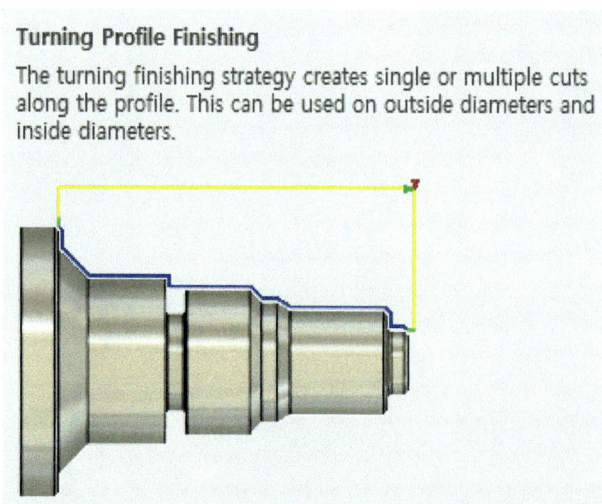

Turning Profile Finishing 명령 :

선반 윤곽 정삭 가공 전략은 프로파일(윤곽)을 따라 단일 또는 여러 번의 절삭을 수행하는 방식이다. 이 전략은 외경과 내경 모두에 적용할 수 있다.

7.3 Turning Groove 명령 (리본 〉 CAM 〉 Turning 〉 Groove)

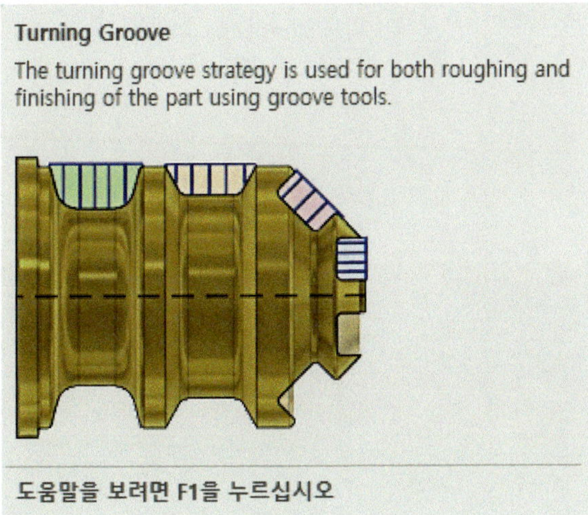

Turning Groove 명령 :

선반 홈 가공 전략은 홈 가공 공구(groove tools)를 사용하여 부품의 황삭 가공과 정삭 가공을 모두 수행한다.

7.4 Turning Face 명령 (리본 〉 CAM 〉 Turning 〉 Face)

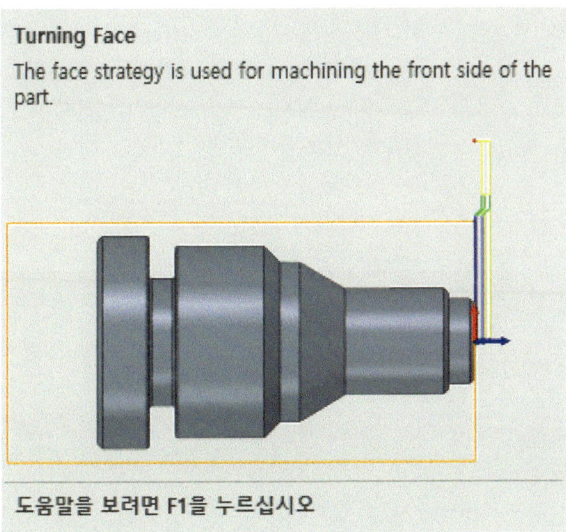

Turning Face 명령 :

The Face 가공 전략은 부품의 앞면(front side)을 가공하는 데 사용한다.

7.5 Turning Part 명령 (리본 〉 CAM 〉 Turning 〉 Part)

Part

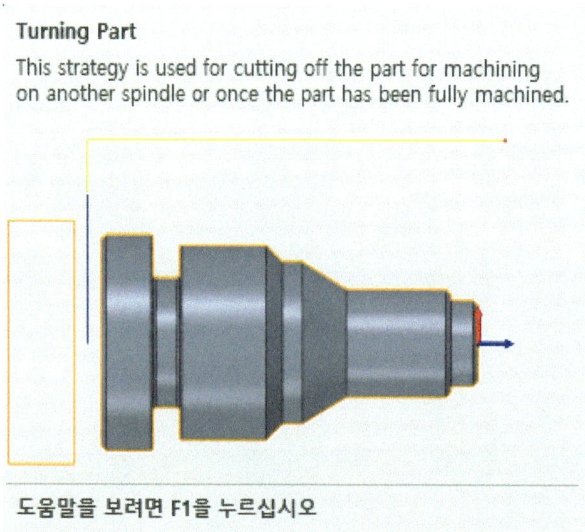

Turning Part 명령 :

이 가공 전략은 부품을 다른 스핀들에서 가공하기 위해 절단하거나 부품의 가공이 완료된 후에 절단하는데 사용한다.

7.6 Turning Thread 명령 (리본 〉 CAM 〉 Turning 〉 Thread)

Thread

Turning Thread 명령 :

이 가공 전략은 선반 나사 가공하는데 사용한다. 원통형 및 원뿔형 나사 모두 지원한다. CNC 제어 장치는 스핀들과 이송(feed)의 동기화를 지원해야 한다.

7.7 Turning Single Groove 명령 (리본 〉 CAM 〉 Turning 〉 Single Groove)

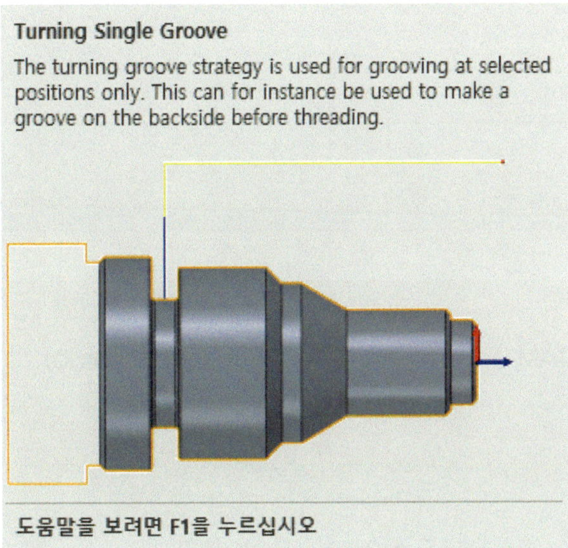

Turning Single Groove 명령 :

The turning groove strategy is used for grooving at selected positions only. This can for instance be used to make a groove on the backside before threading.
이 선반 홈 가공 전략은 선택된 위치에서만 홈 가공(grooving)을 하는데 사용한다. 예를 들어, 나사 가공 전에 뒷부분에 홈을 만드는데 사용할 수 있다.

7.8 Turning Chamfer 명령 (리본 〉 CAM 〉 Turning 〉 Chamfer)

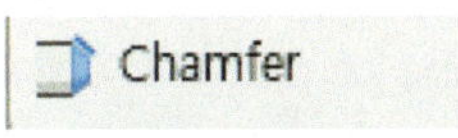

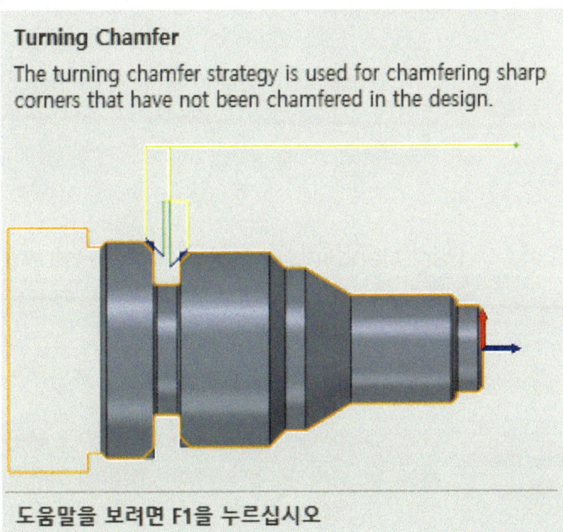

Turning Chamfer 명령 :

선반 챔퍼(모따기) 가공 전략은 디자인에서 별도의 모따기(chamfer)가 적용되지 않은 예리한 모서리를 챔퍼하는데 사용합니다.

8. Part Handling 패널

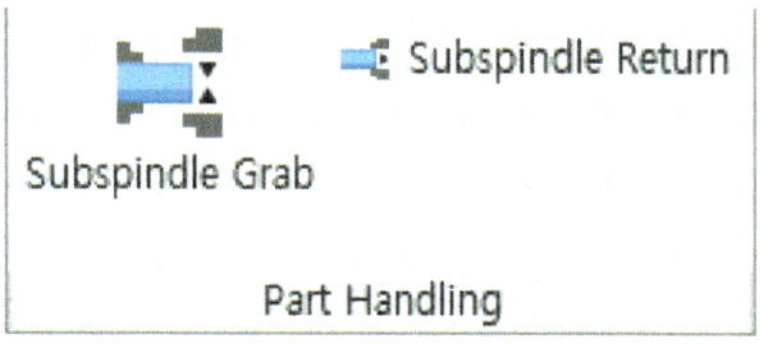

> **참고**
> 이 패널에서 있는 명령들은 복합가공기에 사용되는 것들이다.

8.1 Subspindle Grab 명령 (리본 〉 CAM 〉 Part Handling 〉 Subspindle Grab)

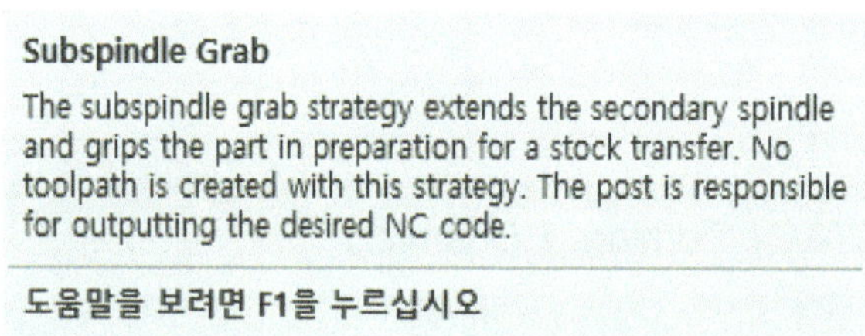

Subspindle Grab 명령 :

The Subspindle Grab strategy extends the secondary spindle and grips the part in preparation for a stock transfer. No toolpath is created with this strategy. The post is responsible for outputting the desire NC code. The Subspindle Grab strategy는 보조 스핀들(Subspindle을 의미함)이 뻗어와 부품을 잡고 소재 이송을 준비하는 데 사용한다. 이 가공 전략에서는 도구 경로가 생성되지 않으며, 포스트 프로세서에 의해 적절한 NC 코드가 생성된다.

8.2 Subspindle Return 명령 (리본 〉 CAM 〉 Part Handling 〉 Subspindle Return)

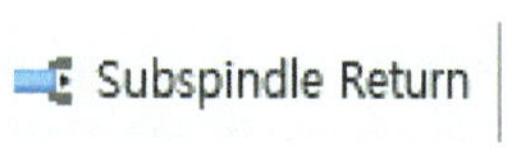

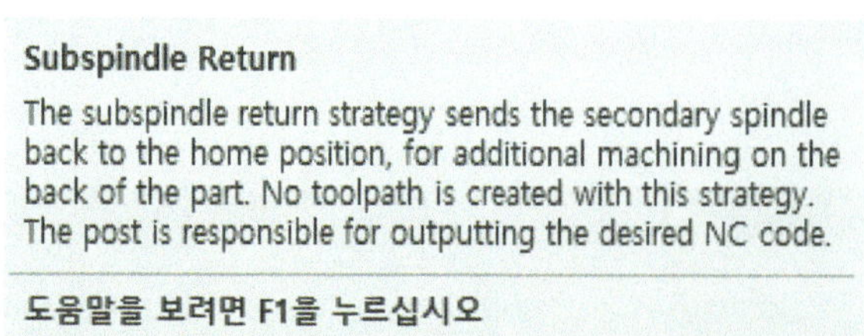

Subspindle Return 명령 :

The subspindle return strategy는 보조 스핀들을 홈 위치로 다시 보내어 부품의 뒷면을 추가 가공할 수 있도록 하는 전략이다. 이 가공 전략에서는 도구 경로가 생성되지 않으며, 포스트 프로세서에 의해 적절한 NC 코드가 생성된다.

9. Cutting, Orientation 패널

별다른 내용이 없어 생략한다. Orientation 패널은 우측 상단의 ViewCube를 사용하는 것과 실사용에서 큰 차이가 없다.

10. Manage 패널

10.1 Tool Library 명령 (리본 > CAM > Manage > Tool Library)

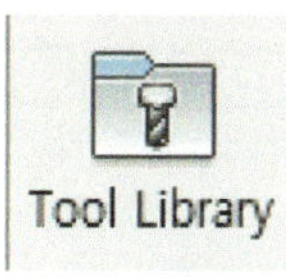

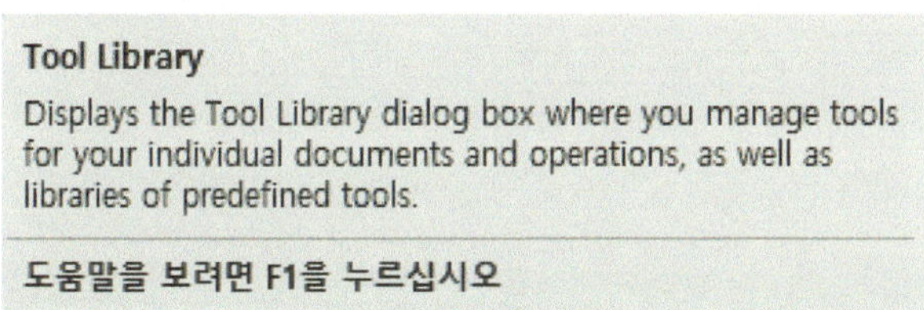

Tool Library 명령 :

공구 라이브러리 대화 상자를 열어서 개별 문서 및 기계 조작자용 도구를 관리하고, 미리 정의된 공구의 라이브러리를 관리할 수 있습니다.

10.2 CAM Options 명령 (리본 > CAM > Manage > Options)

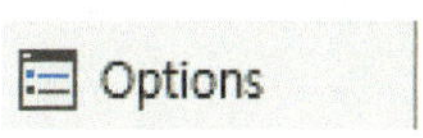

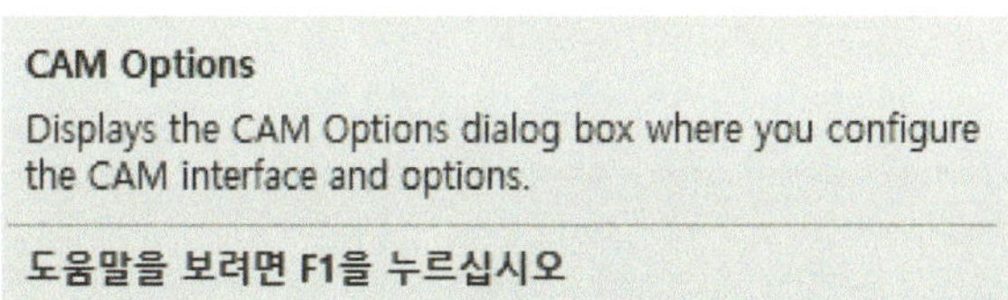

CAM Options 명령 :

캠(CAM) 옵션 대화 상자를 열어서 CAM 인터페이스와 옵션을 구성할 수 있습니다.

10.3 Task Manager 명령 (리본 〉 CAM 〉 Manage 〉 Task Manager)

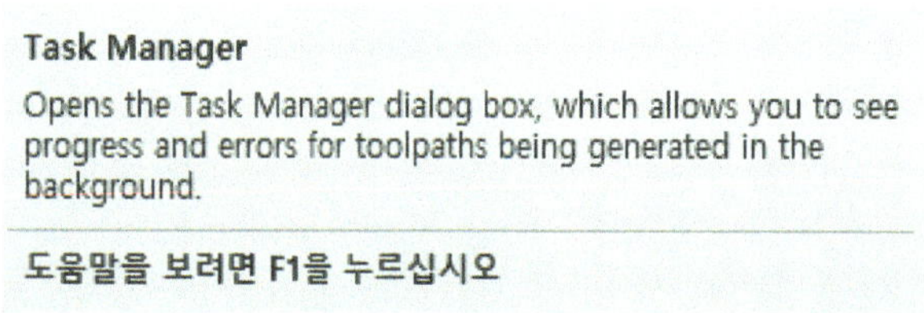

Task Manager(작업 관리자) 명령 :

작업 관리자 대화 상자를 열어 백 그라운드에서 생성 중인 공구 경로의 진행 상황과 오류를 확인할 수 있습니다.

CHAPTER 3

인벤터 캠으로 NC코드 생성하기 - 머시닝센터 2.5D

INVENTOR
CAM

STEP 08 컴퓨터 응용 가공 밀링 기능사 공개 문제 1번 – 모델링

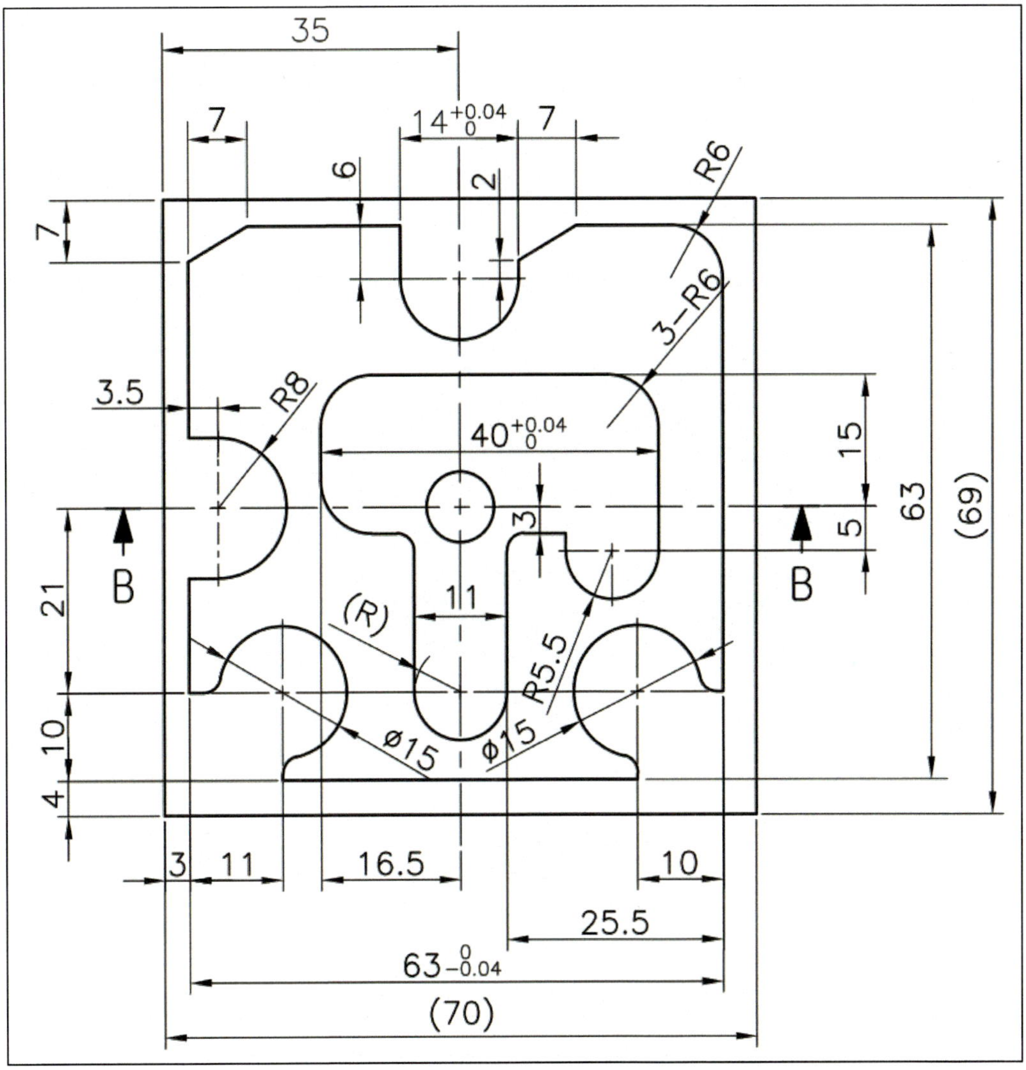

0. 들어가기에 앞서 :

기능사에서 작성해야 하는 부품을 3D CAD로 만드는 작업, 즉 모델링 작업은 여러 가지 툴을 사용할 수 있다. 아래의 첫 번째 그림은 가장 대중적으로 사용되어지는 AutoCAD의 3D 기능을 사용하여 모델링 작업한 것이고 아래는 인벤터를 사용하여 모델링 작업을 한 것이다. 인벤터를 사용하여 모형을 만들면 이미 만들어진 도형의 치수변경이 필요할 경우 빠르게 할 수 있는 장점이 있지만 처음 배울 때 파라메트릭 모델링의 특징을 이해하는 과정이 필요하다. 이 책을 통하여 빠르게 익힐 수 있기를 바란다.

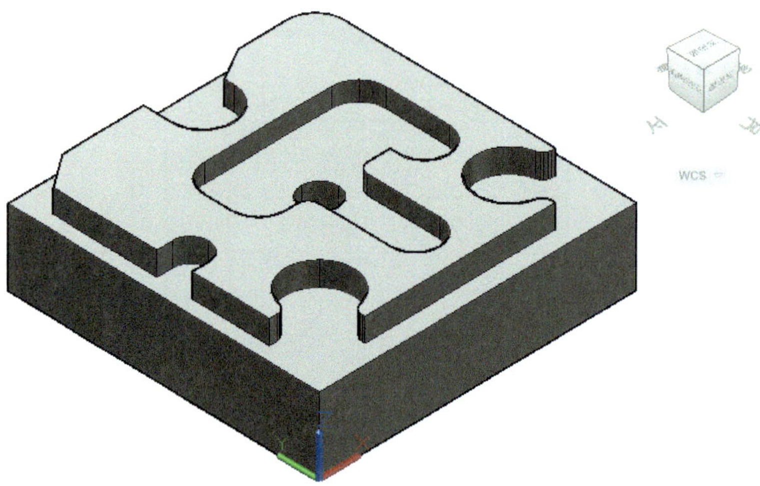

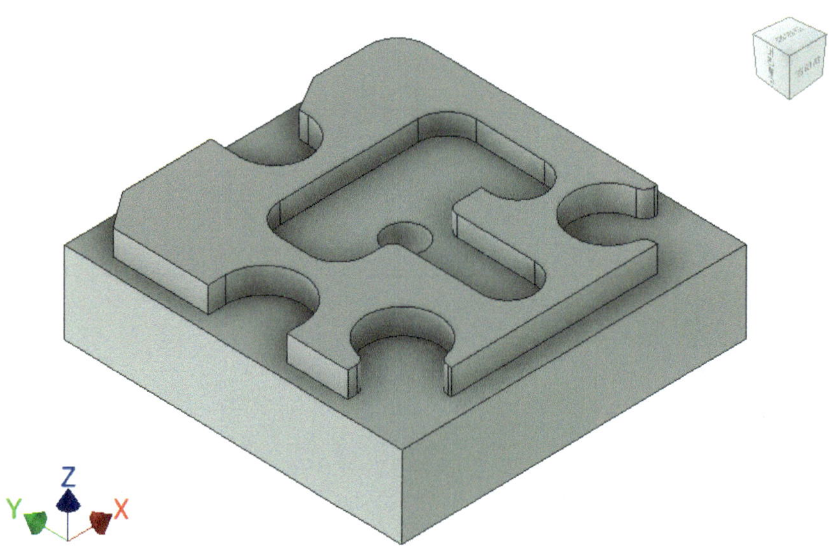

1.

프로그램 화면 맨 위의 왼쪽에 있는 신속 접근 도구막대에서 새로 만들기(Ctrl+N)를 누르고 Standard.ipt를 선택한다.

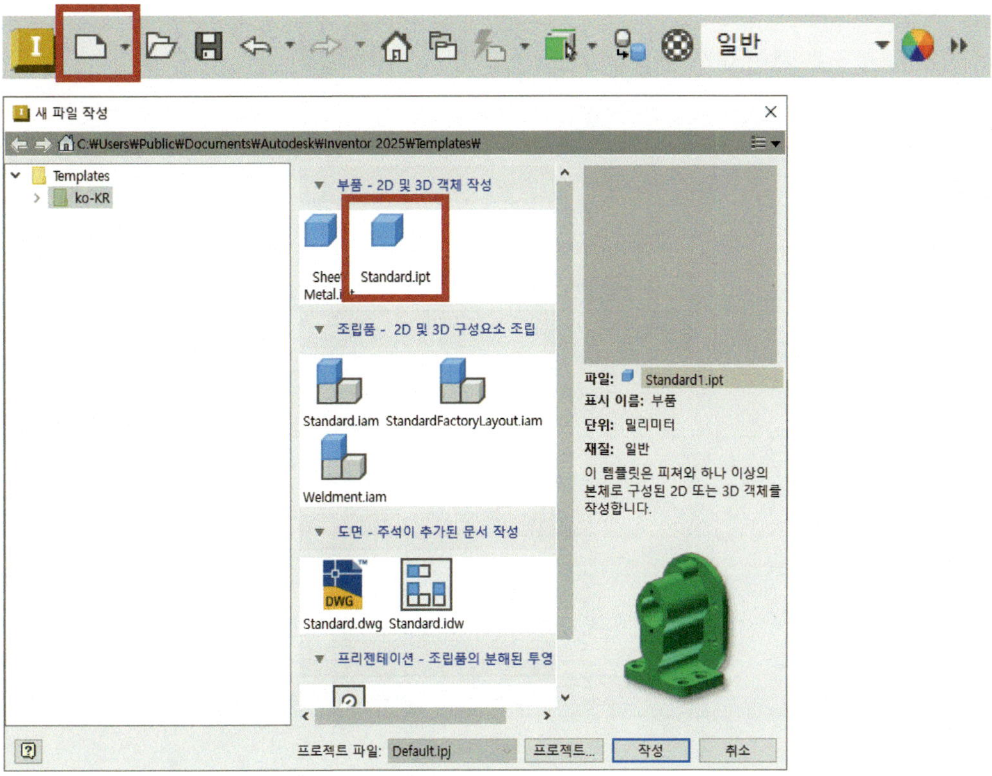

2.

리본 〉 도구 〉 옵션 〉 문서 설정을 누르면 문서 설정 대화상자가 나타난다. 단위 탭에 들어가 길이가 밀리미터인지 확인한다. 확인했으면 아래 [닫기] 버튼을 누른다.

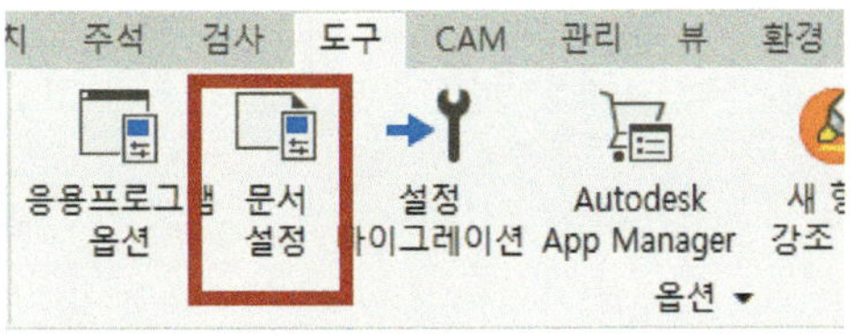

3.

리본 〉 3D 모형 〉 스케치 〉 2D 스케치 시작을 누르고 그래픽 창에서 XY평면을 선택한다.

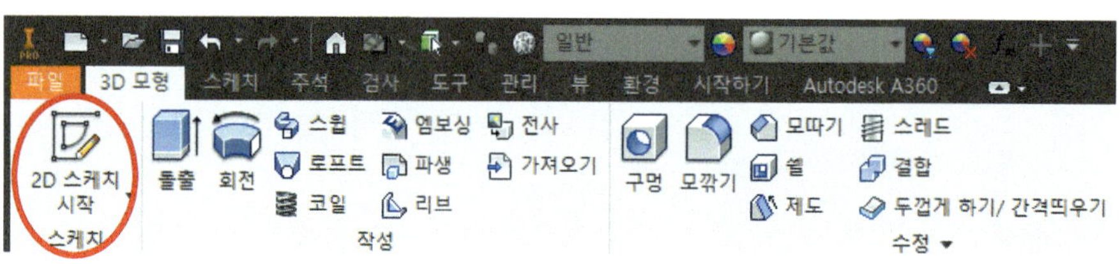

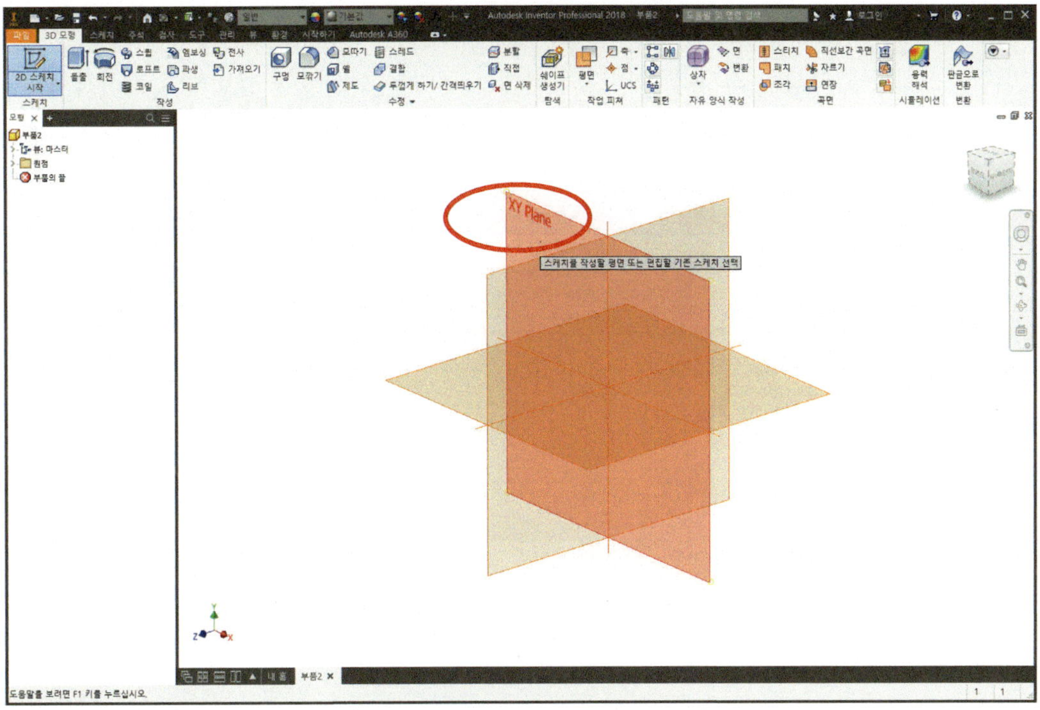

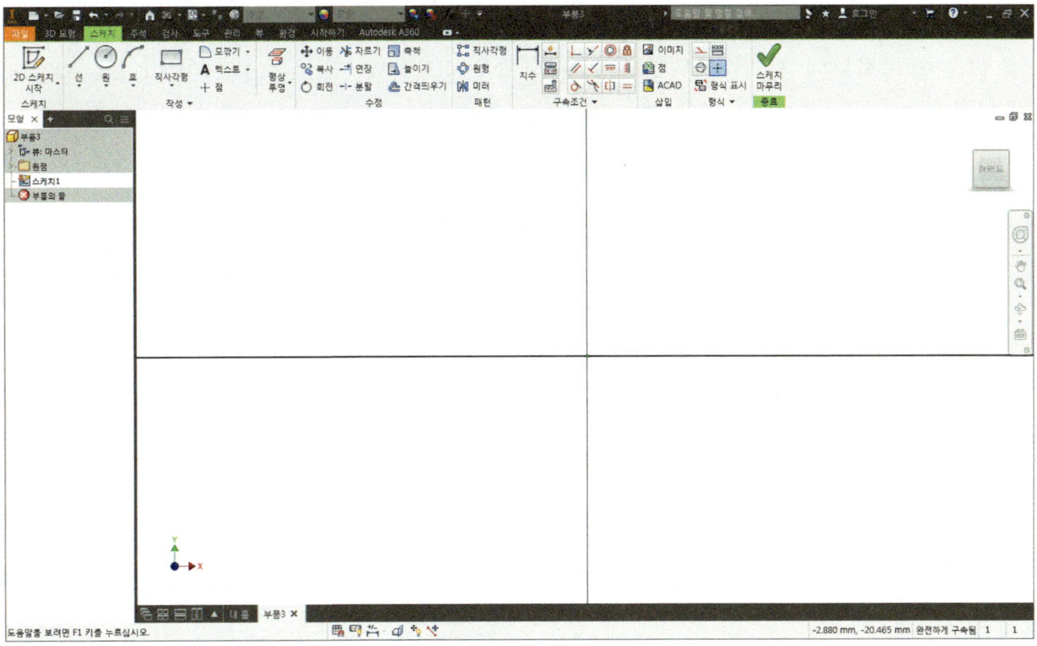

4.

리본 〉 스케치 〉 작성 〉 직사각형 명령의 아래 드롭다운 화살표를 클릭하여 직사각형-두 점 중심을 선택한다(리본 〉 스케치 〉 작성 〉 직사각형 〉〉 직사각형-두 점 중심).

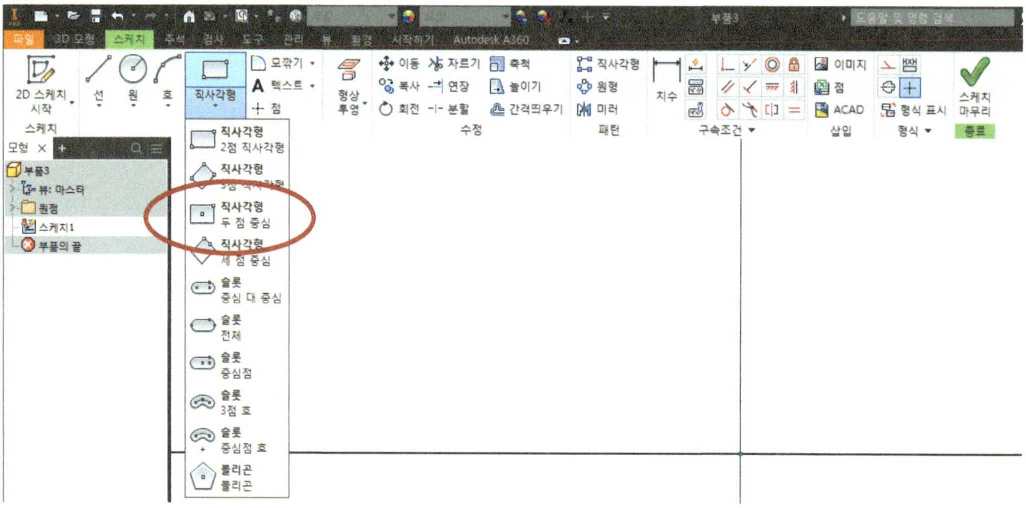

5.

두 번을 클릭하는데 첫 번째는 그래픽 창의 가로선(X축)과 세로선(Y축)이 만나는 원점에 클릭하고(점이 녹색으로 변함) 두 번째는 우측의 임의의 공간을 클릭하여 아래 그림과 같이 만든다.

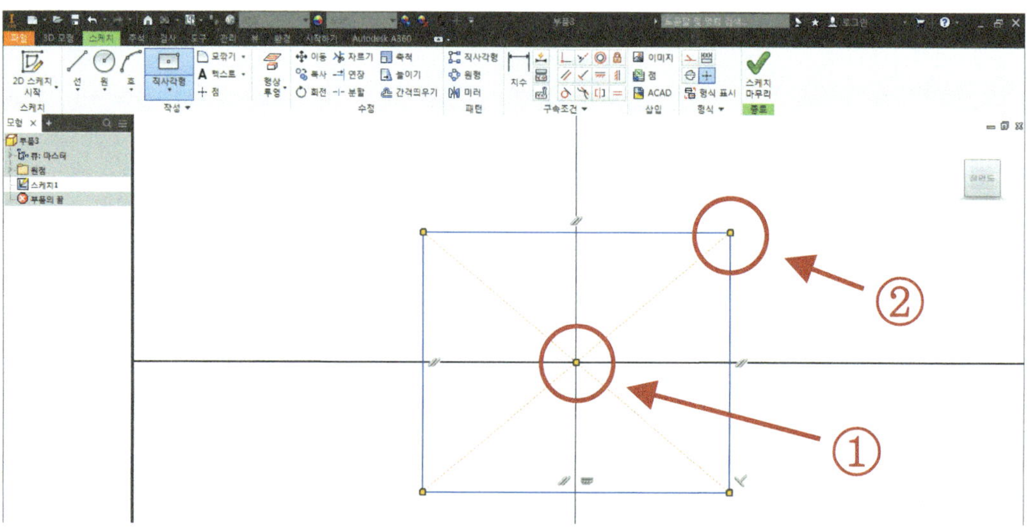

6.

아래와 같이 치수를 입력한다.

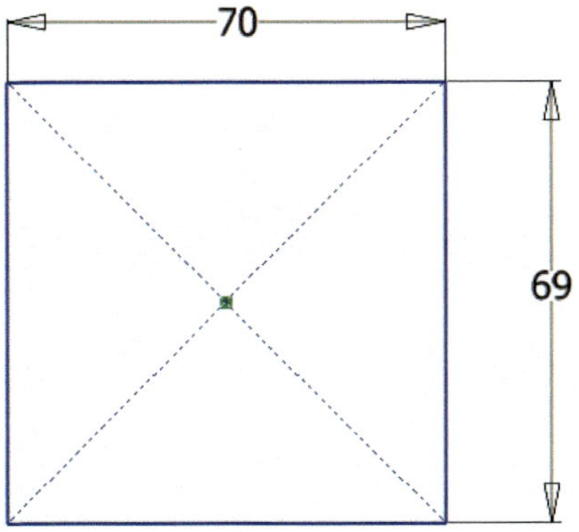

7.

스케치 마무리 명령을 클릭하여 스케치를 종료한다.

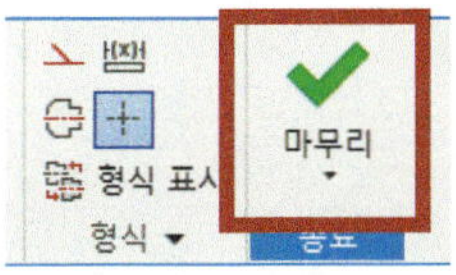

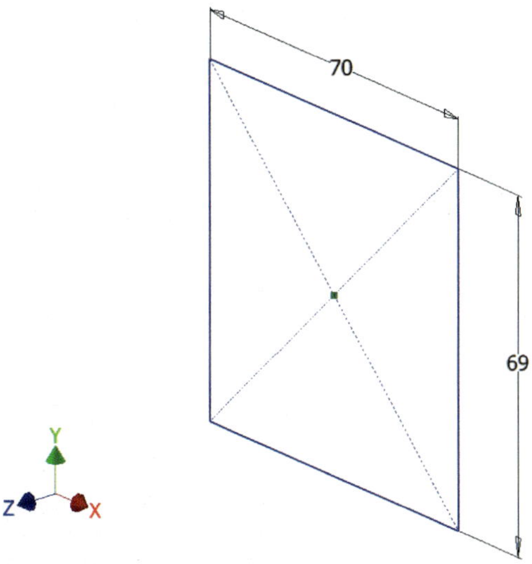

8.

리본 〉 3D 모형 〉 작성 〉 돌출 명령을 클릭한다. 범위는 거리로 선택하고 거리 A값을 16으로 입력하고 방향을 반전으로 선택하여 Z-방향으로 정한 다음, [확인] 버튼을 클릭한다.

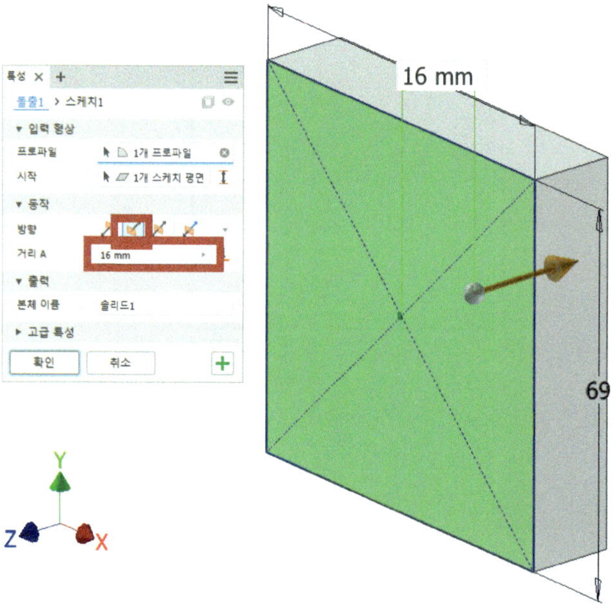

9.

리본 〉 3D 모형 〉 스케치 〉 2D 스케치 시작을 누르고 생성된 부품의 정면을 클릭한다.

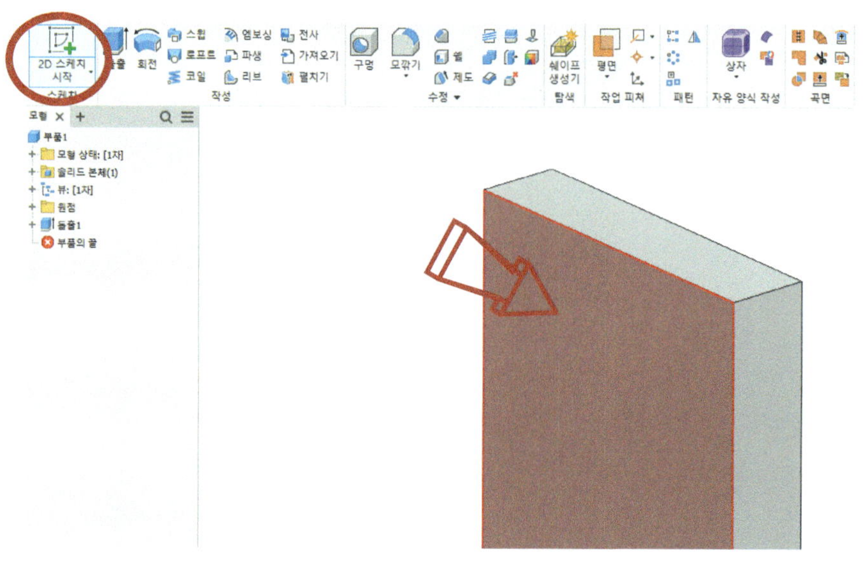

10.

아래와 같이 선을 그린다. 이때 수평과 수직 구속조건이 있어야 하는 선을 그릴 때 주의한다. 구속조건이 없다면 구속조건 패널에 있는 명령들을 사용하여 부여한다.

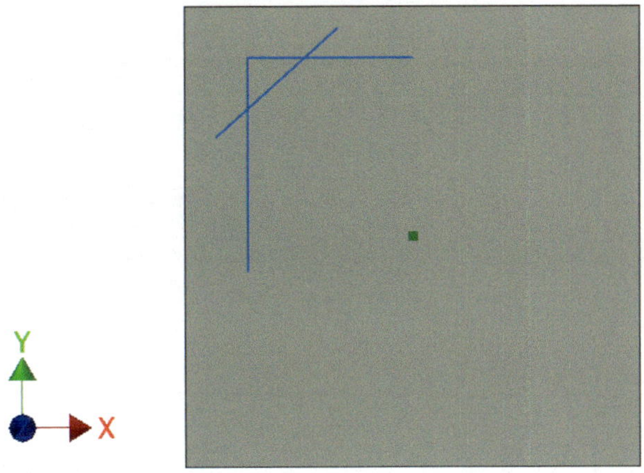

11.

리본 〉 스케치 〉 수정 〉 자르기를 선택하여 아래와 같이 붉은 원으로 표시된 네 부분을 클릭하여 선을 다듬는다.

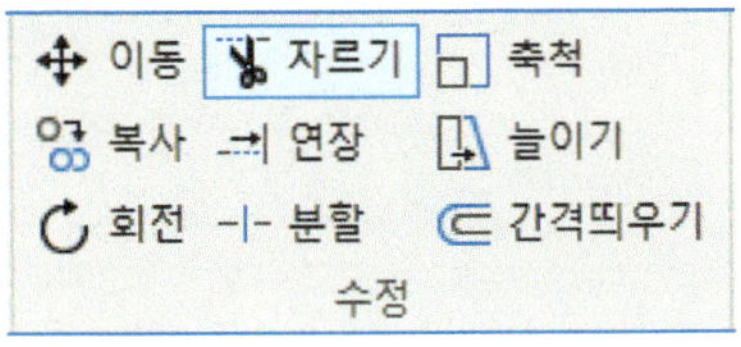

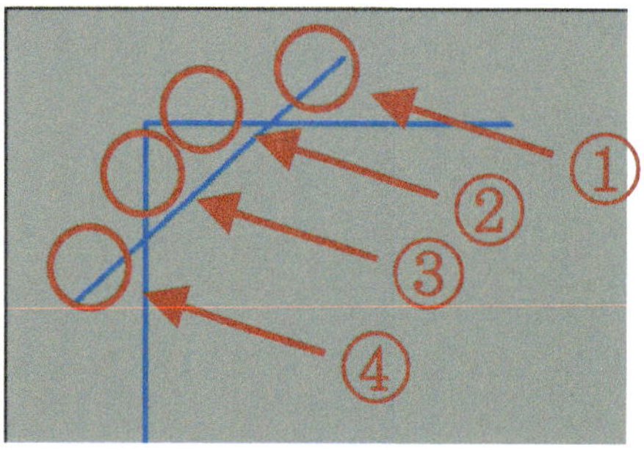

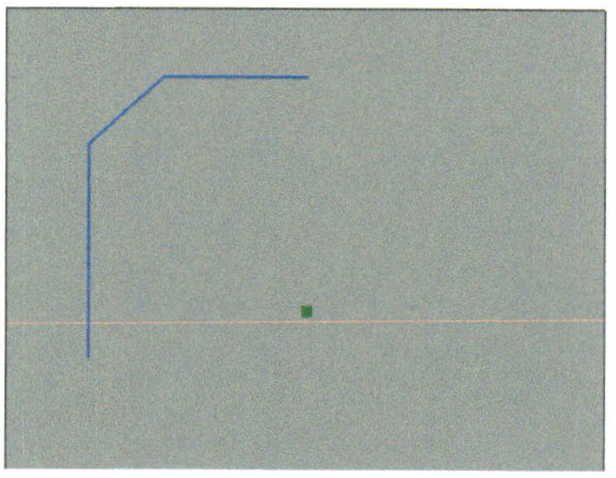

12.

아래와 같이 치수를 부여한다.

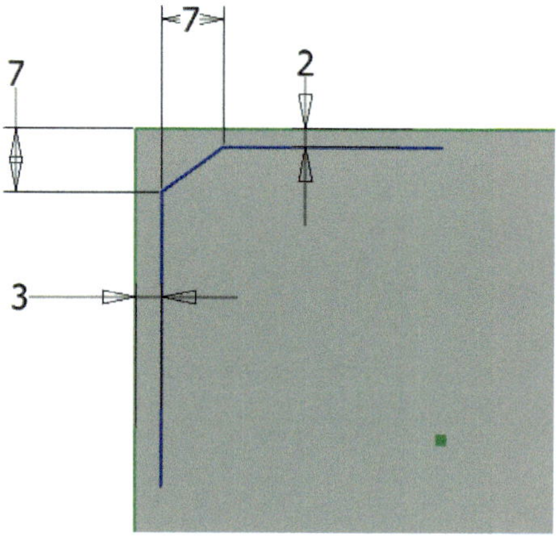

13.

아래와 같이 원을 그리고 수평 구속조건으로 원의 중심과 원점에 수평 구속조건을 부여한다.

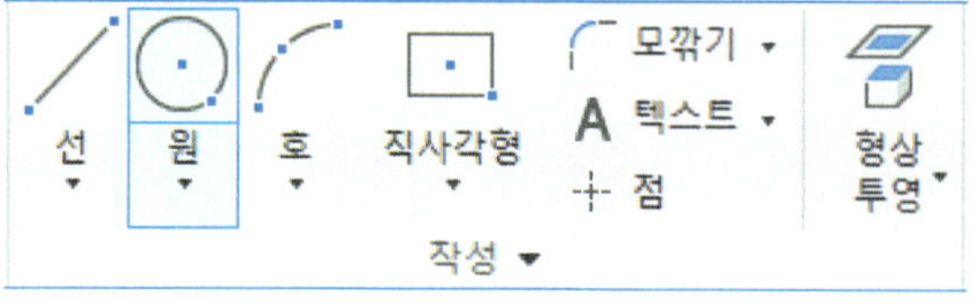

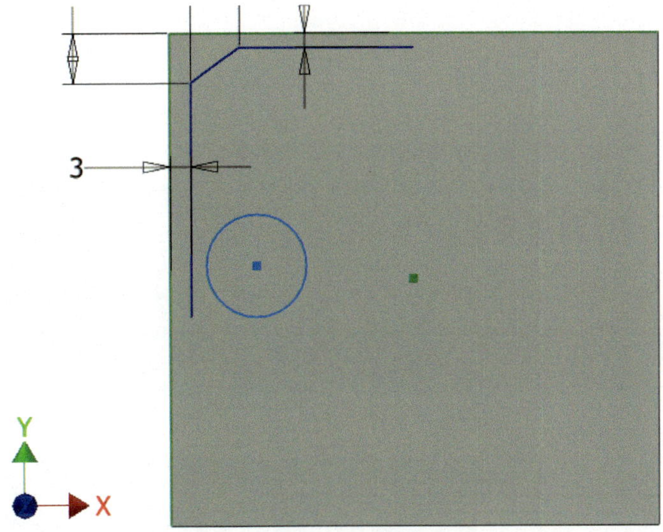
3
Y
X

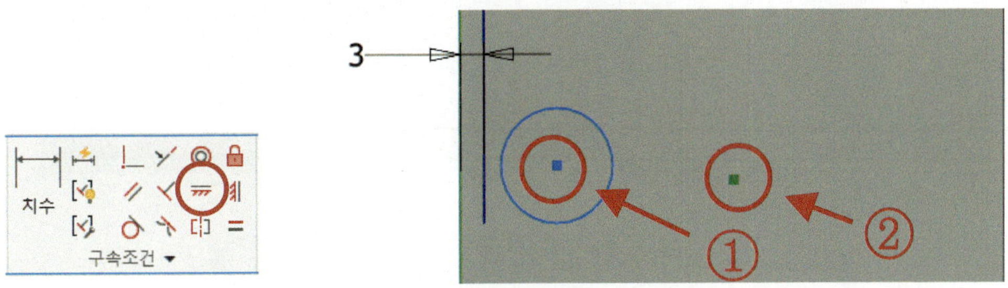
치수
구속조건
3
①
②

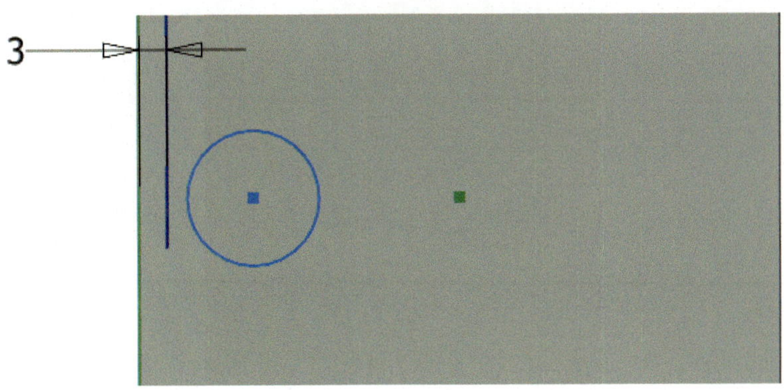
3

14.

원 주위에 두 수평선을 긋고 접선 구속조건을 주어 원에 붙인다.

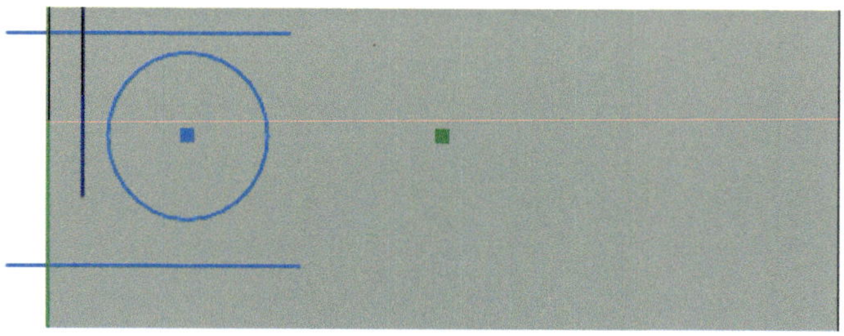

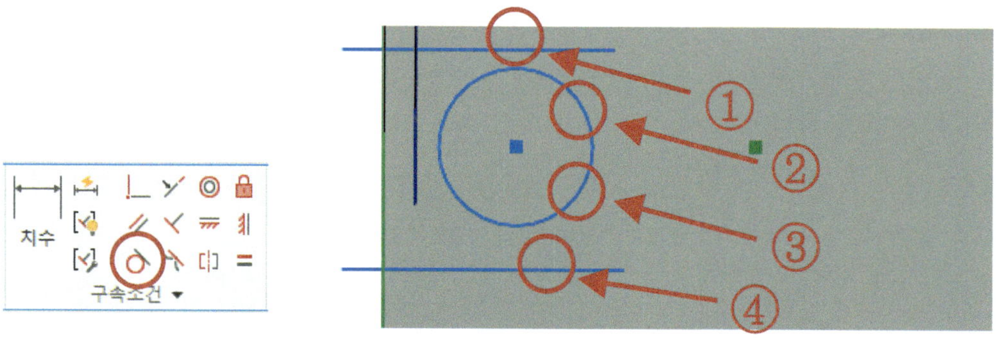

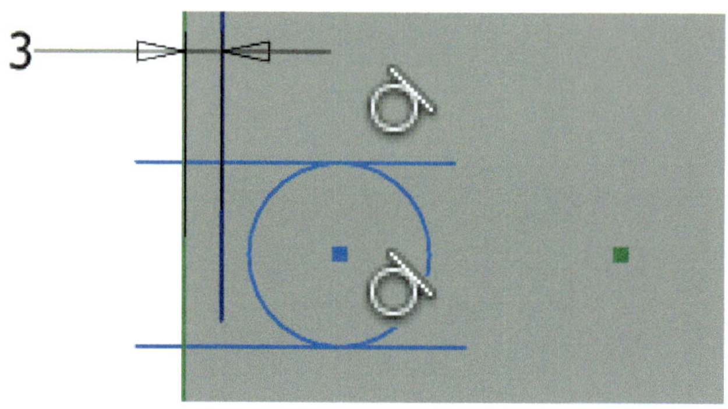

15.

리본 〉 스케치 〉 수정 〉 자르기를 선택하여 아래와 같이 선을 다듬는다. 두 수평선에서 원 밖으로 나간 부분과 원의 왼쪽 부분을 클릭하여 반드시 지우고 나머지를 정리한다.

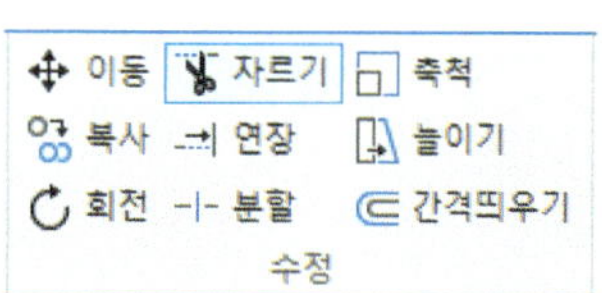

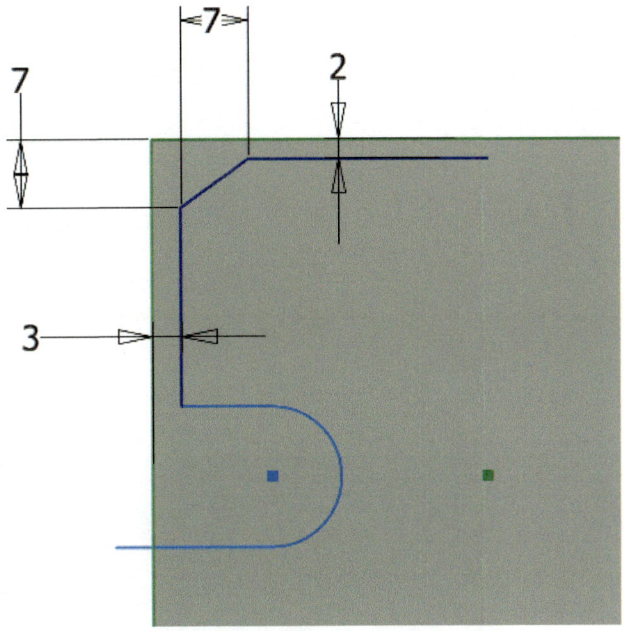

16.

아래와 같이 수직/수평선을 그린다.

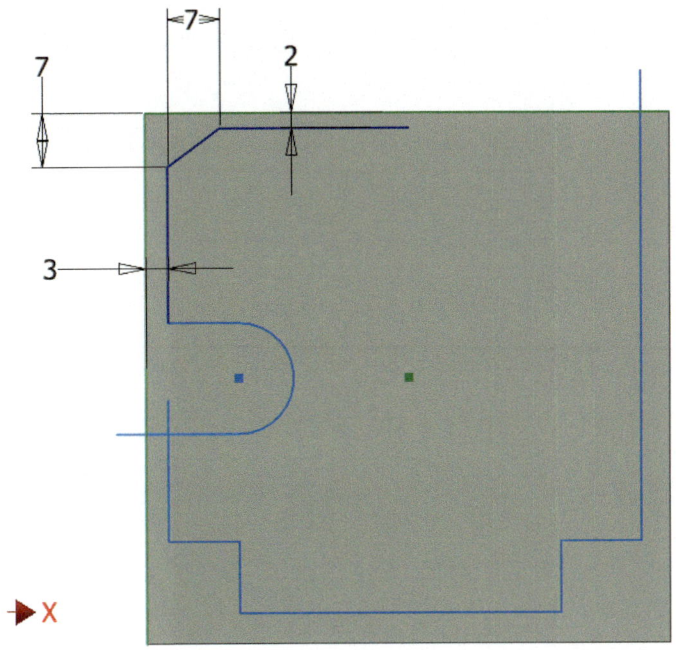

17.

아래과 같이 두 모서리를 원점으로 하는 원을 두 개 그린다.

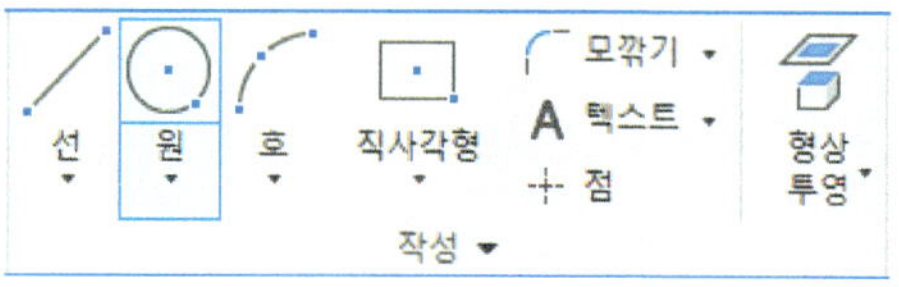

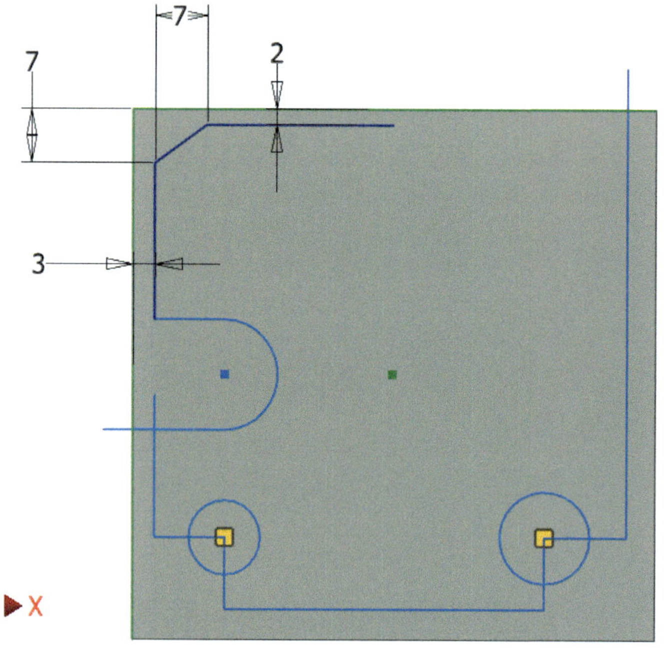

18.

리본 〉 스케치 〉 수정 〉 자르기를 선택하여 아래와 같이 선을 다듬는다.

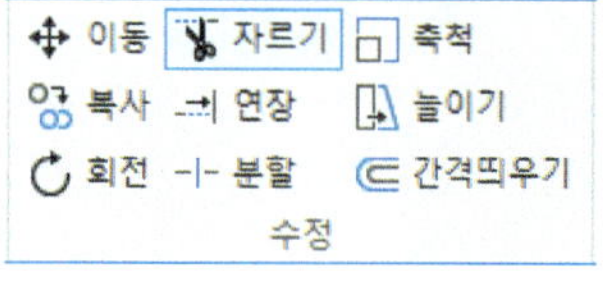

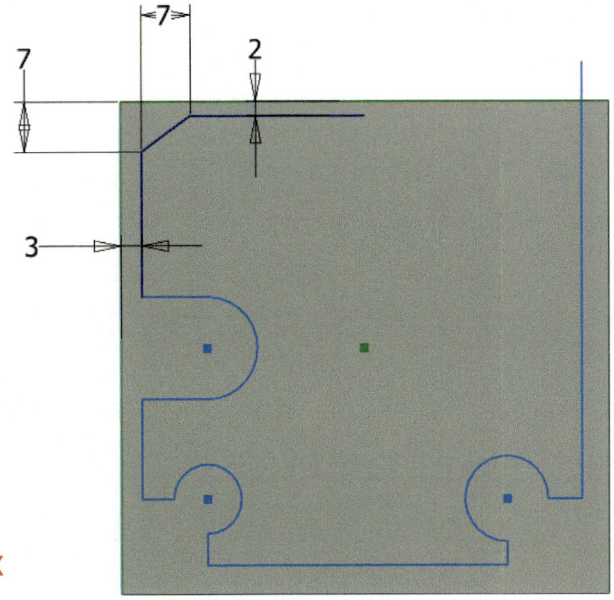

19.

동일선상 구속조건으로 아래 두 선을 같은 선상에 위치시킨다. 선을 선택할 때 선의 가운데 있는 선의 중심선을 선택하면 안 된다.

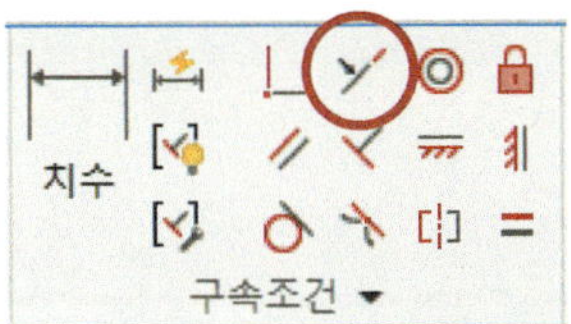

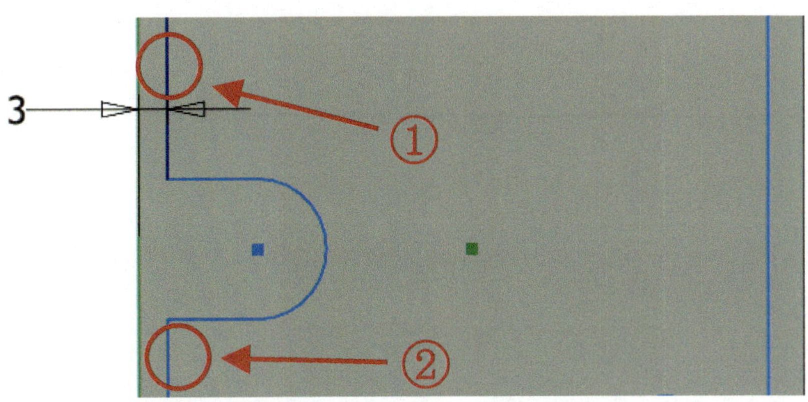

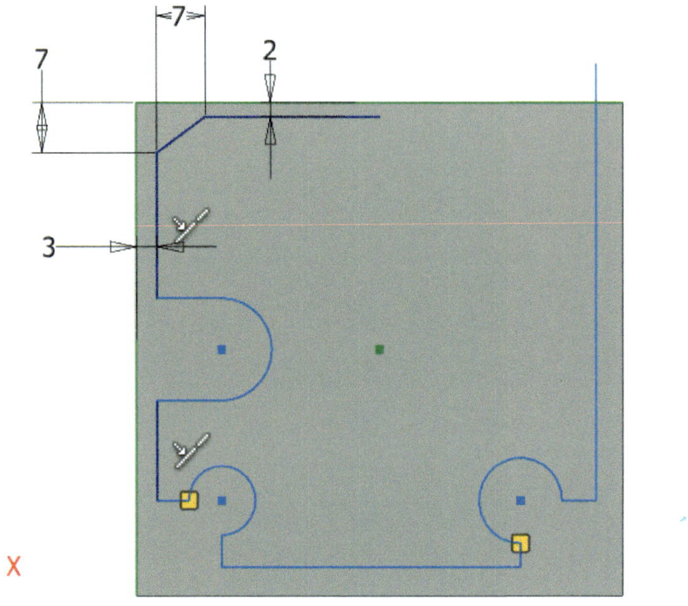

20.

아래에 있는 두 개의 호에 수직선과 수평선이 호의 원점과 일치하도록 일치 구속조건을 준다. 선을 선택할 때 선의 중심선을 선택하면 안 된다.

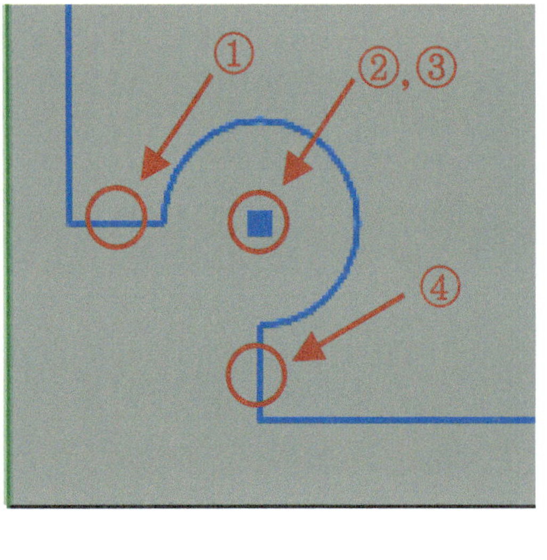

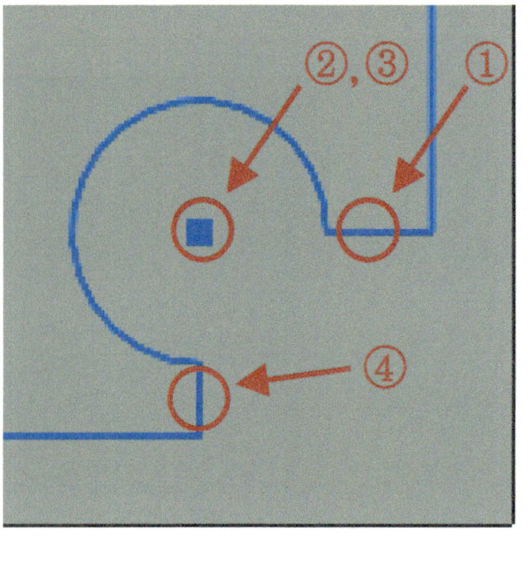

21.

아래과 같이 치수를 넣어준다.

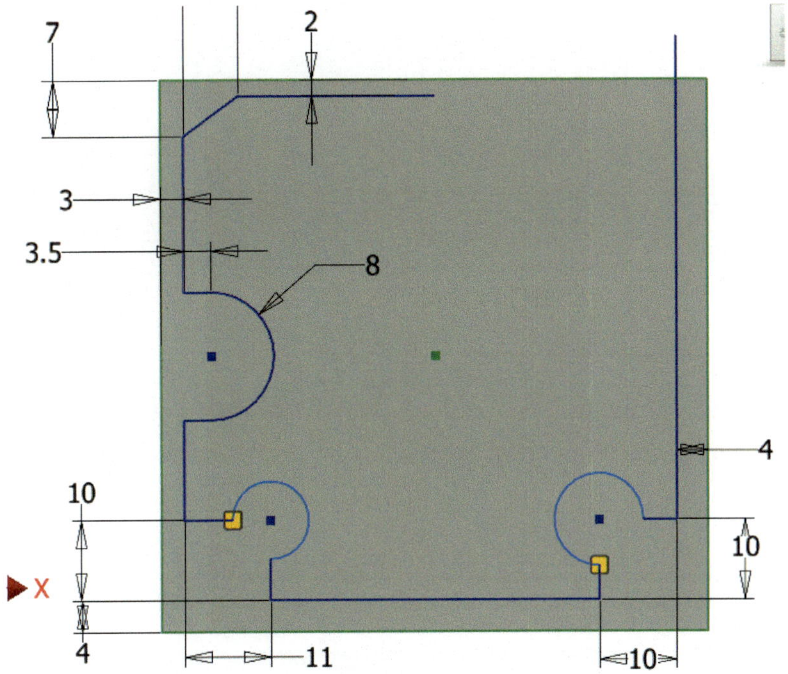

22.

아래의 두 호에 치수를 넣어준다. 이때 도면에 직경 치수 값이 나와 있으므로 호를 선택한 다음 마우스 우클릭을 하고 치수 유형에서 지름(D)를 선택한다.

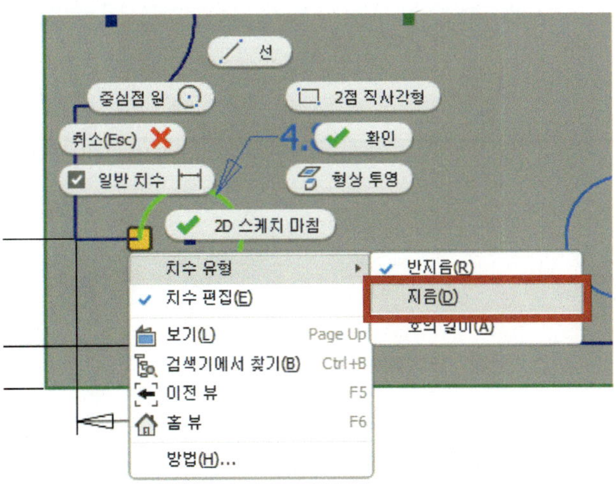

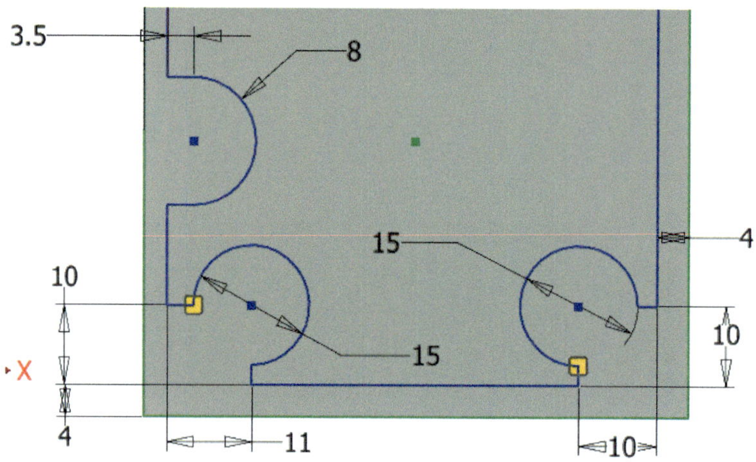

23.

아래와 같이 스케치 윗부분에 선을 그린다.

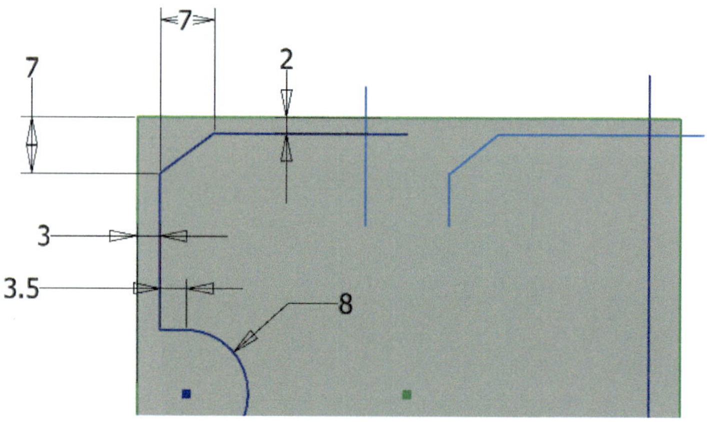

24.

아래와 같이 원을 그린다.

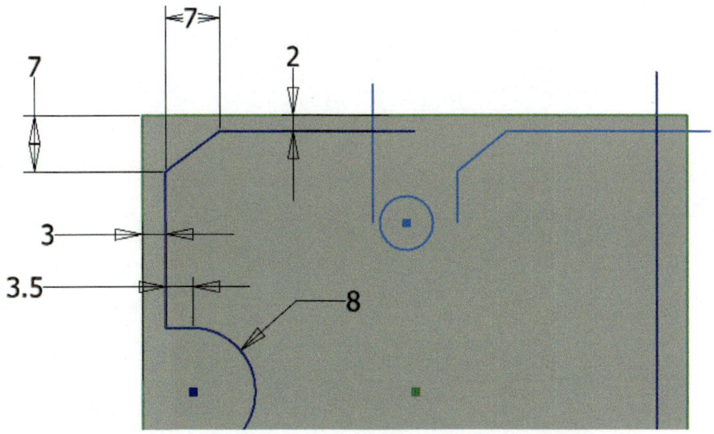

25.

원의 중심과 원점에 수직 구속조건을 부여한다.

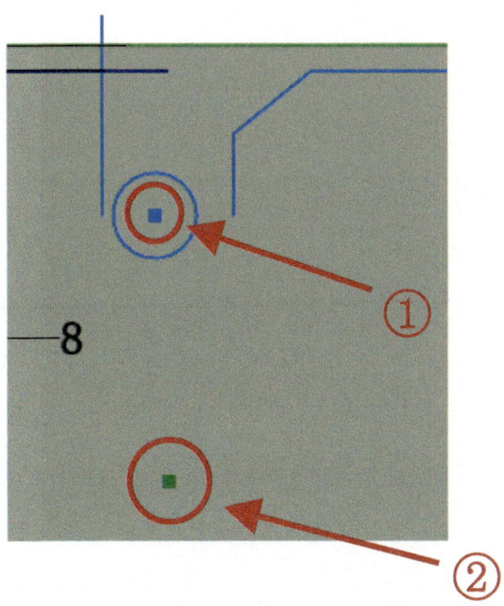

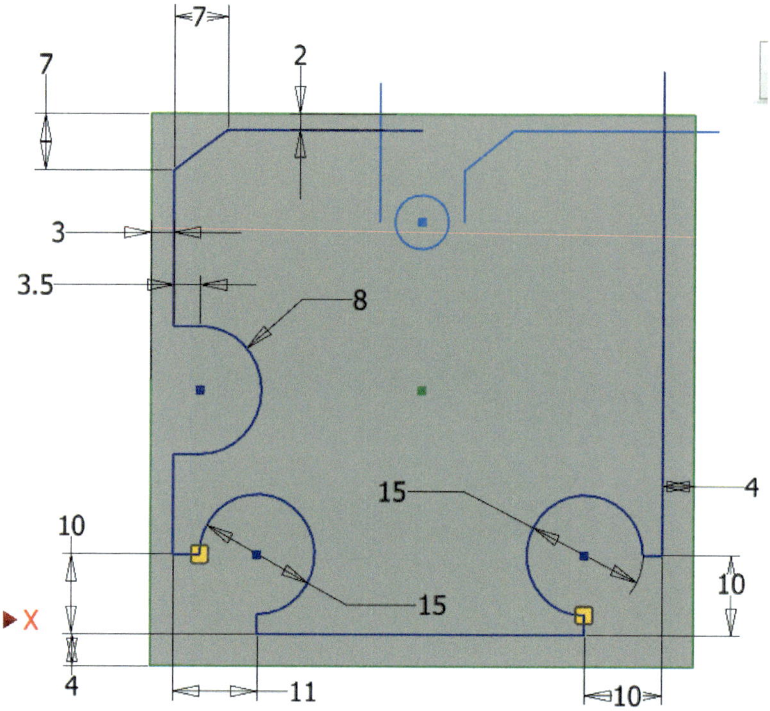

26.

접선 구속조건을 사용하여 두 수직선을 원에 붙인다.

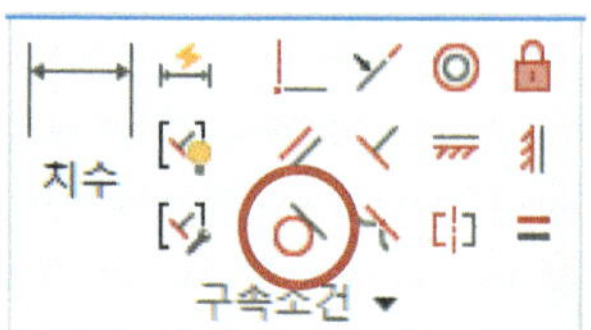

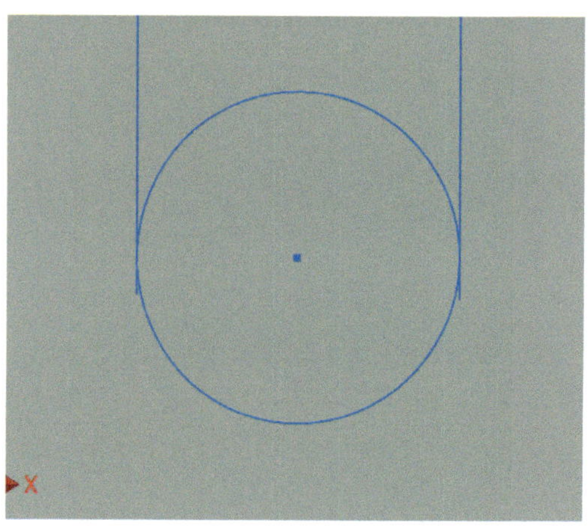

27.

리본 〉 스케치 〉 수정 〉 자르기를 선택하여 아래와 같이 선을 다듬는다.

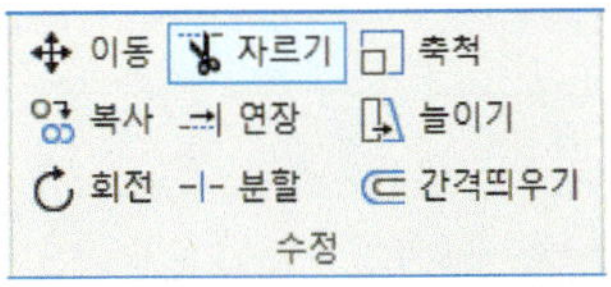

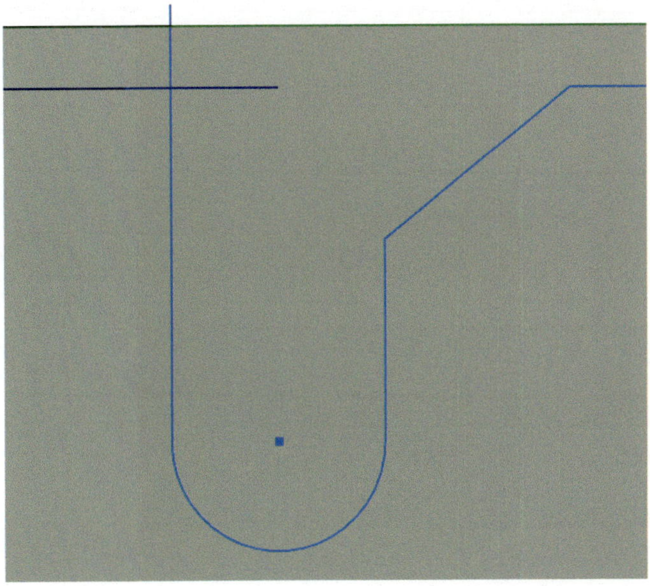

28.

아래와 같이 선을 다듬고 치수를 기입한다.

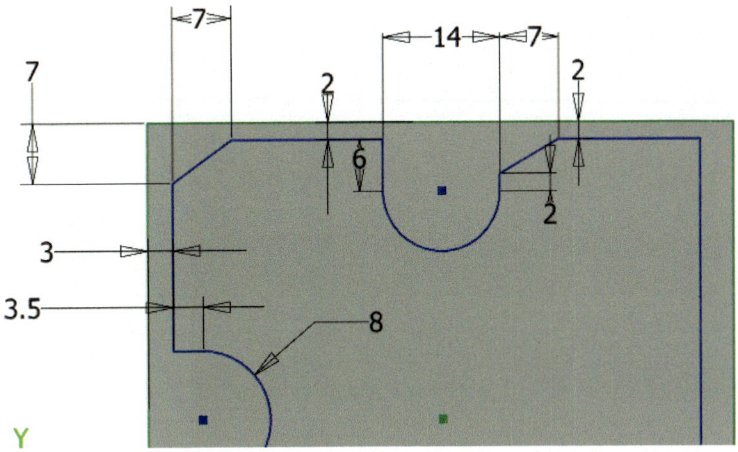

29.

모깎기 명령을 사용하여 아래 그림의 위치에 R6을 준다. 우측 상단의 수평선과 수직선을 한 번씩 클릭하면 모깎기가 만들어진다.

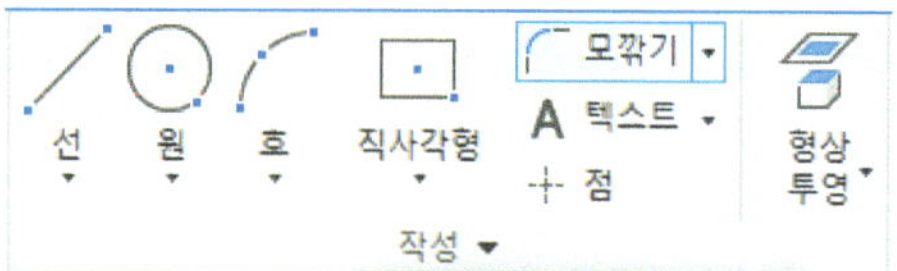

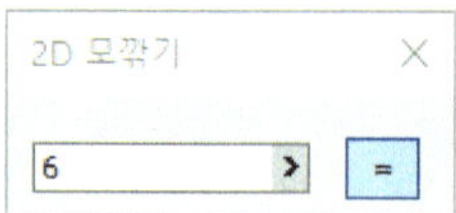

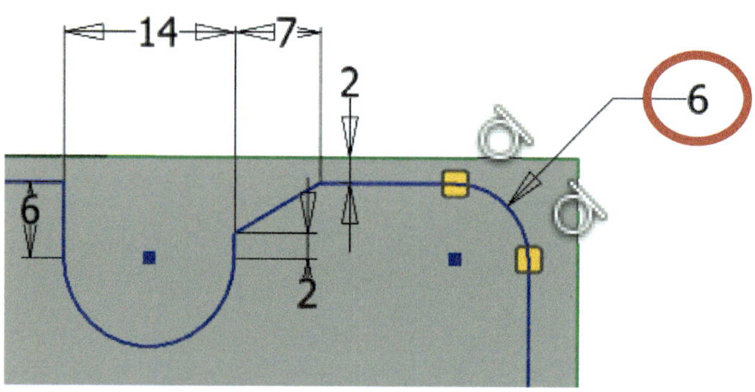

30.

모깎기 명령을 사용하여 아래 그림과 같이 스케치 아래 부분의 붉은 원이 있는 위치에 R2을 준다.

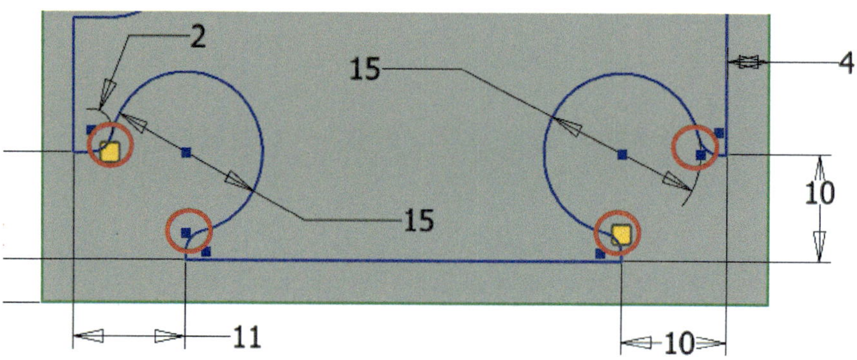

31.

스케치 마무리 명령을 클릭하여 스케치를 종료한다.

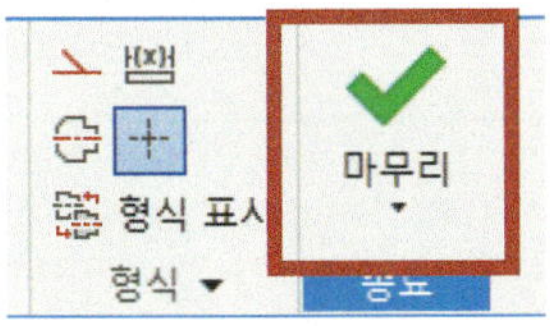

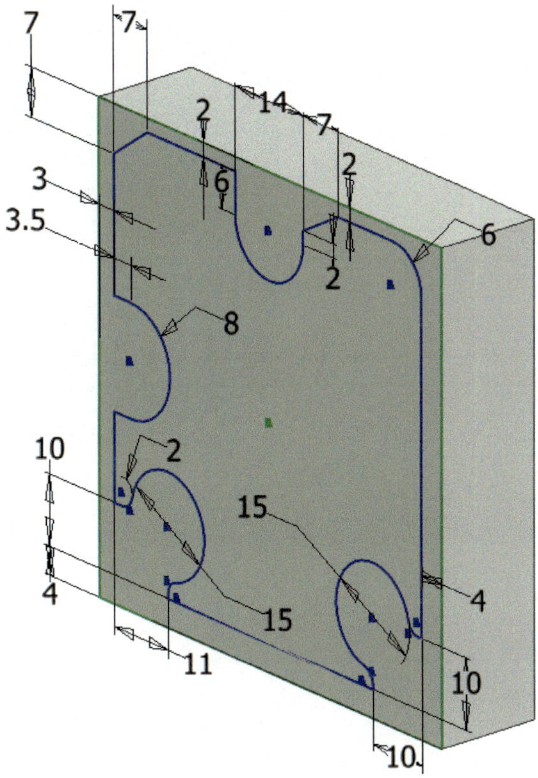

32.

리본 〉 3D 모형 〉 작성 〉 돌출 명령을 클릭한다. 범위는 거리로 선택하고 거리 A값을 5로 입력하고 방향을 기본값으로 하여 Z+방향으로 정한 다음, [확인] 버튼을 클릭한다.

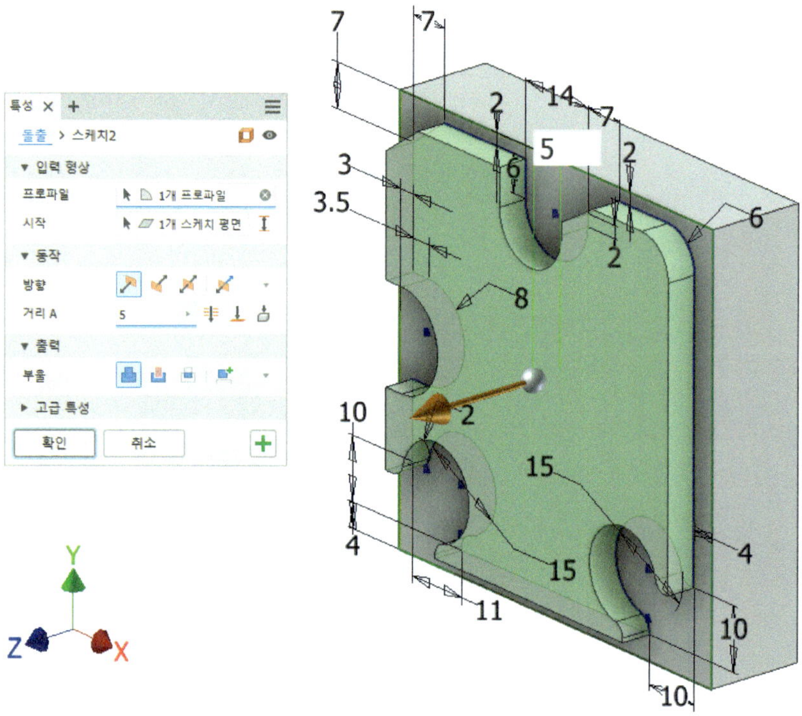

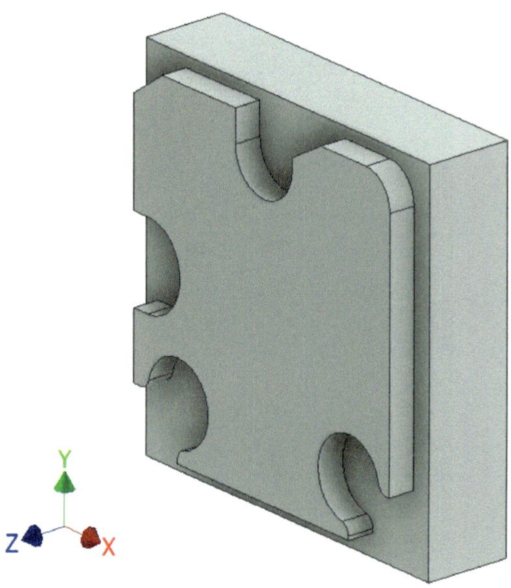

33.

리본 〉 3D 모형 〉 스케치 〉 2D 스케치 시작을 누르고 31.번에서 돌출한 부분의 정면을 선택한다.

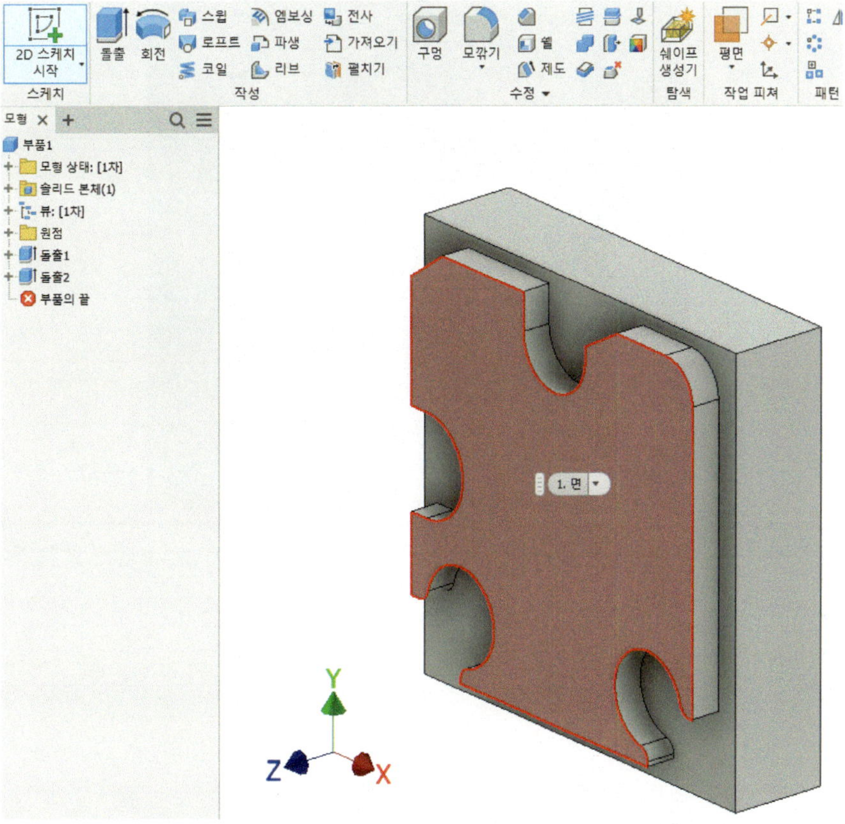

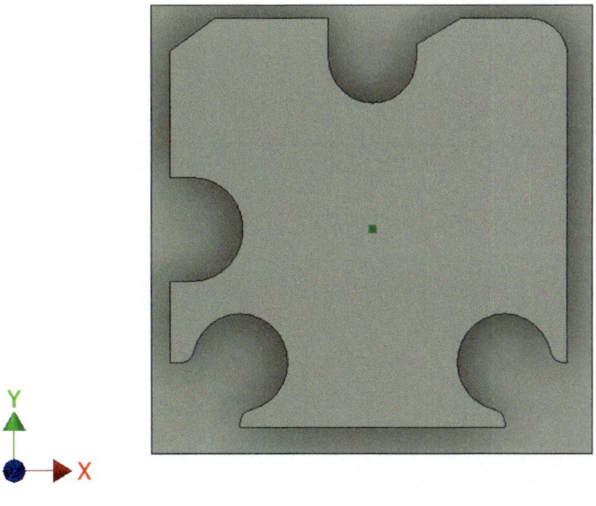

34.

아래과 같이 선과 원을 그린다.

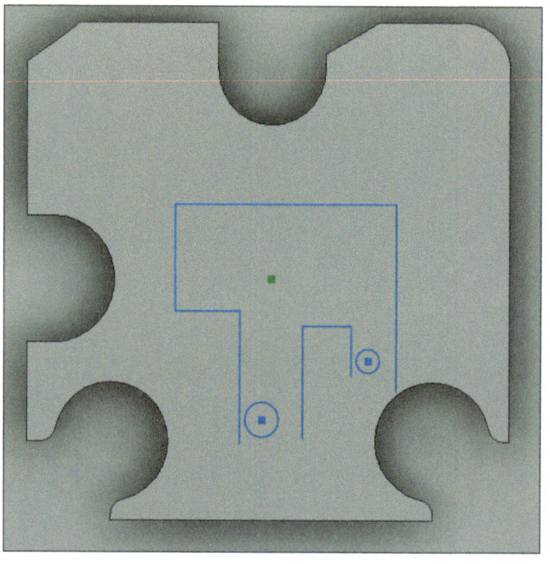

35.

두 원과 주변의 수직선을 접선 구속조건을 사용하여 붙인다.

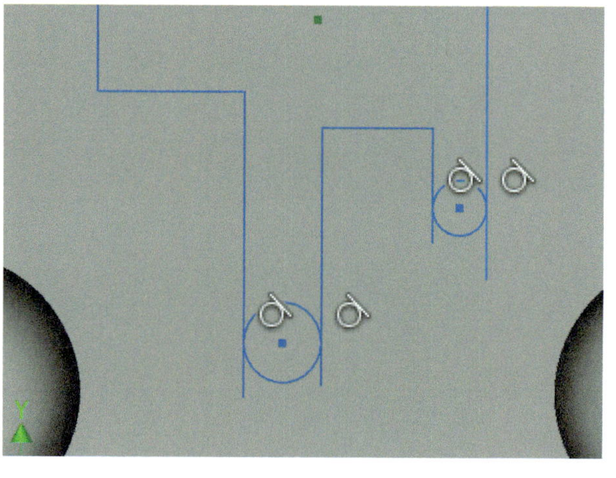

36.

리본 〉 스케치 〉 수정 〉 자르기를 선택하여 아래와 같이 선을 다듬는다.

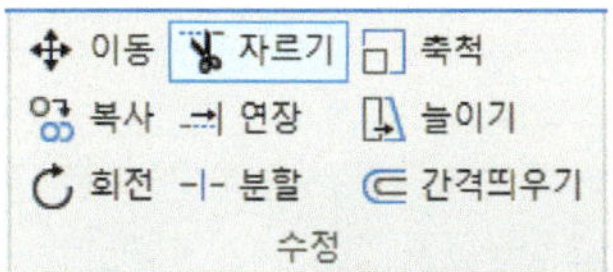

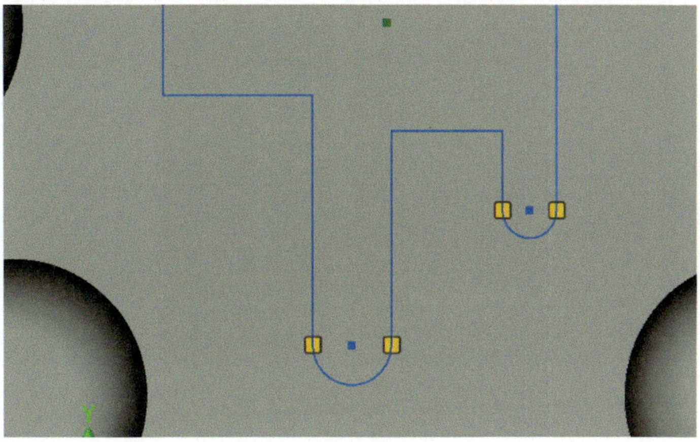

37.

36.번에서의 두 수평선을 동일선상 구속조건을 사용하여 동일선상에 위치도록 조정하고 좌측 원의 중심과 원점에 수직 구속조건을 부여한다.

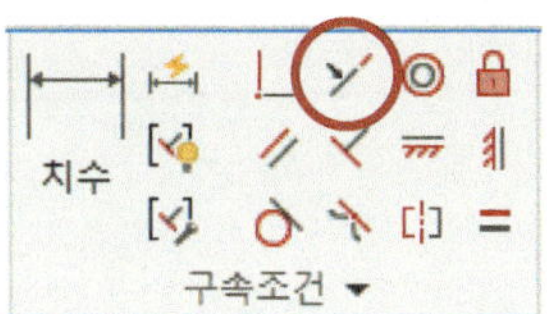

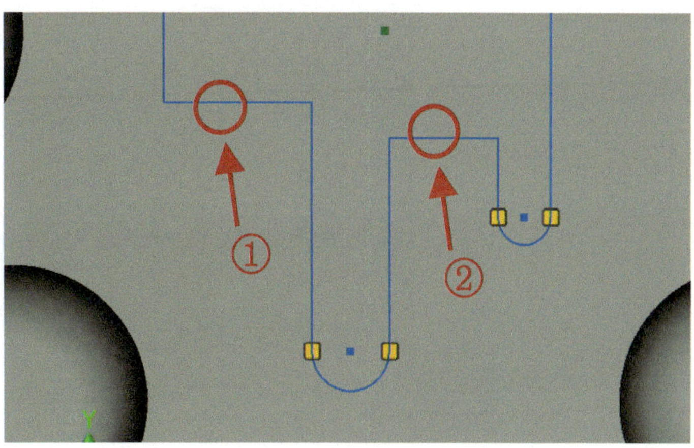

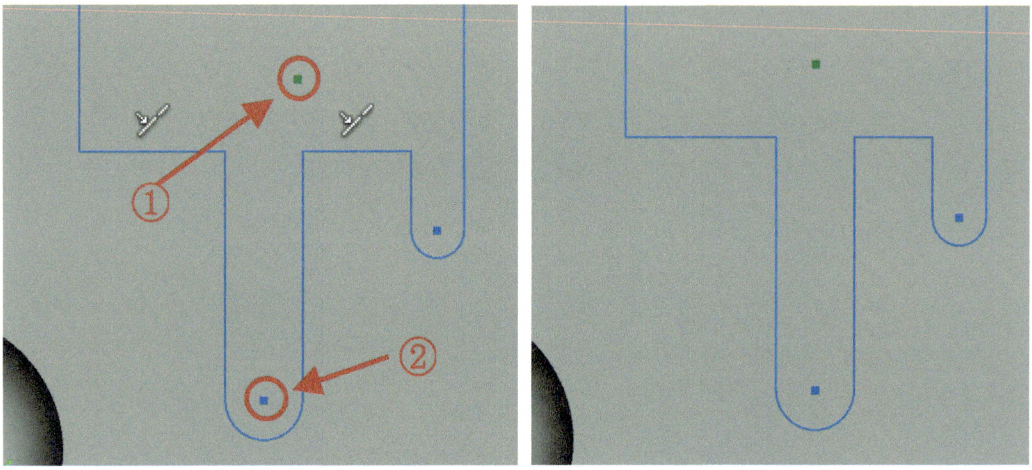

38.

아래와 같이 치수를 부여한다.

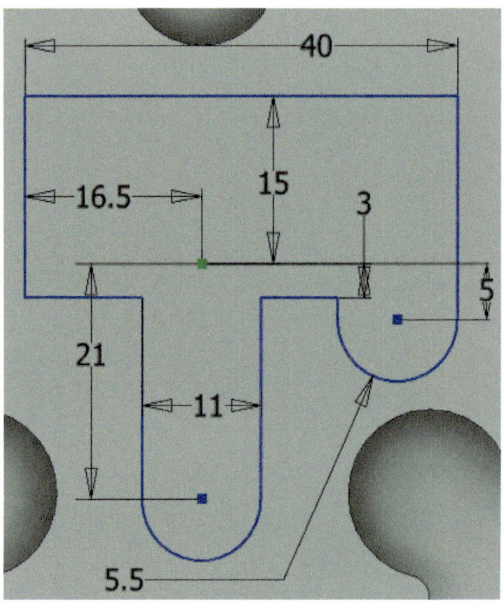

39.

모깎기 명령을 사용하여 아래 그림과 같이 모서리 세 곳에 R6을 준다.

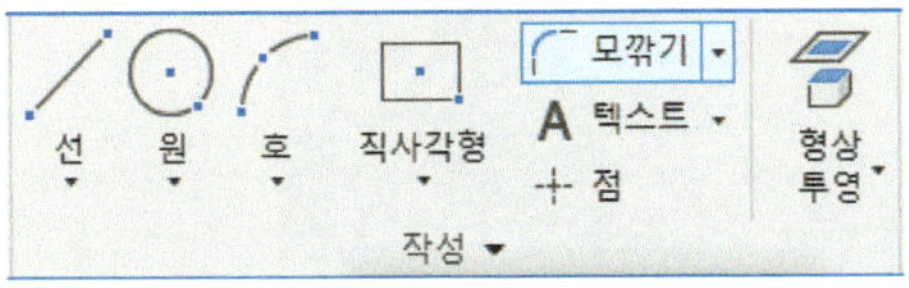

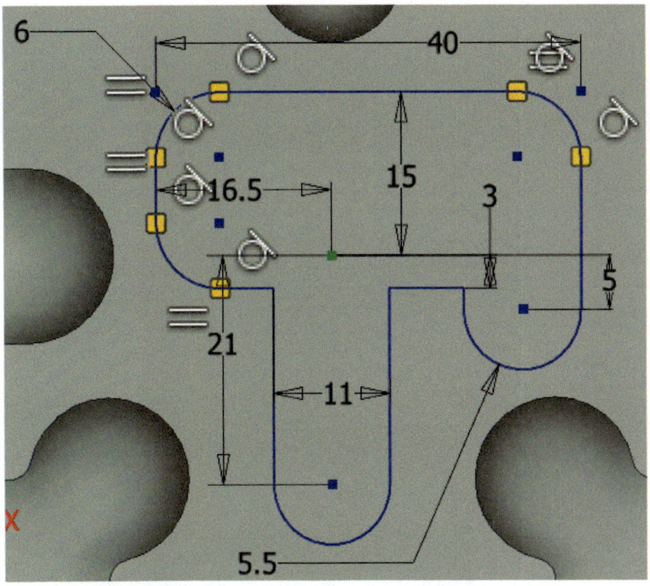

40.

모깎기 명령을 사용하여 아래 그림과 같이 모서리 두 곳에 R2를 준다.

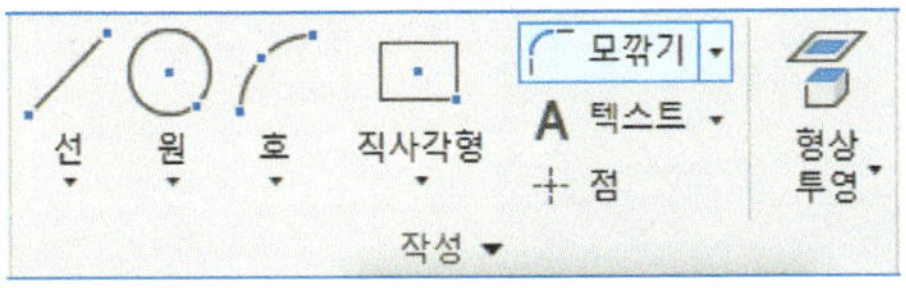

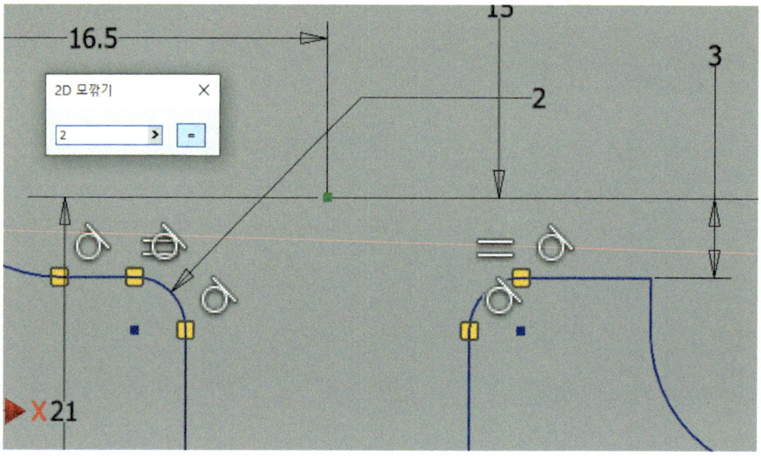

41.

스케치 마무리 명령을 클릭하여 스케치를 종료한다.

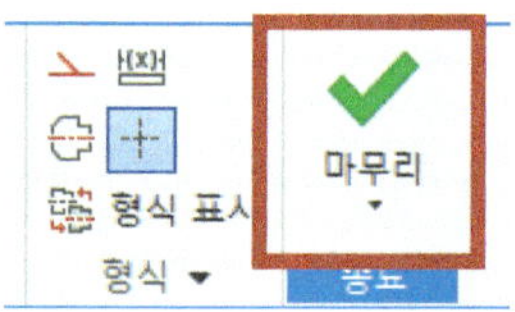

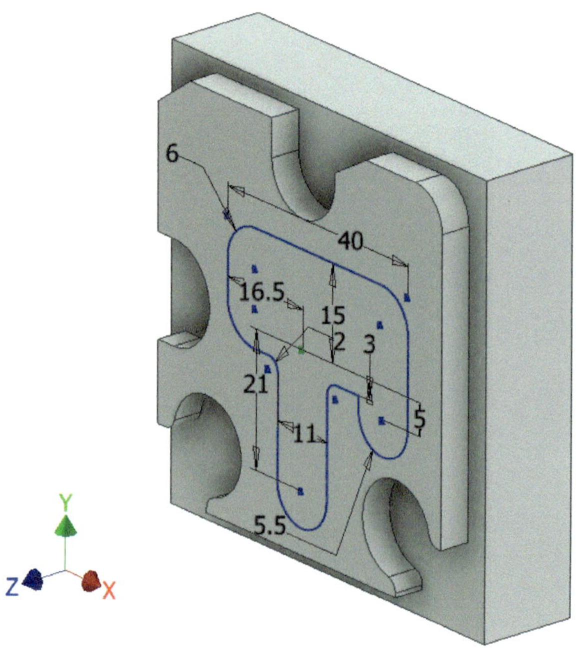

42.

리본 〉 3D 모형 〉 작성 〉 돌출 명령을 클릭한다. 범위는 거리로 선택하고(기본 설정임) 거리 A값을 4로 입력하고 부울을 절단()으로 선택한 다음, [확인] 버튼을 클릭한다.

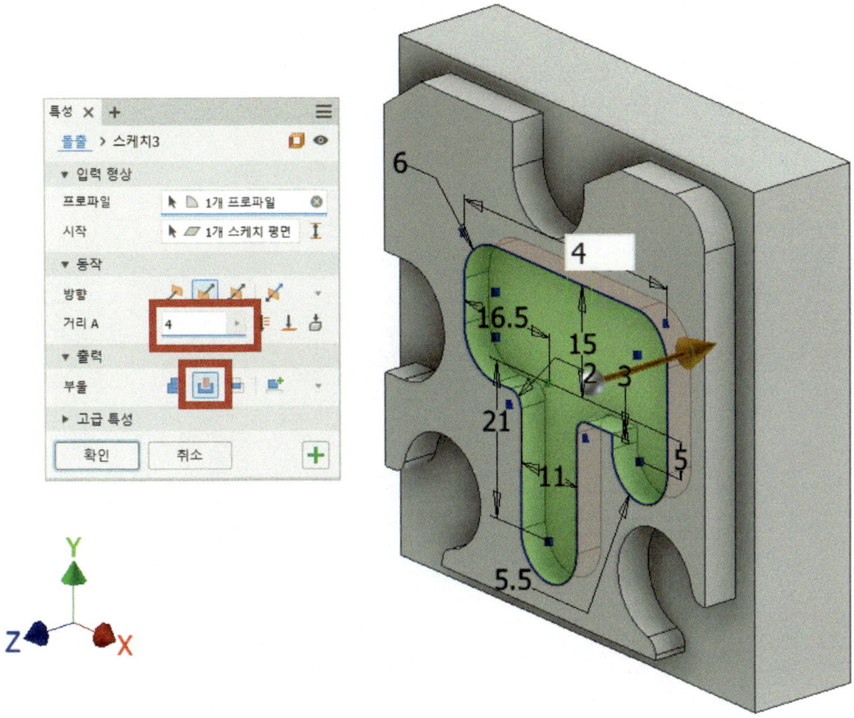

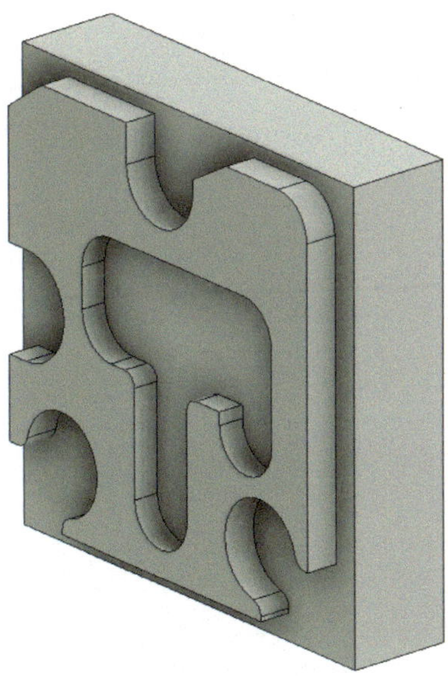

43.

리본 〉 3D 모형 〉 스케치 〉 2D 스케치 시작을 누르고 41.번에서 돌출 명령으로 생성된 부분의 정면을 선택한다.

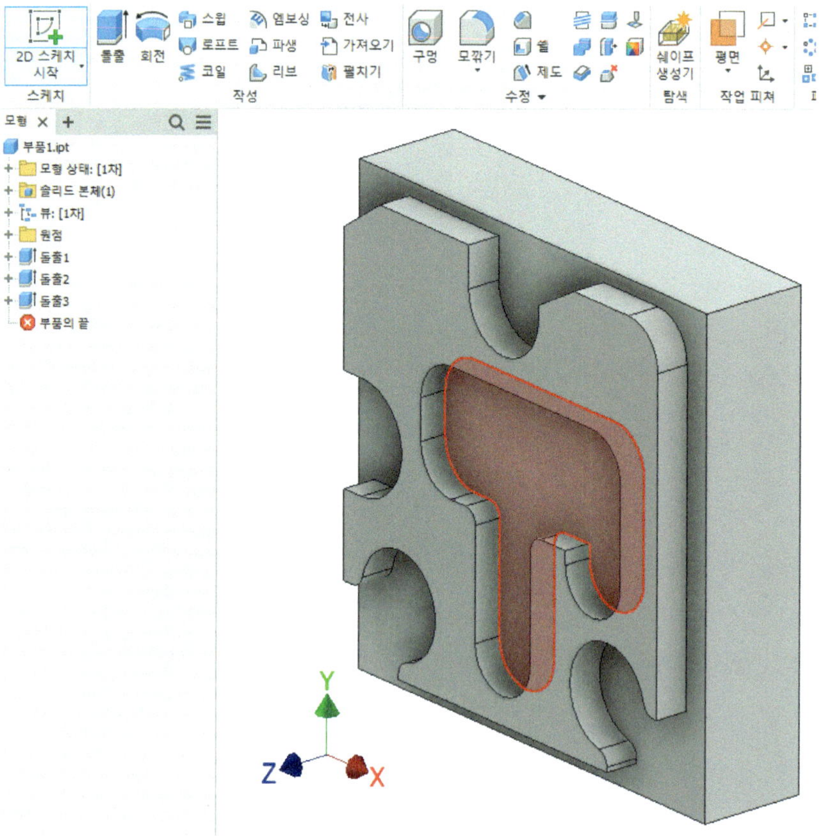

44.

스케치가 시작되면 기준이 되는 원점이 표시된다. 이 점만 있으면 되므로 바로 스케치 마무리 명령을 클릭하여 스케치를 종료한다.

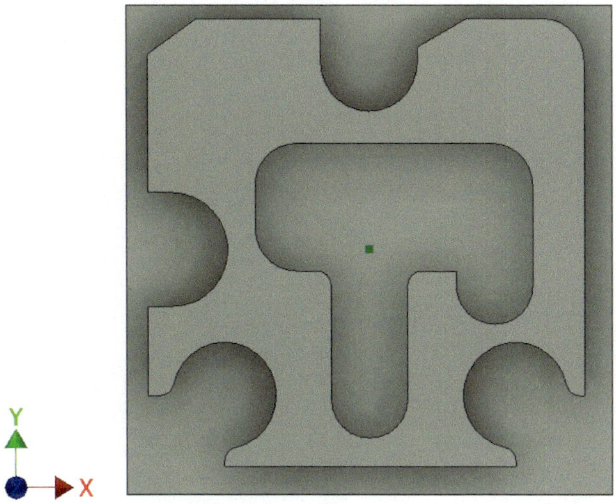

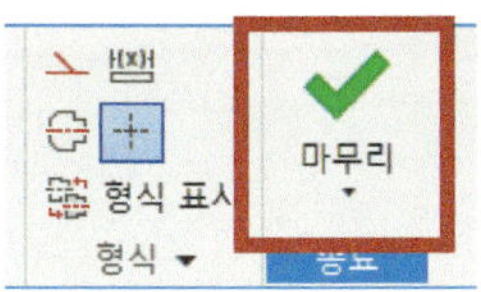

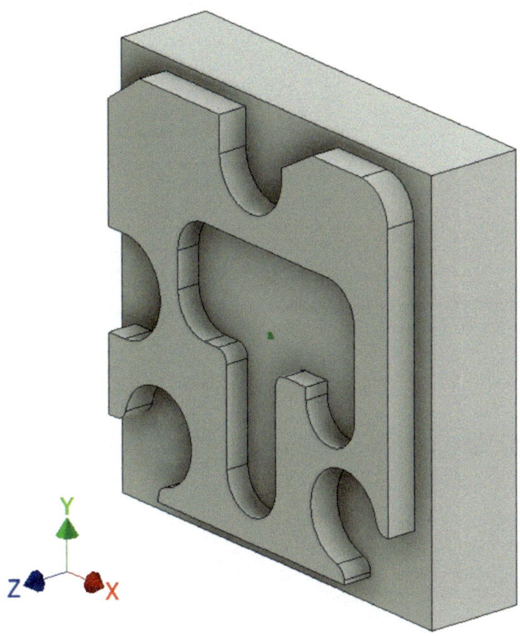

45.

리본 〉 3D 모형 〉 수정 〉 구멍 명령을 클릭한 다음 앞서 스케치에 생성된 점을 선택하고 특성 대화상자의 구멍에 맨 좌측의 단순 구멍(□)을, 시트에 맨 좌측의 없음(⊘)을, 종료에 가운데 있는 전체 관통(□)을 선택한 다음 아래 지름에 8(8 mm)을 입력하고 [확인] 버튼을 누른다.

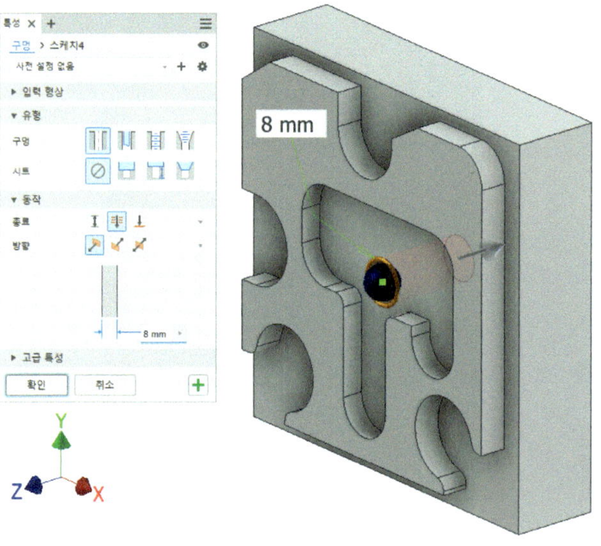

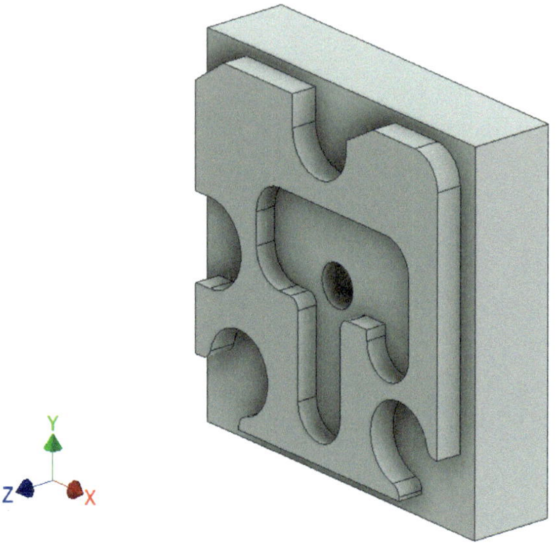

부품의 모델링을 마쳤다. 부품을 저장한다. 이제 CAM작업을 통해 NC 코드를 만들어 보자.

STEP 09 컴퓨터 응용 가공 밀링 기능사 공개 문제 5번 – 모델링

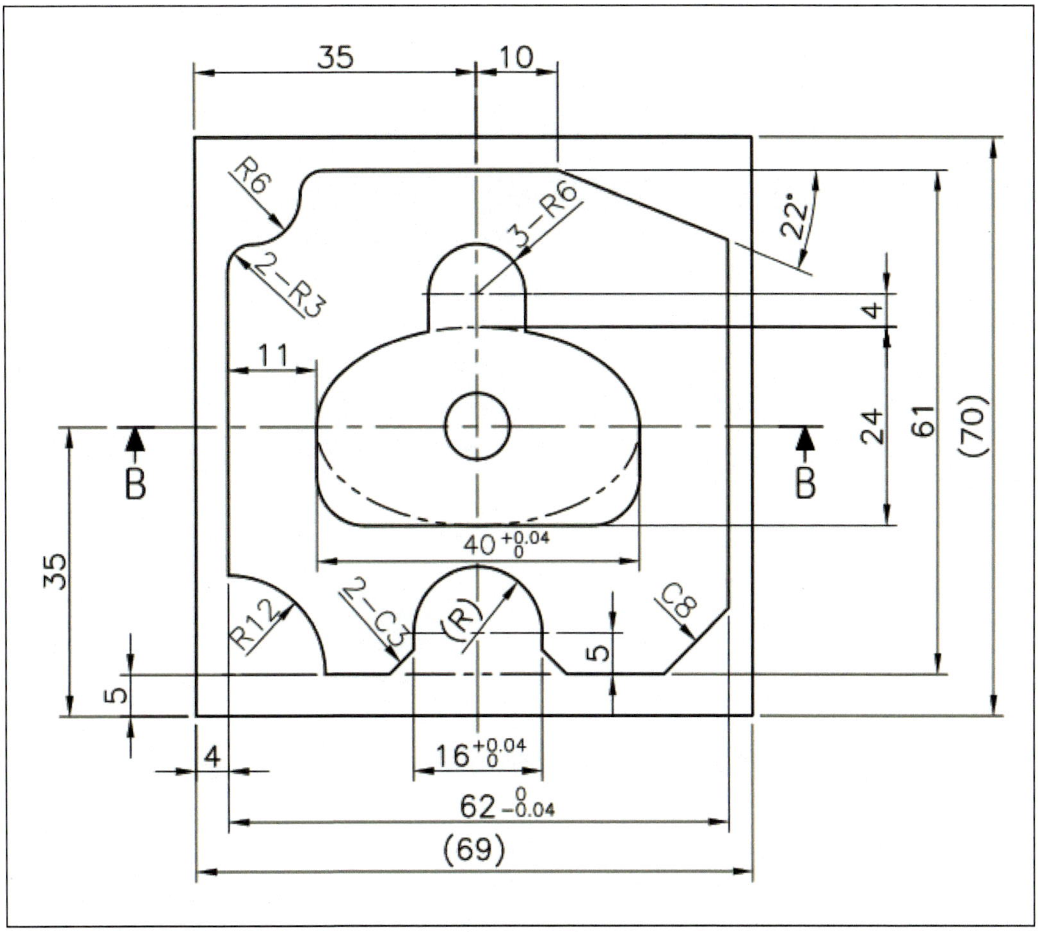

1.

프로그램 화면 맨 위의 왼쪽에 있는 신속 접근 도구막대에서 새로 만들기 (Ctrl+N)를 누르고 Standard.ipt를 선택한다.

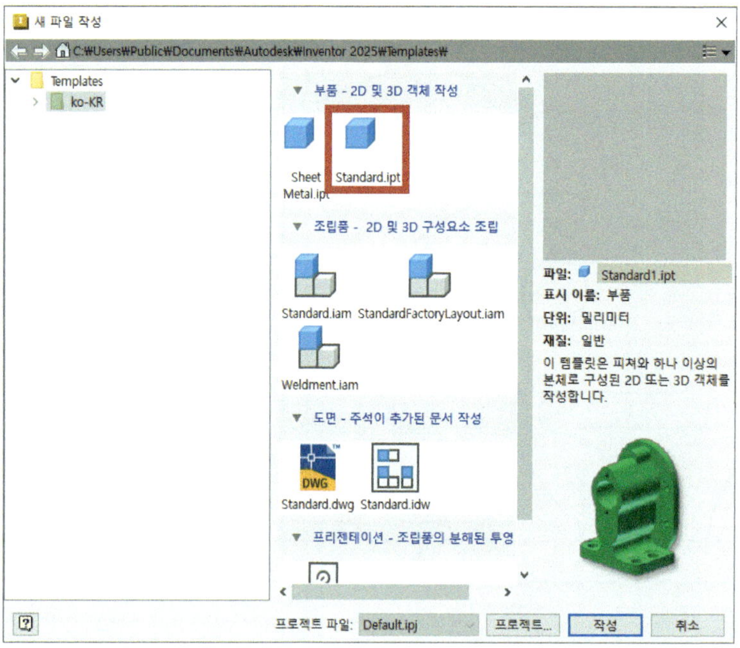

2.

리본 〉 도구 〉 옵션 〉 문서 설정을 누르면 문서 설정 대화상자가 나타난다. 단위 탭에 들어가 길이가 밀리미터인지 확인한다. 확인했으면 아래 [닫기] 버튼을 누른다.

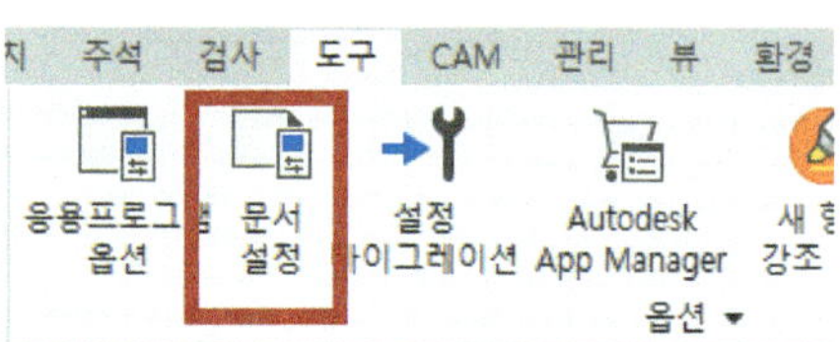

3.

리본 〉 3D 모형 〉 스케치 〉 2D 스케치 시작을 누르고 그래픽 창에서 XY평면을 선택한다.

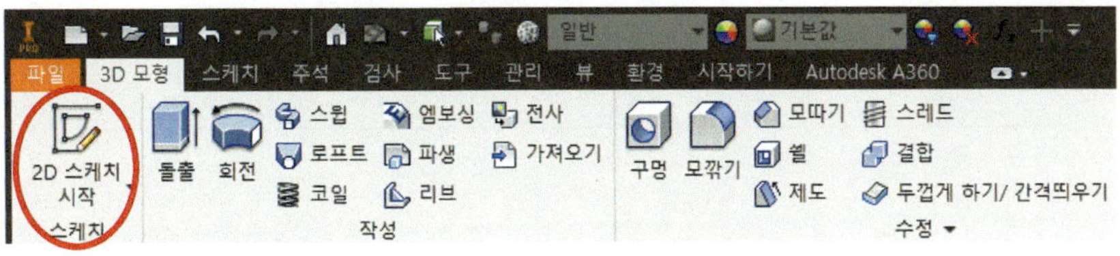

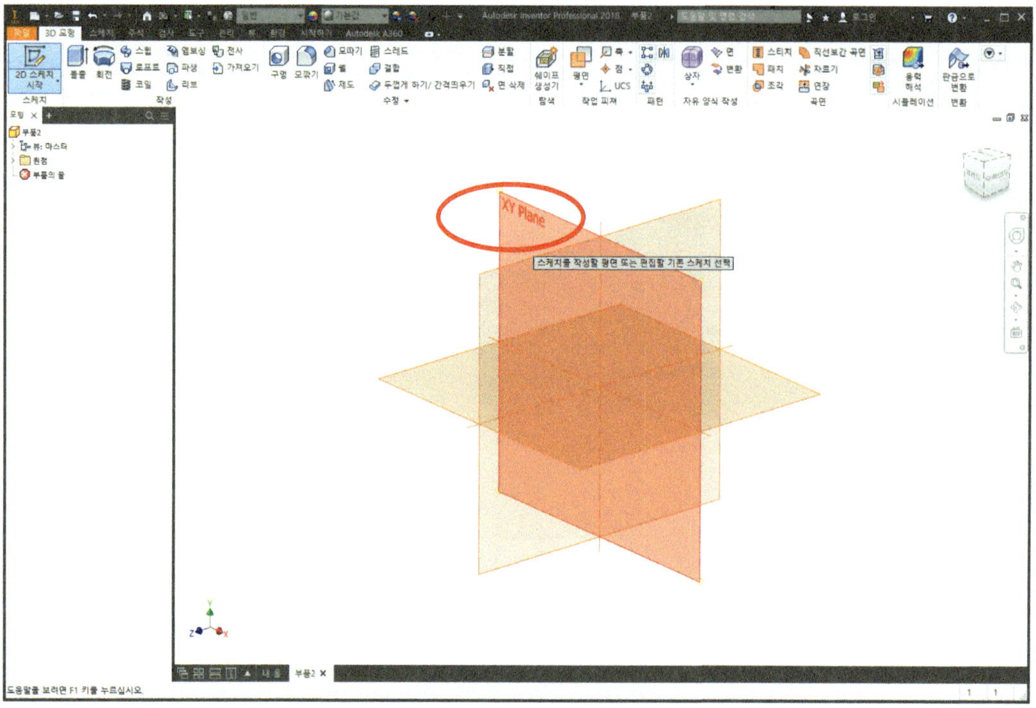
XY Plane
스케치를 작성할 평면 또는 편집할 기존 스케치 선택

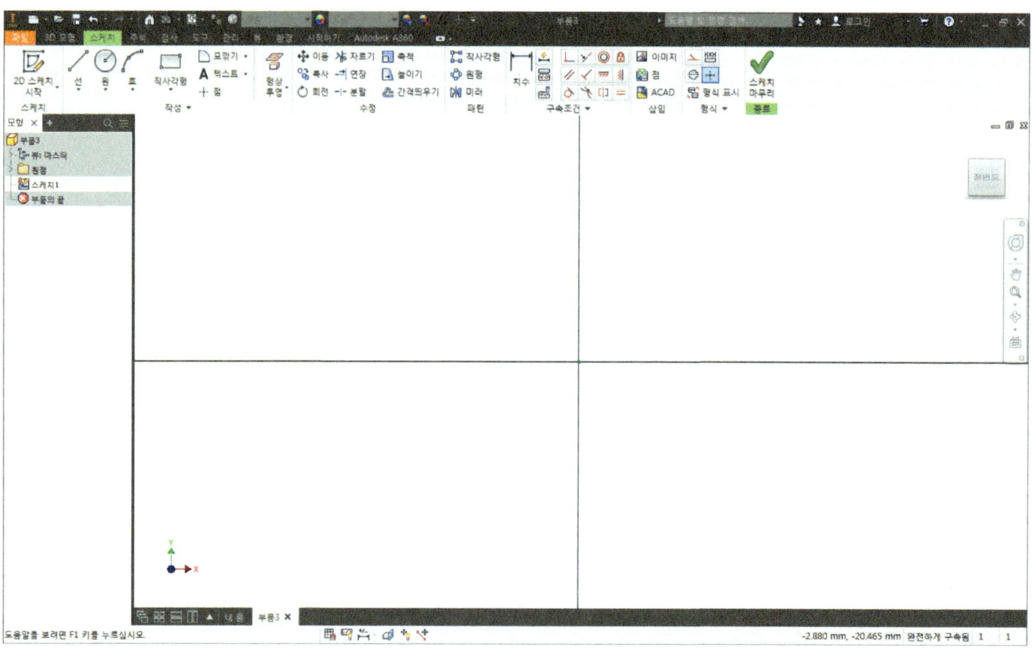

4.

리본 〉 스케치 〉 작성 〉 직사각형 명령의 아래 드롭다운 화살표를 클릭하여 직사각형-두 점 중심을 선택한다(리본 〉 스케치 〉 작성 〉 직사각형 〉〉 직사각형-두 점 중심).

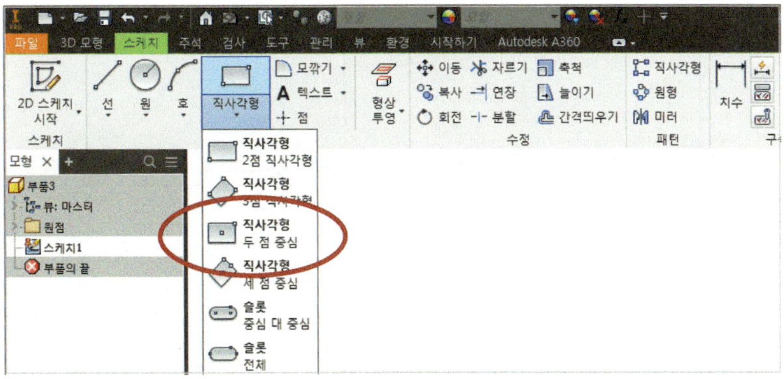

5.

두 번을 클릭하는데 첫 번째는 그래픽 창의 가로선(X축)과 세로선(Y축)이 만나는 원점에 클릭하고(점이 녹색으로 변함) 두 번째는 우측의 임의의 공간을 클릭하여 아래 그림과 같이 만든다.

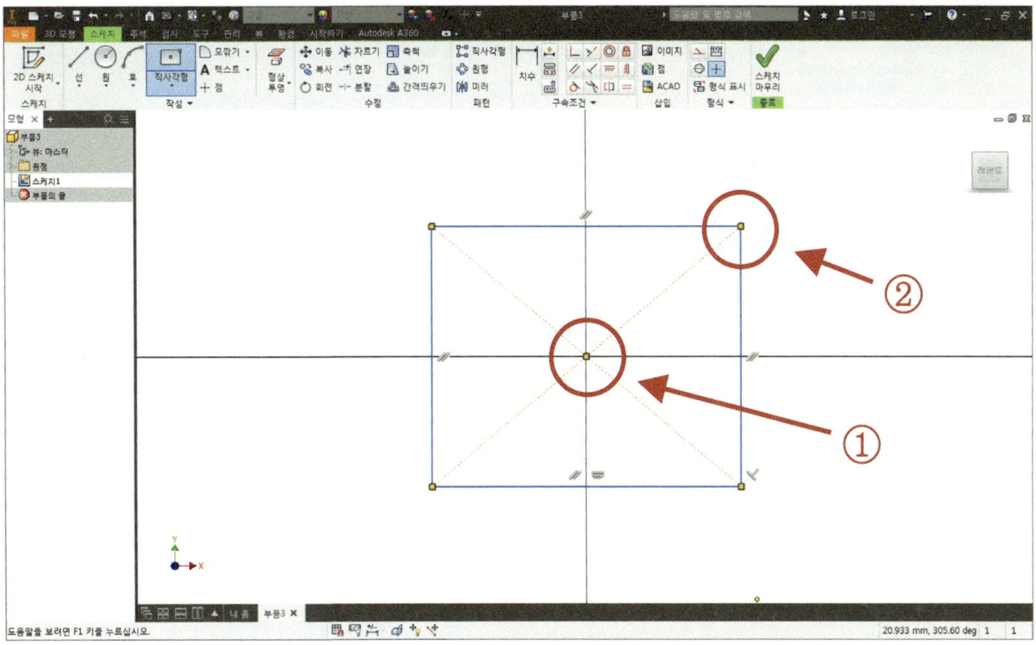

6.

아래와 같이 치수를 입력한다.

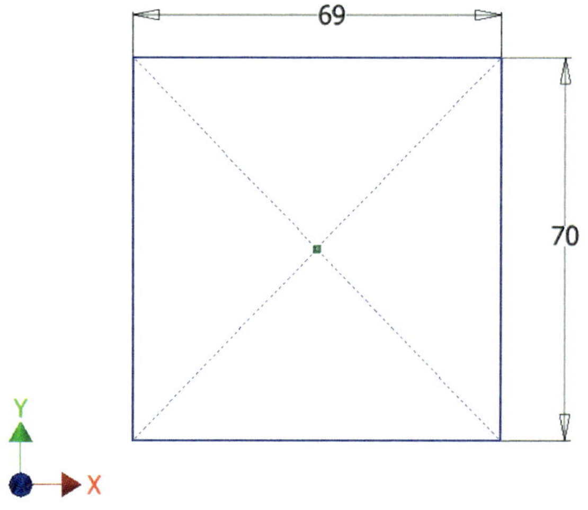

7.

스케치 마무리 명령을 클릭하여 스케치를 종료한다.

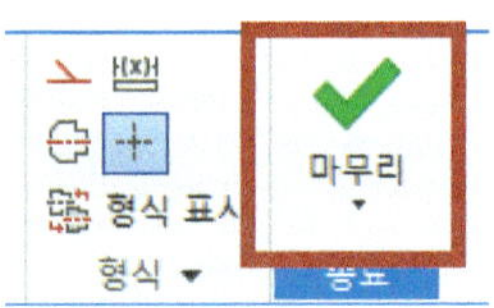

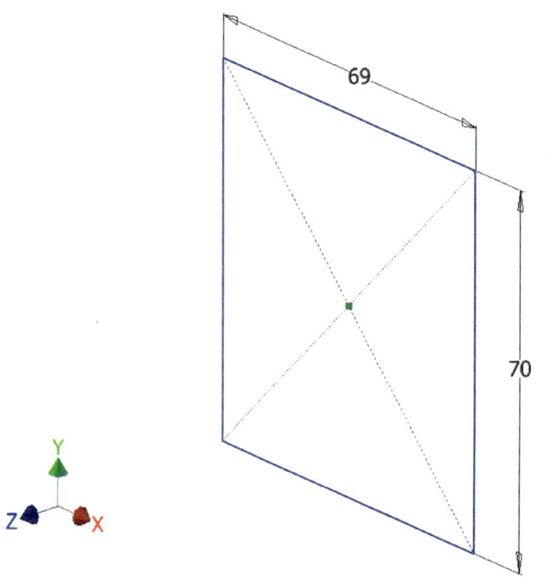

8.

리본 〉 3D 모형 〉 작성 〉 돌출 명령을 클릭한다. 범위는 거리로 선택하고 거리 A값을 19으로 입력하고 방향을 반전으로 선택하여 Z-방향으로 정한 다음, [확인] 버튼을 클릭한다.

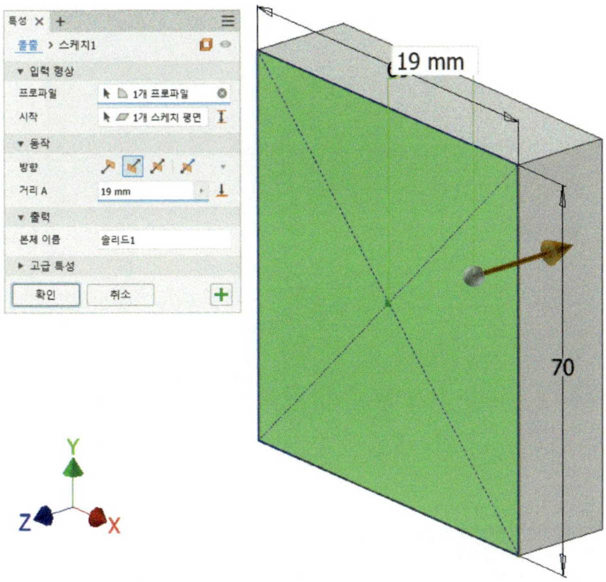

9.

리본 〉 3D 모형 〉 스케치 〉 2D 스케치 시작을 누르고 생성된 부품의 정면을 클릭한다.

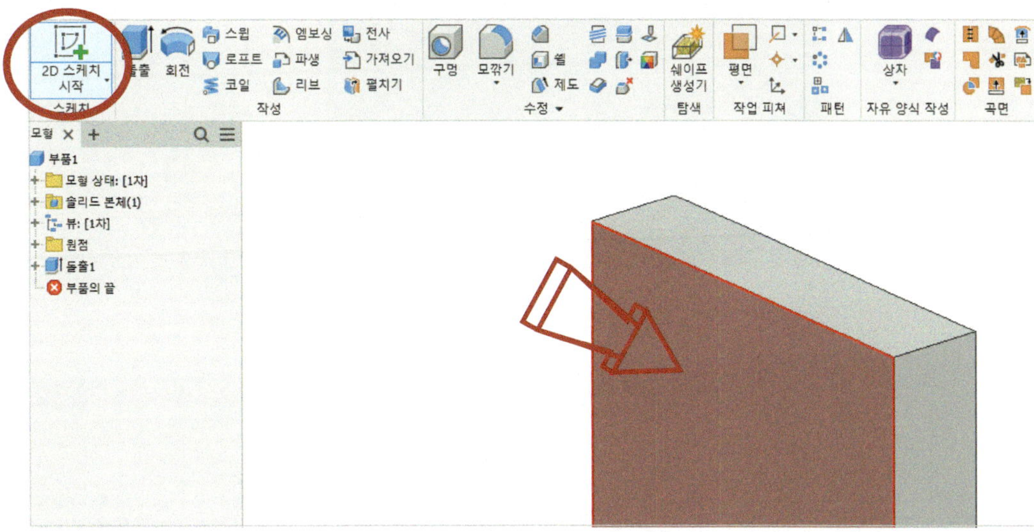

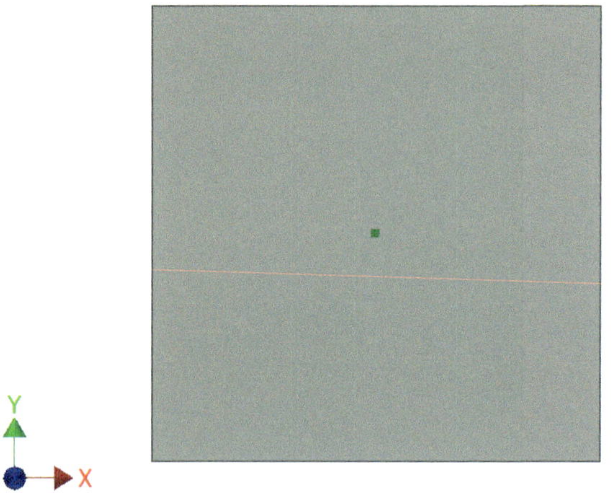

10.

아래와 같이 선을 그린다. 이때 수평과 수직 구속조건이 있어야 하는 선을 그릴 때 주의한다. 구속조건이 없다면 구속조건 패널에 있는 명령들을 사용하여 부여한다.

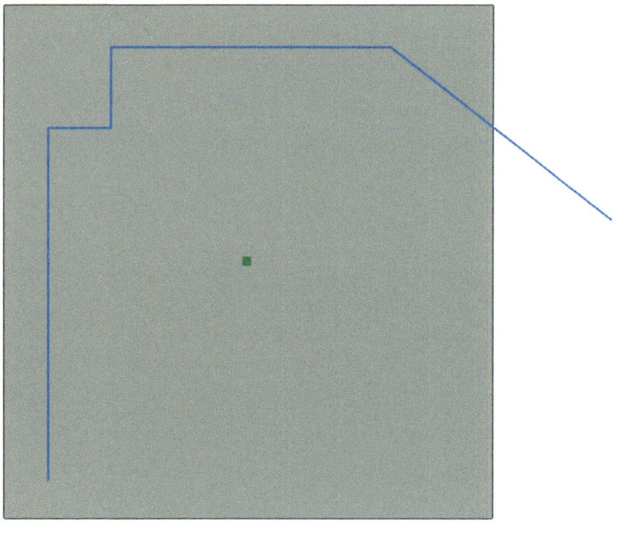

11.

좌측 상단에 아래와 같이 치수 넣고 R2와 R6의 모깍기를 준다.

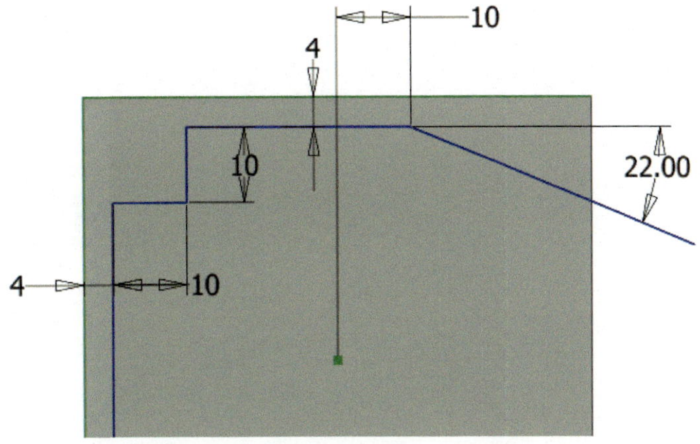

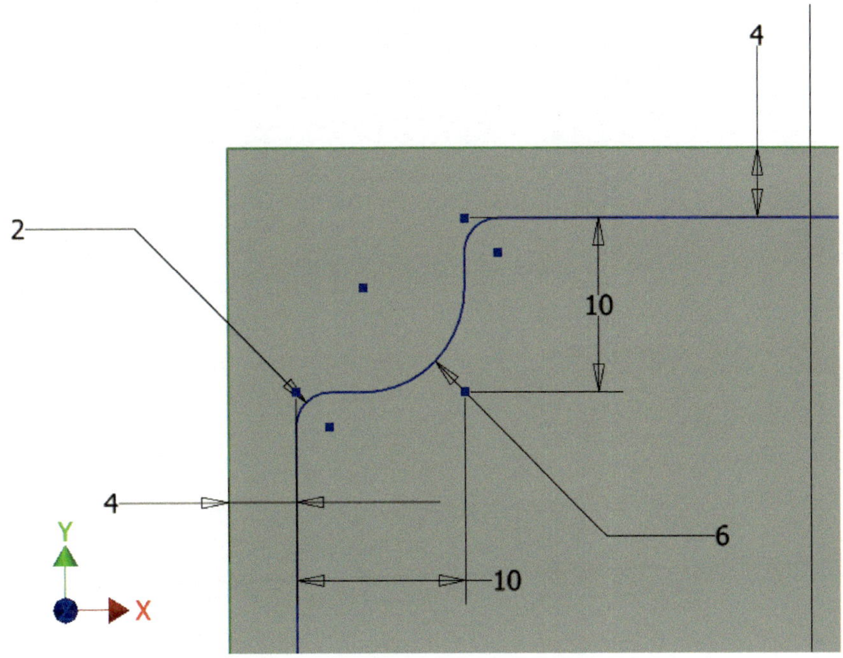

12.

아래과 같이 좌측 하단에 원을 그리고 그 원을 자르기 명령을 사용하여 호로 만든다. 호의 중심을 아래 그림의 수평선과 수직선에 일치 구속조건을 주어 일치시키고 치수를 부여한다.

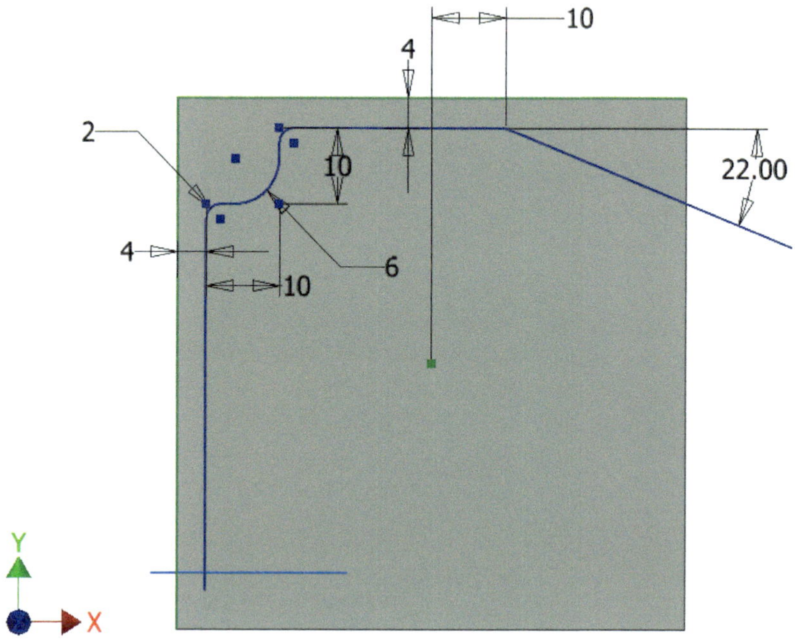

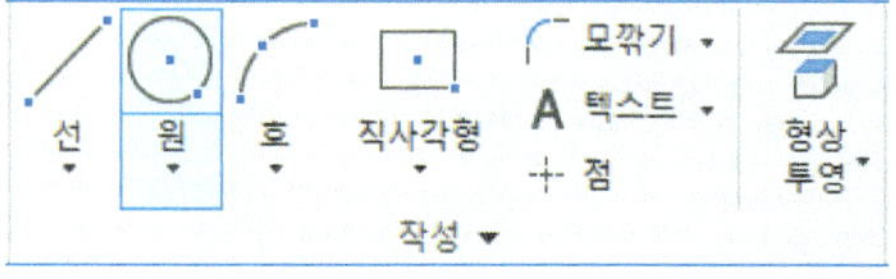

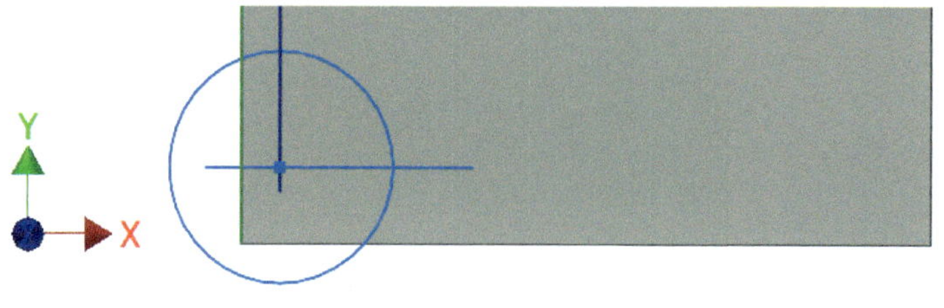

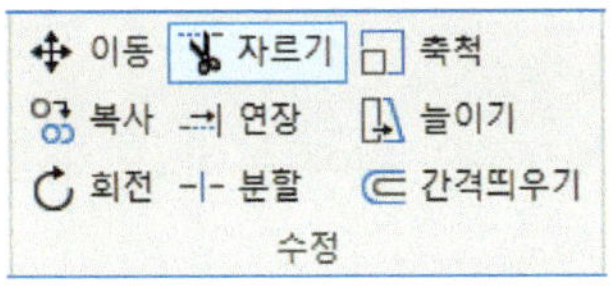
이동
자르기
축척
복사
연장
늘이기
회전
분할
간격띄우기
수정

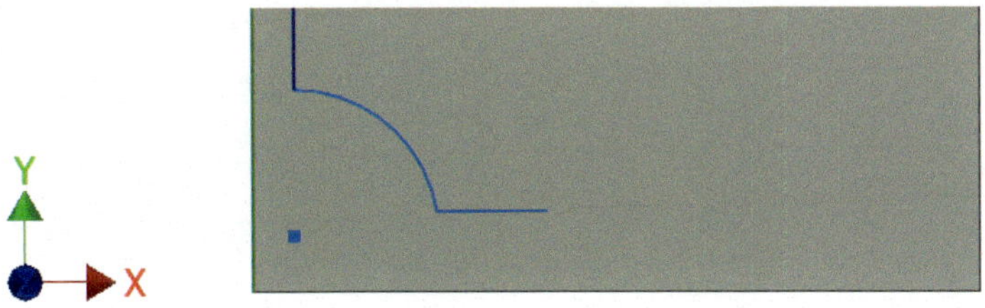
Y
X

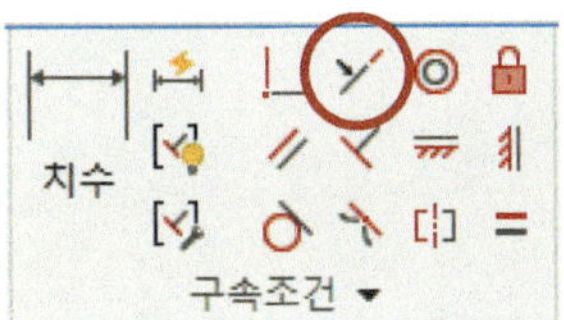
치수
구속조건

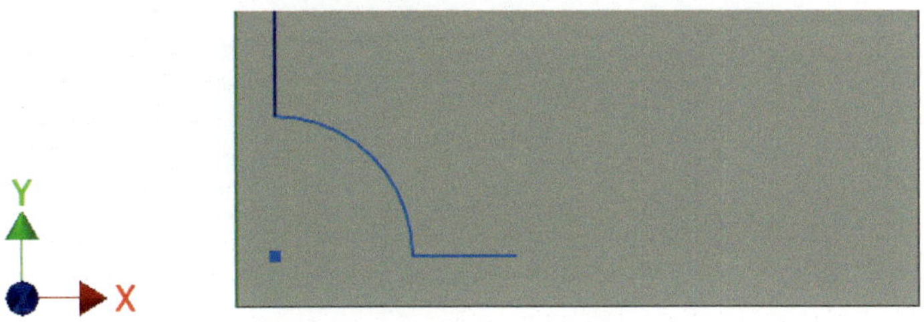
Y
X

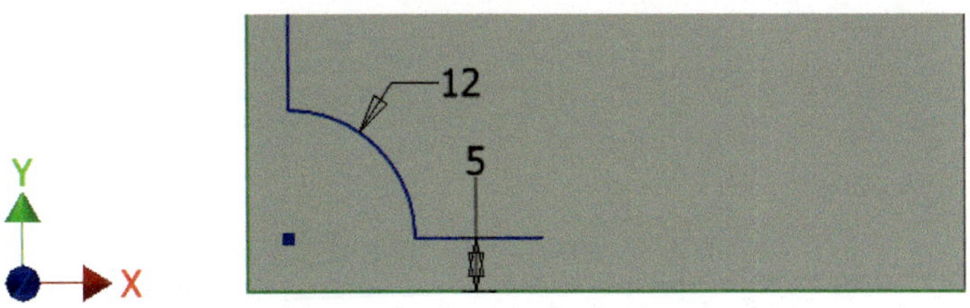
12
5
Y
X

13.

아래와 같이 수직선과 원을 그리고 접선 구속조건을 사용하여 수직선을 원에 붙이고 자르기 명령을 사용하여 선을 정리하고 원을 호로 만든다.

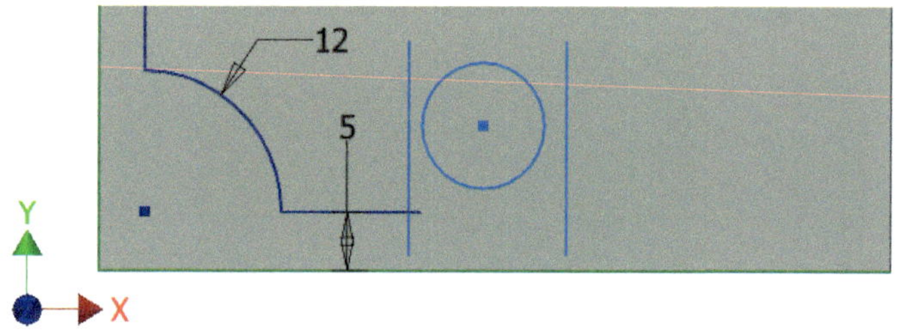

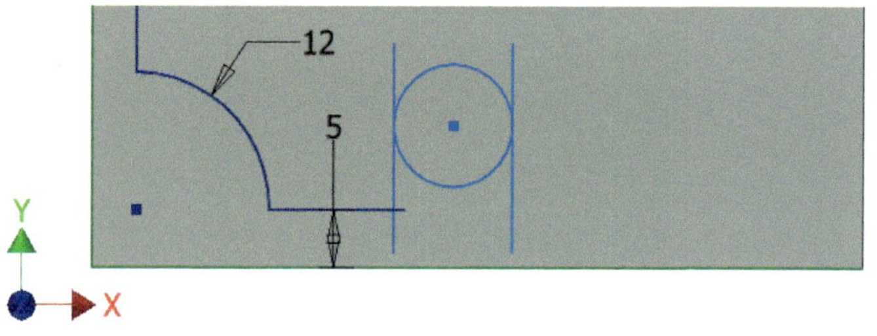

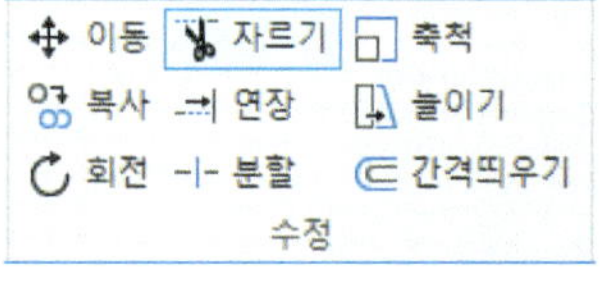

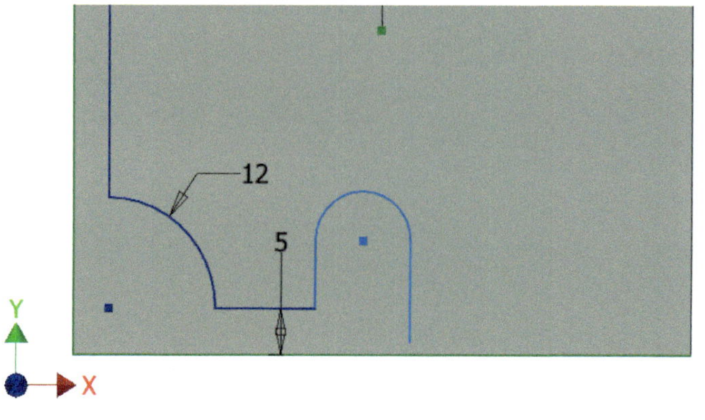

14.

호의 중심과 스케치의 원점을 수직 구속조건을 부여하고 치수를 아래와 같이 넣어준다.

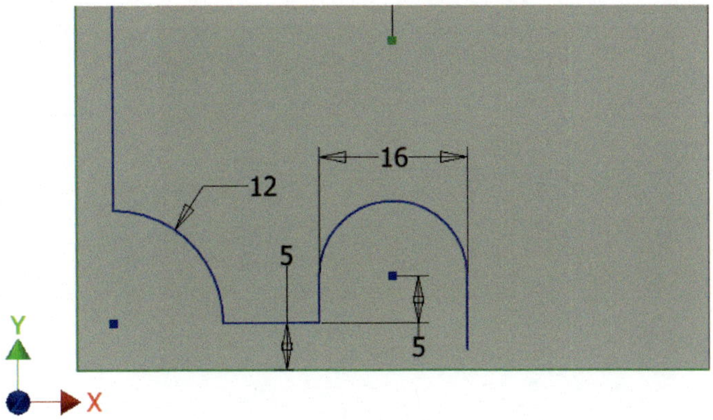

15.

아래와 같이 수직선과 수평선을 스케치한다.

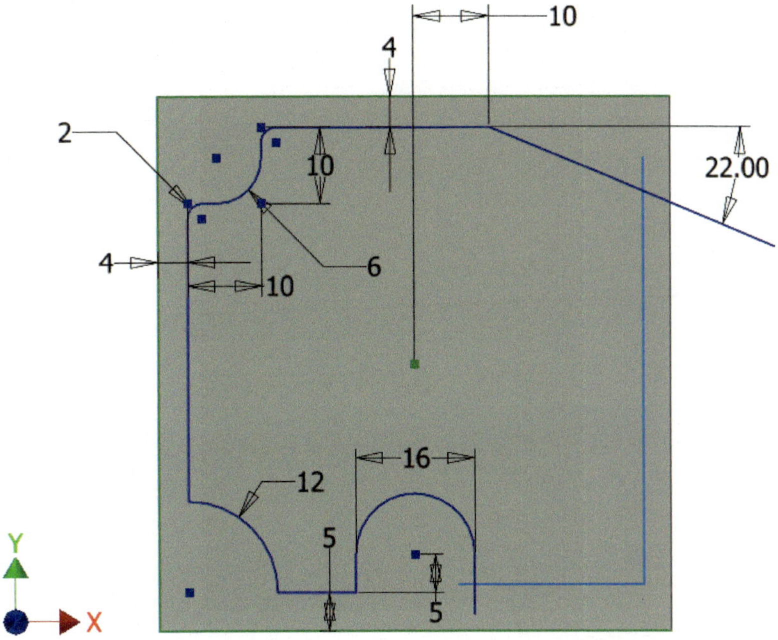

16.

자르기 명령을 사용하여 아래와 같이 선을 다듬는다.

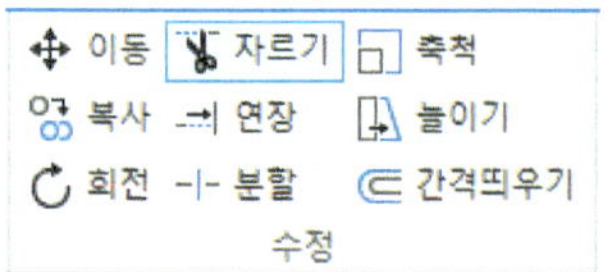

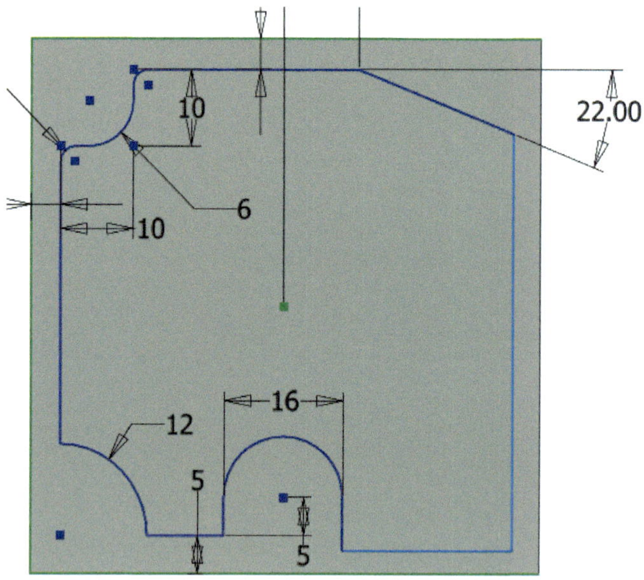

17.

스케치의 아래쪽 두 수평선에 동일선상 구속조건을 주고 우측 선에 치수를 넣는다.

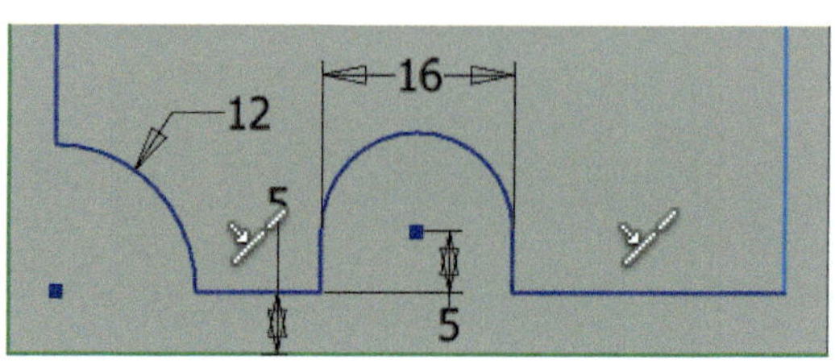

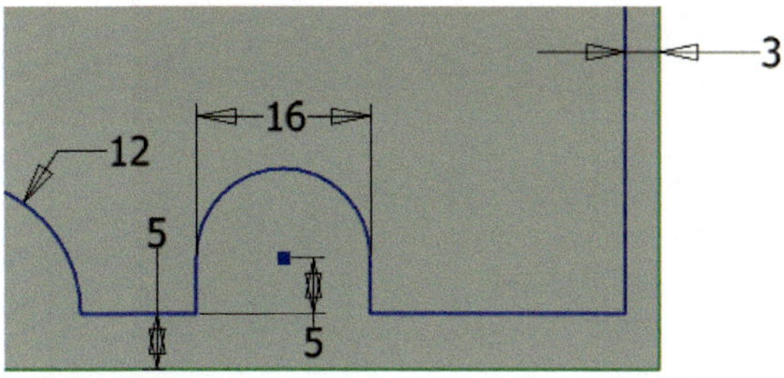

18.

모깎기 명령의 맨 우측 역삼각형(▼)을 누르면 기존의 모깎기 말고 모따기도 나타난다. 여기서 모따기를 선택하고 스케치의 하단의 세군데 모서리에 아래와 같이 두 개의 C3과 하나의 C8을 준다.

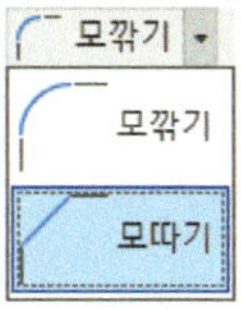

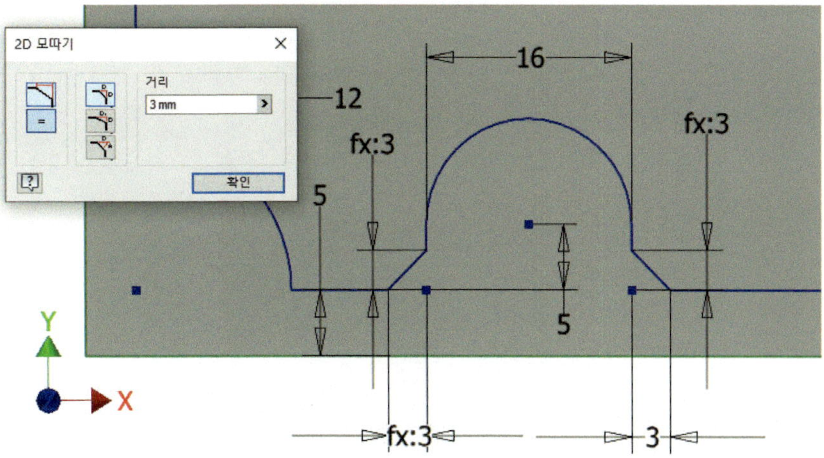

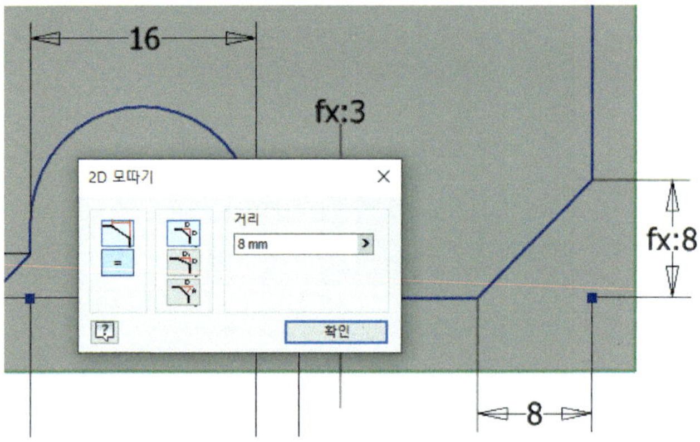

19.

스케치 마무리 명령을 클릭하여 스케치를 종료한다.

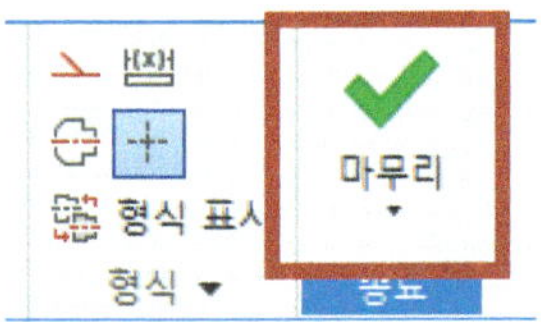

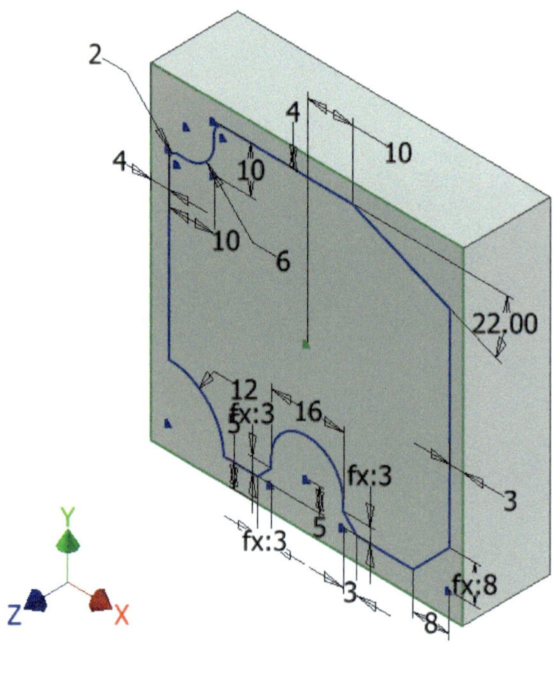

20.

리본 〉 3D 모형 〉 작성 〉 돌출 명령을 클릭한다. 범위는 거리로 선택하고 거리 A값을 4로 입력하고 방향을 기본값으로 하여 Z+방향으로 정한 다음, [확인] 버튼을 클릭한다.

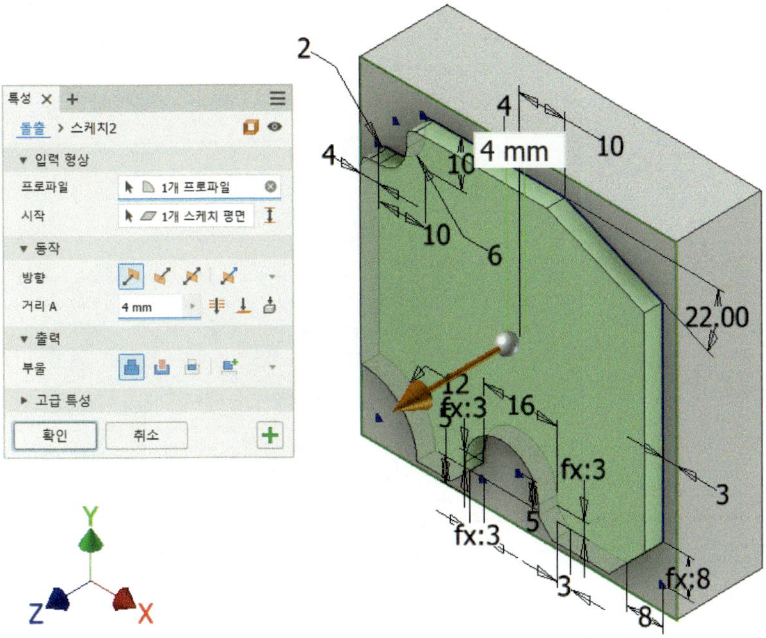

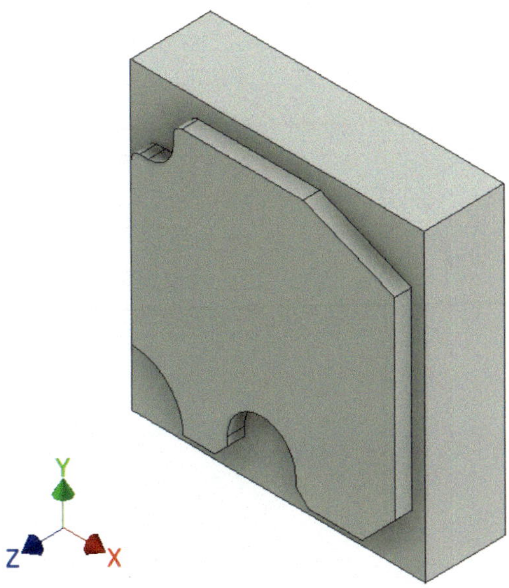

21.

리본 〉 3D 모형 〉 스케치 〉 2D 스케치 시작을 누르고 31.번에서 돌출한 부분의 정면을 선택한다.

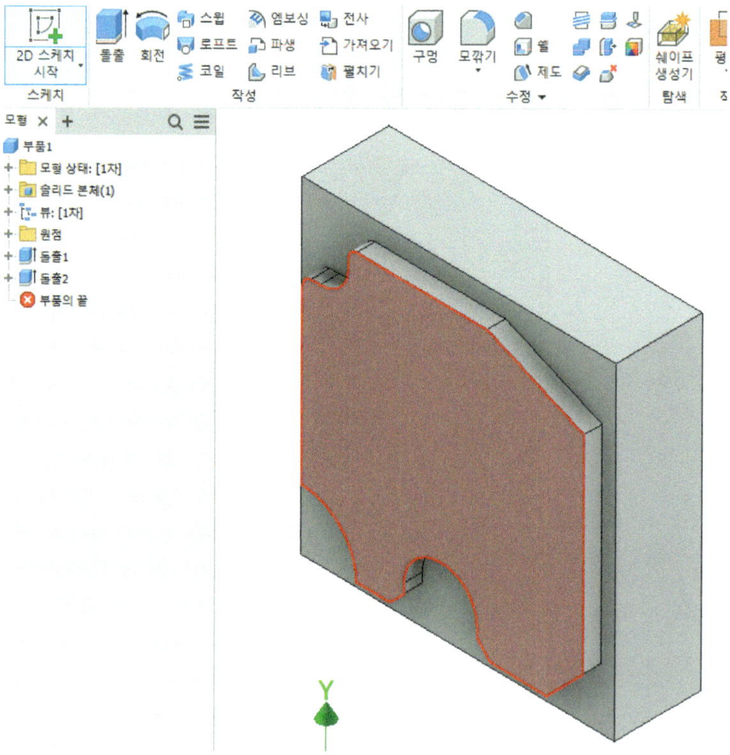

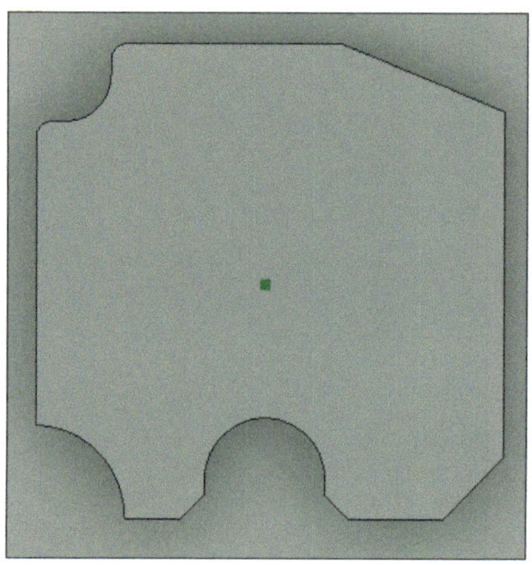

22.

원 명령의 글자 아래 역삼각형을 클릭하면 원 명령을 포함한 3개의 명령이 보인다. 여기서 맨 아래에 있는 타원 명령을 선택한다. 타원 명령을 사용하여 타원을 만들 때 세 번 클릭하여 생성한다. 이때 첫 번째 클릭은 타원의 중심을 정하고 두 번째 클릭은 타원의 축이 위치하는 방향을 정한다. 타원 명령을 실행시킨 다음 첫 번째 클릭은 스케치의 원점으로 하고 두 번째 클릭은 노란 원(●) 아래 수평 구속조건(−)이 보이는 상태에서 임의의 위치에 클릭한다. 세 번째 점은 적당한 임의의 위치에서 클릭하면 된다.

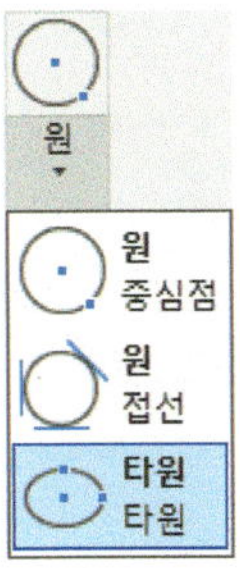

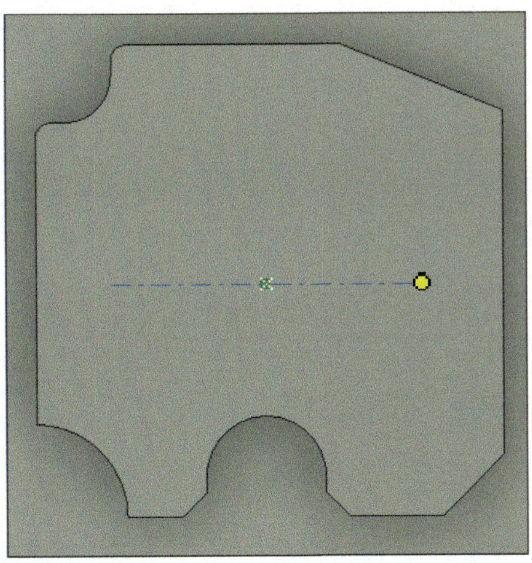

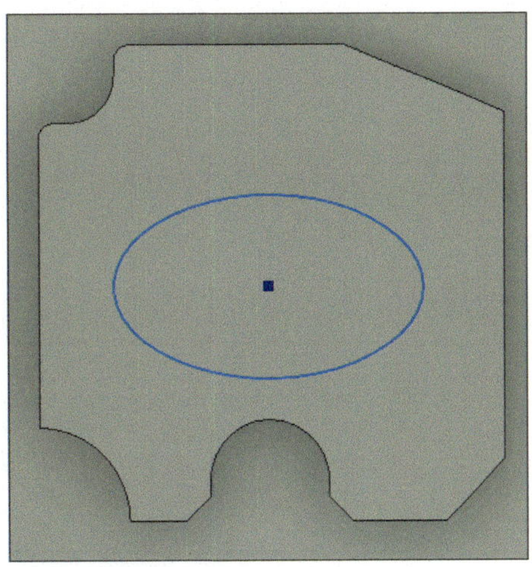

23.

아래와 같이 수평선과 수직선 그리고 호를 그린다.

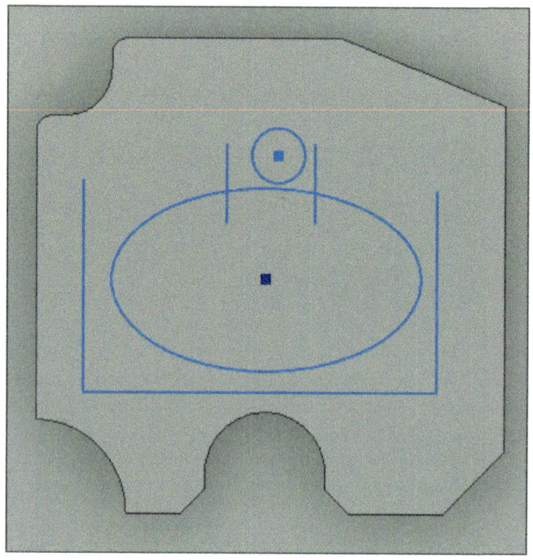

24.

접선 구속조건을 사용하여 타원과 원에 수평선과 수직선을 붙이고 자르기 명령을 사용하여 선을 아래와 같이 다듬는다.

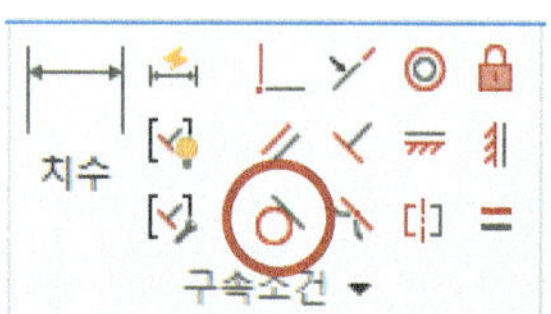

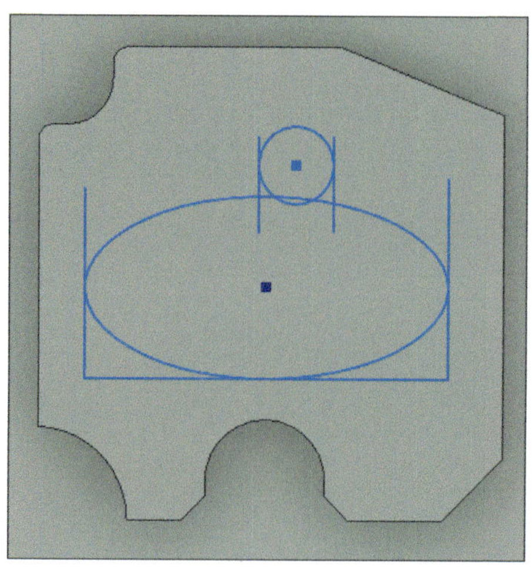

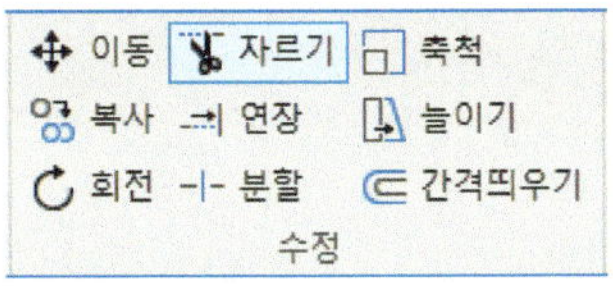

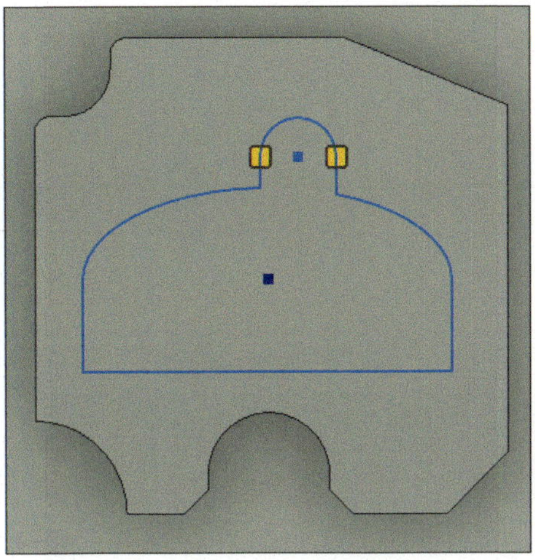

25.

다듬어진 호의 중심과 스케치의 원점에 수직 구속조건을 주고 아래와 같이 치수를 기입한다.

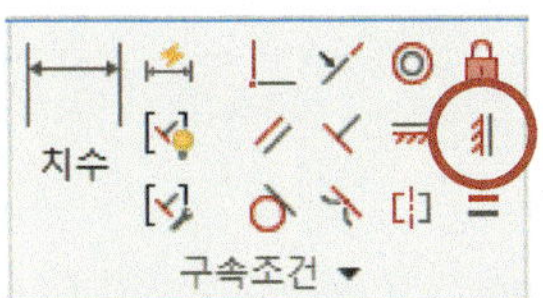

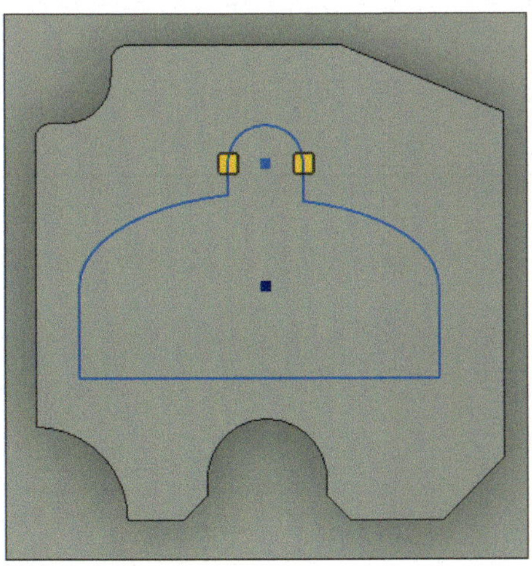

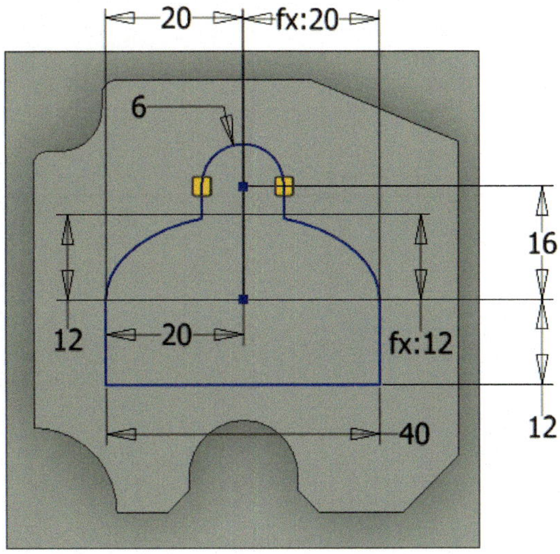

26.

스케치 아래 두 모서리에 모깎기 명령을 사용하여 R6을 준다.

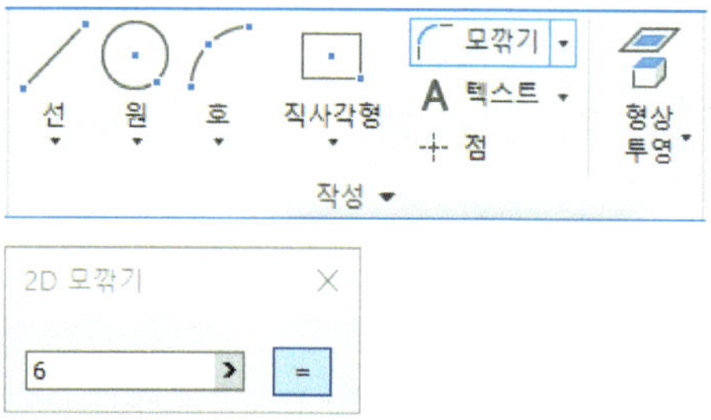

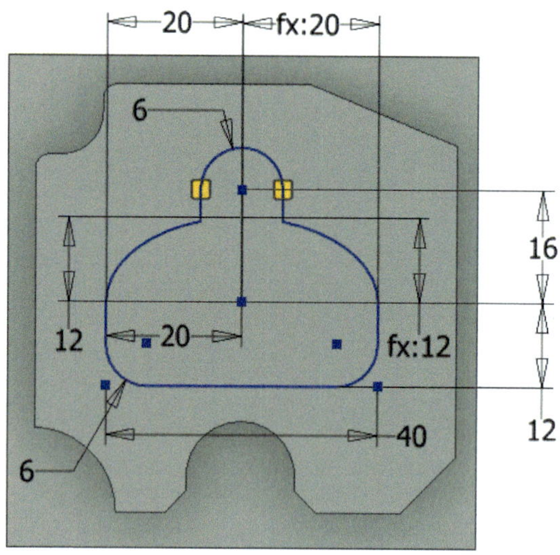

27.

스케치 마무리 명령을 클릭하여 스케치를 종료한다.

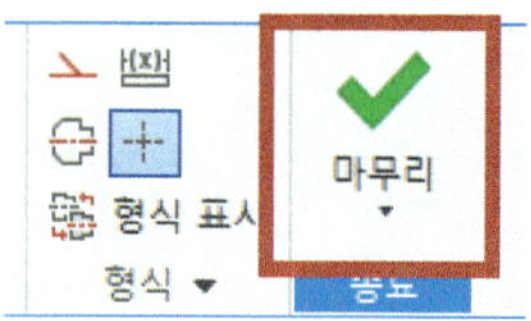

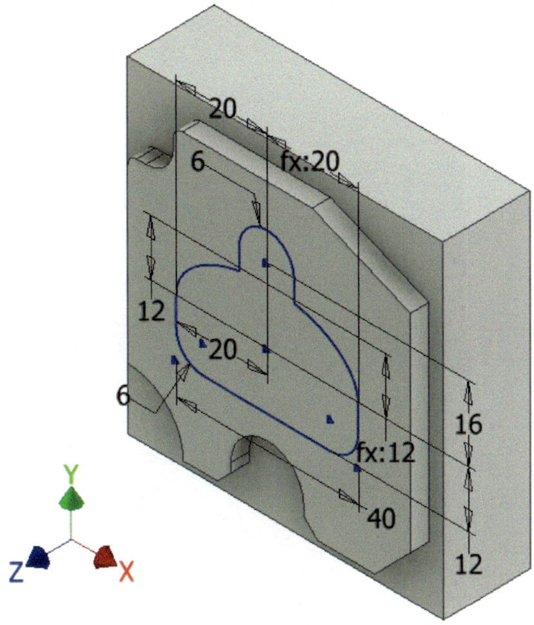

28.

리본 〉 3D 모형 〉 작성 〉 돌출 명령을 클릭한다. 범위는 거리로 선택하고(기본 설정임) 거리 A값을 4로 입력하고 부울을 절단()으로 선택한 다음, [확인] 버튼을 클릭한다.

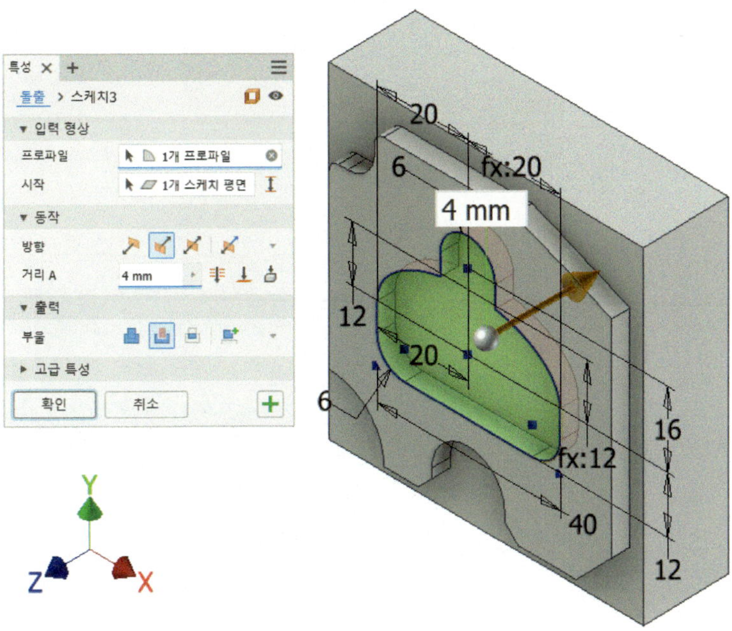

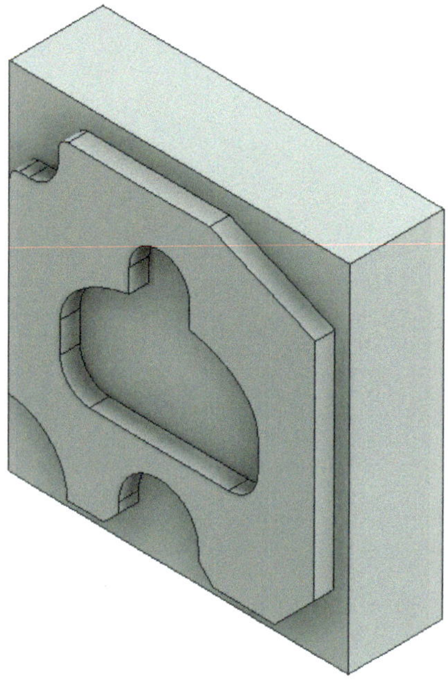

29.

리본 〉 3D 모형 〉 스케치 〉 2D 스케치 시작을 누르고 28.번에서 돌출 명령으로 생성된 부분의 정면을 선택한다.

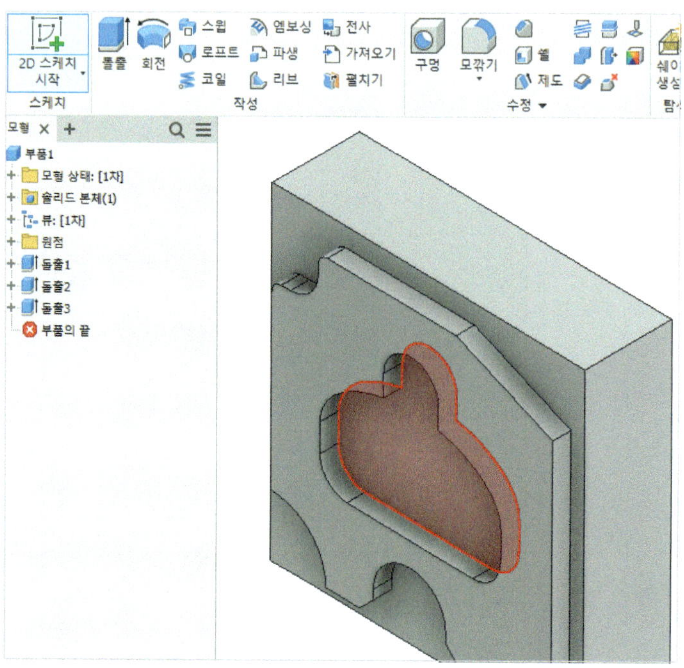

30.

스케치가 시작되면 기준이 되는 원점이 표시된다. 이 점만 있으면 되므로 바로 스케치 마무리 명령을 클릭하여 스케치를 종료한다.

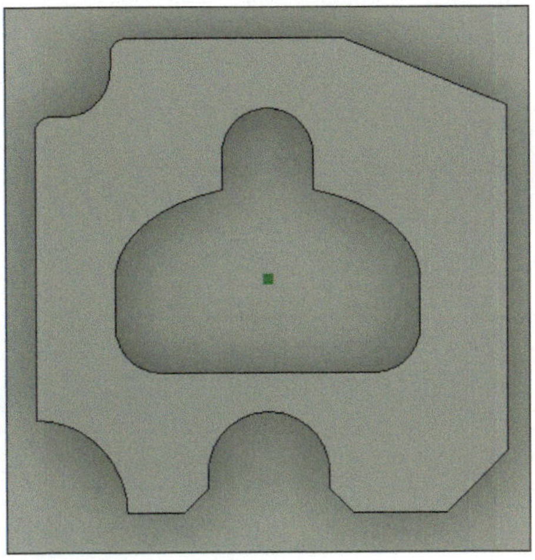

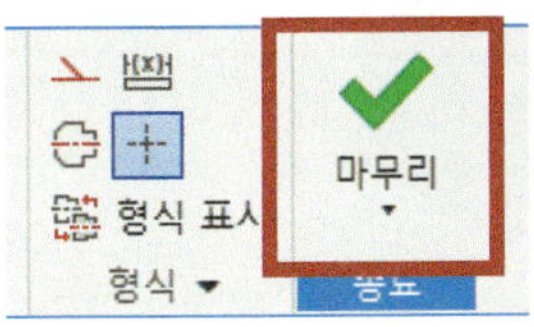

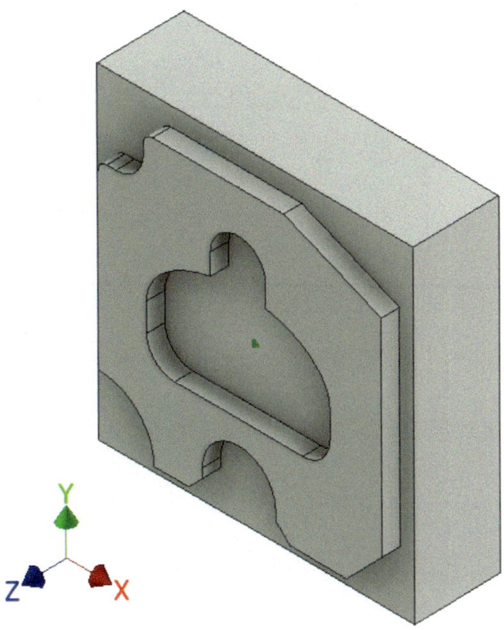

31.

리본 〉 3D 모형 〉 수정 〉 구멍 명령을 클릭한 다음 앞서 스케치에 생성된 점을 선택하고 특성 대화상자의 구멍에 맨 좌측의 단순 구멍( )을, 시트에 맨 좌측의 없음( )을, 종료에 가운데 있는 전체 관통( )을 선택한 다음 아래 지름에 8(8 mm)을 입력하고 [확인] 버튼을 누른다.

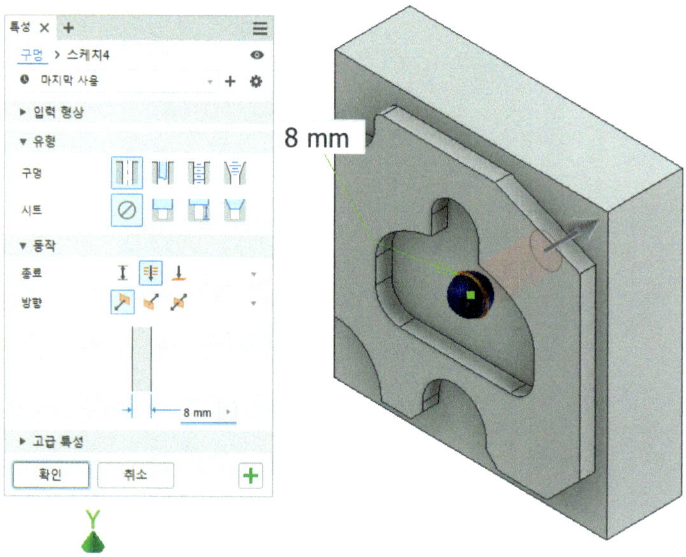

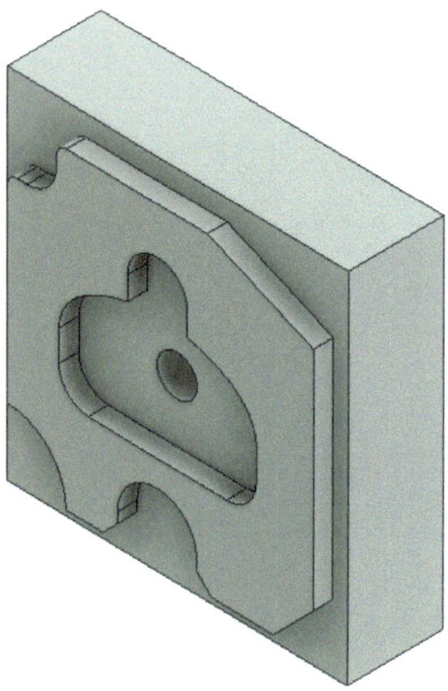

부품의 모델링을 마쳤다. 부품을 저장한다. 이제 CAM작업을 통해 NC 코드를 만들어 보자.

STEP 10 컴퓨터 응용 가공 밀링 기능사 공개 도면 (1~30번)

[공개]

①

4. 도 면(머시닝센터가공)

자격종목	컴퓨터응용밀링기능사	과제명	밀링가공작업	척도	N S

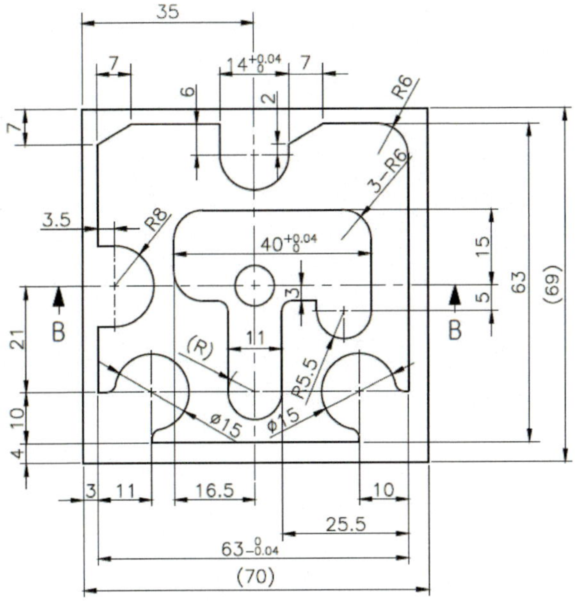

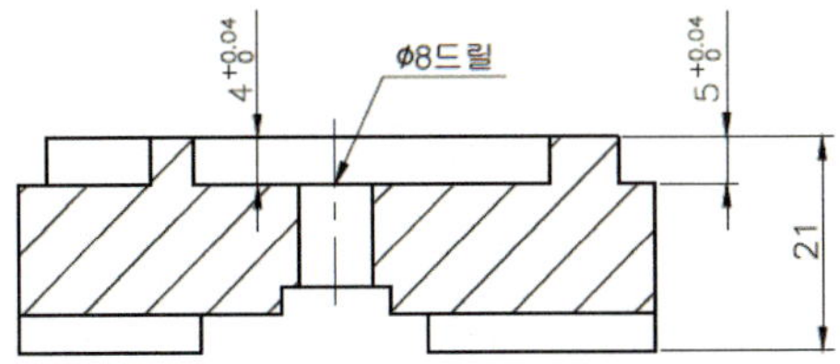

단면 B-B

※도시되고 지시없는 R은 R2

HRDK 6 – 6

[공개]

4. 도 면(머시닝센터가공)

②

자격종목	컴퓨터응용밀링기능사	과제명	밀링가공작업	척도	N S

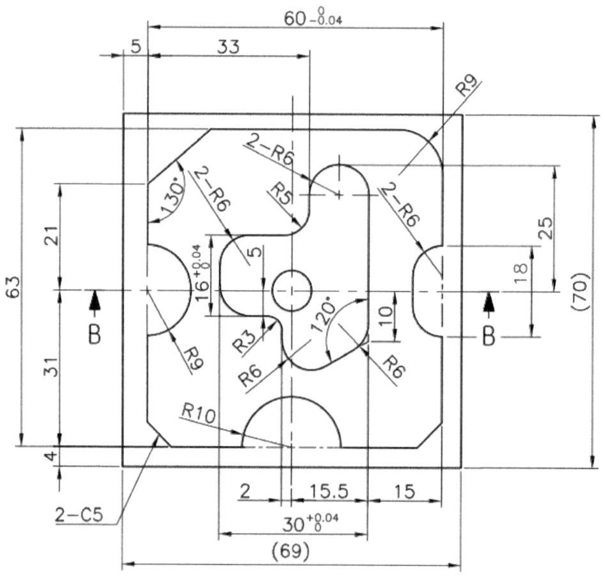

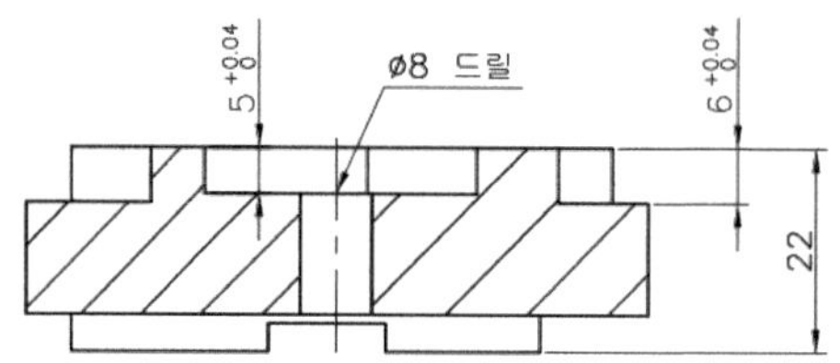

단면 B-B

HRDK 6 - 6

[공개]

③

4. 도 면(머시닝센터가공)

자격종목	컴퓨터응용밀링기능사	과제명	밀링가공작업	척도	N S

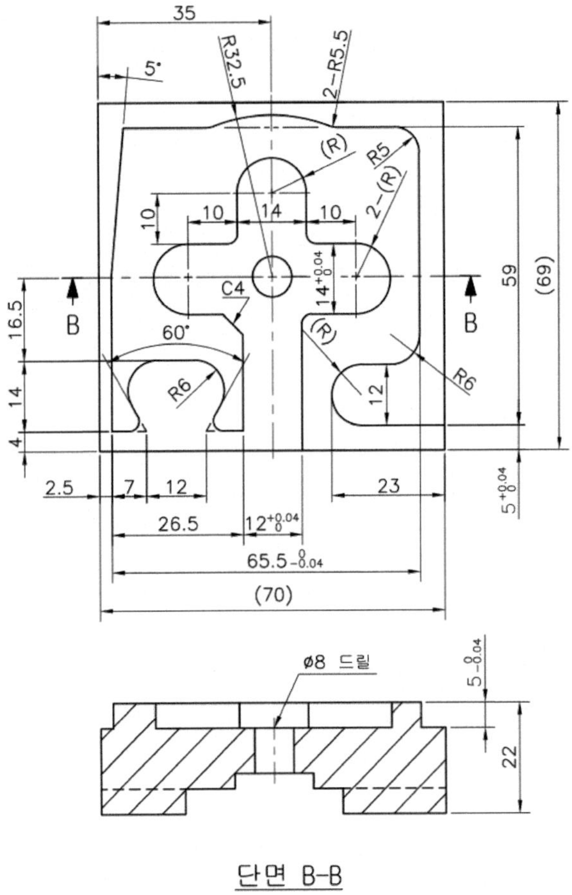

단면 B-B

※도시되고 지시없는 R은 R2

HRDK 6 - 6

[공개]

4

4. 도 면(머시닝센터가공)

자격종목	컴퓨터응용밀링기능사	과제명	밀링가공작업	척도	N S

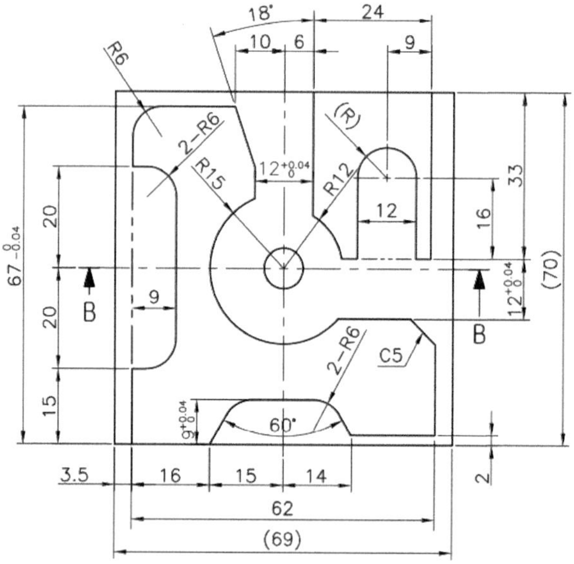

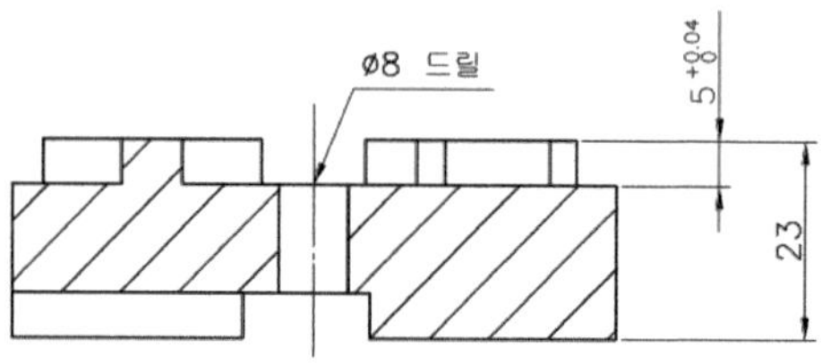

단면 B-B

HRDK 6 - 6

[공개]

5

4. 도 면(머시닝센터가공)

자격종목	컴퓨터응용밀링기능사	과제명	밀링가공작업	척도	N S

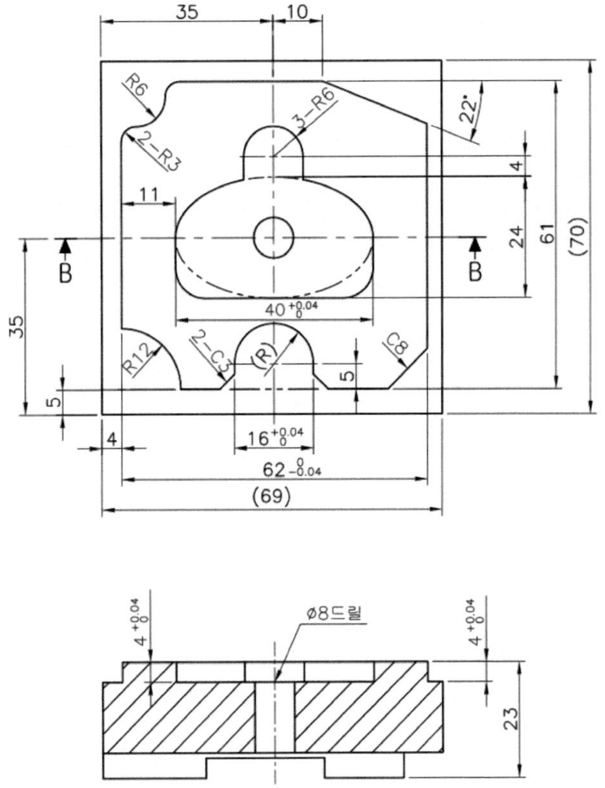

단면 B-B

HRDK 6 - 6

[공개]

6

4. 도 면(머시닝센터가공)

자격종목	컴퓨터응용밀링기능사	과제명	밀링가공작업	척도	N S

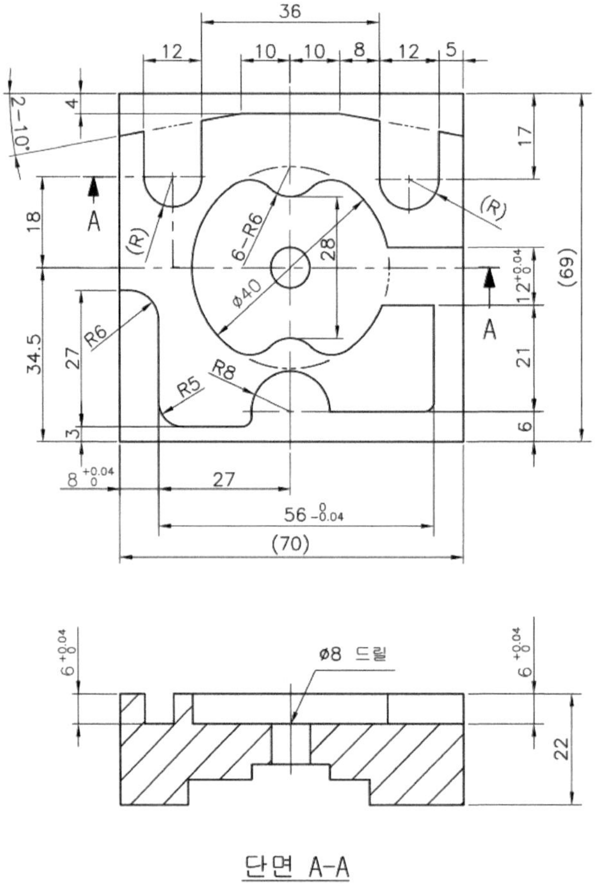

단면 A-A

※도시되고 지시없는 R은 R2

HRDK 6 - 6

[공개]

⑦

4. 도 면(머시닝센터가공)

자격종목	컴퓨터응용밀링기능사	과제명	밀링가공작업	척도	N S

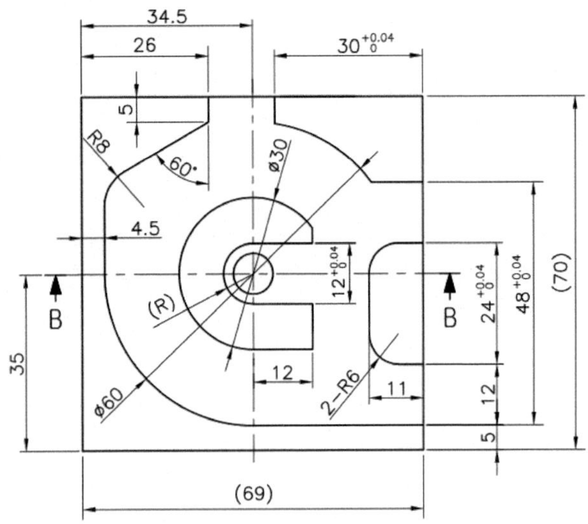

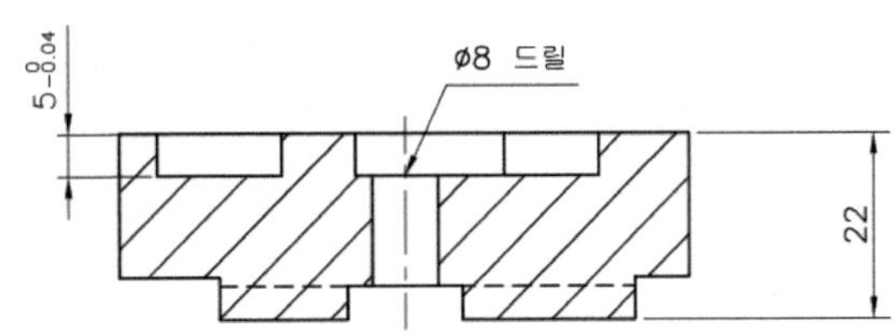

단면 B-B

HRDK 6 - 6

[공개]

8

4. 도 면(머시닝센터가공)

자격종목	컴퓨터응용밀링기능사	과제명	밀링가공작업	척도	N S

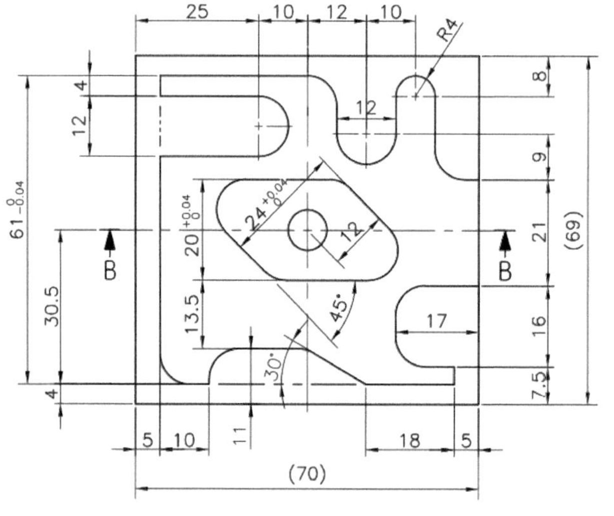

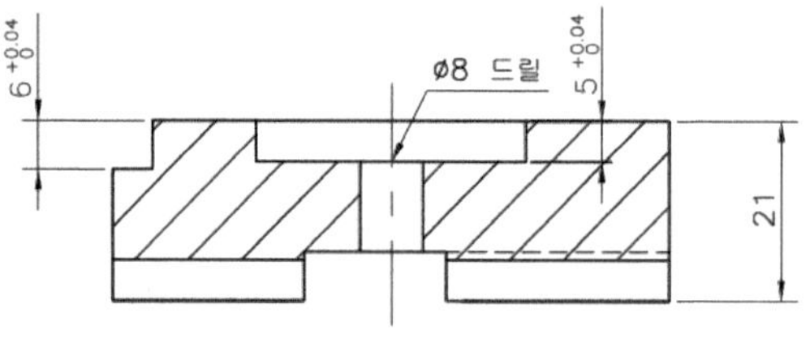

단면 B-B

※도시되고 지시없는 R은 R6

HRDK 6 - 6

[공개]

9

4. 도 면(머시닝센터가공)

자격종목	컴퓨터응용밀링기능사	과제명	밀링가공작업	척도	N S

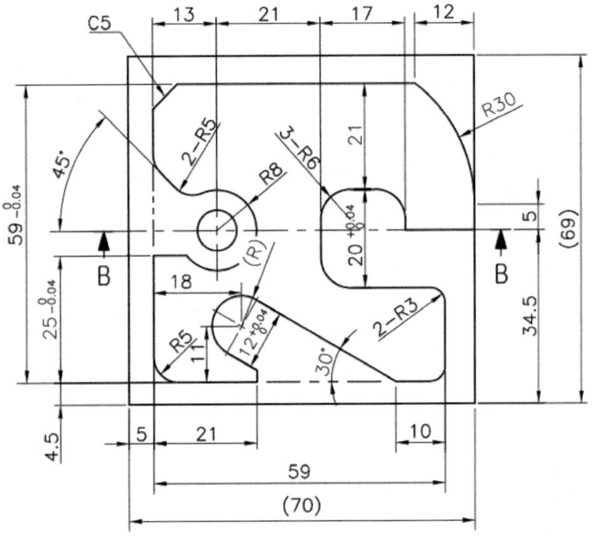

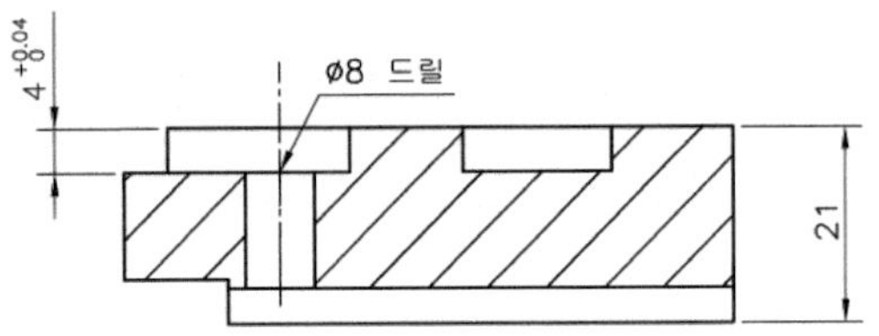

단면 B-B

HRDK 6 - 6

[공개]

(10)

4. 도 면(머시닝센터가공)

자격종목	컴퓨터응용밀링기능사	과제명	밀링가공작업	척도	N S

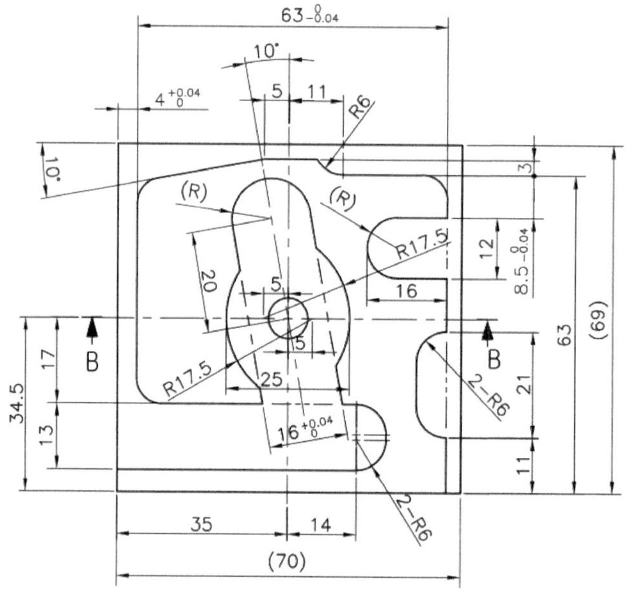

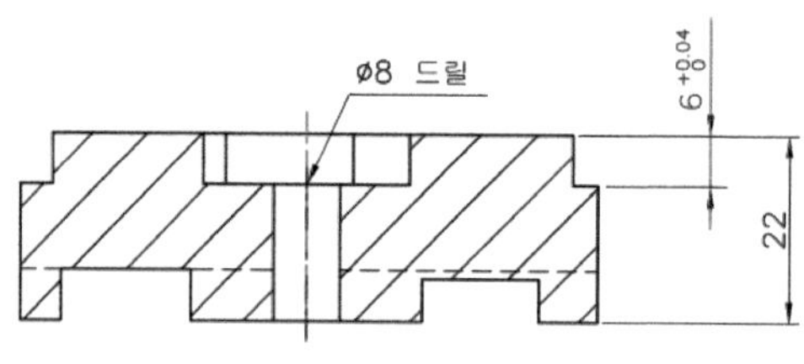

단면 B-B

※도시되고 지시없는 R은 R5

HRDK 6 - 6

[공개]

11

4. 도 면(머시닝센터가공)

자격종목	컴퓨터응용밀링기능사	과제명	밀링가공작업	척도	N S

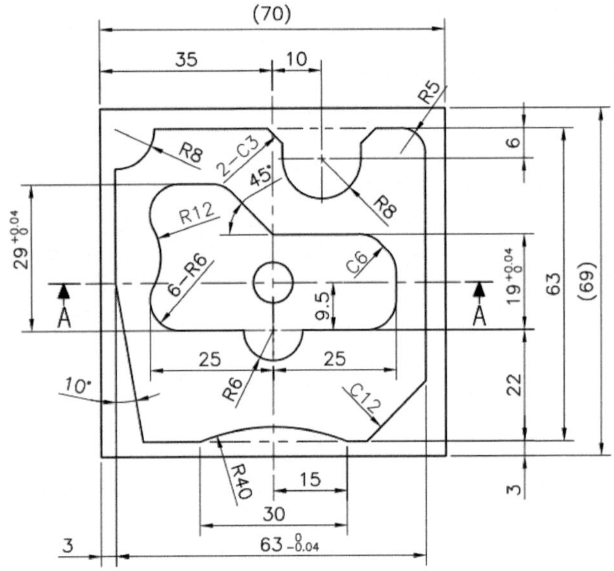

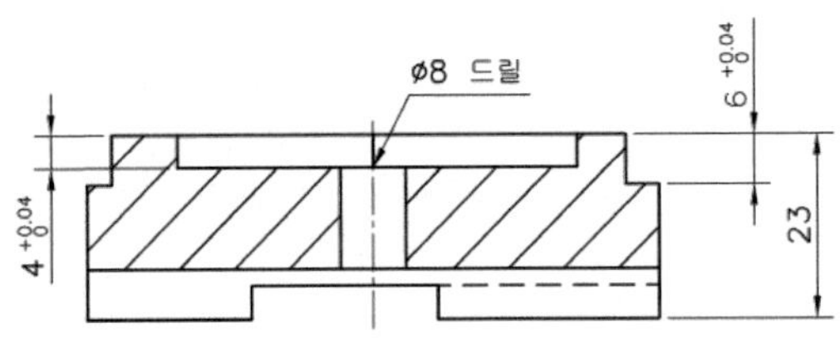

단면 A-A

HRDK 6 - 6

[공개]

12

4. 도 면(머시닝센터가공)

자격종목	컴퓨터응용밀링기능사	과제명	밀링가공작업	척도	N S

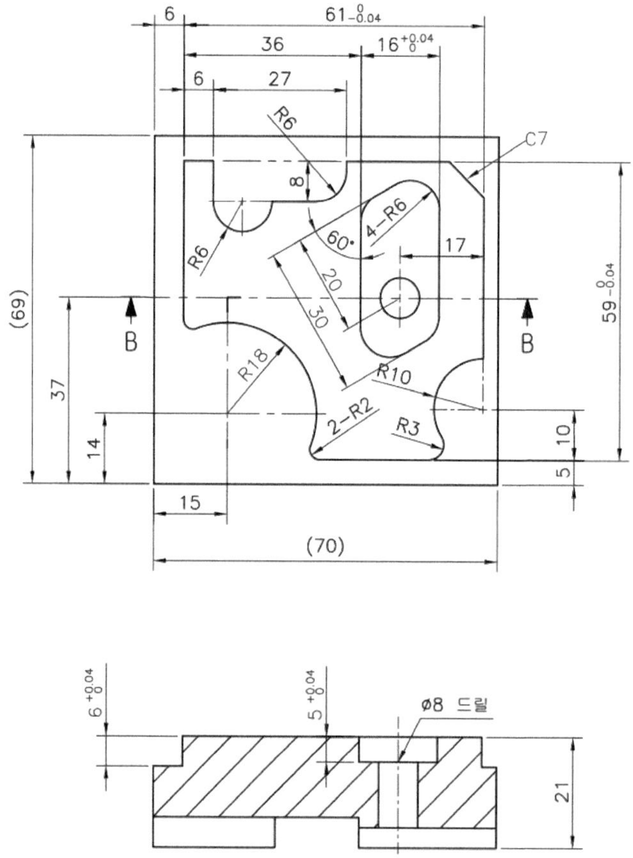

단면 B-B

[공개]

13

4. 도 면(머시닝센터가공)

자격종목	컴퓨터응용밀링기능사	과제명	밀링가공작업	척도	N S

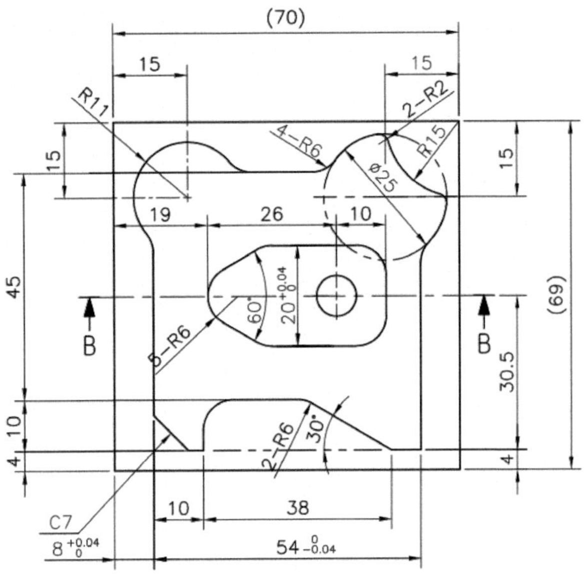

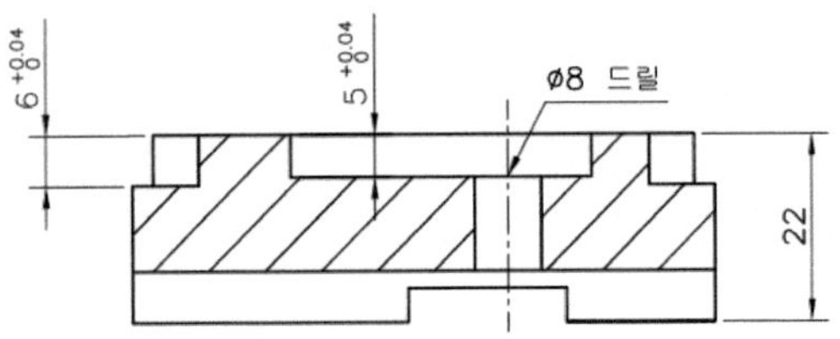

단면 B-B

HRDK 6 - 6

[공개]

14

4. 도 면(머시닝센터가공)

자격종목	컴퓨터응용밀링기능사	과제명	밀링가공작업	척도	N S

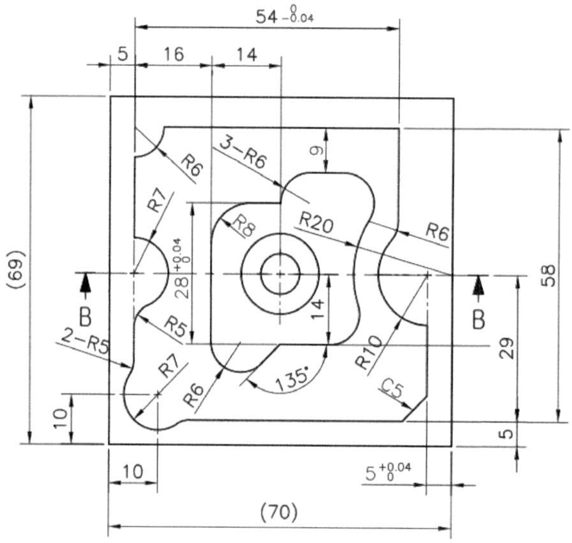

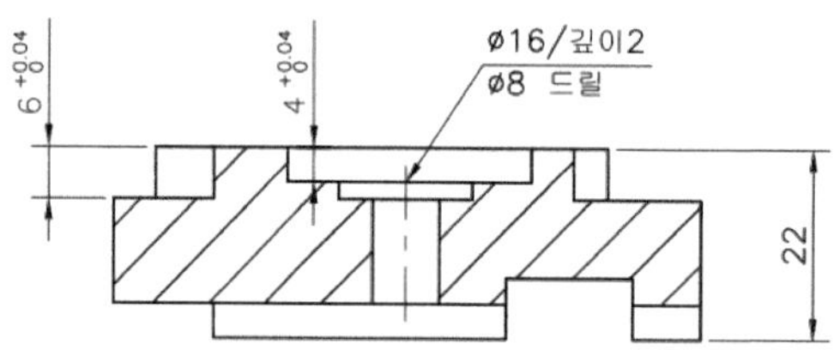

단면 B-B

HRDK 6 - 6

[공개]

15

4. 도 면(머시닝센터가공)

자격종목	컴퓨터응용밀링기능사	과제명	밀링가공작업	척도	N S

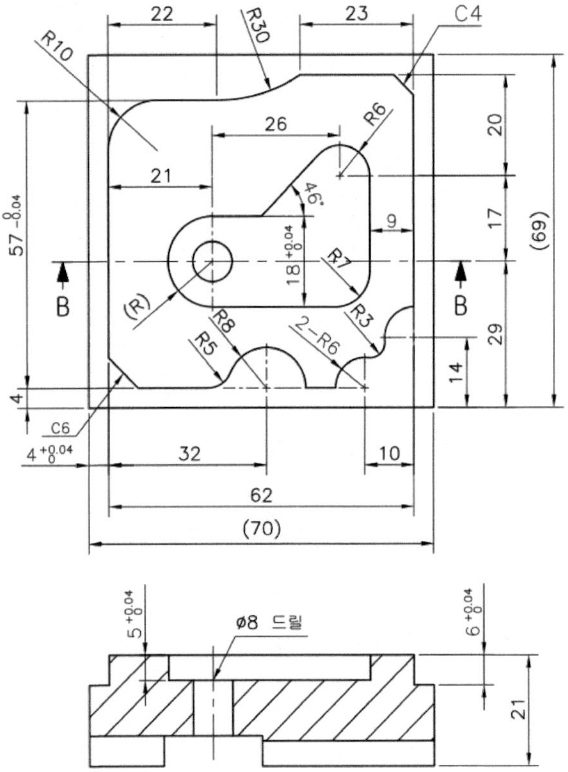

단면 B-B

HRDK 6 - 6

[공개]

16

4. 도 면(머시닝센터가공)

자격종목	컴퓨터응용밀링기능사	과제명	밀링가공작업	척도	N S

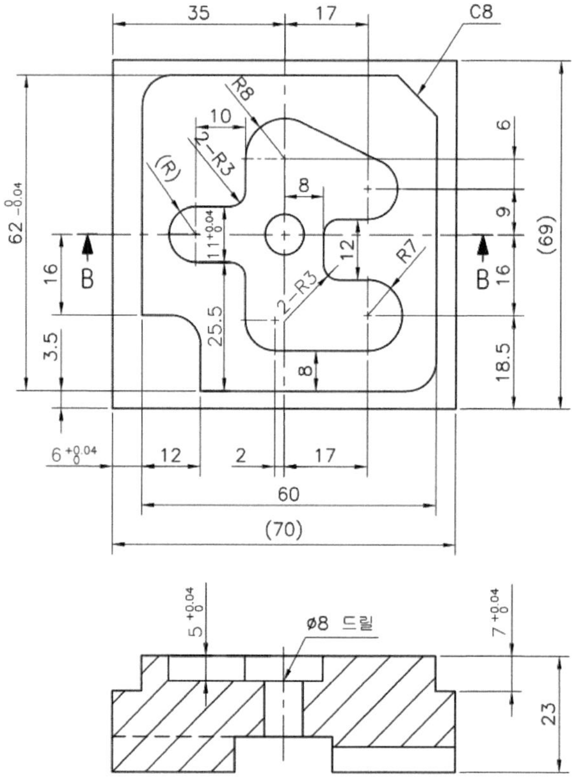

단면 B-B

※도시되고 지시없는 R은 R6

HRDK 6 - 6

[공개]

4. 도 면(머시닝센터가공)

(17)

자격종목	컴퓨터응용밀링기능사	과제명	밀링가공작업	척도	N S

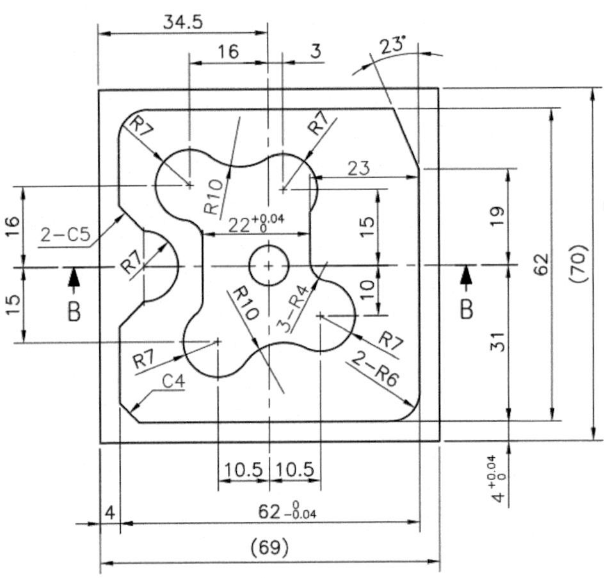

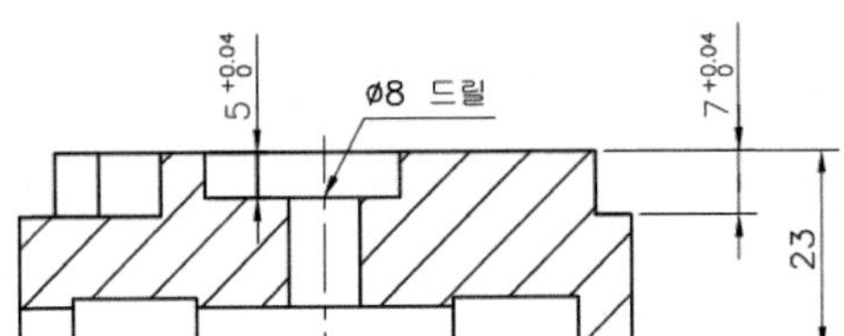

단면 B-B

HRDK 6 - 6

[공개]

18

4. 도 면(머시닝센터가공)

자격종목	컴퓨터응용밀링기능사	과제명	밀링가공작업	척도	N S

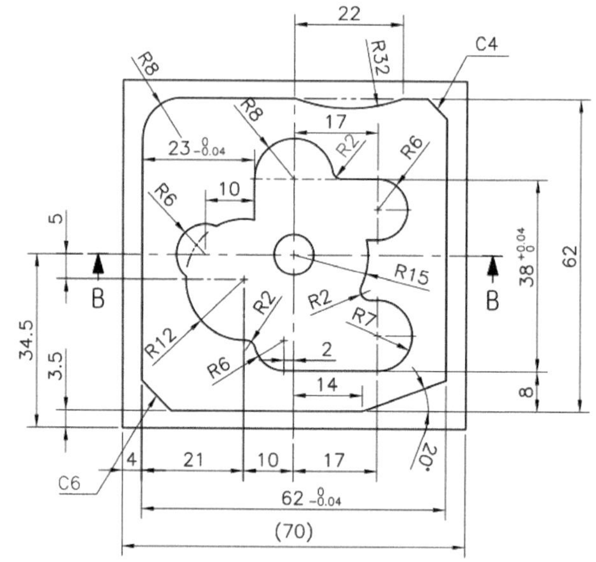

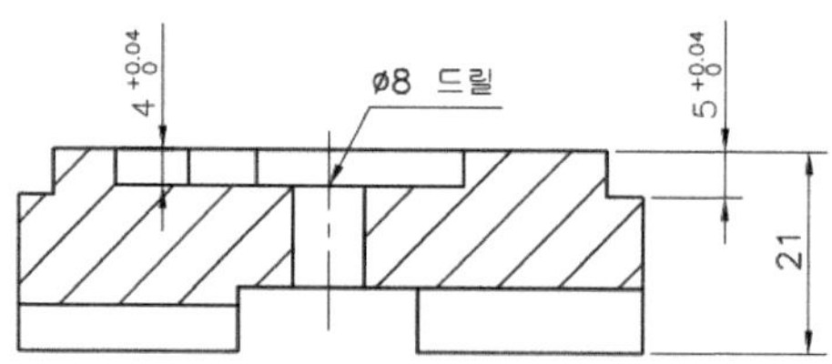

단면 B-B

HRDK 6 - 6

[공개]

19

4. 도 면(머시닝센터가공)

자격종목	컴퓨터응용밀링기능사	과제명	밀링가공작업	척도	N S

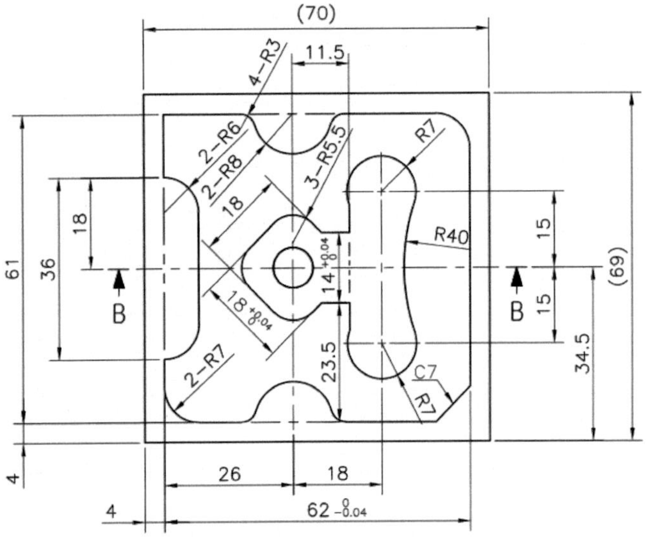

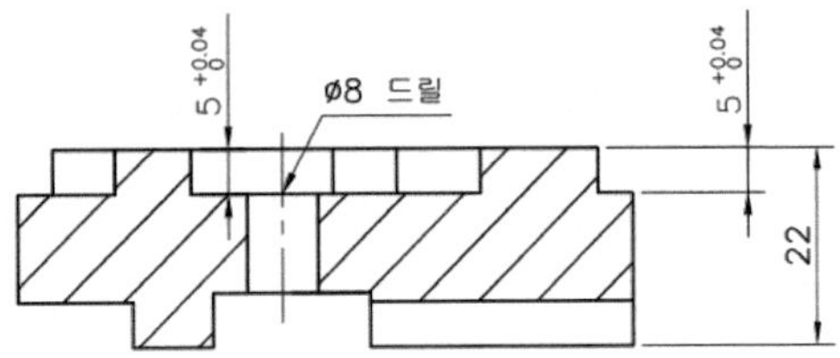

단면 B-B

HRDK 6 - 6

[공개]

4. 도 면(머시닝센터가공)

20

자격종목	컴퓨터응용밀링기능사	과제명	밀링가공작업	척도	N S

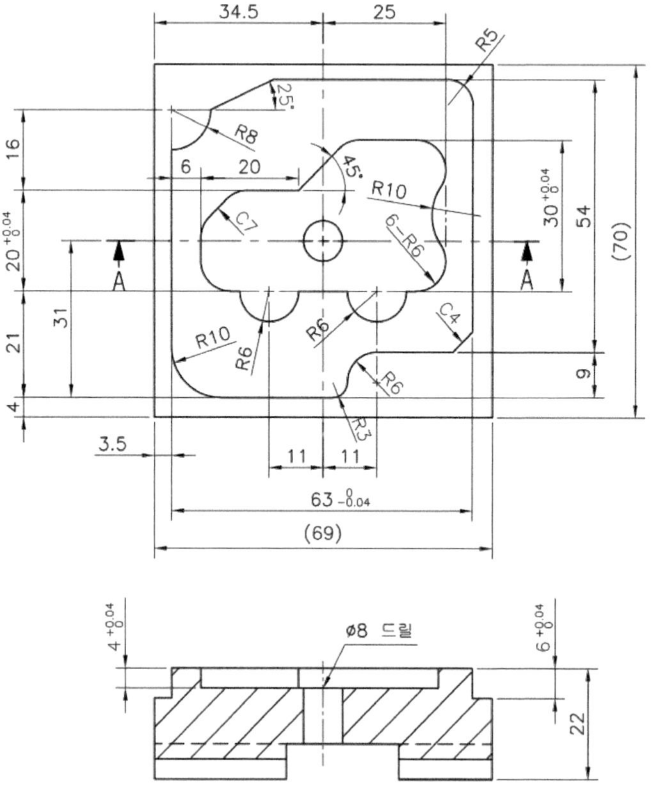

단면 A-A

HRDK 6 - 6

[공개]

21

4. 도 면(머시닝센터가공)

자격종목	컴퓨터응용밀링기능사	과제명	밀링가공작업	척도	N S

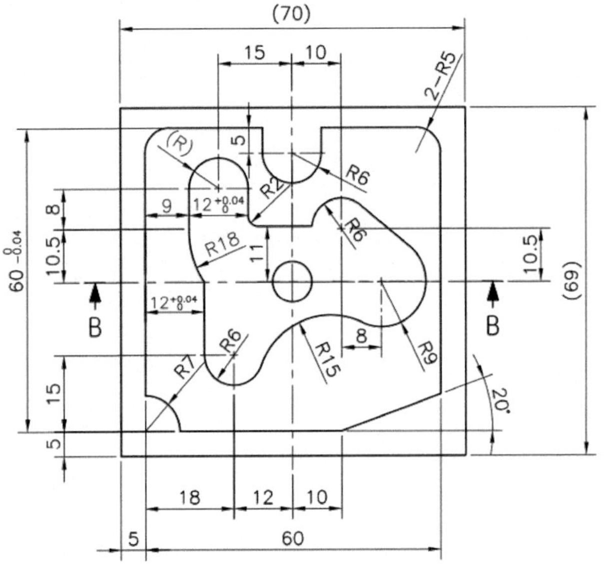

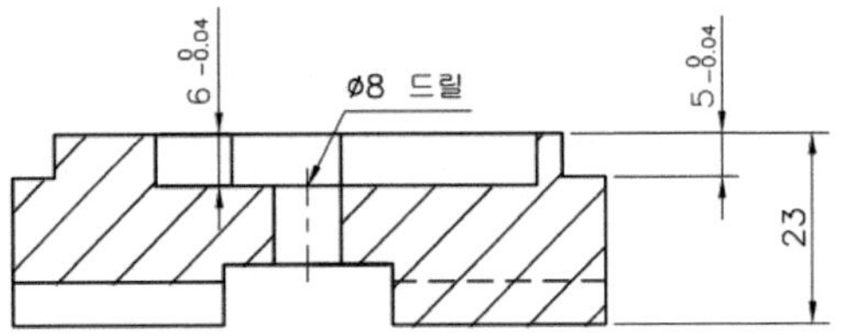

단면 B-B

HRDK 6 - 6

[공개]

(22)

4. 도 면(머시닝센터가공)

자격종목	컴퓨터응용밀링기능사	과제명	밀링가공작업	척도	N S

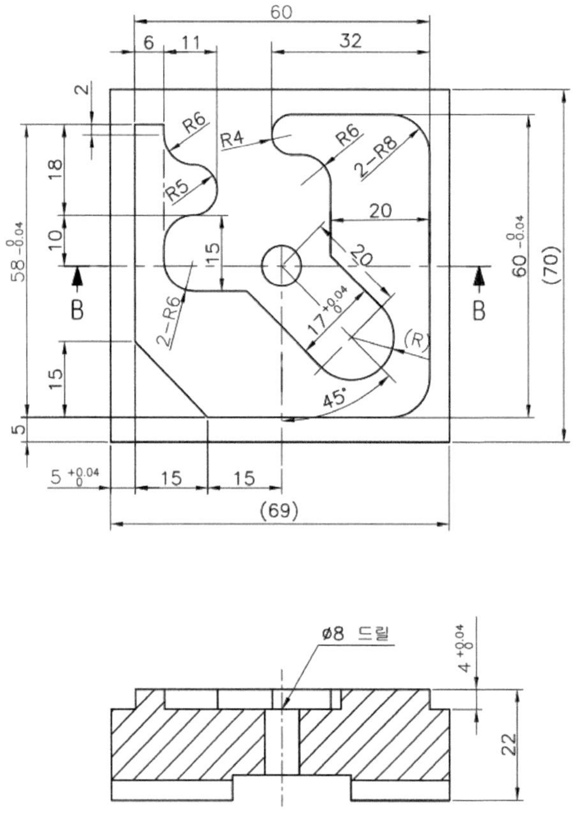

단면 B-B

HRDK 6 - 6

[공개]

23

4. 도 면(머시닝센터가공)

자격종목	컴퓨터응용밀링기능사	과제명	밀링가공작업	척도	N S

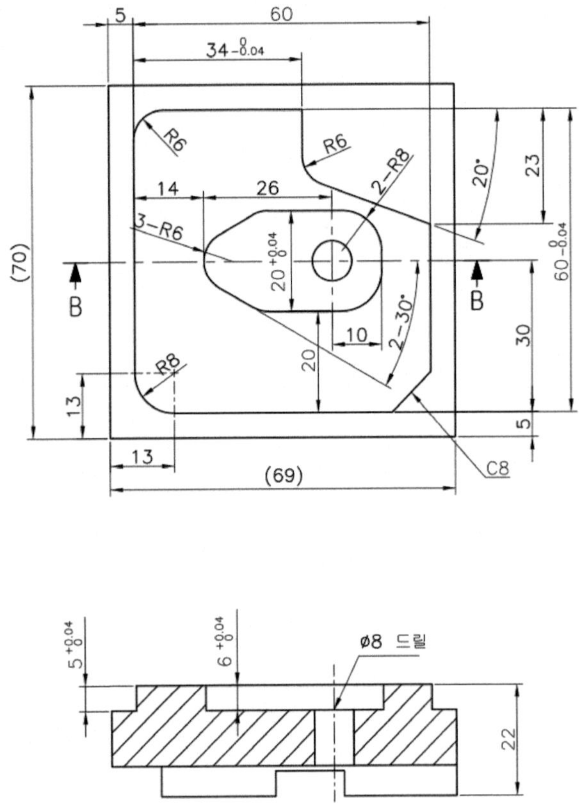

단면 B-B

HRDK 6 - 6

[공개]

24

4. 도 면(머시닝센터가공)

자격종목	컴퓨터응용밀링기능사	과제명	밀링가공작업	척도	N S

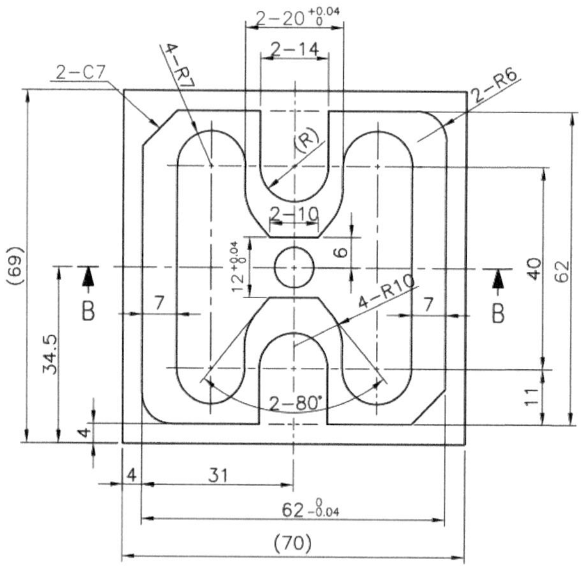

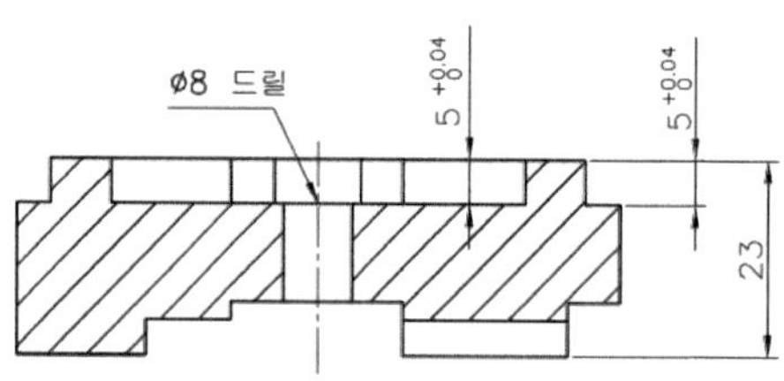

단면 B-B

HRDK 6 - 6

[공개]

25

4. 도 면(머시닝센터가공)

자격종목	컴퓨터응용밀링기능사	과제명	밀링가공작업	척도	N S

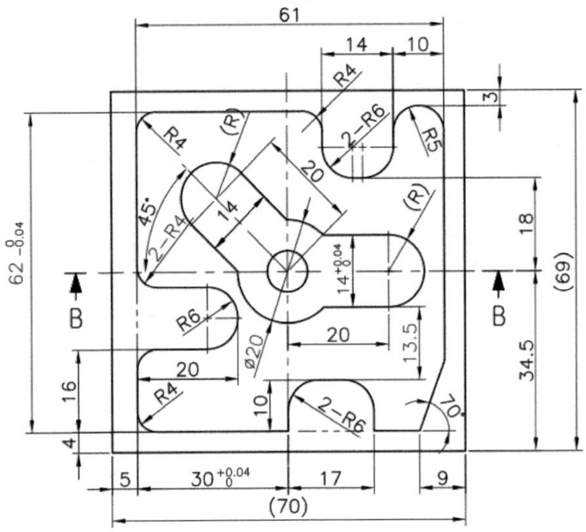

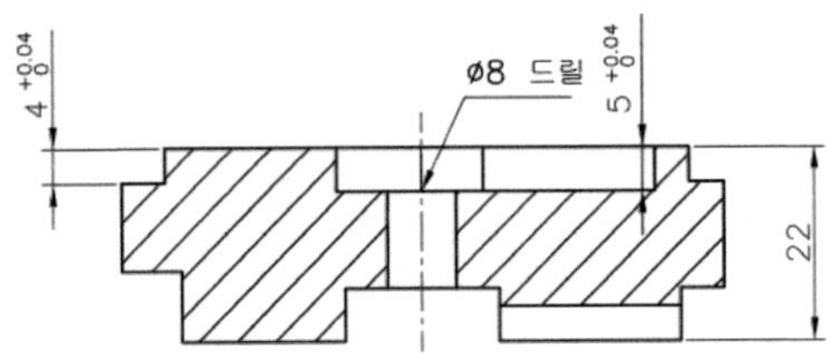

단면 B-B

HRDK 6 - 6

[공개]

(26)

4. 도 면(머시닝센터가공)

자격종목	컴퓨터응용밀링기능사	과제명	밀링가공작업	척도	N S

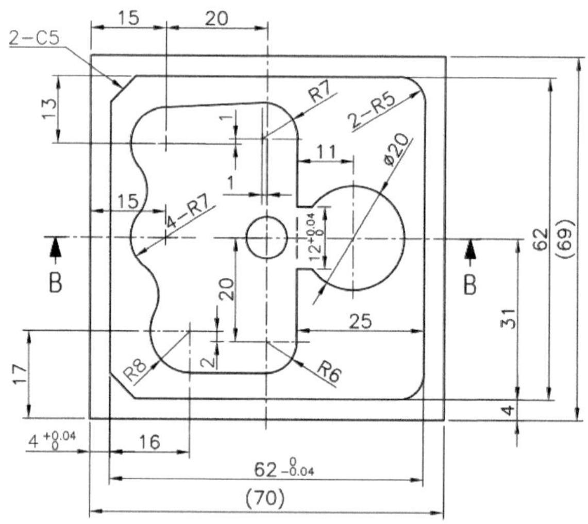

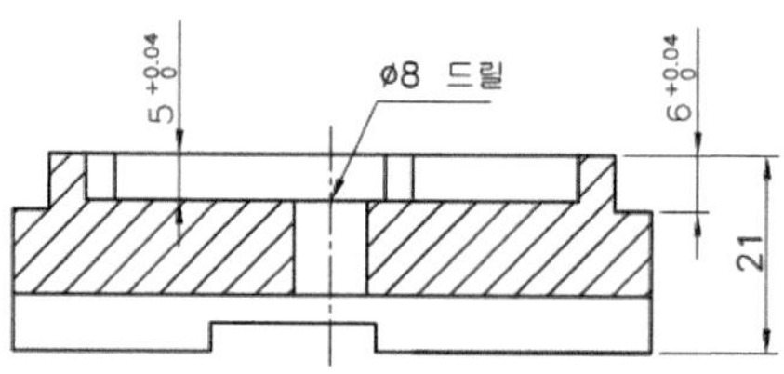

단면 B-B

[공개]

27

4. 도 면(머시닝센터가공)

자격종목	컴퓨터응용밀링기능사	과제명	밀링가공작업	척도	N S

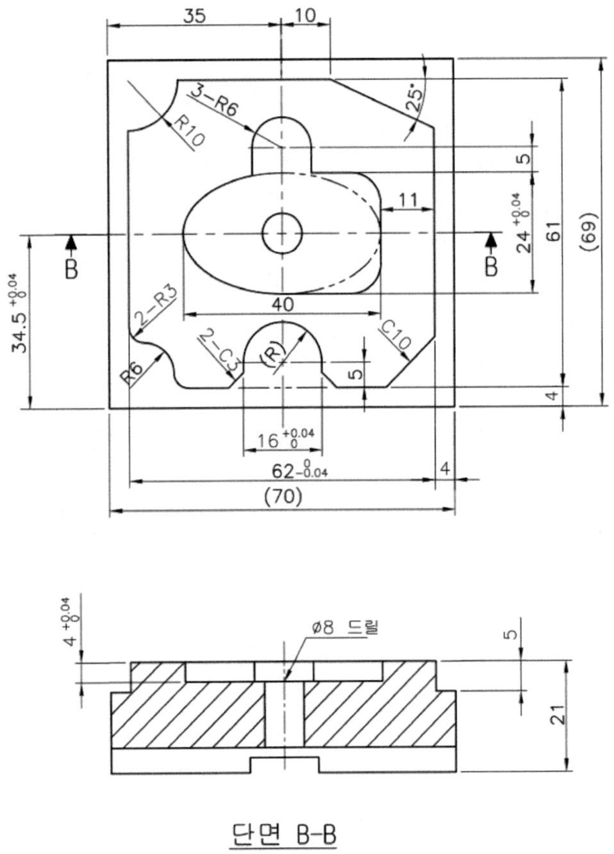

단면 B-B

HRDK 6 - 6

[공개]

28

4. 도 면(머시닝센터가공)

자격종목	컴퓨터응용밀링기능사	과제명	밀링가공작업	척도	N S

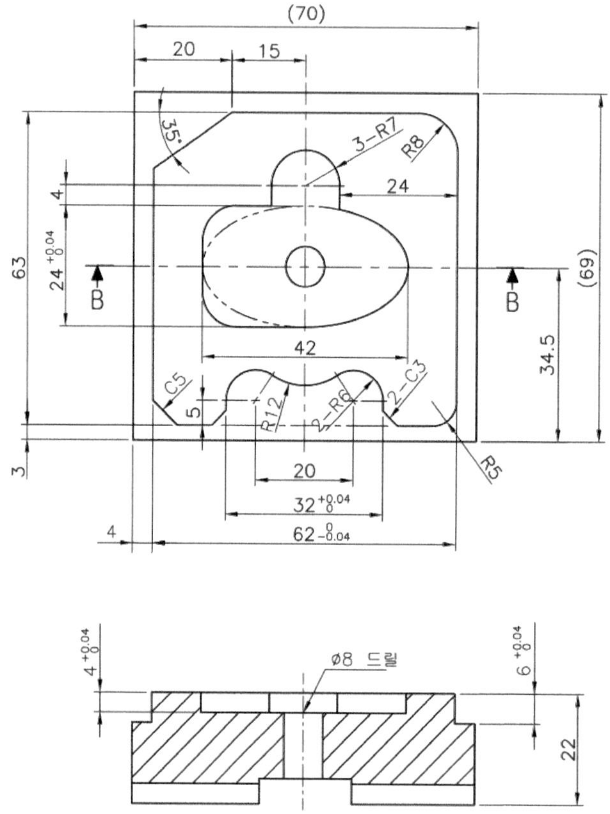

단면 B-B

HRDK6 - 6

[공개]

(29)

4. 도 면(머시닝센터가공)

자격종목	컴퓨터응용밀링기능사	작품명	밀링가공작업	척도	N S

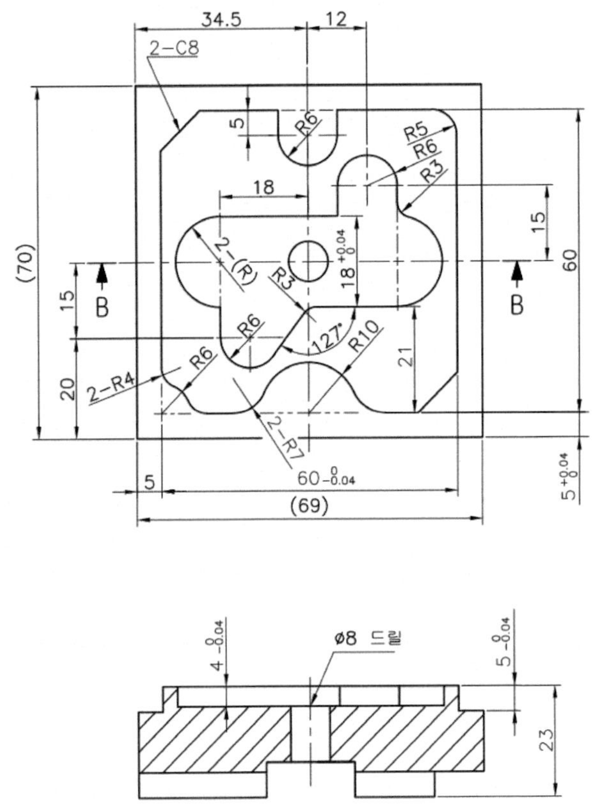

단면 B-B

HRDK 6 - 6

[공개]

30

4. 도 면(머시닝센터가공)

자격종목	컴퓨터응용밀링기능사	과제명	밀링가공작업	척도	N S

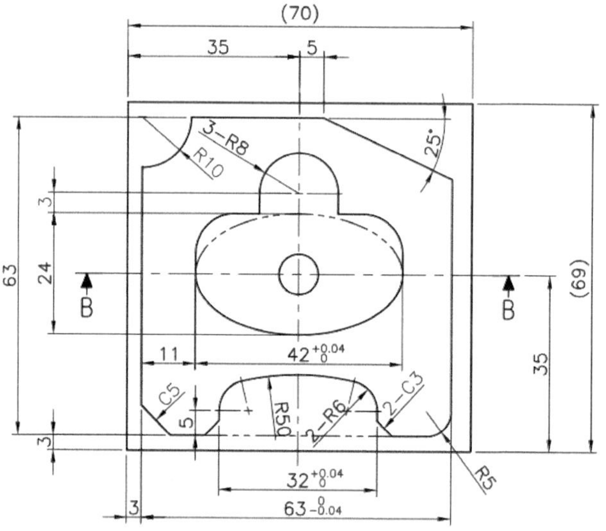

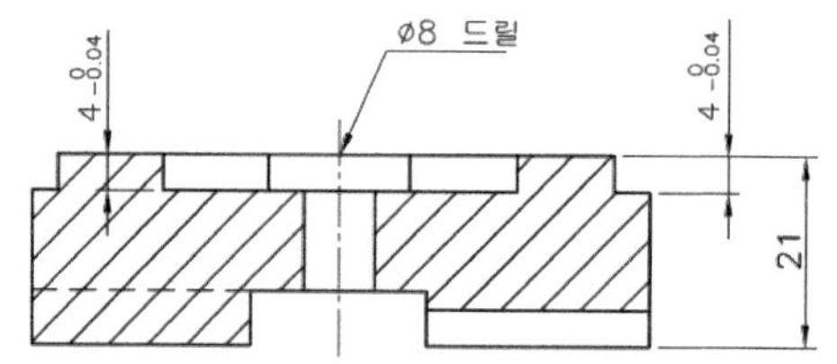

단면 B-B

HRDK 6 - 6

STEP 11 컴퓨터 응용 가공 밀링 기능사 - CAM 및 시뮬레이션

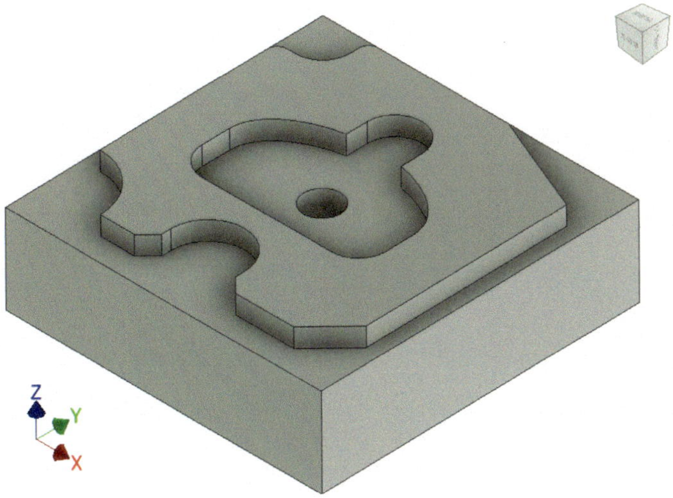

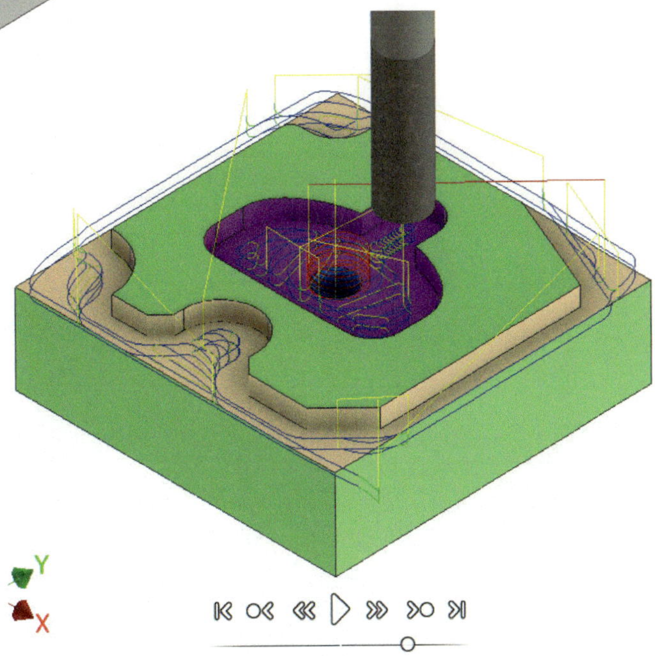

공구번호	공구설명	공구상세	F(피드/피치)	S(주속/회전수)
T01	엔드밀 (End mill)	Ø 10 mm	F100	S2000
T02	센터드릴 (Center Drill)	Ø 3 mm	F80	S800
T03	드릴 (Drill)	Ø 8 mm	F80	S800

1.

인벤터 캠의 사용법은 상당히 간편한데, 앞에서 만든 인벤터 부품 파일(.ipt)이 열린 상태에서 리본의 CAM 탭에 들어가는 것으로 모든 작업할 준비가 끝난다.

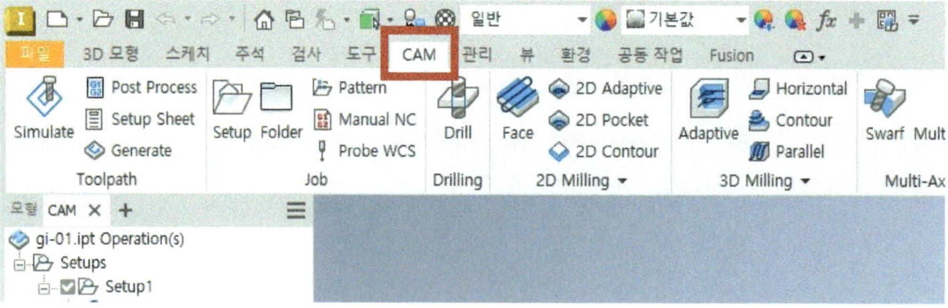

2.

이 책에서 예시로 부품을 만들어 본 공개도면 1번과 5번은 모양은 다르지만 작업하는 방법은 동일하다 여기서는 5번을 예시하겠다. 이 책에서는 바탕화면에 gi-05이라는 폴더를 만들고 그곳에 gi-05.ipt를 만들었다.

공개문제 1번

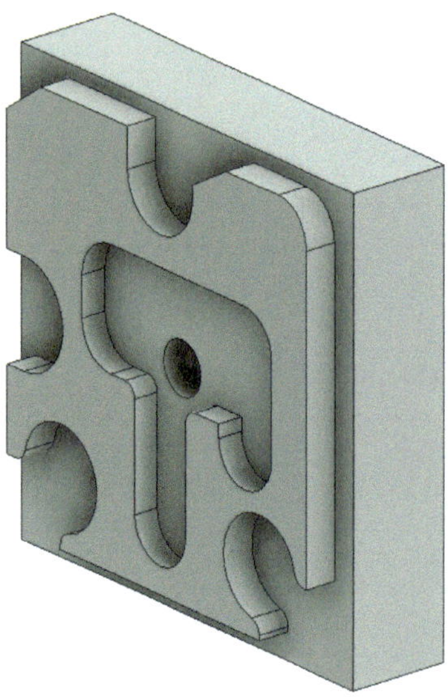

공개문제 5번

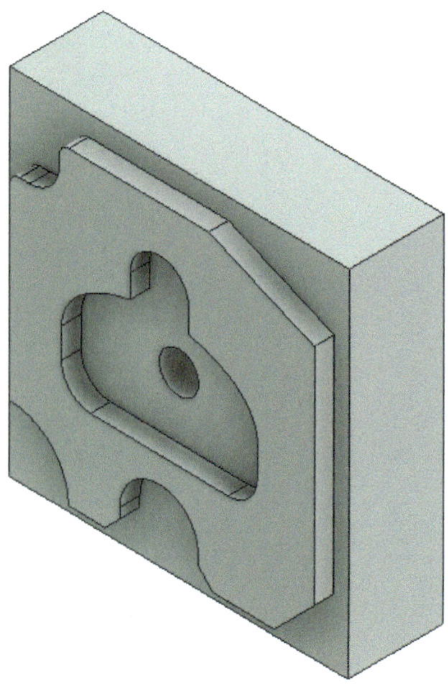

3.

리본 〉 Job 〉Setup 명령을 실행한다.

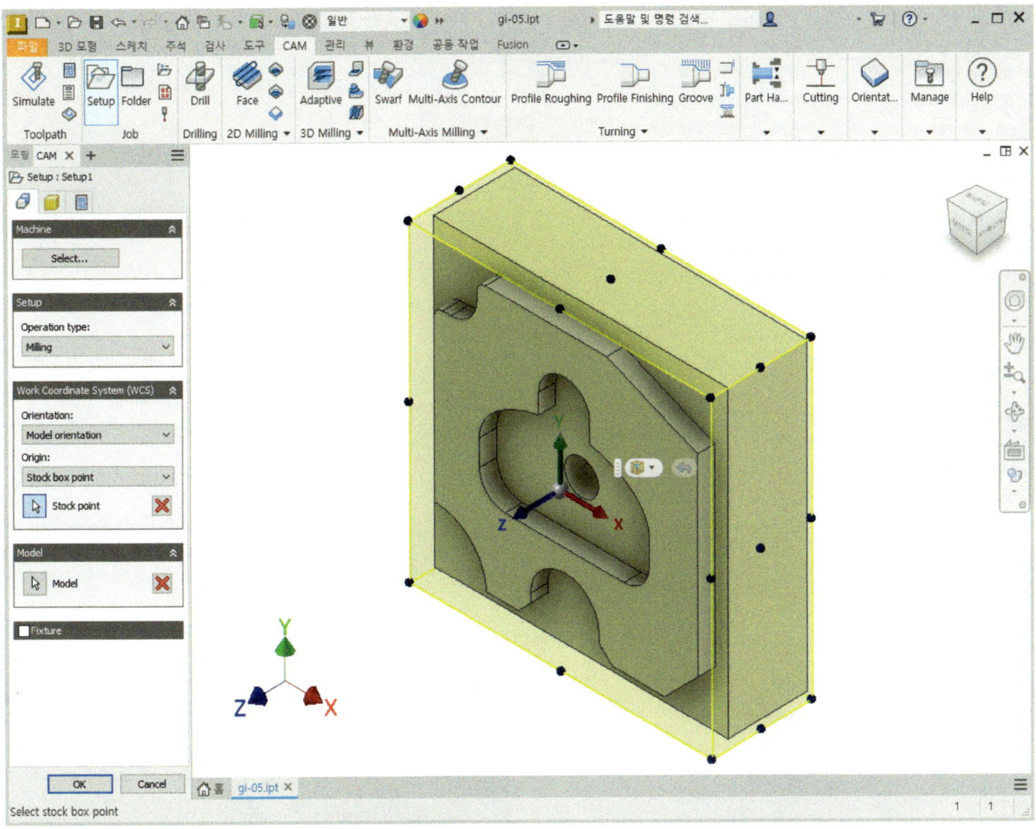

좌측 캠 브라우저(검색기, CAM Browser)에서 Setup 탭( )의 Machine의 [Select...]을 클릭한다.

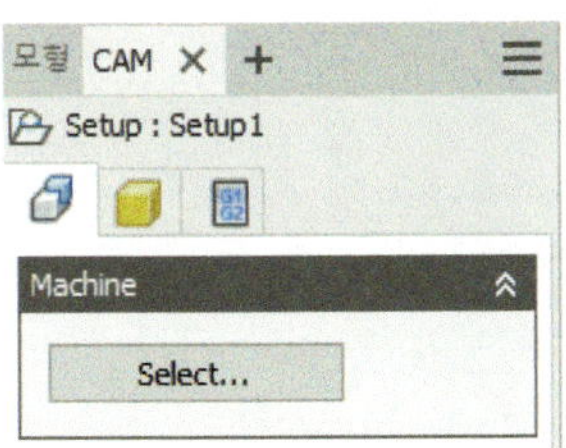

Machines 대화상자가 나타나는데 Milling의 Generic 3-Axis을 선택하고 [OK]를 누른다.

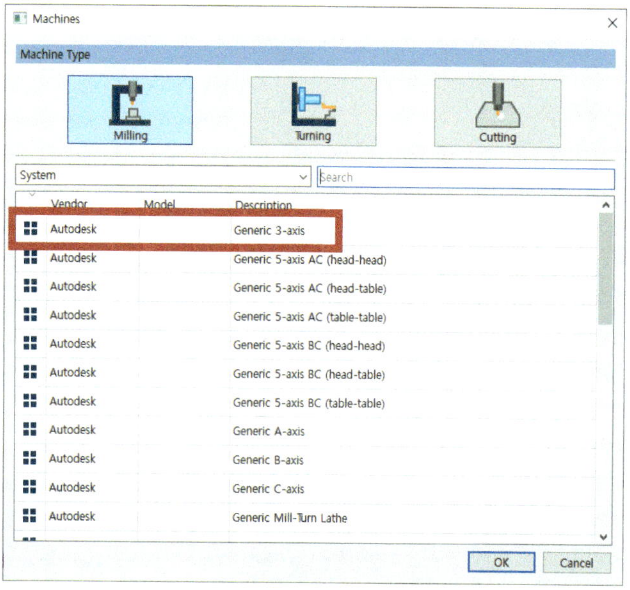

4.

3.번을 선택하고 나면 자동으로 캠 브라우저에서 아래에 있는 공작물 좌표계의 원점을 지정하는 WCS를 선택하는 상태가 된다. 아래 그림의 붉은 원으로 표시된 윗면 좌측 아랫부분을 클릭한다.

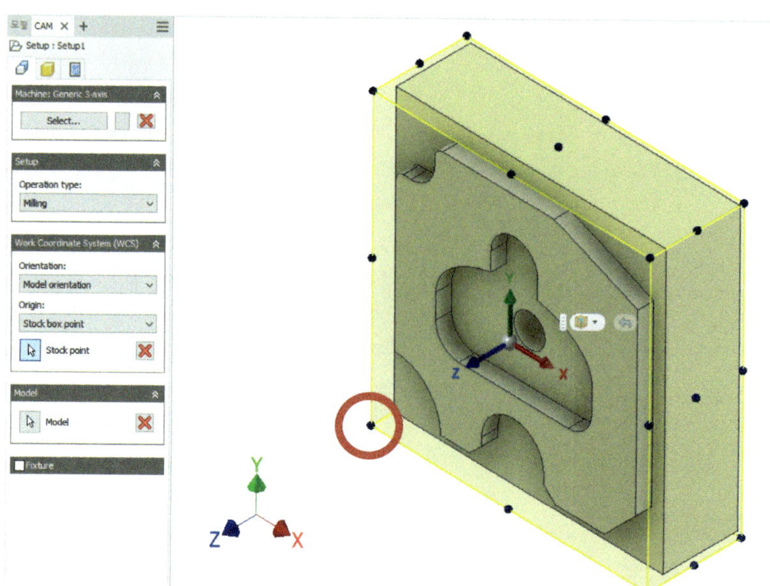

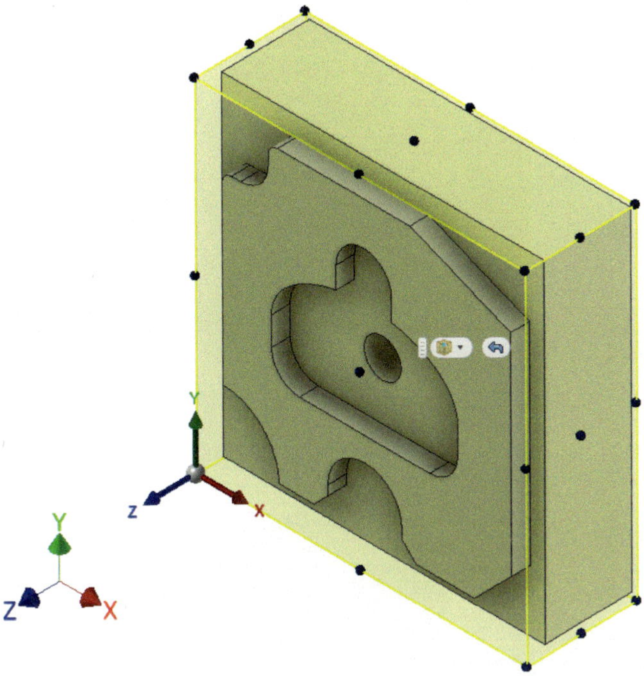

5.

캠 브라우저에서 Stock 탭( )을 클릭하고 Stock의 Side offset과 Top offset을 1 mm에서 0 mm로 변경한다.

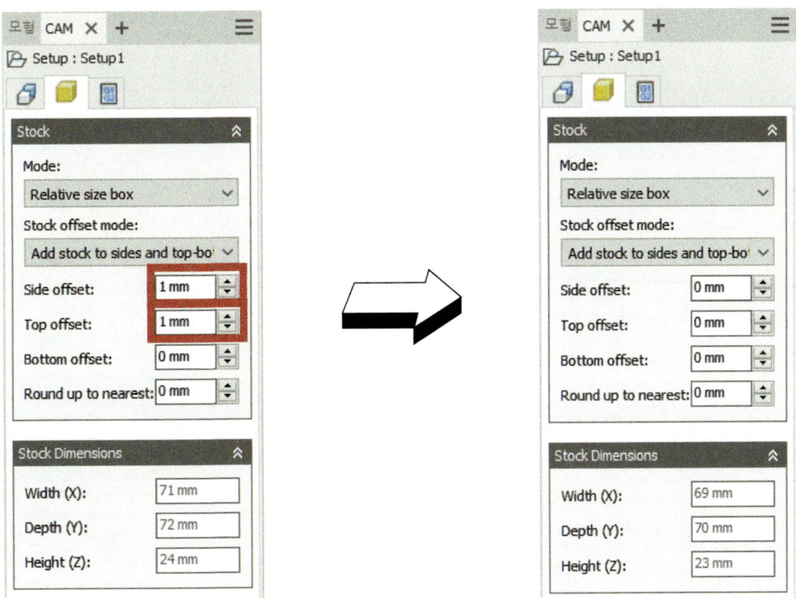

6.

캠 브라우저의 아래에 있는 [OK] 버튼을 클릭한다.

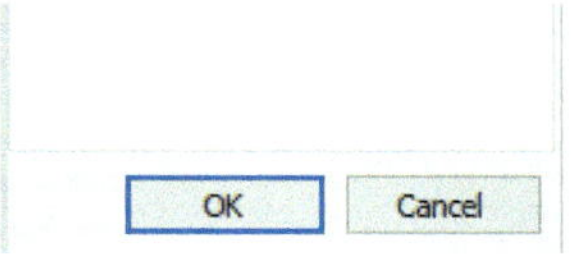

7.

이후 작업의 편의를 위해 아래와 같이 우측 상단의 뷰큐브를 사용하여 뷰를 변경한다.

8.

리본 〉 CAM 〉 2D Milling 〉 Drill 명령을 실행한다.

9.

Tool 탭( )의 [Tool] 버튼을 클릭한다.

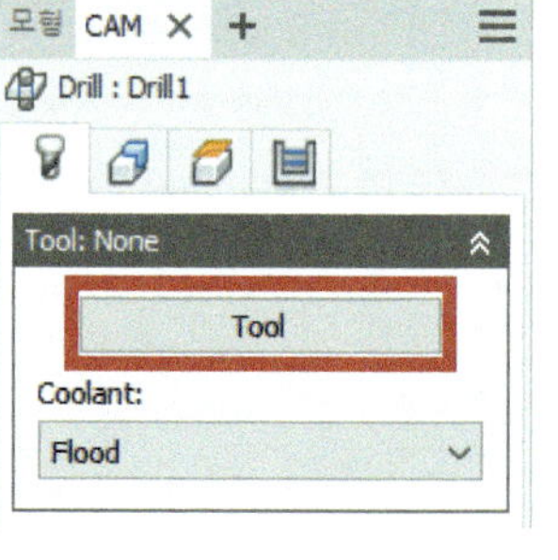

10.

생성된 공구 선택 대화 상자에서 좌측 하단에 있는 [New Mill Tool] 버튼을 클릭한다.

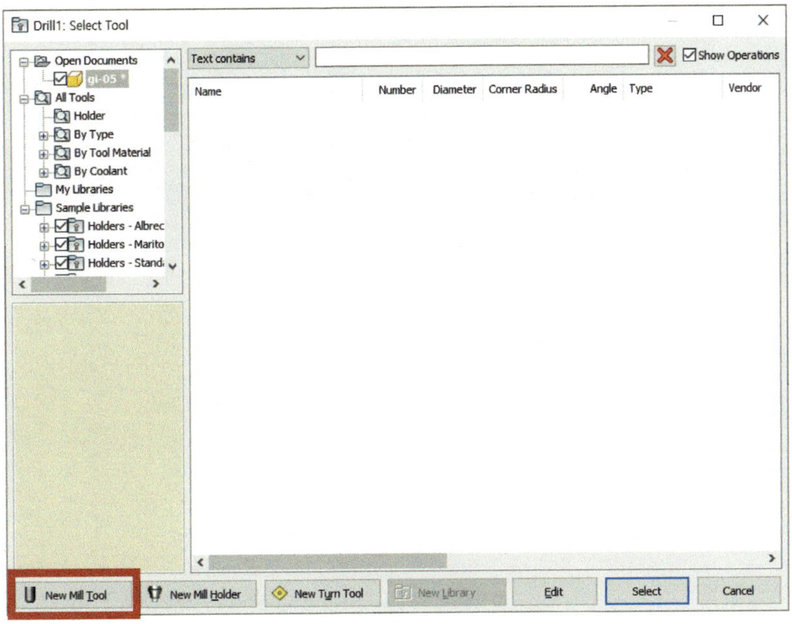

11.

General 탭에서 Number, Length offset, Diameter offset을 모두 2로 변경한다.

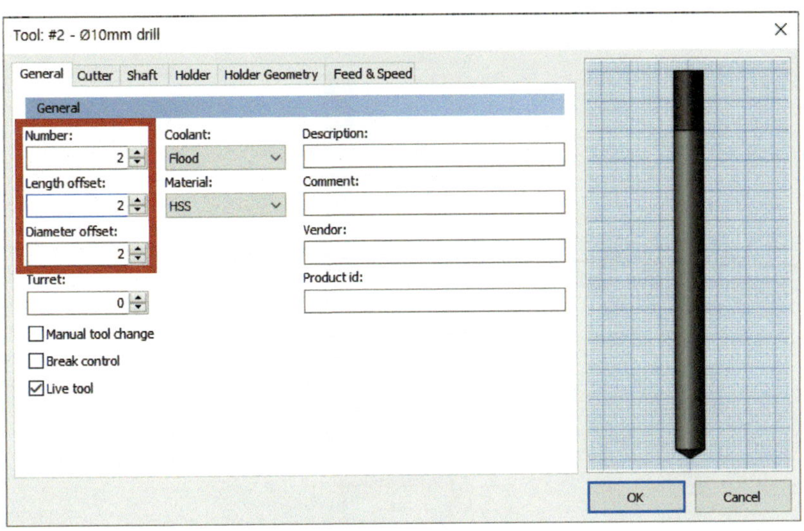

12.

Cutter 탭에서 Diameter을 3으로 변경한다.

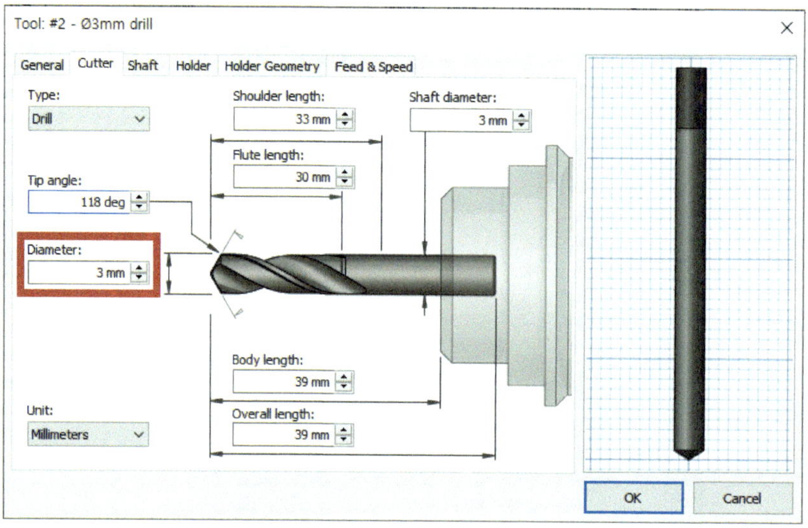

13.

Feed & Speed 탭에서 Speed의 Spindle speed에 800 (rpm)을, Vertical Feedrates의 Plunge feedrate에 80 (mm/min)을 입력한다. 입력을 마치면 우측 하단의 [OK] 버튼을 누른다.

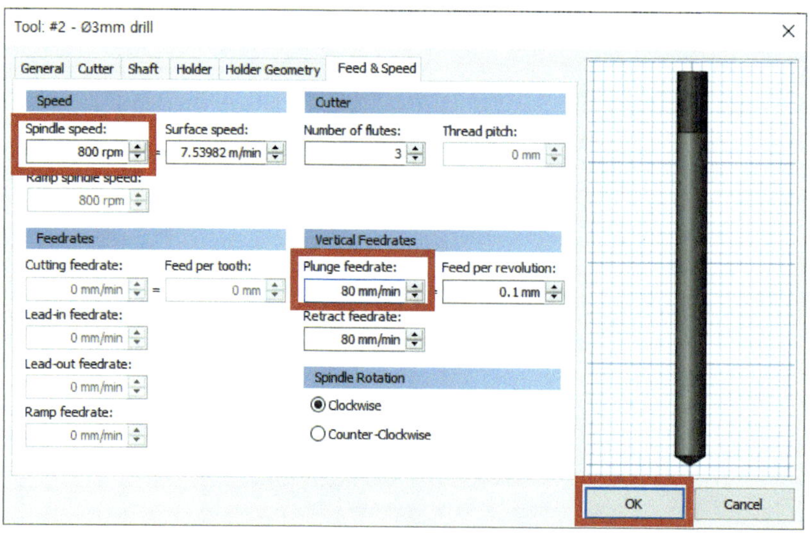

14.

자동으로 공구번호가 2번인 Ø3 드릴이 선택되어 있다. 우측 하단의 [Select] 버튼을 누른다.

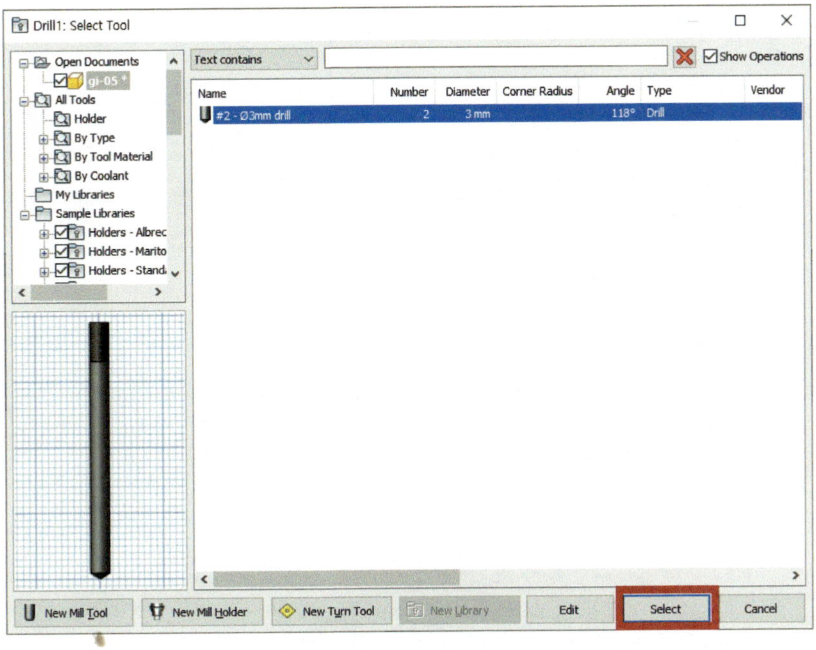

15.

CAM 브라우저의 Tool 탭에 위에서 선택한 공구와 설정 값이 제대로 들어가 있는지 확인한다.

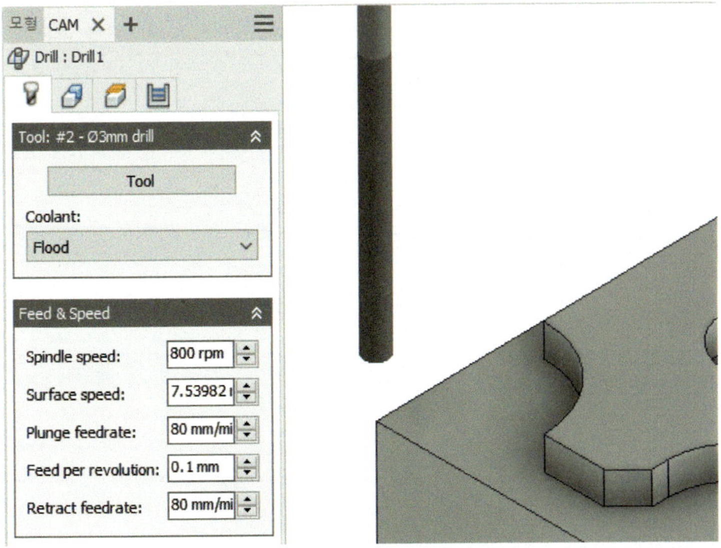

16.

Geometry 탭(◻)에서 Section mode를 Selected Points로 변경하고 아래 그림의 원형 모서리를 선택한다.

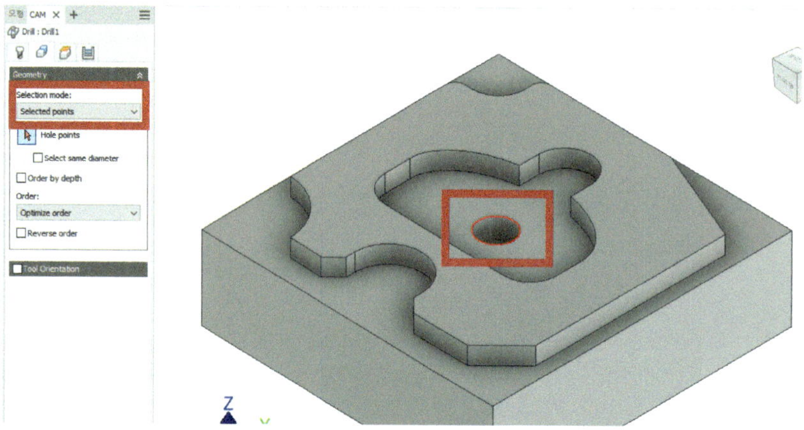

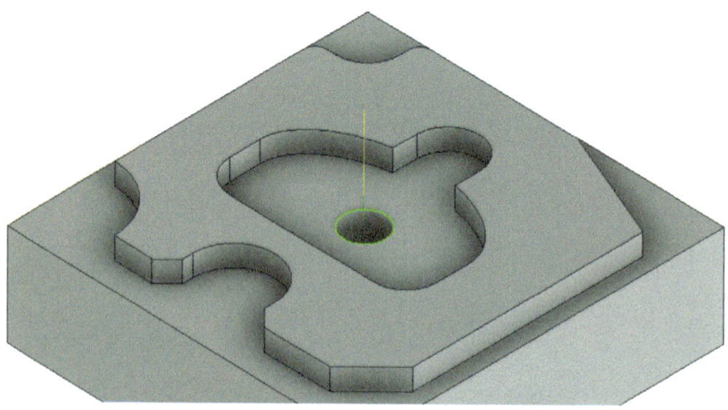

17.

CAM 브라우저 아래에 있는 [OK] 버튼을 클릭한다.

다음과 같이 센터드릴 가공 공정이 생성되었다.

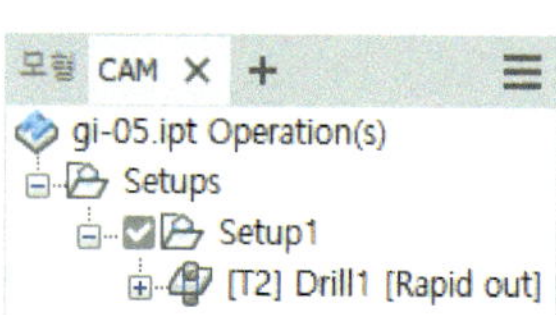

18.

리본 〉 CAM 〉 2D Milling 〉 Drill 명령을 실행한다.

19.

Tool 탭( )의 [Tool] 버튼을 클릭한다.

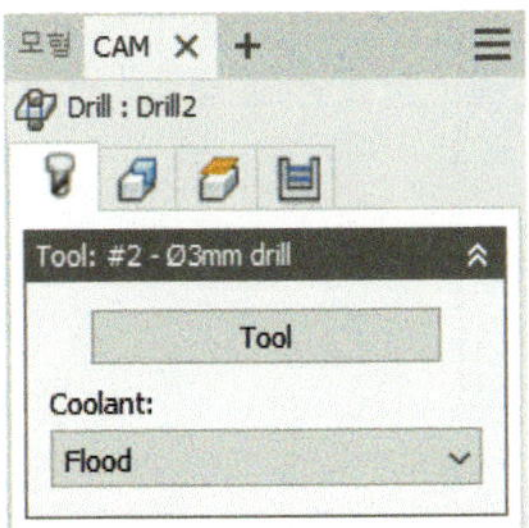

20.

생성된 공구 선택 대화 상자에서 좌측 하단에 있는 [New Mill Tool] 버튼을 클릭한다.

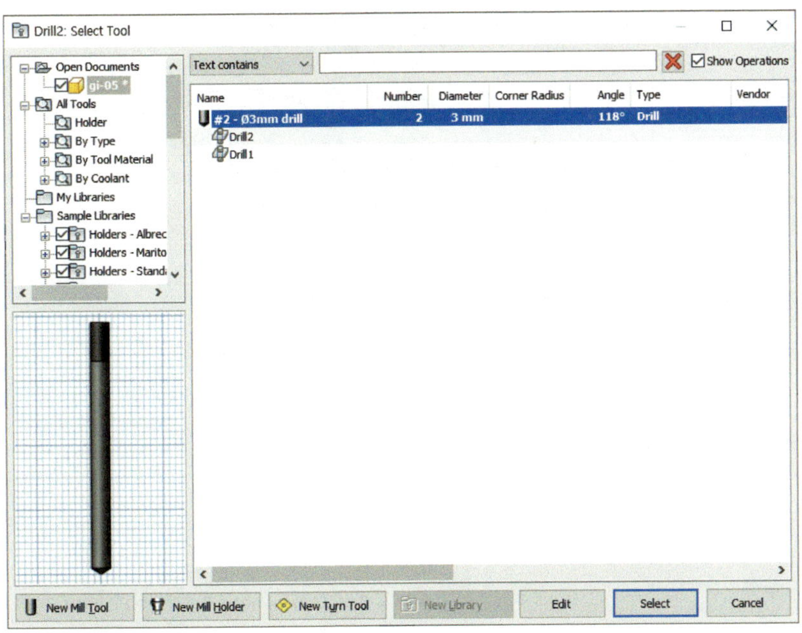

21.

General 탭에서 Number, Length offset, Diameter offset을 모두 3으로 변경한다.

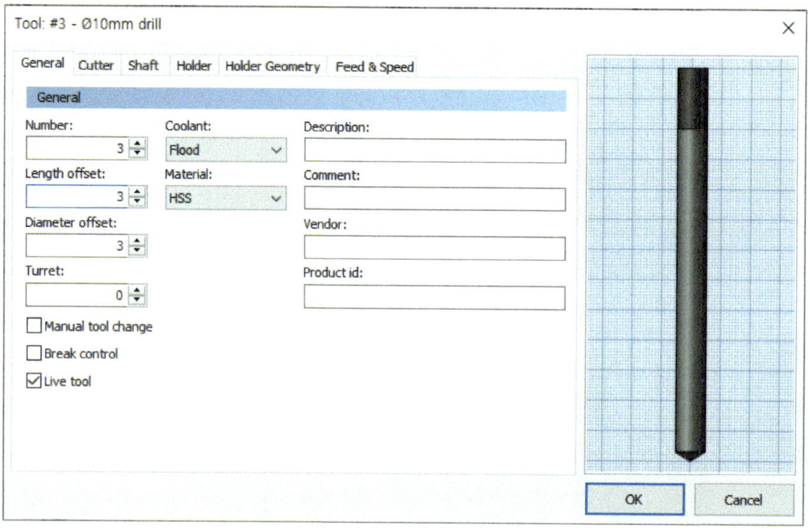

22.

Cutter 탭에서 Diameter을 8로 변경한다.

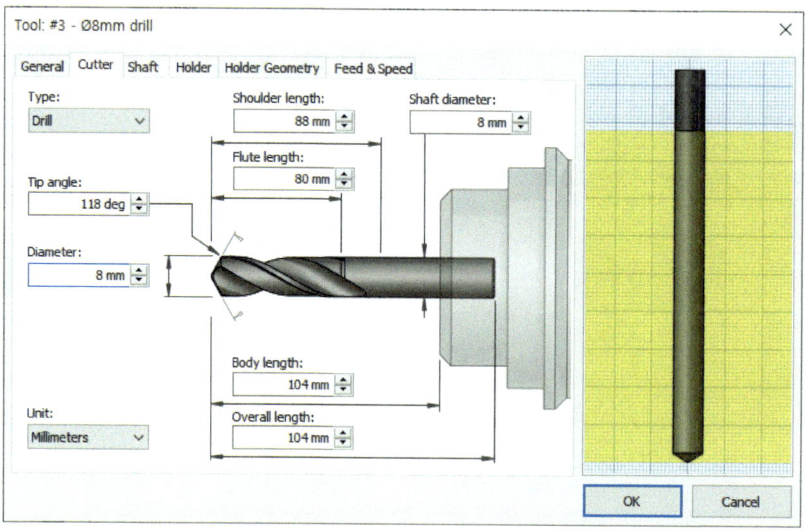

23.

Feed & Speed 탭에서 Speed의 Spindle speed에 800 (rpm)을, Vertical Feedrates의 Plunge feedrate에 80 (mm/min)을 입력한다. 입력을 마치면 우측 하단의 [OK] 버튼을 누른다.

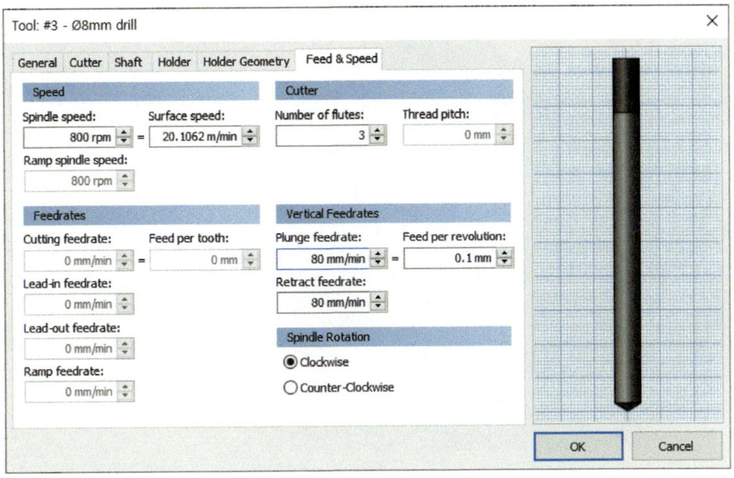

24.

자동으로 공구번호가 3번인 ∅8 드릴이 선택되어 있다. 우측 하단의 [Select] 버튼을 누른다.

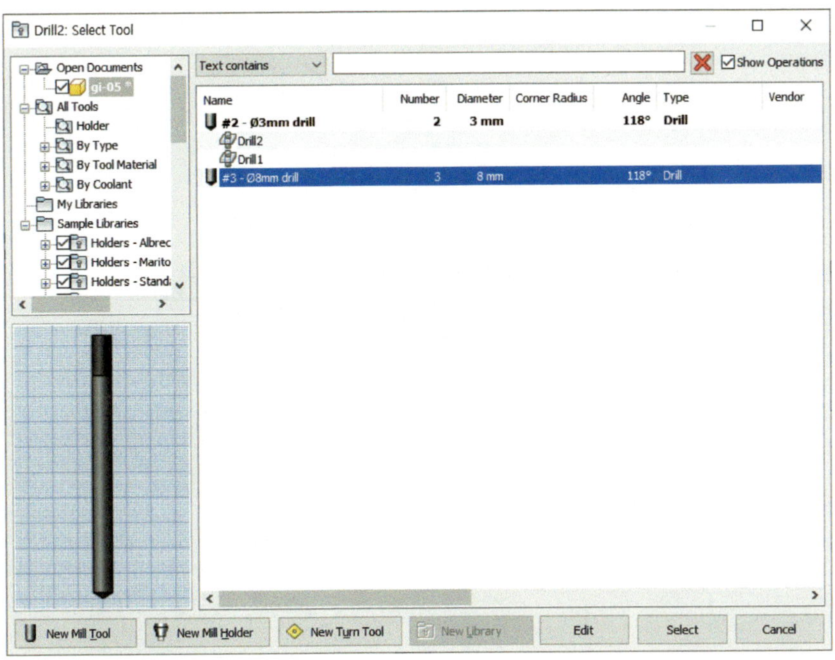

25.

CAM 브라우저의 Tool 탭에 위에서 선택한 공구와 설정 값이 제대로 들어가 있는지 확인한다.

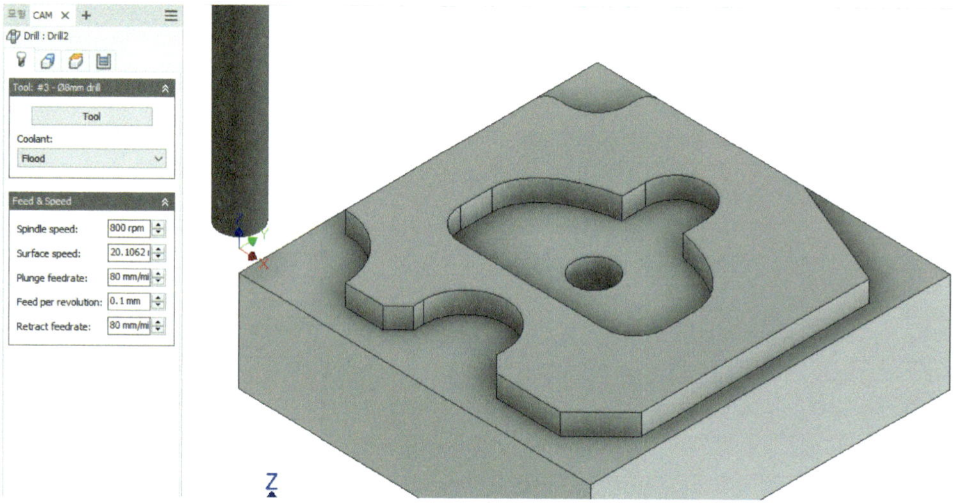

26.

Geometry 탭( )에 들어가 Section mode를 Selected Points로 변경하고 아래 그림의 원통 면을 선택한다.

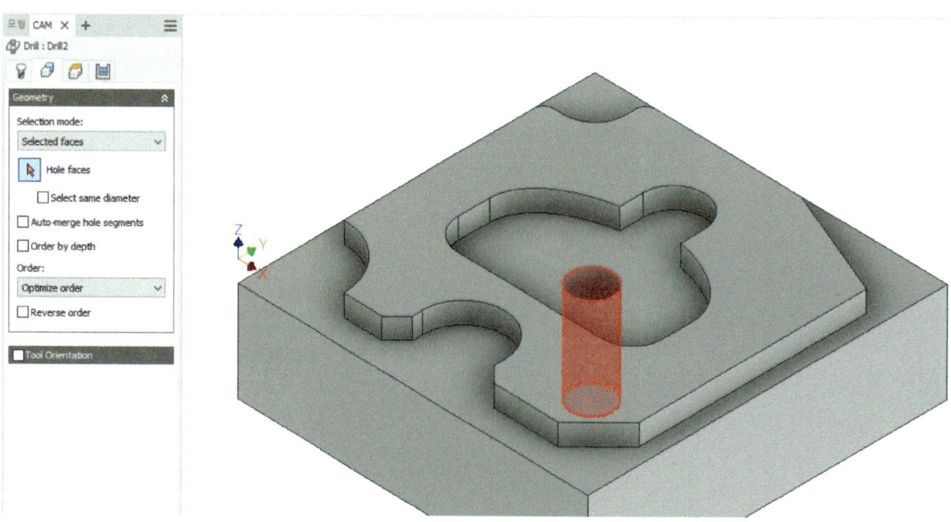

27.

Heights 탭(아이콘)에 들어가 맨 아래에 있는 Bottom Offset에 -7.3을 준다.

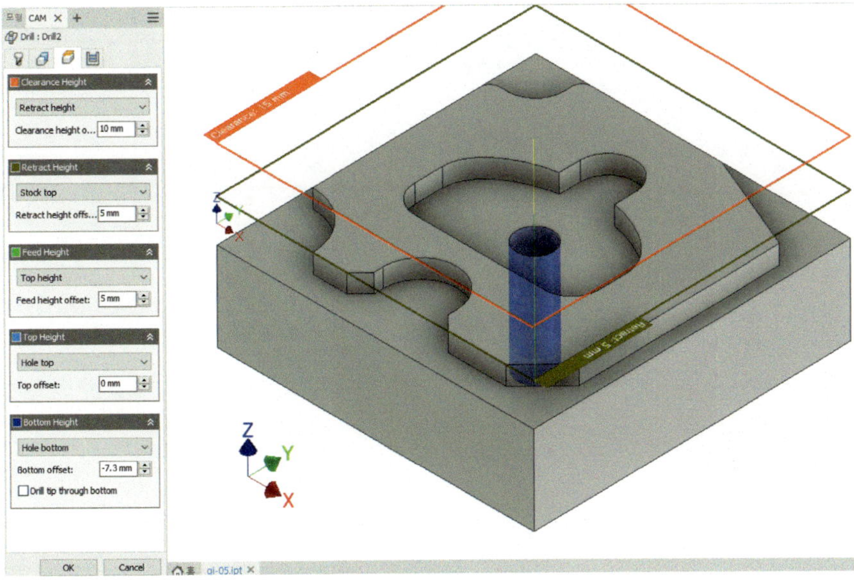

28.

Passes 탭(아이콘)에 들어가 Cycle에서 Cycle type를 Deep drillng - full retract을 선택하고 캠 브라우저 아래 [OK] 버튼을 누른다.

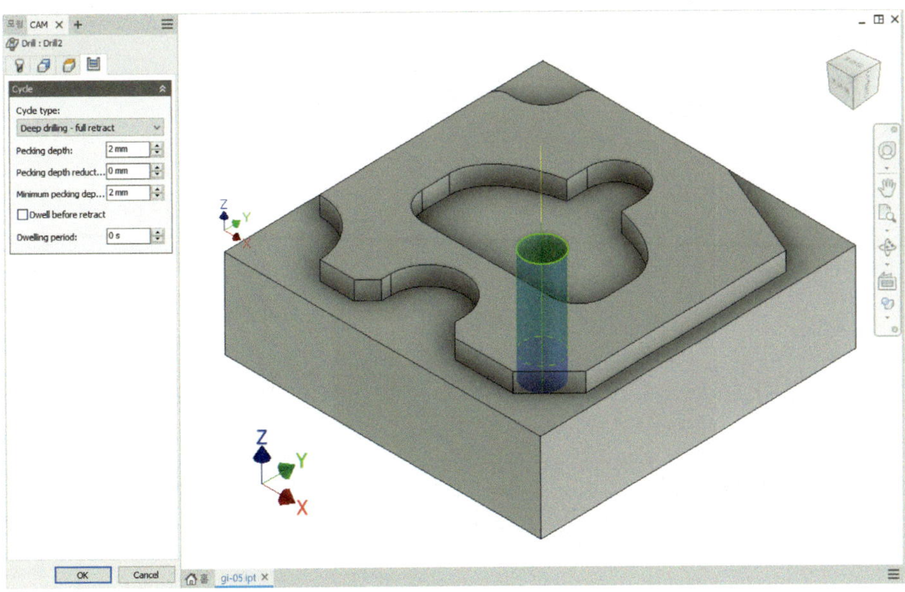

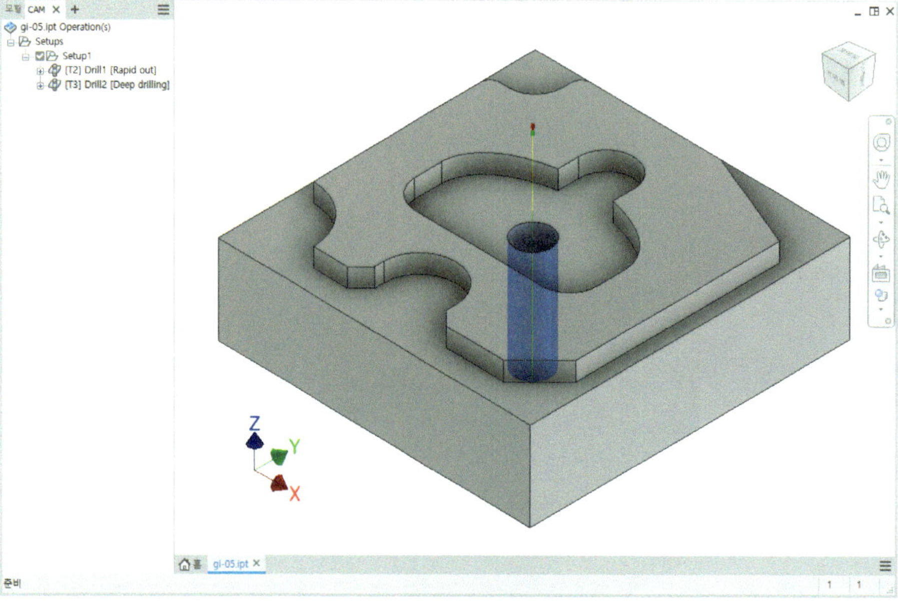

29.

리본 〉 CAM 〉 2D Milling 〉 2D Adaptive 명령을 실행한다.

30.

Tool 탭( )의 [Tool] 버튼을 클릭한다.

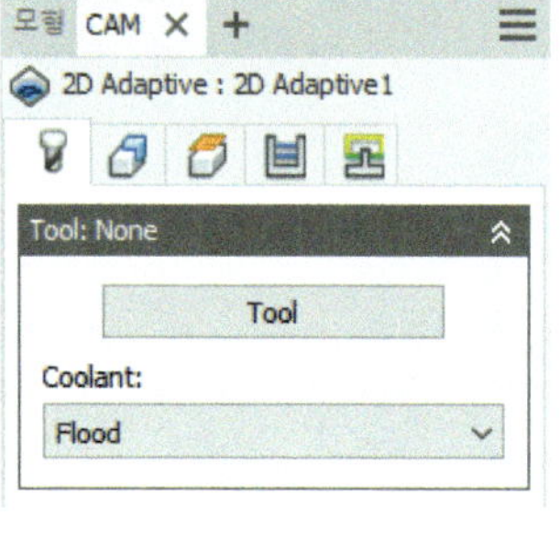

31.

생성된 공구 선택 대화 상자에서 좌측 하단에 있는 [New Mill Tool] 버튼을 클릭한다.

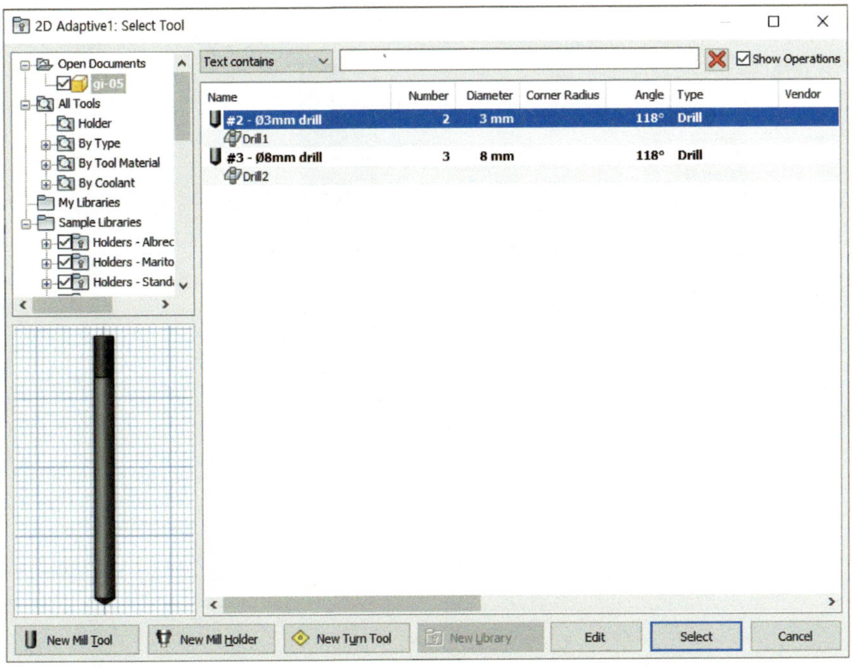

32.

General 탭에서 Number, Length offset, Diameter offset을 모두 1로 변경한다.

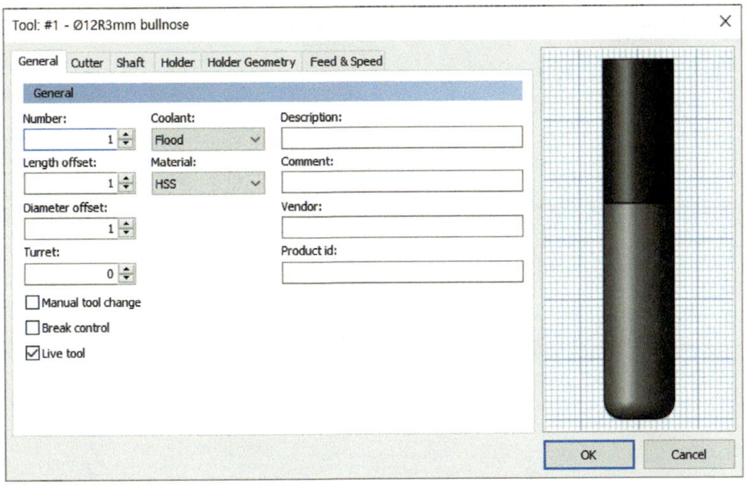

33.

Cutter 탭에서 Type을 Flat Mill로 선택하고 Diameter을 10으로 변경한다.

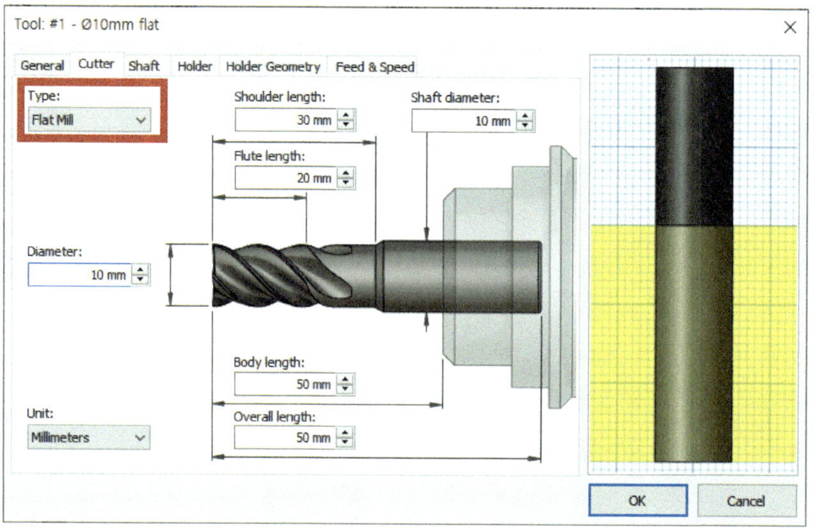

34.

Feed & Speed 탭에서 Speed의 Spindle speed에 2000 (rpm)을, Feedrates의 Cutting feedrate에 100 (mm/min)을 입력하고, Vertical Feedrates의 Plunge feedrate에 100 (mm/min)을 입력한다. 입력을 마치면 우측 하단의 [OK] 버튼을 누른다.

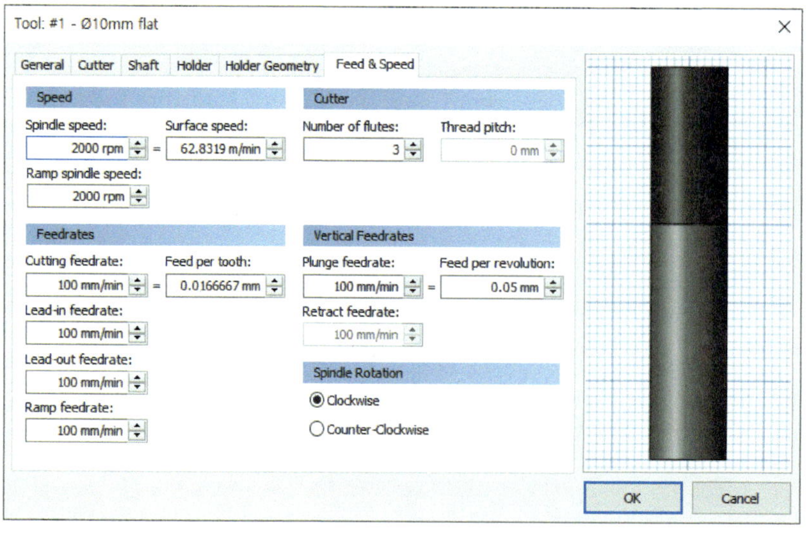

35.

자동으로 공구번호가 1번인 ∅10 앤드밀이 선택되어 있다. 우측 하단의 [Select] 버튼을 누른다.

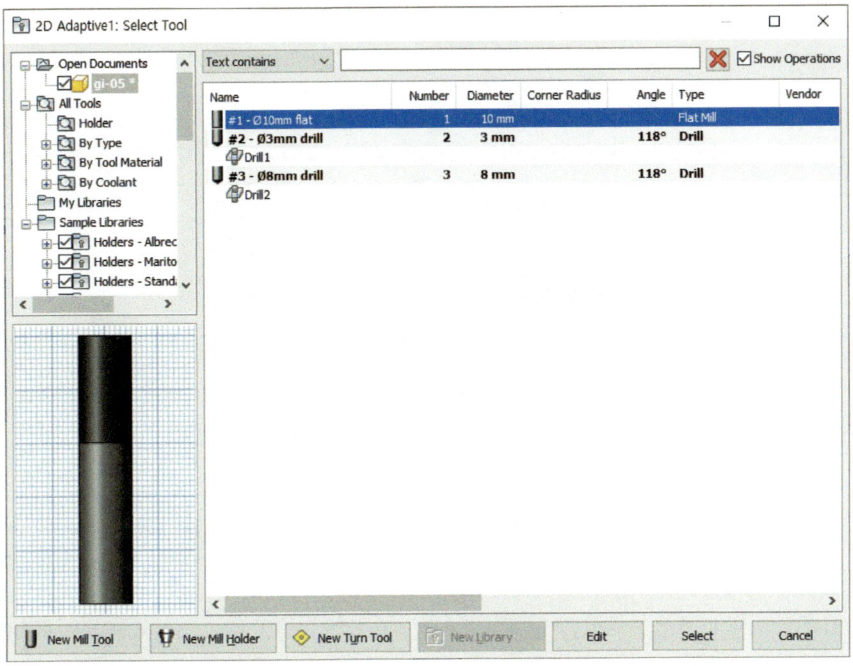

36.

CAM 브라우저의 Tool 탭에 위에서 선택한 공구와 설정 값이 제대로 들어가 있는지 확인한다.

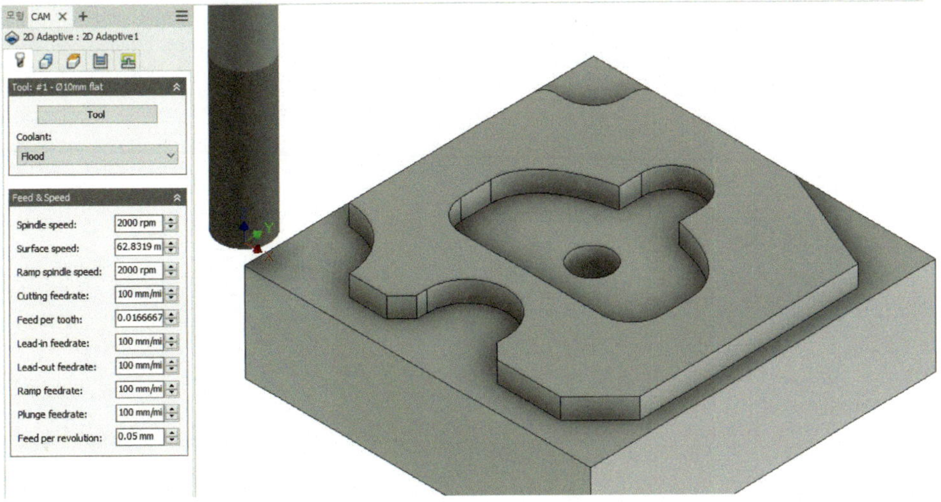

37.

Geometry 탭( )에 들어가 아래의 붉은 면을 마우스로 클릭하여 선택한다.

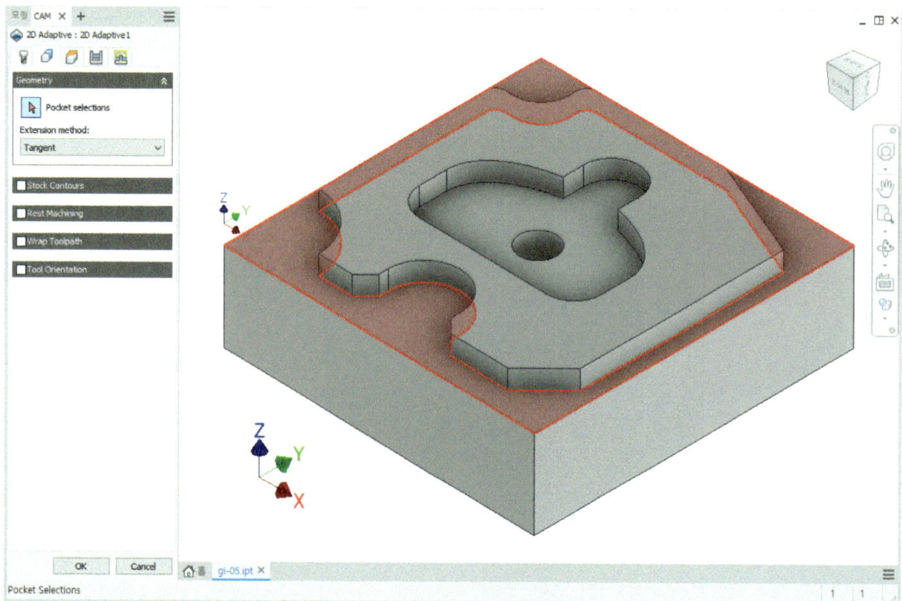

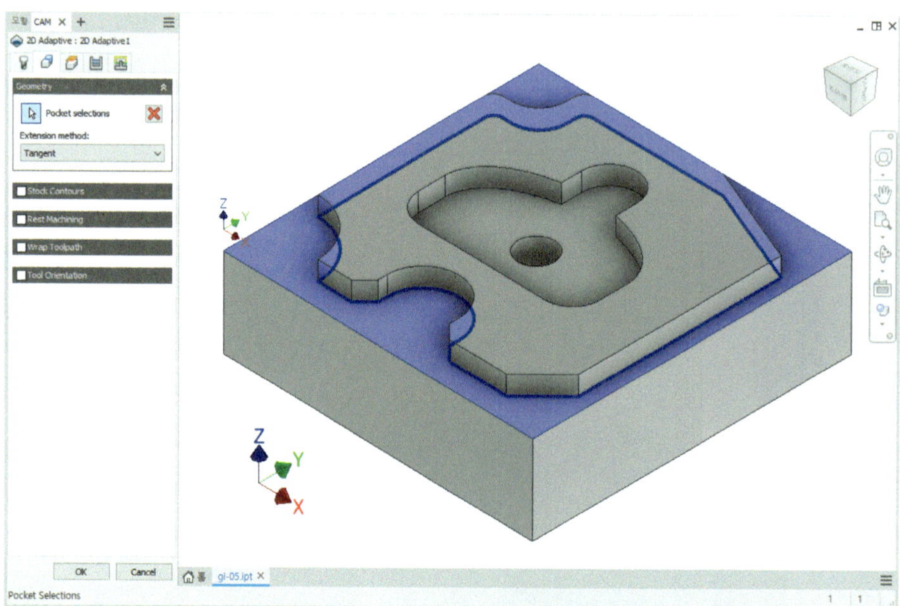

38.

Passes 탭(▤)에 들어가 Passes에서 Tolerance를 0.01로, Multiple Depths의 왼쪽을 클릭하여 체크표시(☑)를 하고 Maximum roughing stepdown에 2를 입력한다. Stock to Leave의 왼쪽에 체크표시를 클릭하여 해제한 다음 캠 브라우저 아래 [OK] 버튼을 누른다.

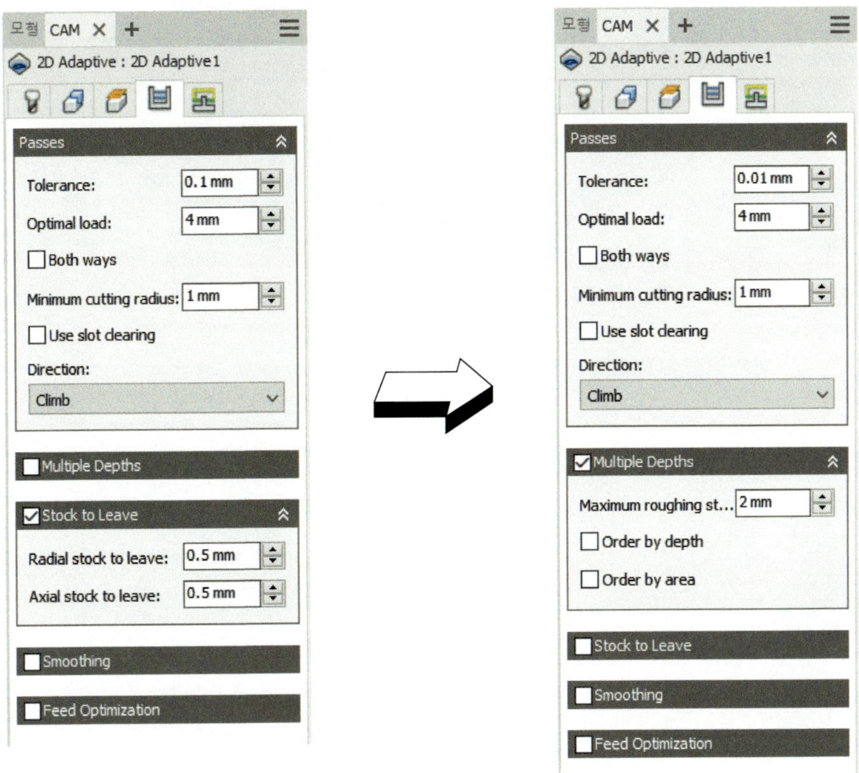

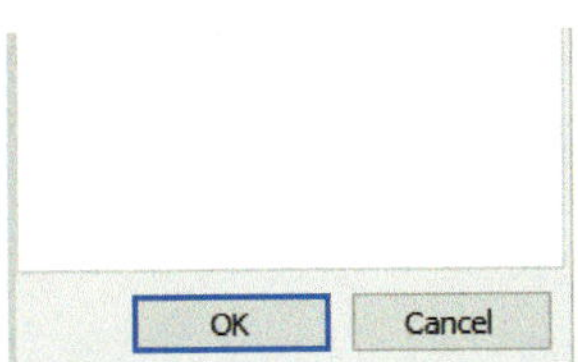

좌측 캠 브라우저에서 해당 가공 공정을 클릭하면 공구경로가 표시된다.

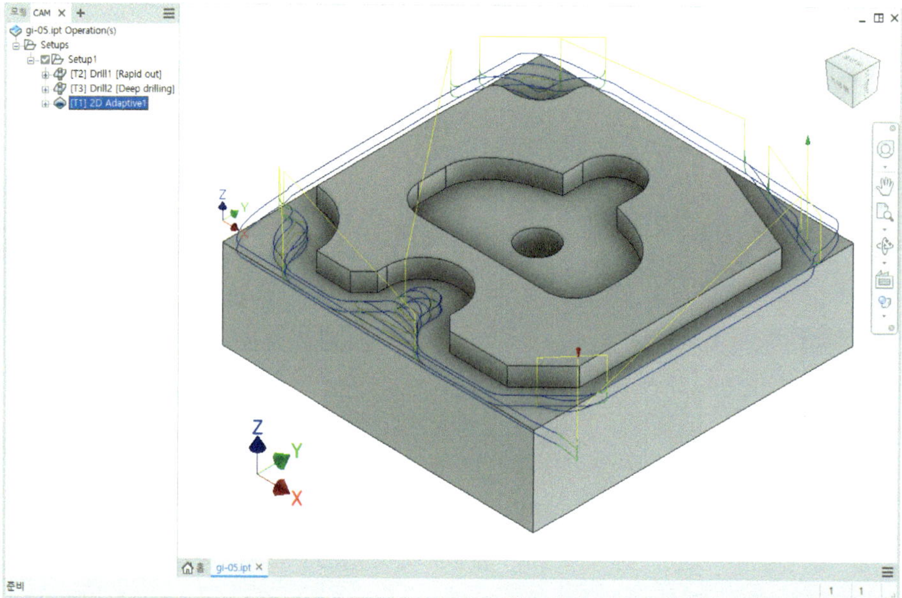

39.

리본 〉 CAM 〉 2D Milling 〉 2D Adaptive 명령을 실행한다.

40.

Tool 탭( )에서 앞에서 사용한 1번 공구가 선택되어 있으므로 Geometry 탭( )으로 넘어간다.

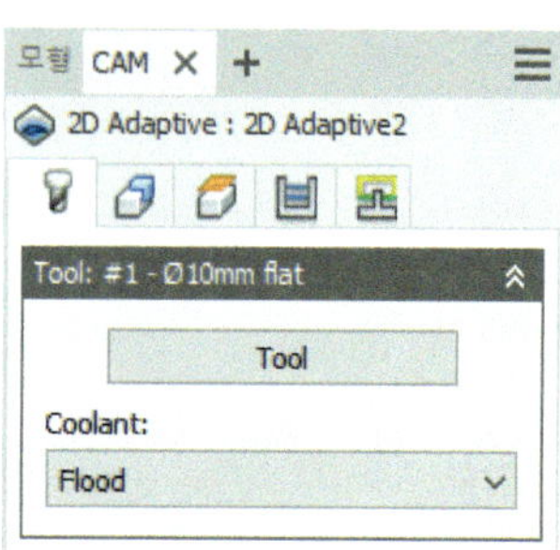

41.

Geometry 탭( )에 들어가 아래의 붉은 면을 마우스로 클릭하여 선택한다.

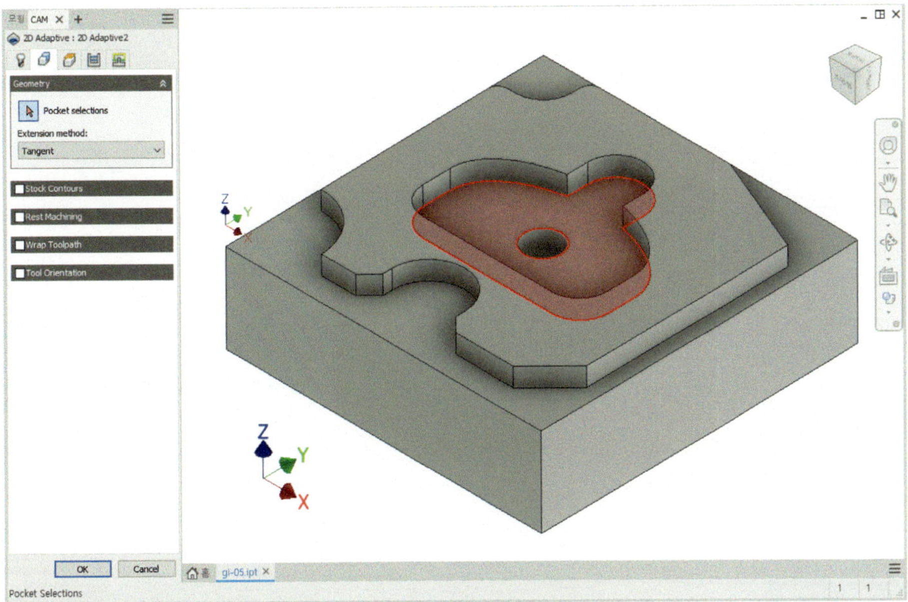

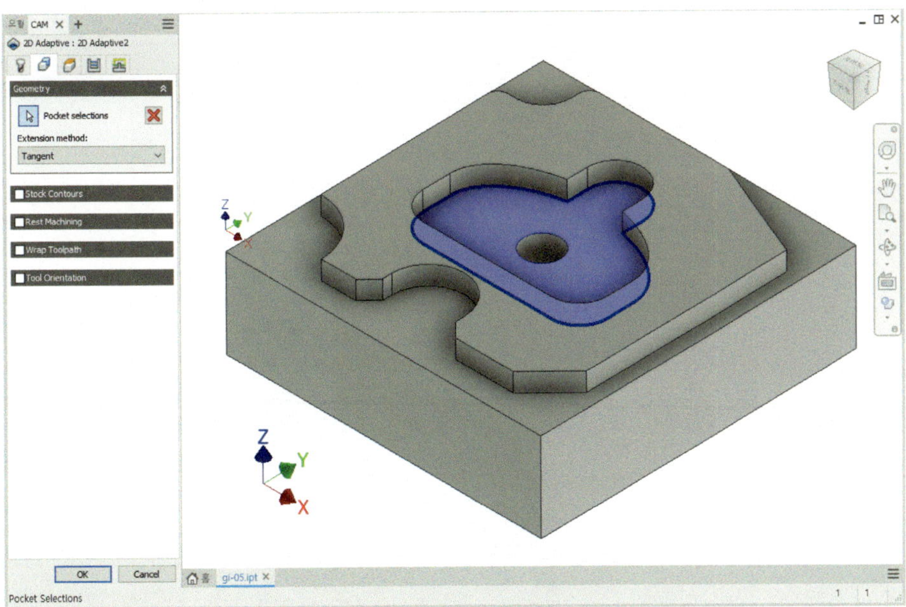

42.

38.번을 참고로 하여 아래와 같이 세팅한 다음 캠 브라우저 아래 [OK] 버튼을 누른다.

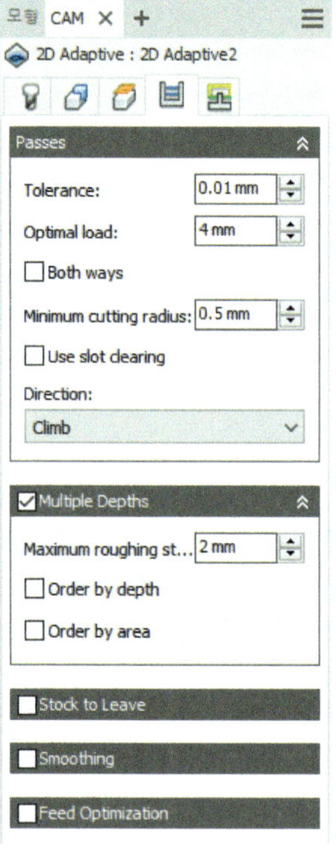

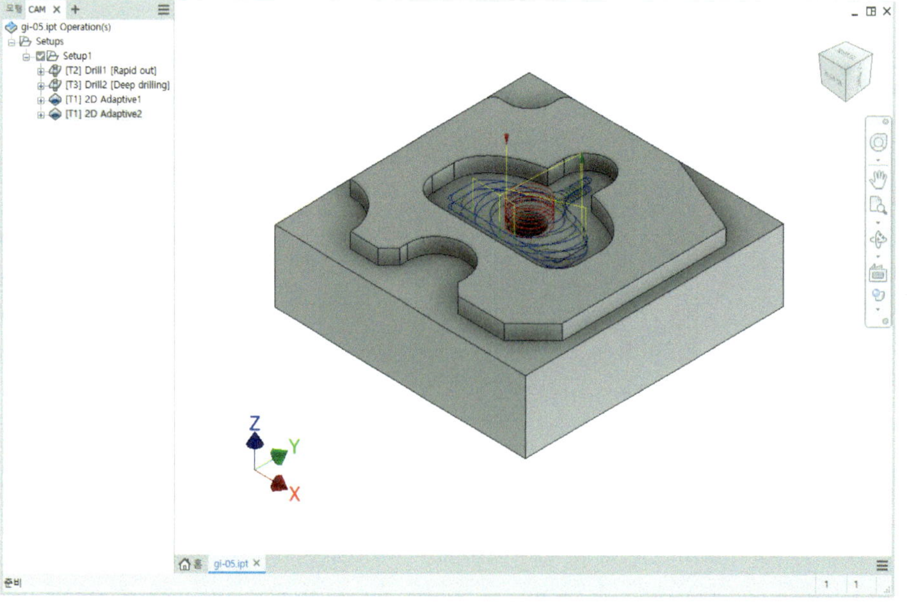

43.

좌측 캠 브라우저의 트리에서 Setup1을 클릭한 다음 리본 〉 CAM 〉 Toolpath 〉 Simulate 명령을 클릭한다.

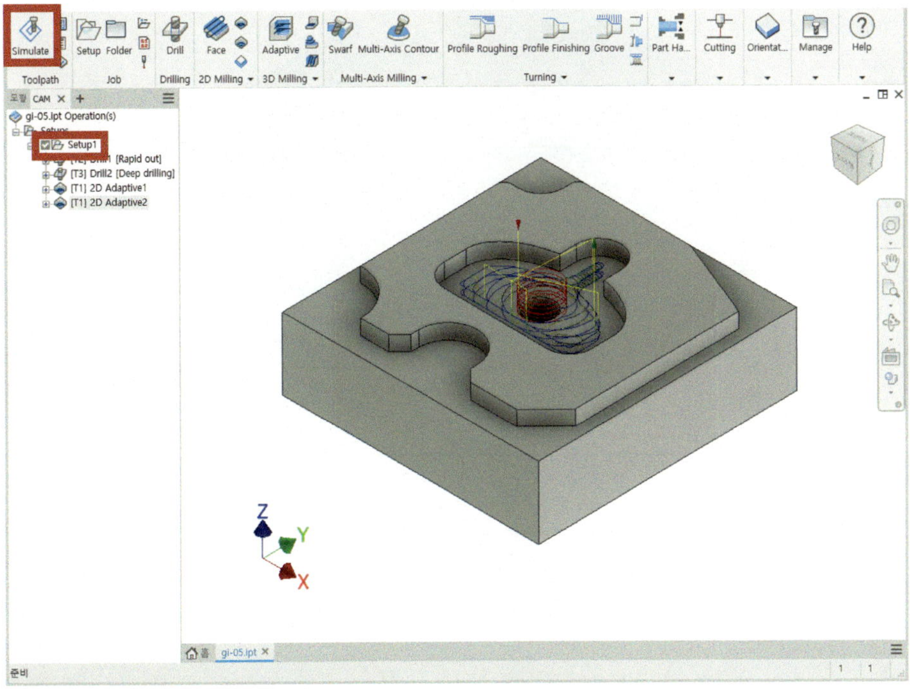

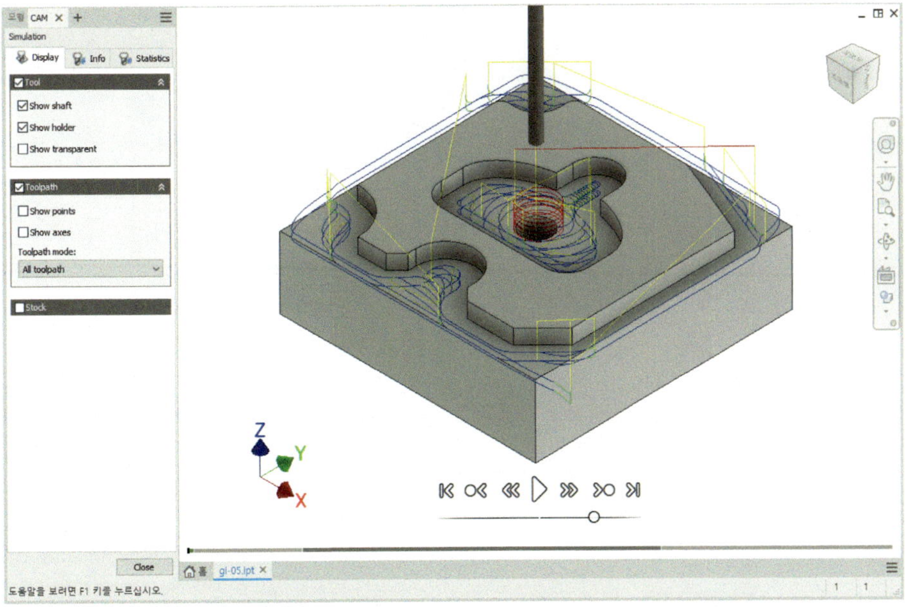

좌측 디스플레이 탭(Display)에서 Stock의 왼쪽을 클릭하여 체크표시(☑)를 한다.

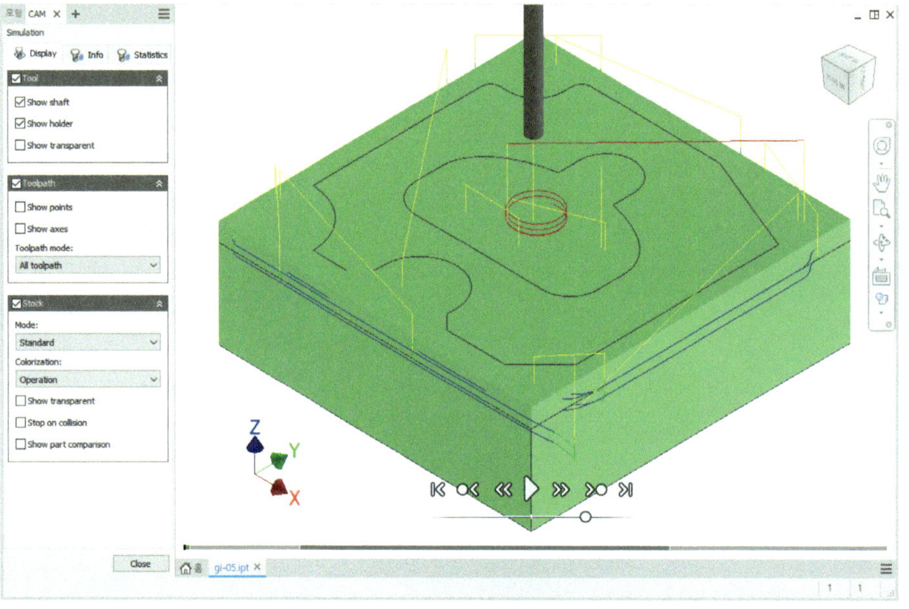

화면 아래에 시뮬레이션 플레이어의 가운데 있는 플레이 버튼(▷)을 누르면 시뮬레이션이 실행된다. 시뮬레이션을 보고 문제가 없으면 파일을 저장한다.

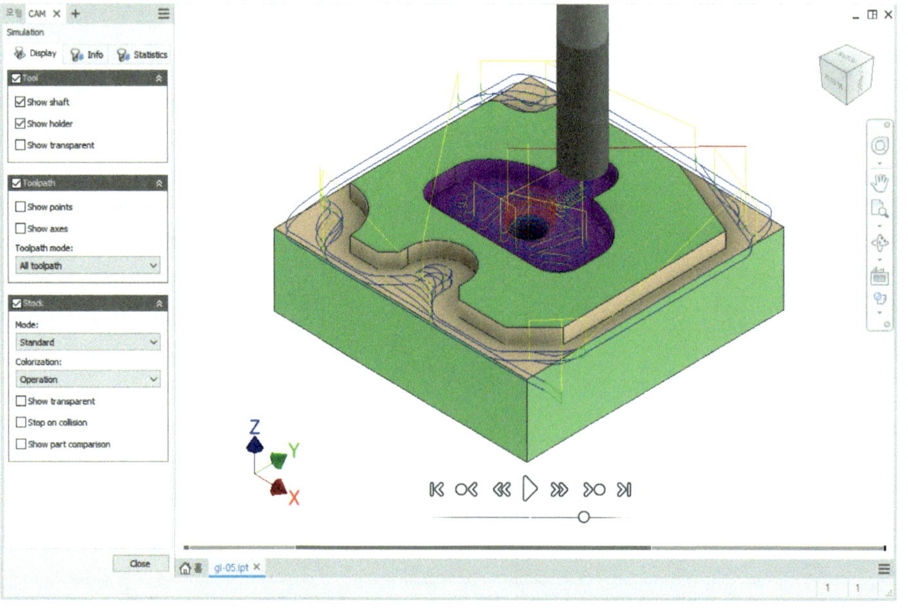

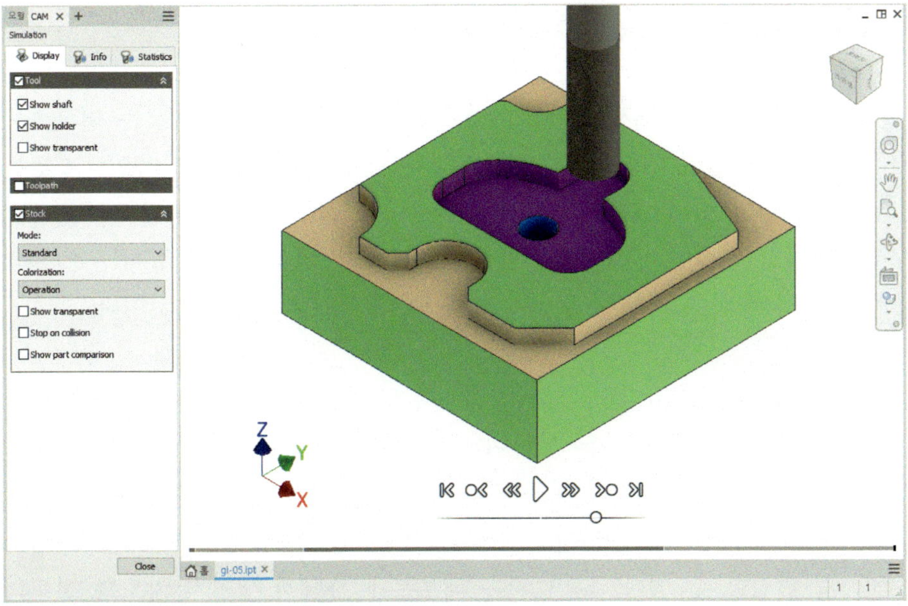
CAM
Simulation
Display
Info
Statistics
Tool
Show shaft
Show holder
Show transparent
Toolpath
Stock
Mode:
Standard
Colorization:
Operation
Show transparent
Stop on collision
Show part comparison
Close
gl-05.ipt
Z
Y
X

STEP 12 인벤터 캠 NC 코드 생성

CAM 작업한 내용을 CNC 기계에서 사용하는 NC 코드로 변환하기 위해서는 변환하는 방식을 알려주는 Post 파일이 필요한데 인벤터 캠에서는 각 기계별로 사용할 수 있는 파일들이 C:₩Users₩Public₩Documents₩Autodesk₩Inventor CAM 2025₩Posts에 있다. 우리나라의 산업현장과 교육환경에서 가장 많이 쓰이는 NC 장치는 일본의 FANUC(화낙)이며 이 장비에 맞추어 쓸 수 있는 Post 파일은 fanuc.cps이다.

이 포스트 파일에 의한 NC 코드는 대부분의 기계에서 문제없이 작동되지만 시뮬레이터에서 검증하는 과정에서 문제가 일어나는 부분이 있어 약간의 수정이 필요하다. 인벤터와 인벤터 캠의 제작사인 오토데스크는 이 포스트 파일을 수정할 수 있도록 지원하고 있으며 아래의 그림처럼 Visual Studio Code에 Autodesk Fusion Post Processor Utility를 설치하면 수월하게 편집할 수 있다. 다만 처음 배우는데 부담이 생기지 않도록 별도의 수정 없이 최대한 간단한 방법으로 설명하고자 한다.

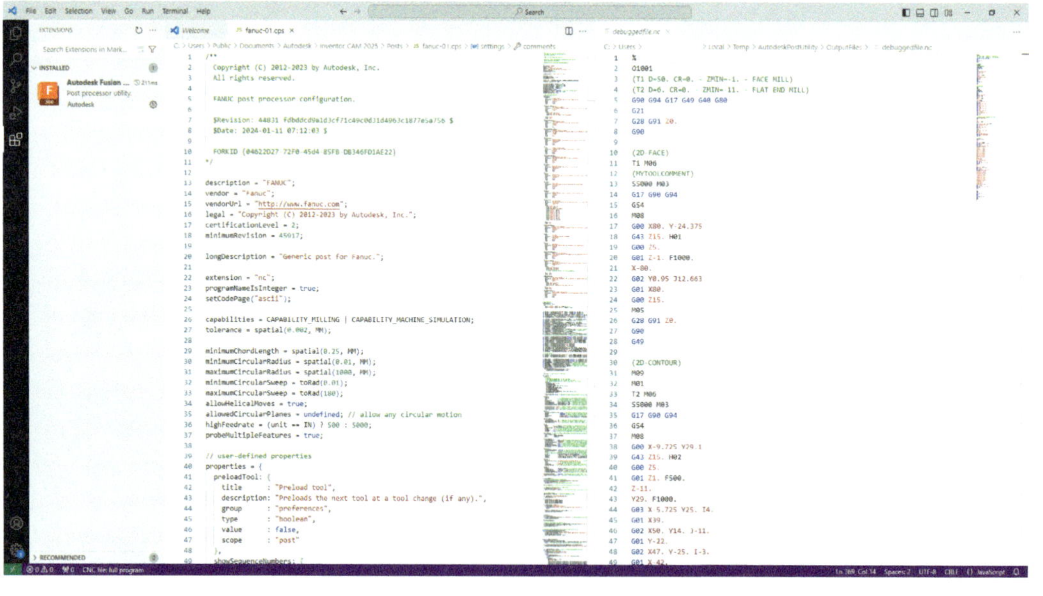

1.

리본 〉 CAM 〉 Toolpath 〉 Post Process 명령을 클릭한다.

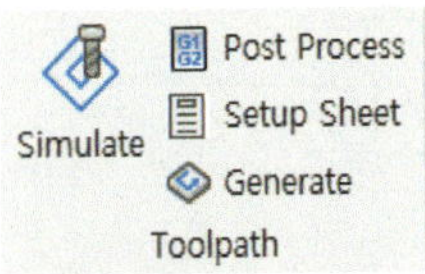

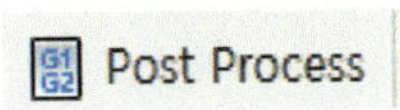

2.

Post Process 대화상자가 나타난다. 여기서 Post Configuration에서 FANUC / fanuc (FANUC / fanuc)를 선택한다.

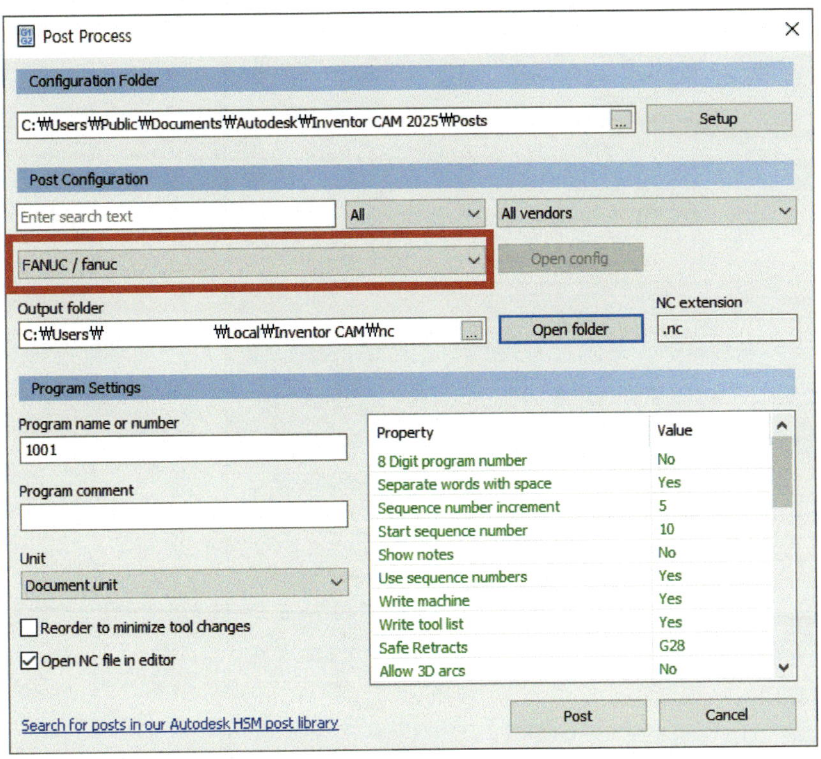

3.

Output folder를 부품파일을 저장한 위치로 변경한다.

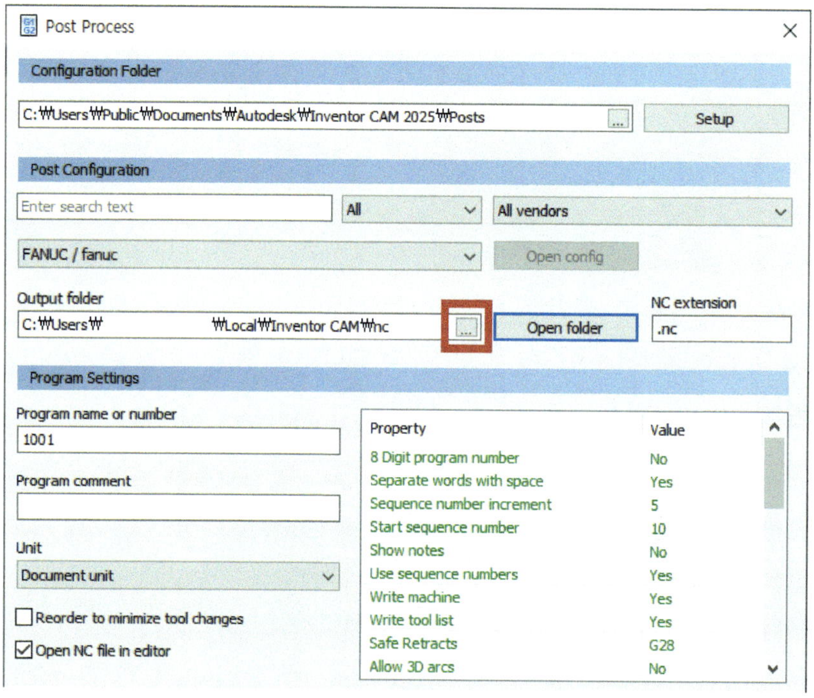

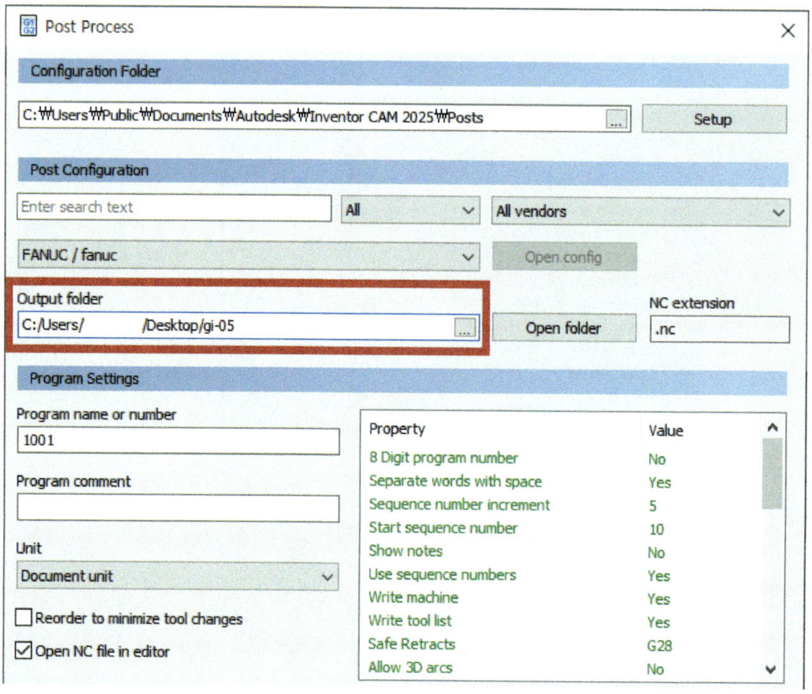

4.

Post Process 대화상자의 우측 하단에 옵션을 바꾸어야 한다. 우선 Use sequence numbers를 Yes에서 No로 변경한다.

Property	Value
8 Digit program number	No
Separate words with space	Yes
Sequence number increment	5
Start sequence number	10
Show notes	No
Use sequence numbers	**No**
Write machine	Yes
Write tool list	Yes
Safe Retracts	G28
Allow 3D arcs	No

5.

Preload tool을 Yes에서 No로 변경한다.

Property	Value
Show notes	No
Use sequence numbers	**No**
Write machine	Yes
Write tool list	Yes
Safe Retracts	G28
Allow 3D arcs	No
Force IJK	No
Optional stop	Yes
Preload tool	**No**
Safe start all operations	No

6.

Post Process 대화상자 아래 [Post] 버튼을 누른다.

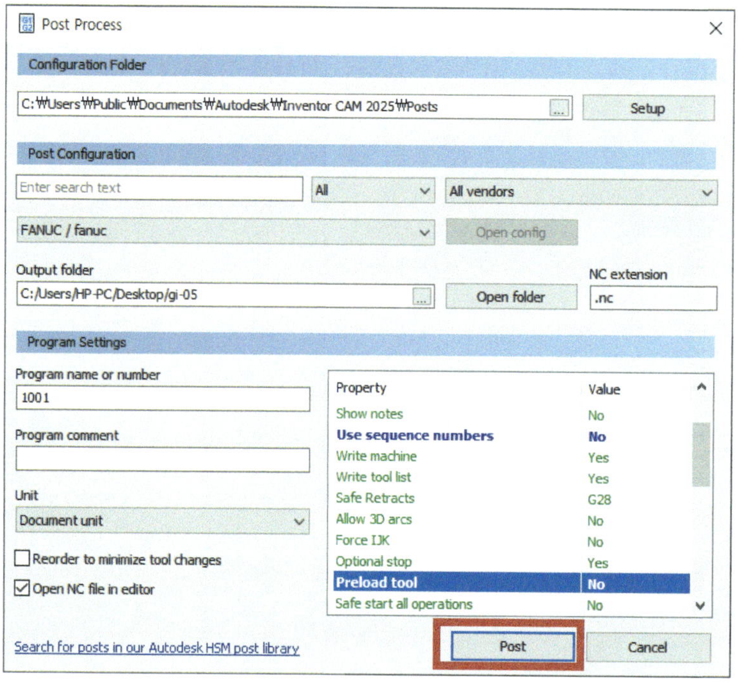

7.

Post Process 대화상자의 기본 세팅이 Open NC file in editor옵션이 체크되어 있으므로 위에처럼 조작하고 NC 코드를 생성하면 Autodesk HSM Edit(CIMCO)에서 NC 코드 파일이 열린다.

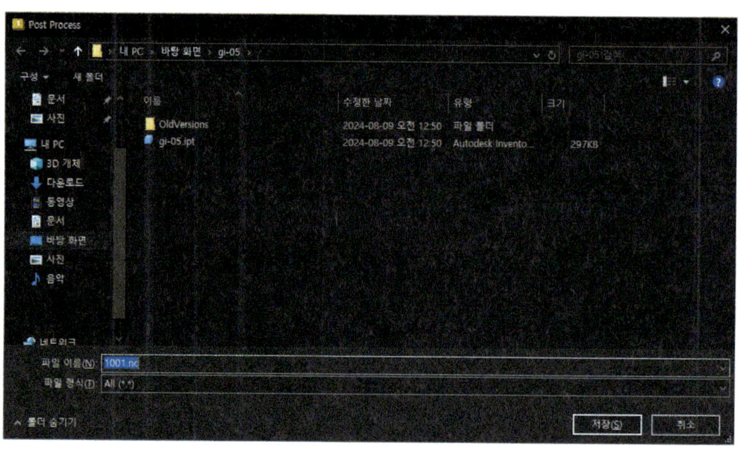

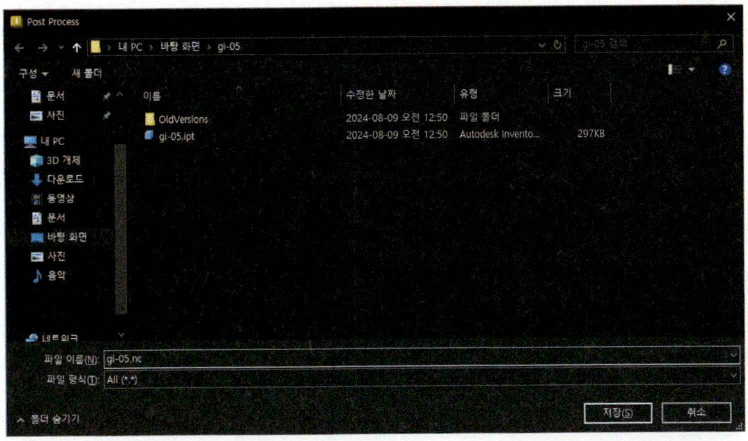
Post Process
내 PC › 바탕 화면 › gi-05
구성 ▾ 새 폴더
이름 수정한 날짜 유형 크기
OldVersions 2024-08-09 오전 12:50 파일 폴더
gi-05.ipt 2024-08-09 오전 12:50 Autodesk Invento... 297KB
문서
사진
내 PC
3D 개체
다운로드
동영상
문서
바탕 화면
사진
음악
네트워크
파일 이름(N): gi-05.nc
파일 형식(T): All (*.*)
폴더 숨기기
저장(S)
취소

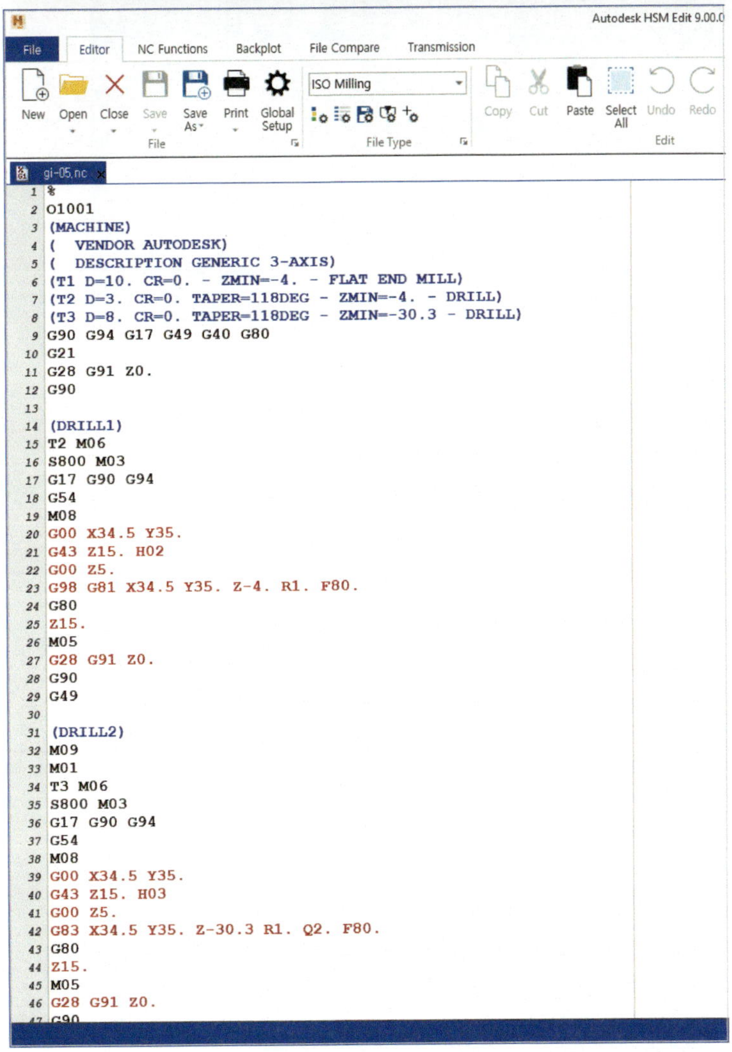
Autodesk HSM Edit 9.00.0
File Editor NC Functions Backplot File Compare Transmission
New Open Close Save Save As Print Global Setup
File
ISO Milling
File Type
Copy Cut Paste Select All Undo Redo
Edit
gi-05.nc
%
O1001
(MACHINE)
(VENDOR AUTODESK)
(DESCRIPTION GENERIC 3-AXIS)
(T1 D=10. CR=0. - ZMIN=-4. - FLAT END MILL)
(T2 D=3. CR=0. TAPER=118DEG - ZMIN=-4. - DRILL)
(T3 D=8. CR=0. TAPER=118DEG - ZMIN=-30.3 - DRILL)
G90 G94 G17 G49 G40 G80
G21
G28 G91 Z0.
G90
(DRILL1)
T2 M06
S800 M03
G17 G90 G94
G54
M08
G00 X34.5 Y35.
G43 Z15. H02
G00 Z5.
G98 G81 X34.5 Y35. Z-4. R1. F80.
G80
Z15.
M05
G28 G91 Z0.
G90
G49
(DRILL2)
M09
M01
T3 M06
S800 M03
G17 G90 G94
G54
M08
G00 X34.5 Y35.
G43 Z15. H03
G00 Z5.
G83 X34.5 Y35. Z-30.3 R1. Q2. F80.
G80
Z15.
M05
G28 G91 Z0.

8.

이렇게 생성된 NC 코드 파일을 여러 기계와 시뮬레이터에서 별다른 수정 없이 사용할 수 있다.

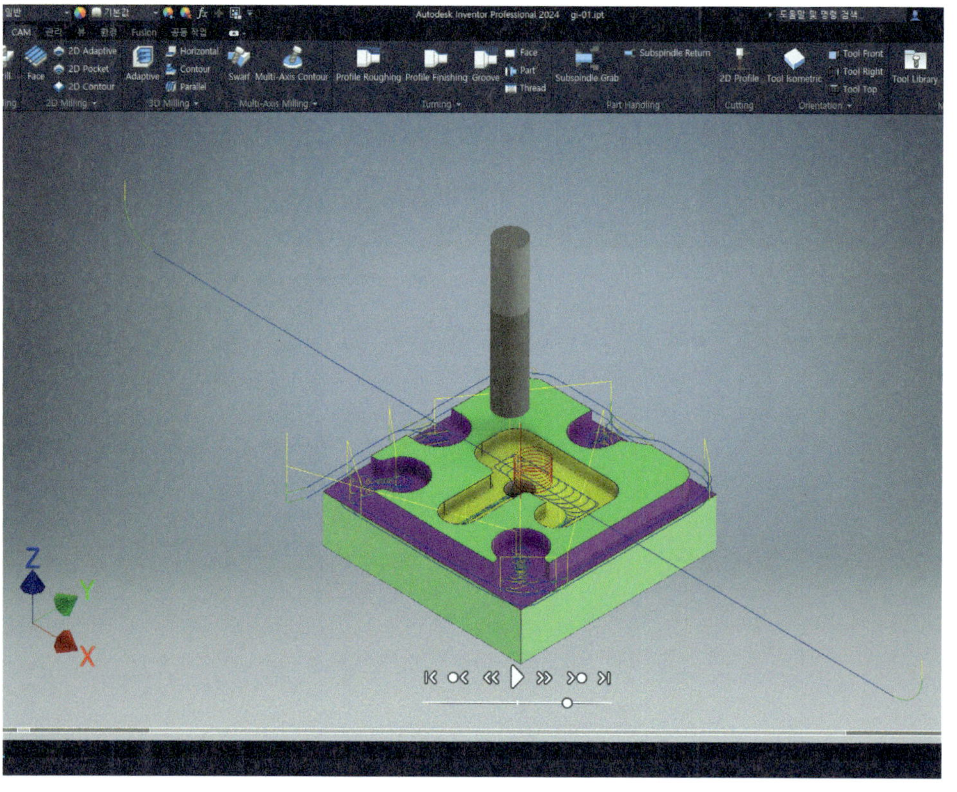

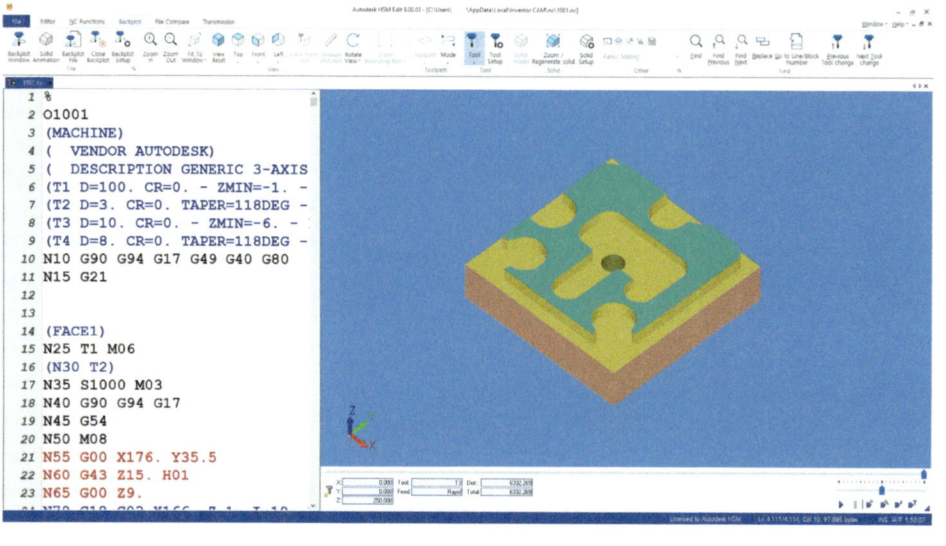

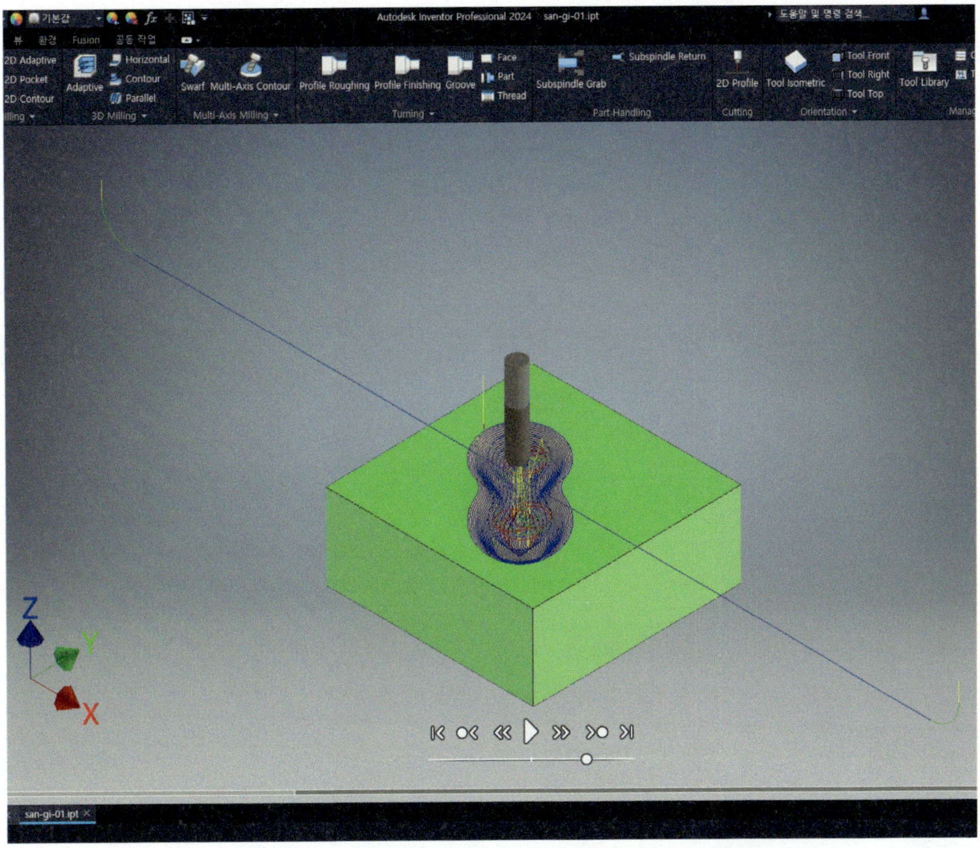

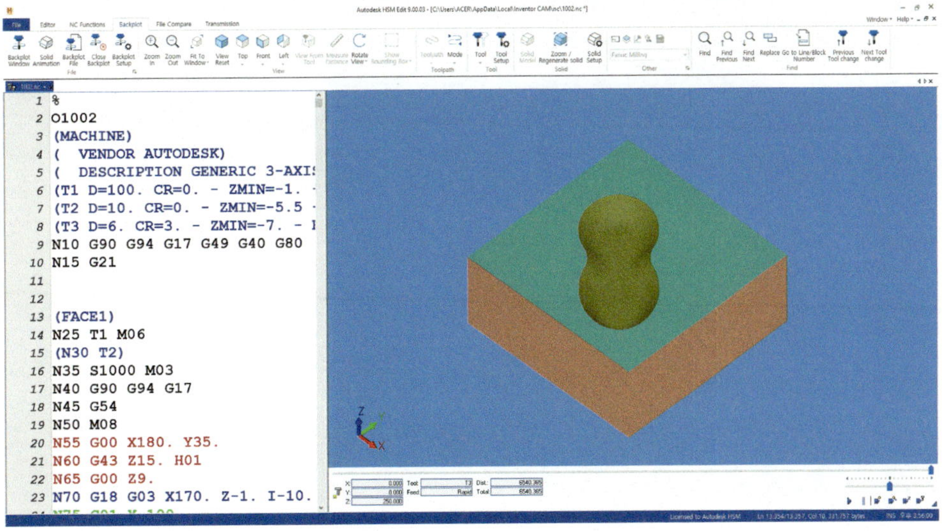

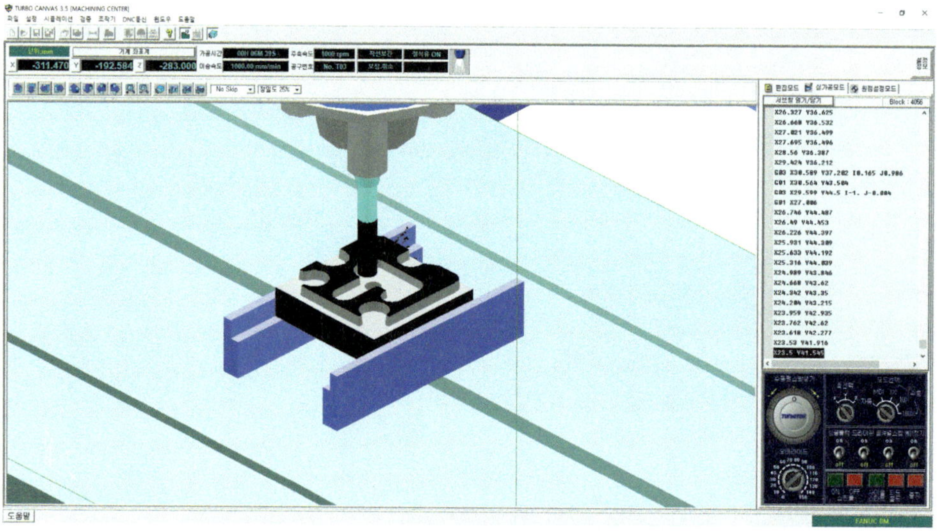

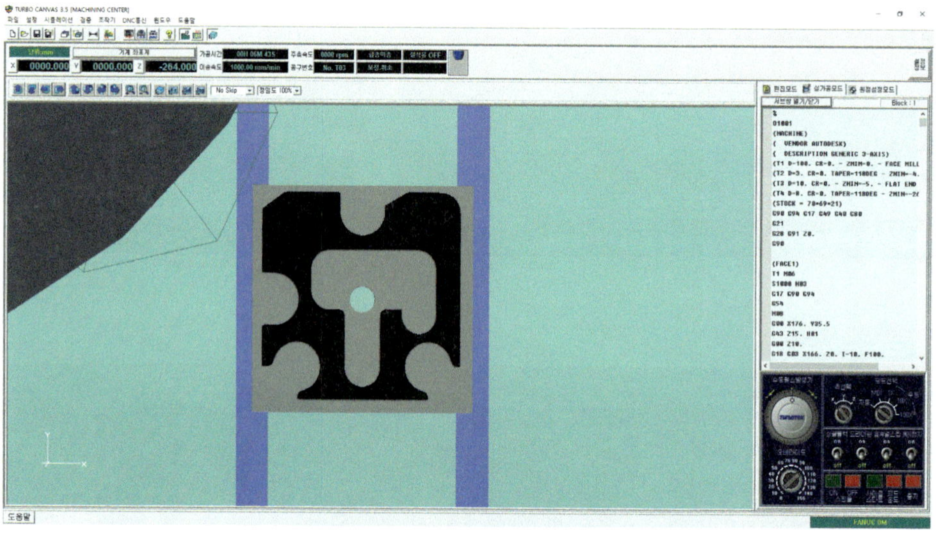

참고

국가기술 자격시험용 NC 코드는 안전상의 이유 등으로 맨 마지막 라인의 프로그램 종료를 보통 M30이 아닌 M2로 한다. 위의 설명 데로 설정하면 출력되는 NC 코드는 맨 마지막 줄에 프로그램 종료를 M30으로 하는데 이를 M2로 바꾸기 위해서는 직접 파일을 메모장 등의 텍스트 에디터로 열어 마지막을 수정하거나 Post Process 대화상자에서 포스트 프로세서가 들어있는 Posts 폴더의 위치에 들어가 fanuc.cps를 텍스트 에디터로 열어 786라인의
writeBlock(mFormat.format(30)); // program end을
writeBlock(mFormat.format(02)); // program end로 변경하면 된다.

STEP 13 Autodesk HSM Edit(CIMCO)를 사용한 경로 검증(기능사)

STEP 12.에서 생성한 NC 코트 파일을 Autodesk HSM Edit(CIMCO)를 사용하여 검증할 수 있다. 또한 산업기사에서 수기 작성한 NC 코드 또한 검증할 수 있다. 여기서는 컴퓨터 응용 가공 밀링 기능사에서 Autodesk HSM Edit(CIMCO)를 사용하여 검증하는 방법을 설명하겠다.

1.

덴마크 CIMCO A/S사의 CIMCO Edit의 버전9가 Autodesk HSM Edit(CIMCO)라는 이름으로 들어가 있다. CIMCO는 컴퓨터 통합 제조(Computer Integrated Manufacturing)를 위한 소프트웨어 및 솔루션을 개발하고 판매하는 회사로서 CNC 편집기, DNC 소프트웨어, 제조 데이터 수집, 생산 데이터 관리 등의 산업현장에서 많이 쓰는 소프트웨어를 만드는 유명한 회사이다.

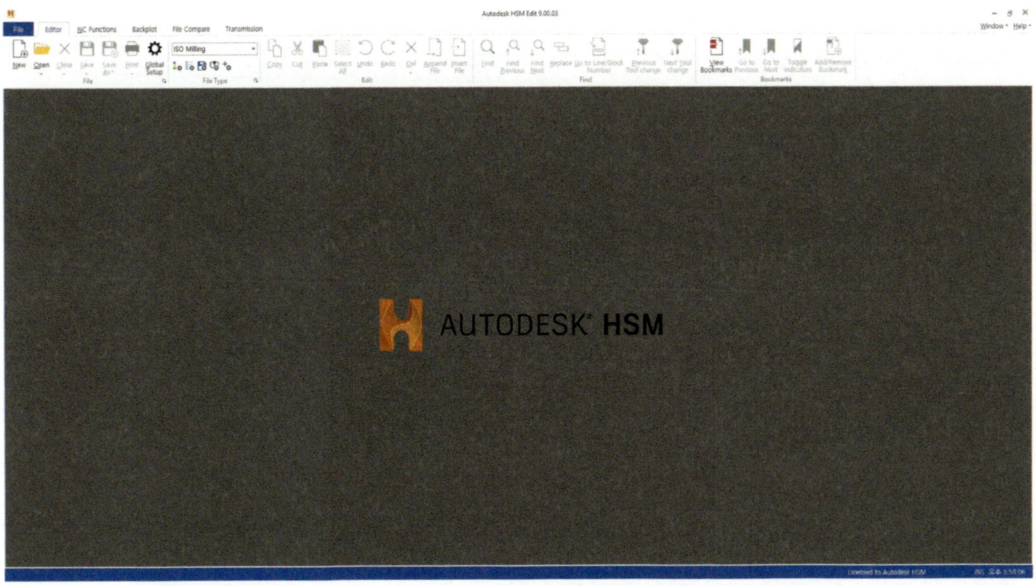

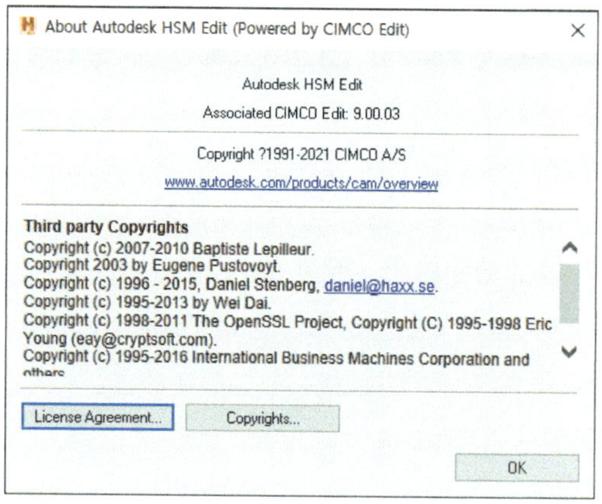

2.

이 프로그램은 포스트 프로세서를 통해 NC 코드를 생성할 때 기본 설정으로 하여 만들면 자동으로 열리지만 이후에 다시 사용하려면 윈도우의 시작버튼을 누르고 메뉴 상에 들어가 보면 아이콘이 생성되어 있지 않다. 그래서 프로그램이 있는 폴더를 찾아 바탕화면에 바로 가기를 만들어주면 자주 사용할 때 편하다. 프로그램이 설치된 위치는 C:\Program Files\Autodesk\Inventor CAM 2025\editor\AutodeskHSMEdit.exe이다.

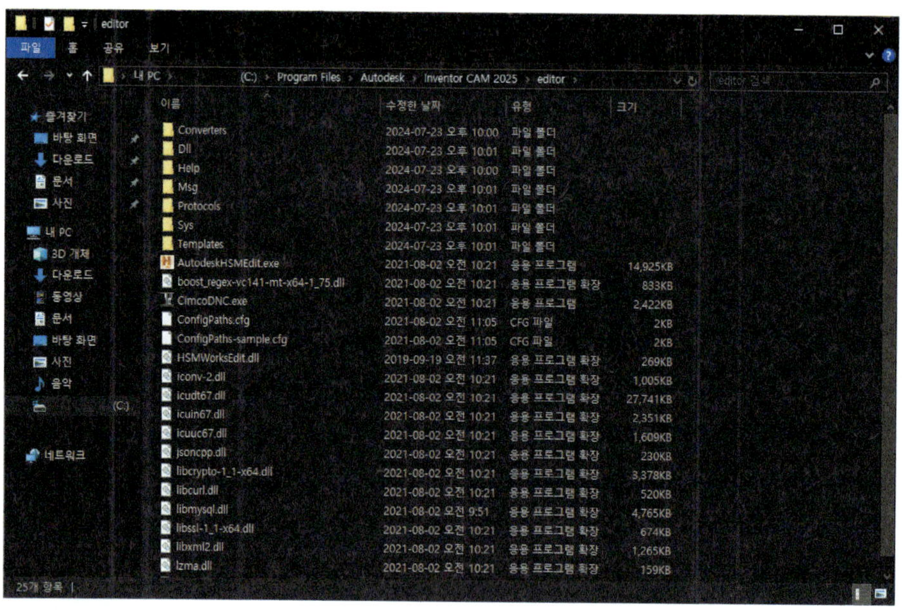

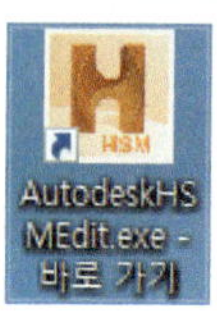

3.

앞서 작성한 gi-05.nc 파일을 불러온다.

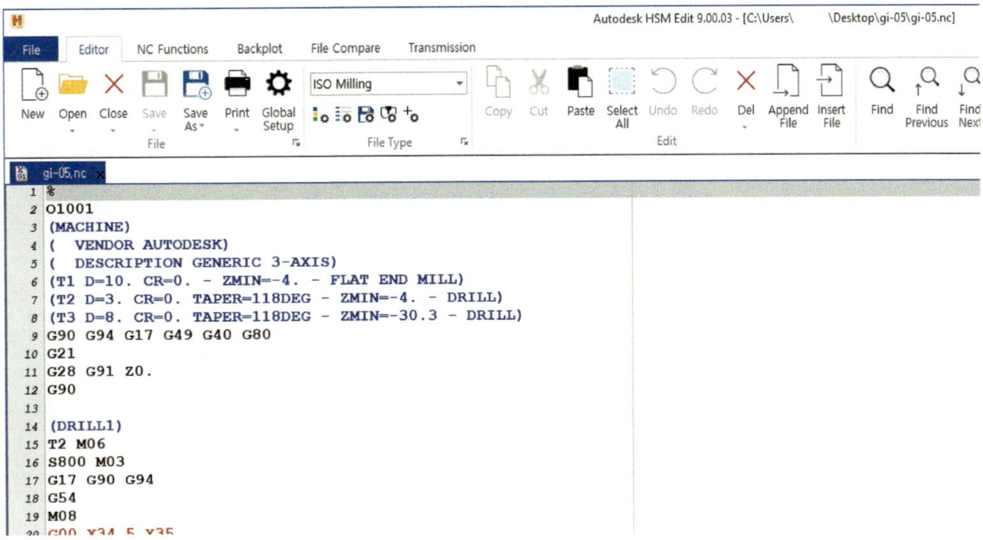

4.

작업 중의 편의를 위해 다음과 같이 주석 문을 넣는다(선택사항임).
(75*75*T25—69*70*T23)

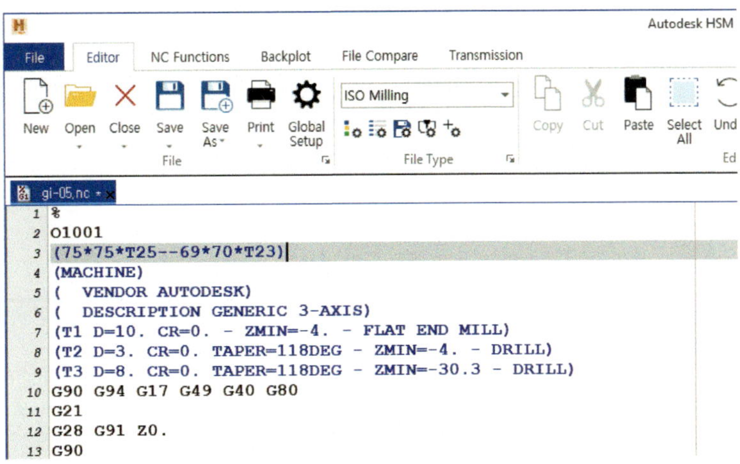

5.

리본 〉 Editor 〉 File Type 〉 File Type에 ISO Milling인지 확인하고 Backplot 탭으로 넘어간다.

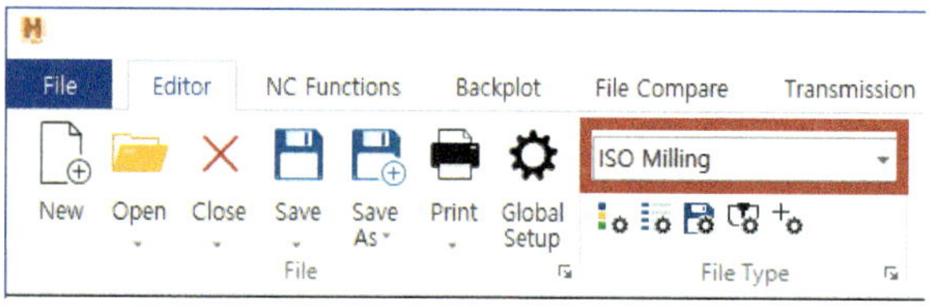

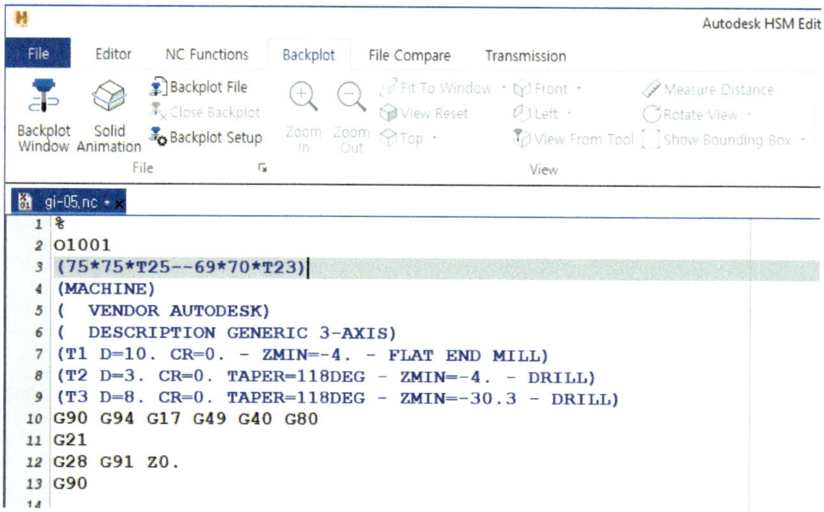

6.

File 패널의 Backplot Window 명령을 선택하여 전체 공구경로를 확인한 다음 Solid Animation 명령을 클릭한다.

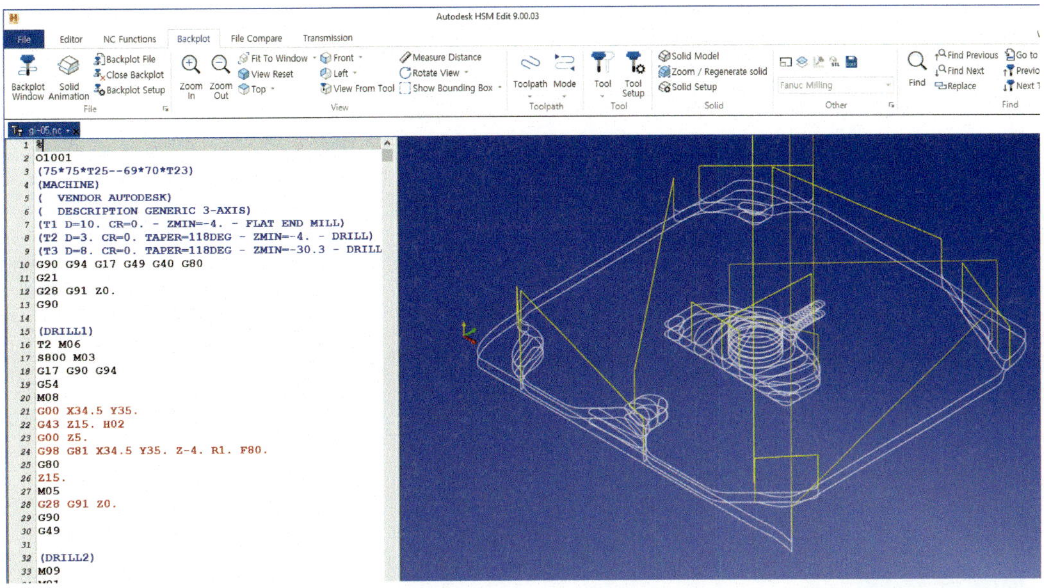

Solid Animation

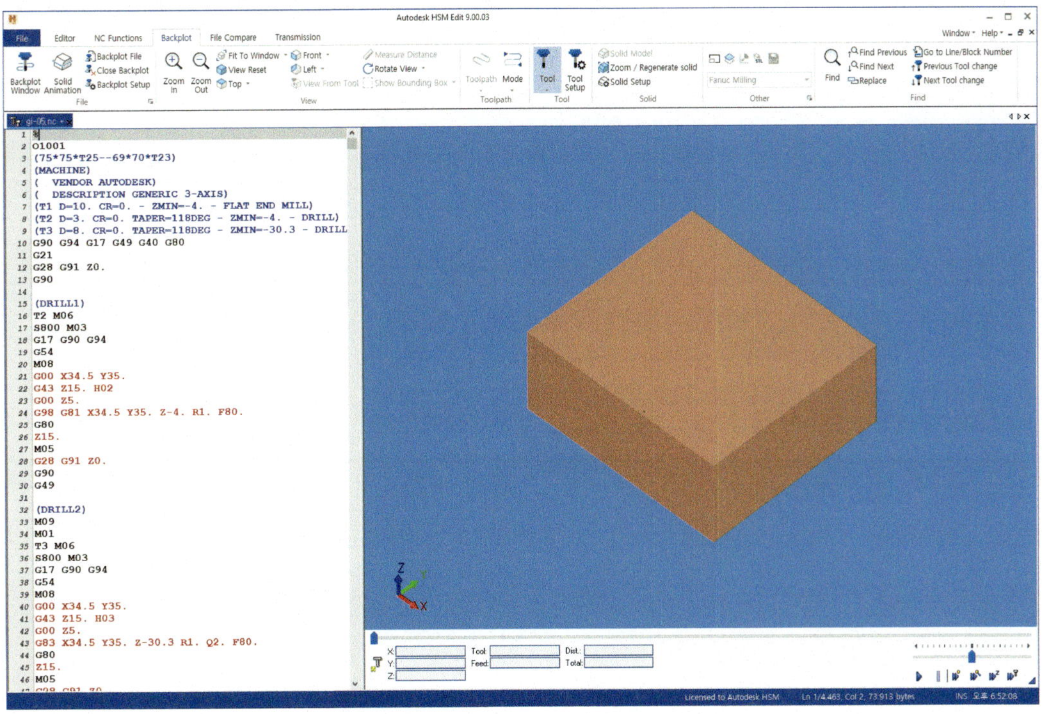

7.

Tool 패널의 Tool Setup 명령을 클릭한다. Tool Setup 대화상자가 나타난다.

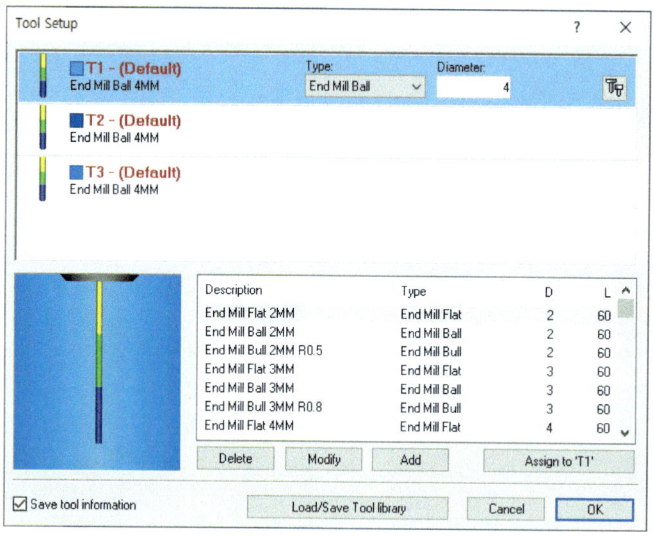

8.

다음과 같이 수정하고 대화상자 우측 하단에 있는 [OK] 버튼을 누른다.

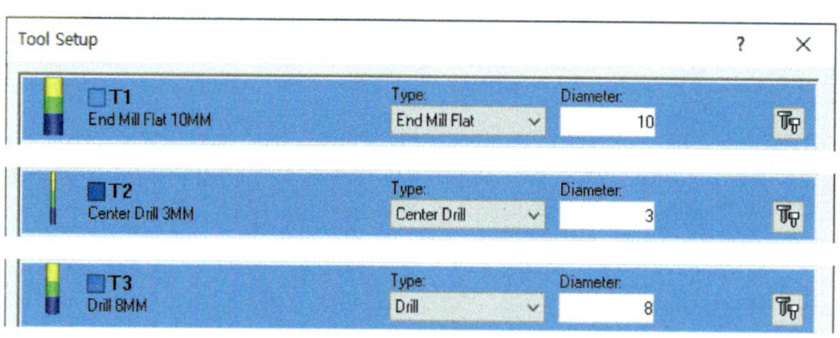

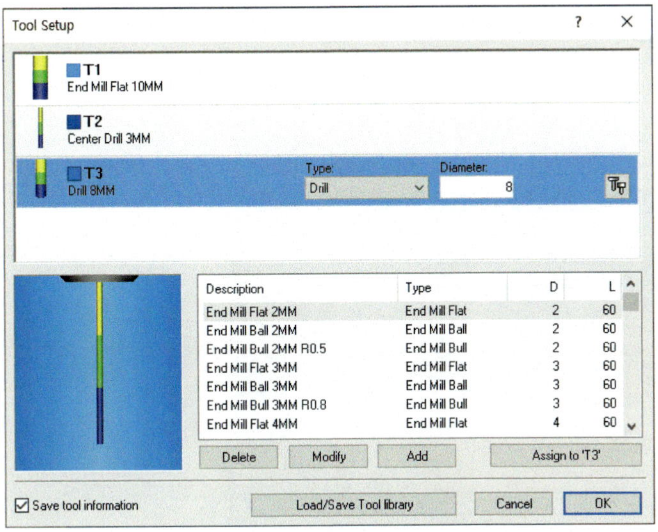

9.

Solid 패널의 Solid Setup 명령을 실행하면 Solid Setup 대화상자가 나타난다. 아래와 같이 설정하고 [OK] 버튼을 누른다.

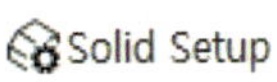

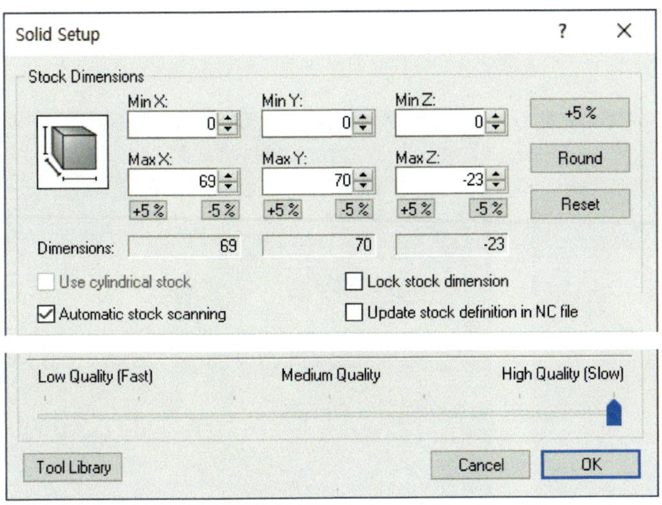

10.

우측 하단의 Start / stop simulation 버튼(▶)을 누르면 시뮬레이션이 시작된다. 세부적인 치수가 맞는지는 인벤터의 검사 탭의 측정 패널에 있는 측정 명령을 사용하여 체크한다.

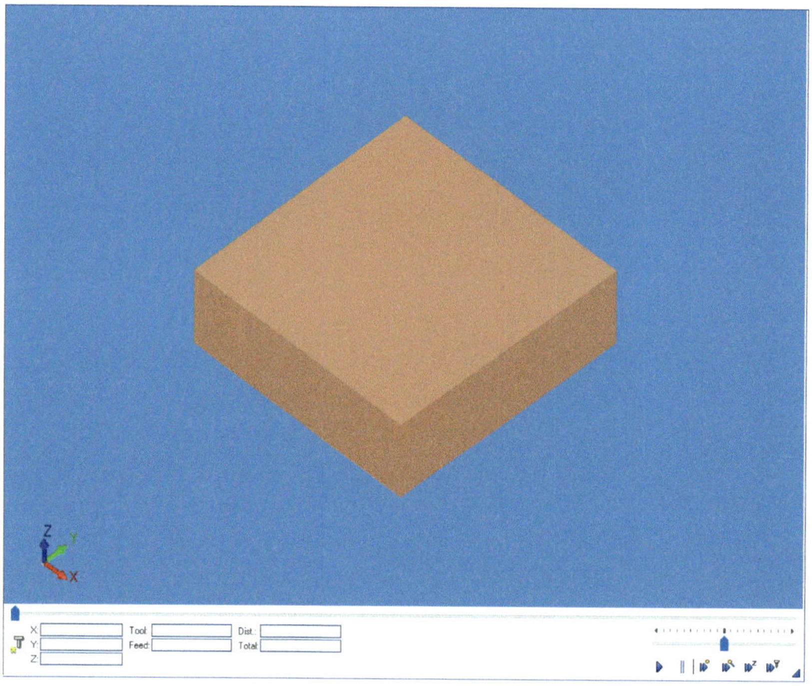

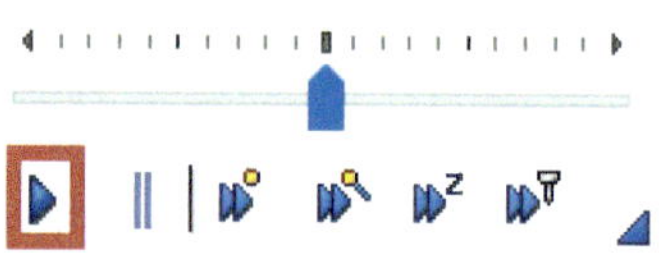

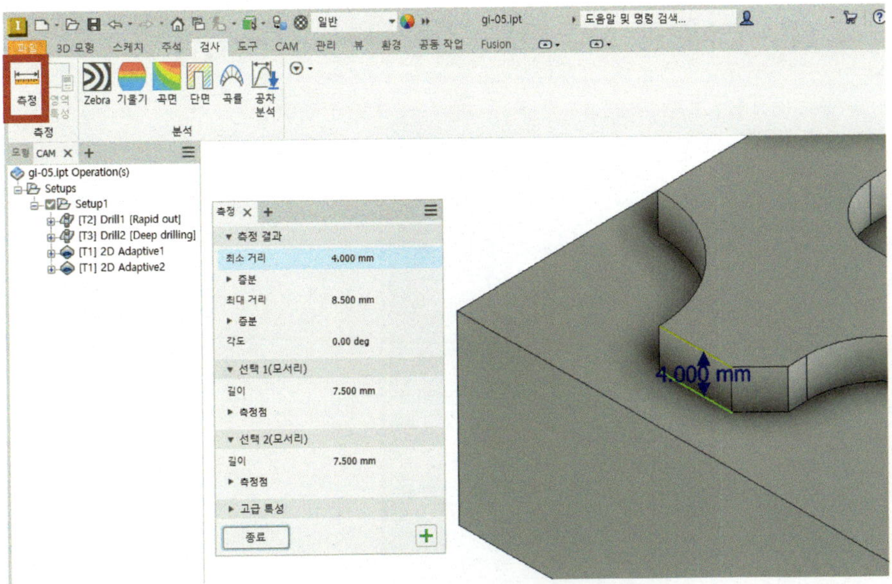

11.

검증이 문제없이 끝났으면 CNC 장비에 USB 또는 CF 메모리로 NC 코드를 입력하거나 컴퓨터에서 DNC로 CNC 장비에 보낸다.

STEP 14 GV-CNC로 NC 코드 검증하기(머시닝센터2.5D 및 3D)

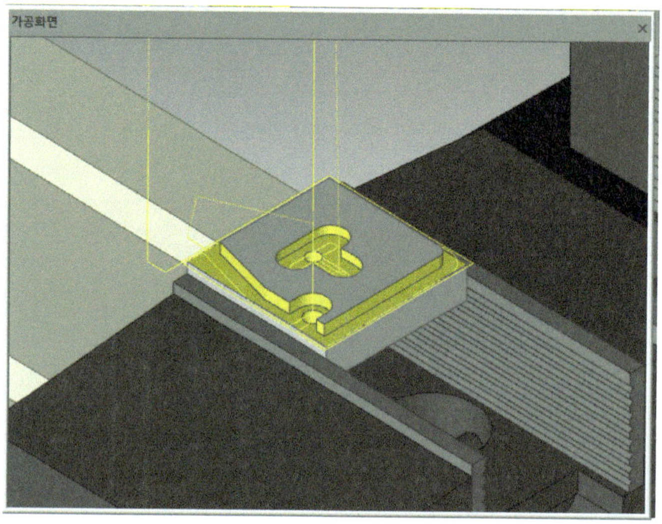

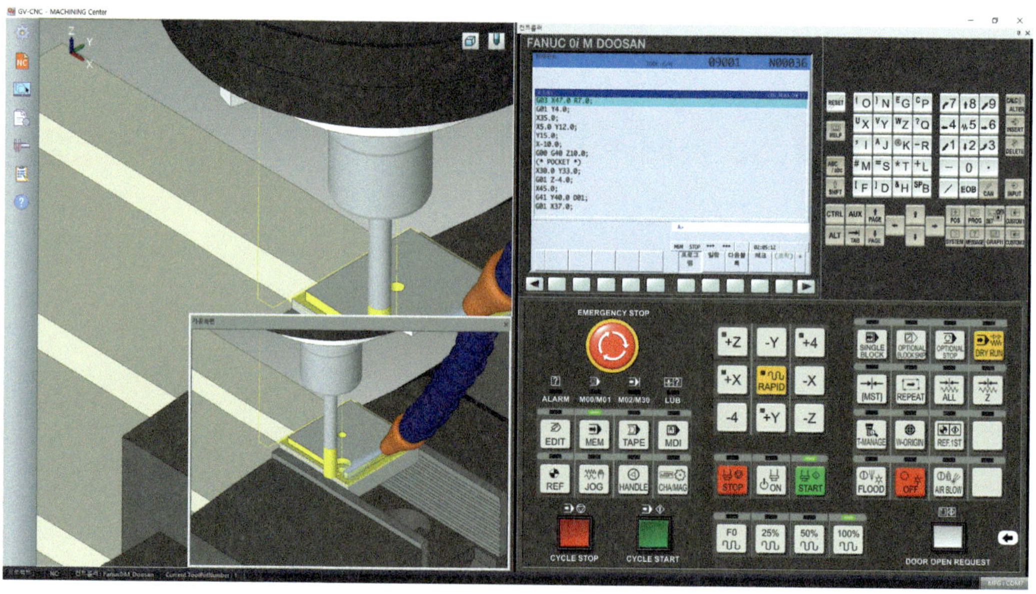

1.

GV-CNC를 실행시킨다.

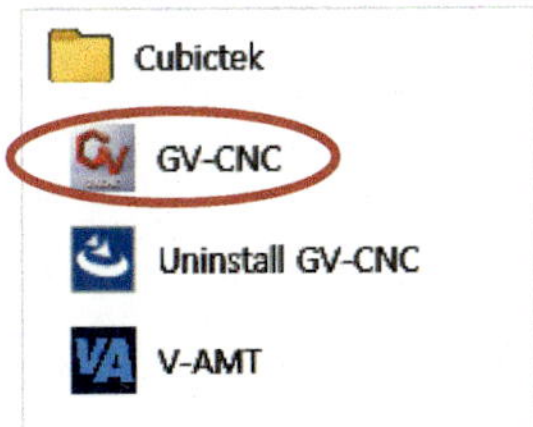

2.

NC Editor을 실행시킨다.

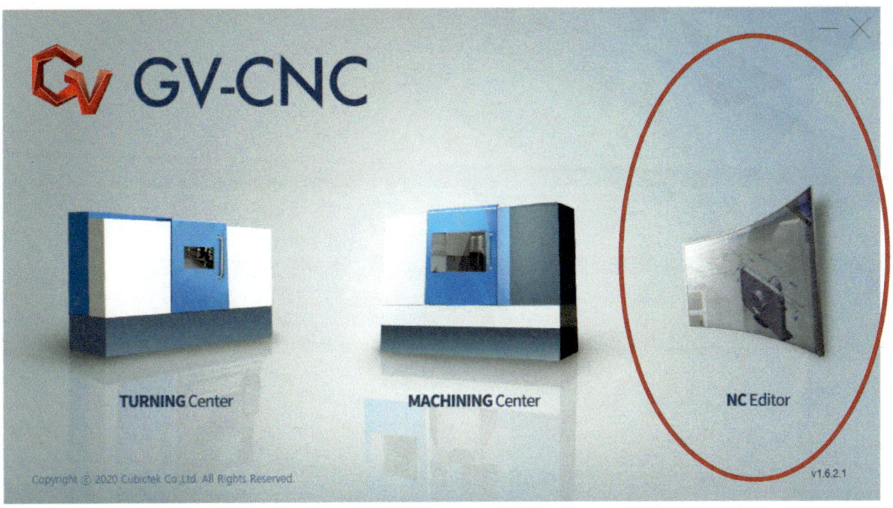

3.

Fanuc과 Milling을 선택하고 확인을 누른다.

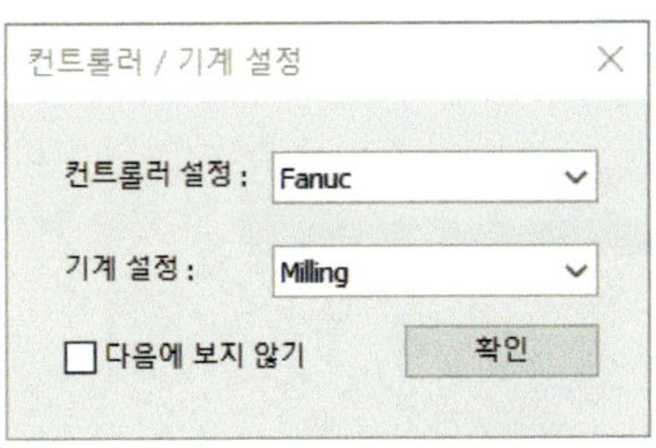

4.

NC 열기를 클릭하여 작업할 NC 코드를 불러온다.

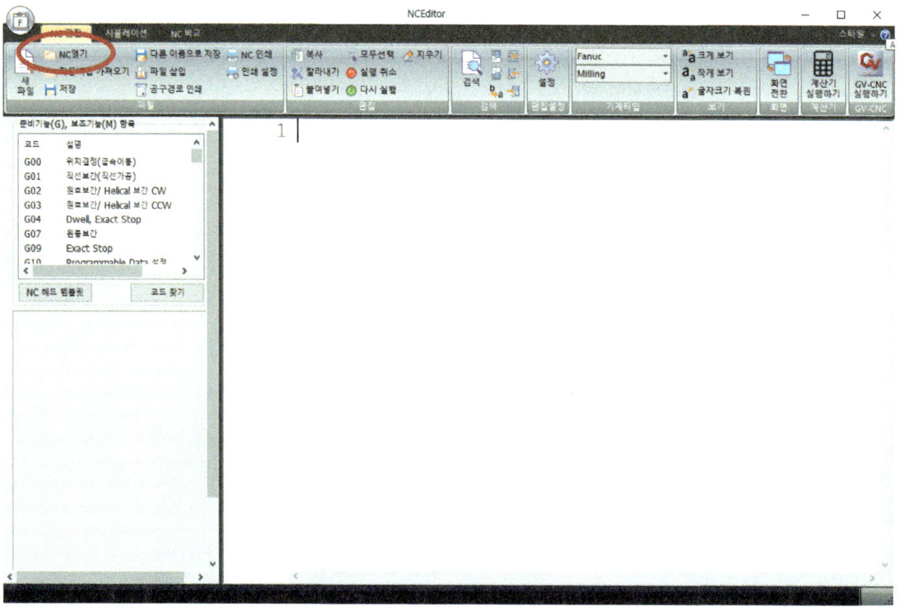

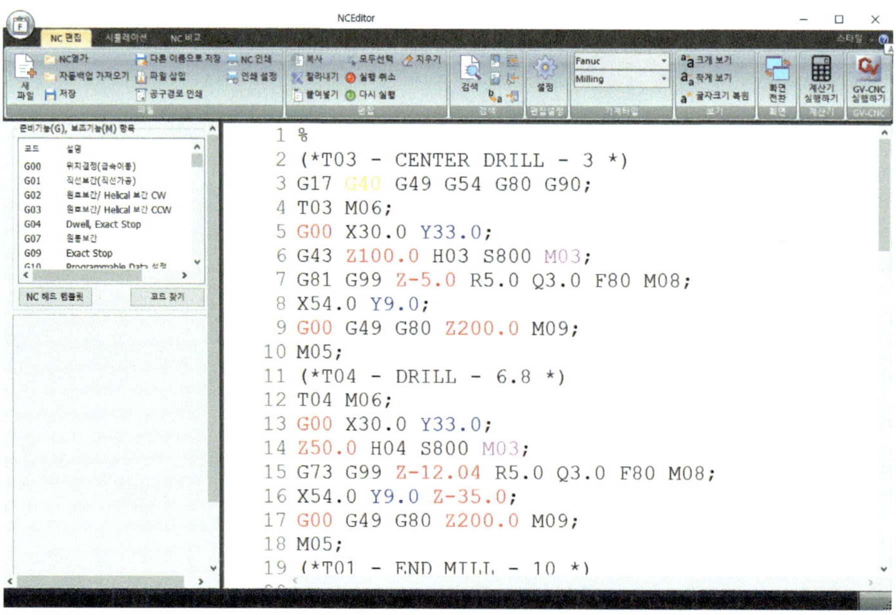

5.

GV-CNC 실행하기를 클릭한다. GV-CNC가 실행되며 NC Editor에 있던 NC 코드가 시뮬레이터안의 기계에 입력되어 있다.

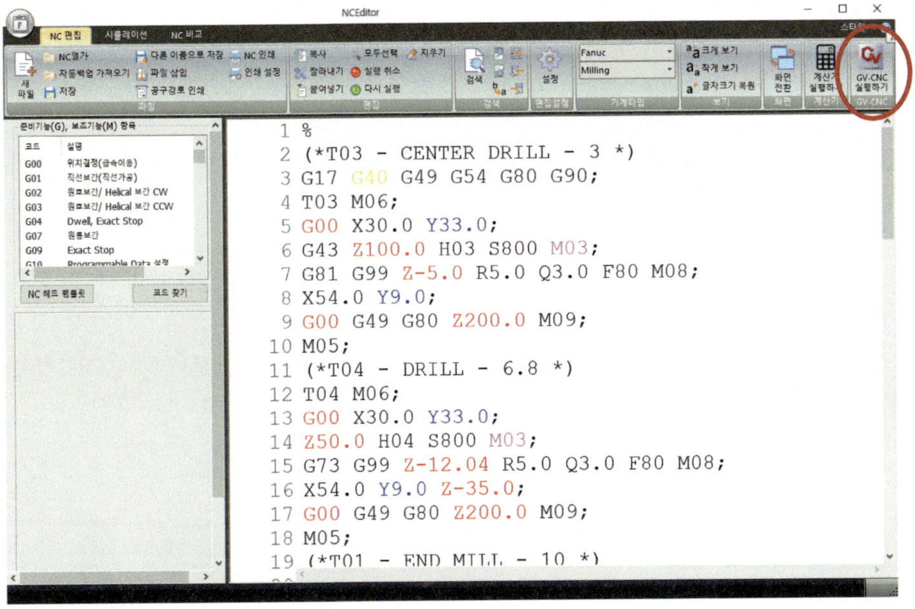

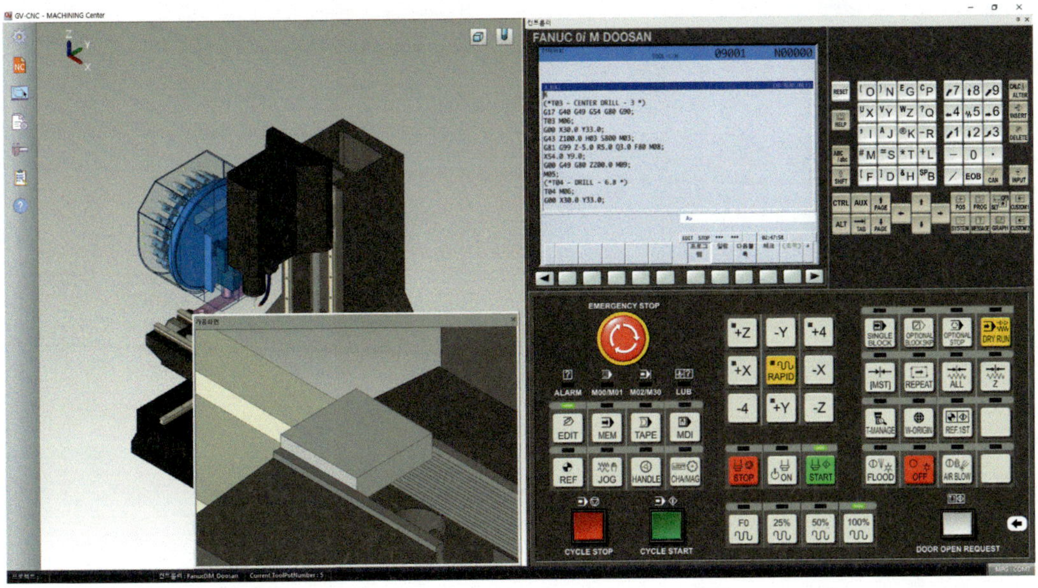

6.

소재와 공구의 세팅을 위해 좌측 상단의 설정을 클릭하고 기계설정으로 들어간다.

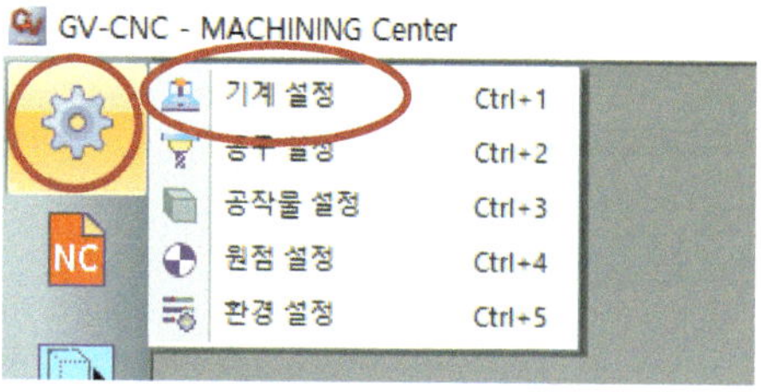

7.

기계설정은 별다른 수정사항 없이 바로 아래에 있는 공구설정으로 넘어간다. 자기가 사용하는 컨트롤러와 맞추어도 되나 큰 차이는 없다. 수기가공의 하는 경우에는 EOB 분법 체크를 선택하는 것이 좋다.

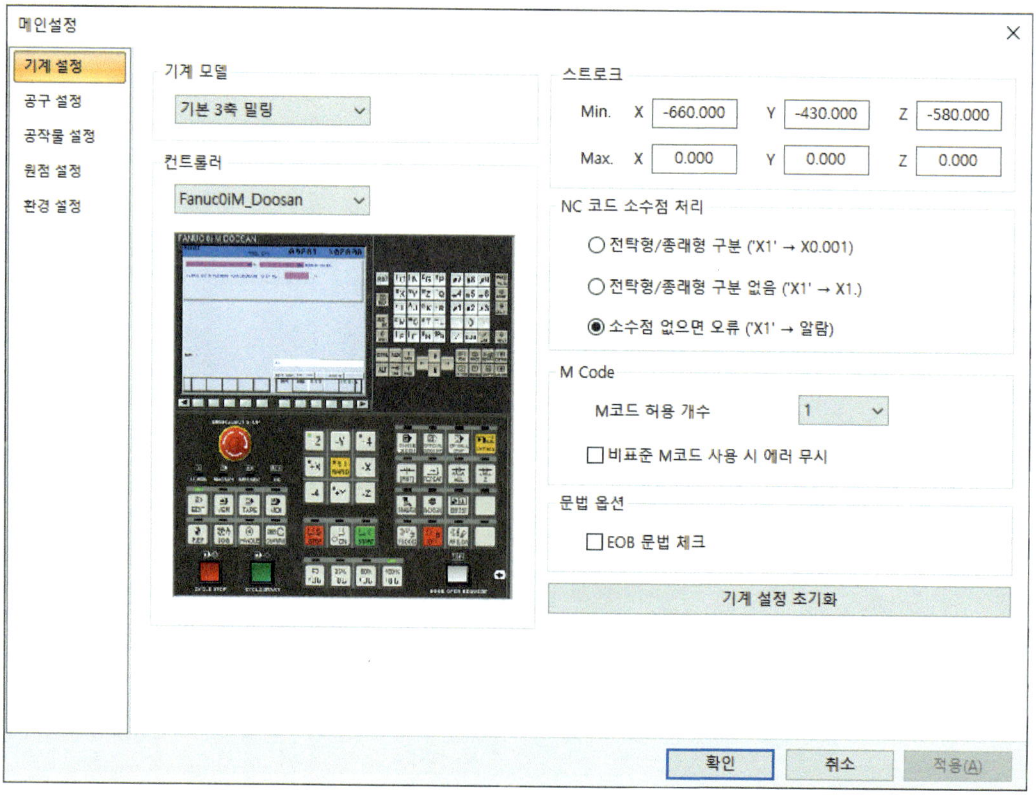

8.

각 시험장에 맞추어 공구를 배치한다. 여기서는 공구번호 1번부터 5번까지의 공구를 아래와 같이 배치하였다. 원하는 번호에 다른 공구가 있으면 아래 제거 버튼을 눌러서 공구를 제거한 뒤 아무것도 없는 공구번호에 가면 공구를 선택할 수 있다. 모든 공구의 오른쪽 공구 정보는 날 직경(TD, 실기시험의 요구사항 참고)만 아래와 같이 변경하고 나머지는 수정할 필요가 없다. 기능사 실기에서 드릴은 직경 8mm이므로 아래 그림에서 4번 공구의 직경 값을 8로 변경한다. 공작물 설정으로 넘어간다.

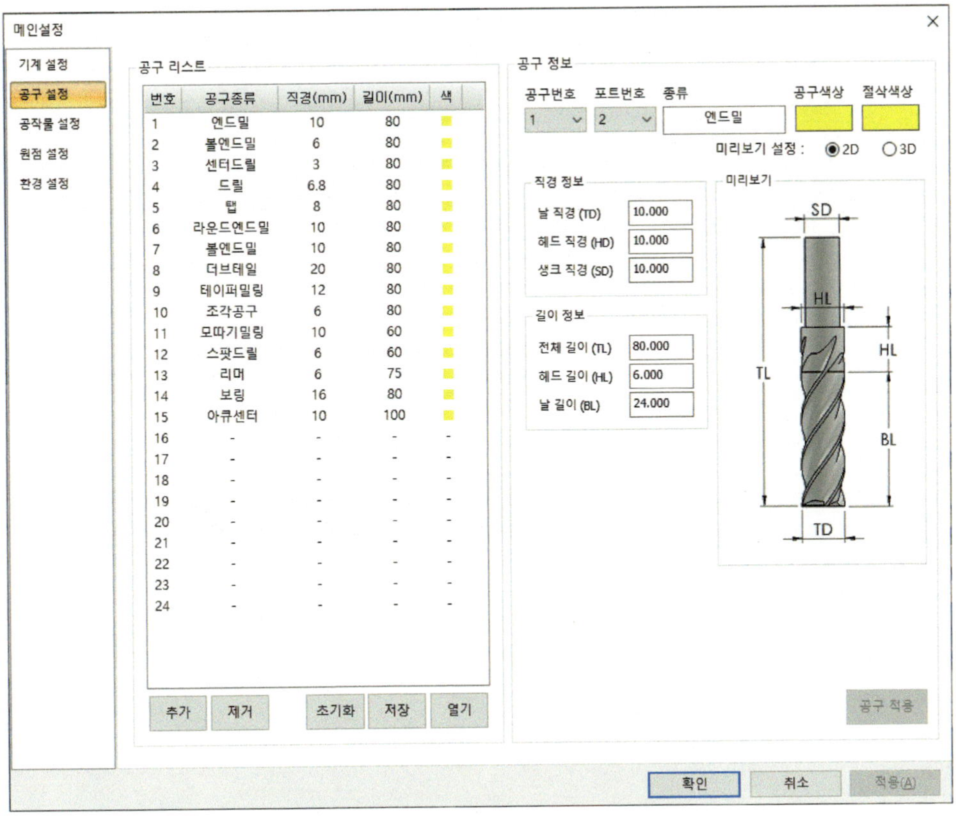

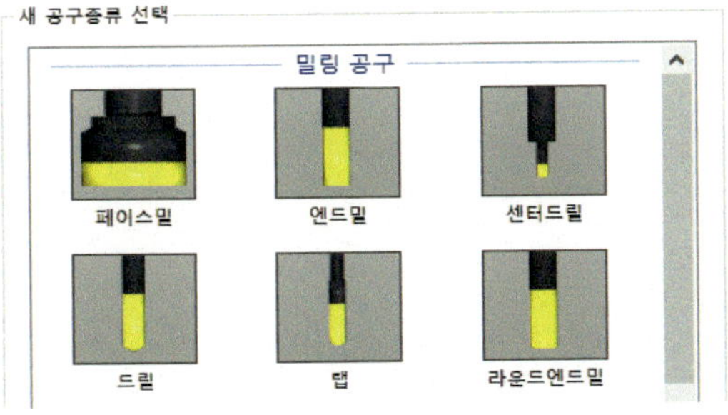

9.

공작물 설정에서 공작물 크기는 직육면체가 기본 값으로 선택되어 있다. 이대로 사용한다. 공작물의 치수를 입력할 때는 각 공개문제 도면에 있는 외곽 치수를 넣어준다. 기능사는 70(X)×69(Y)×21(Z) 등으로 입력하고, 산업기사는 70×70×28로 입력한다. 입력을 마친 뒤 [생성] 버튼을 누르고 원점 설정으로 넘어간다.

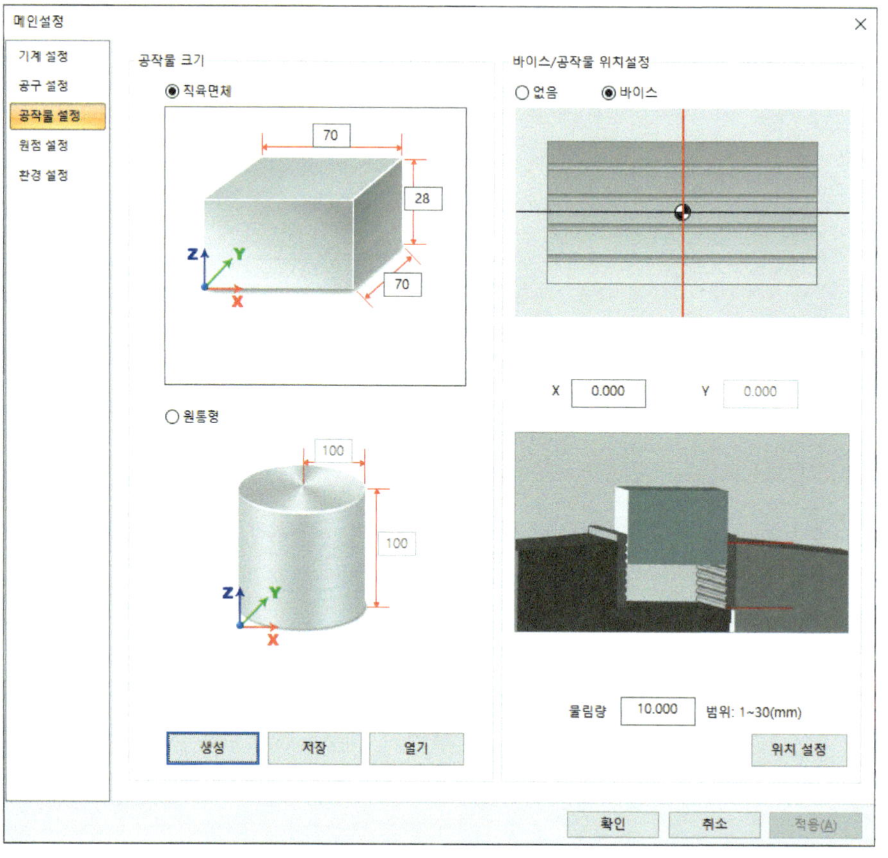

10.

원점 설정에서 공작물 위 5개의 점 중에 왼쪽 아래에 있는 점을 아래 그림을 참고하여 클릭한다. 그 밑에 있는 기준공구가 제대로 선택되어 있는지 확인하고 그 아래에 있는 [값 복사] 버튼을 클릭한다. 이로서 모든 설정이 다 끝나서 메인설정 창의 맨 아래에 있는 [확인] 버튼을 클릭하고 창을 닫는다.

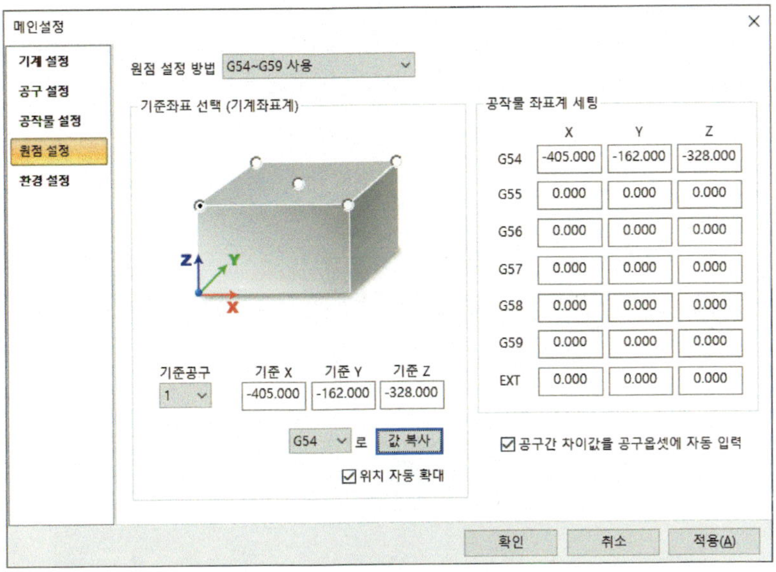

11.

모드를 [MEM]으로 변경하고 [CYCLE START] 버튼을 클릭한다.

12.

가공이 시작되고 시뮬레이션 되는 과정을 보며 문제가 없는지 확인한다. 문제가 없으면 실제 기계에서의 가공으로 넘어간다.

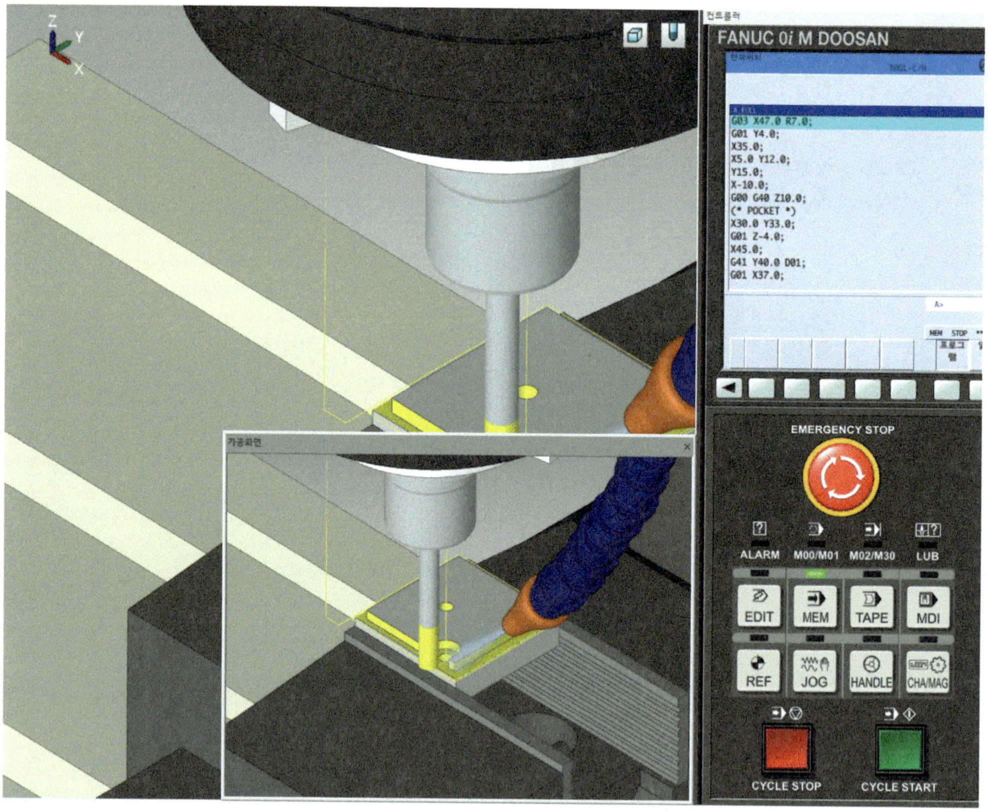

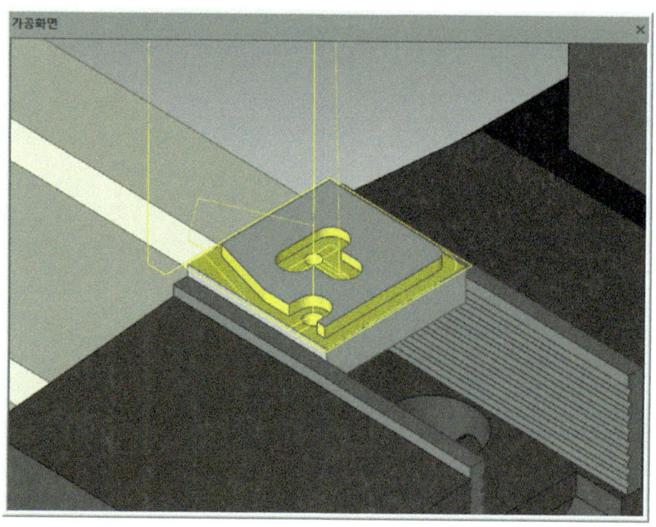

CHAPTER 4

인벤터 캠으로 NC코드 생성하기 - 머시닝센터 3D

INVENTOR
CAM

STEP 15 컴퓨터 응용 가공 산업 기사/기능장 모델링 (공개 문제 1번)

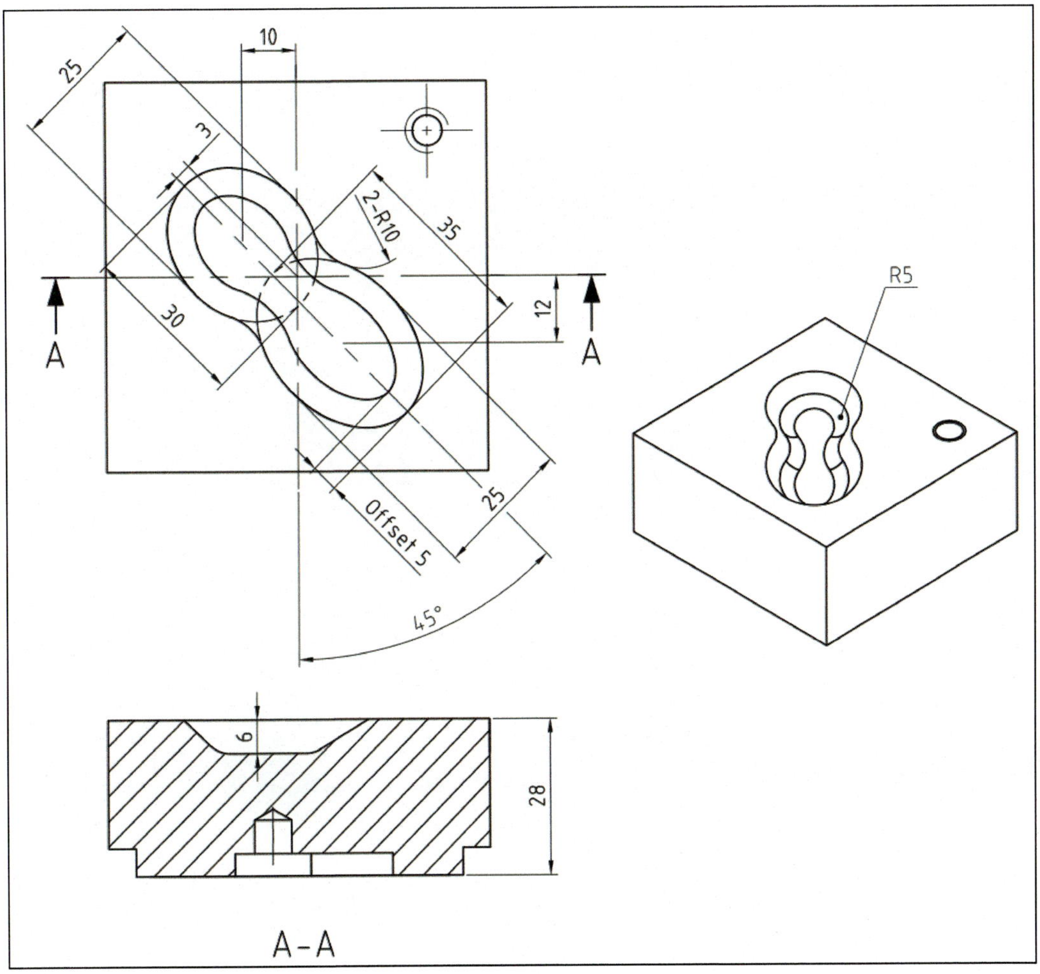

1.

프로그램 화면 맨 위의 왼쪽에 있는 신속 접근 도구막대에서 새로 만들기(Ctrl+N)를 누르고 Standard.ipt를 선택한다.

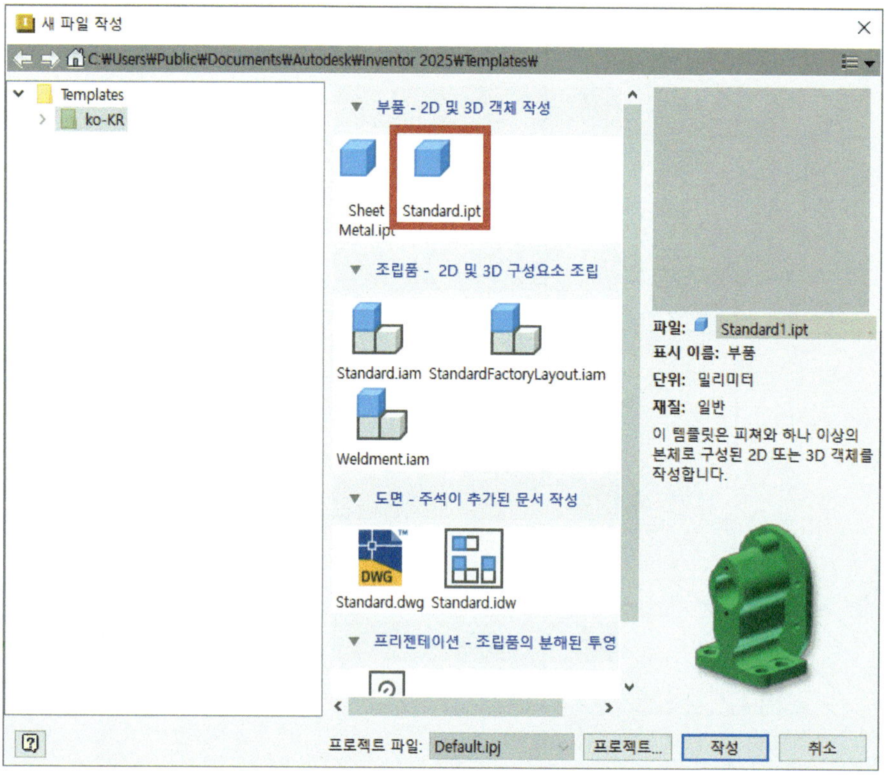

2.

리본 〉 도구 〉 옵션 〉 문서 설정을 누르면 문서 설정 대화상자가 나타난다. 단위 탭에 들어가 길이가 밀리미터인지 확인한다. 확인했으면 아래 [닫기] 버튼을 누른다.

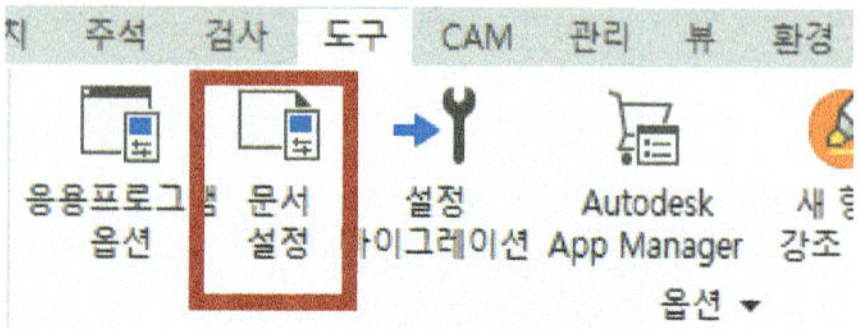

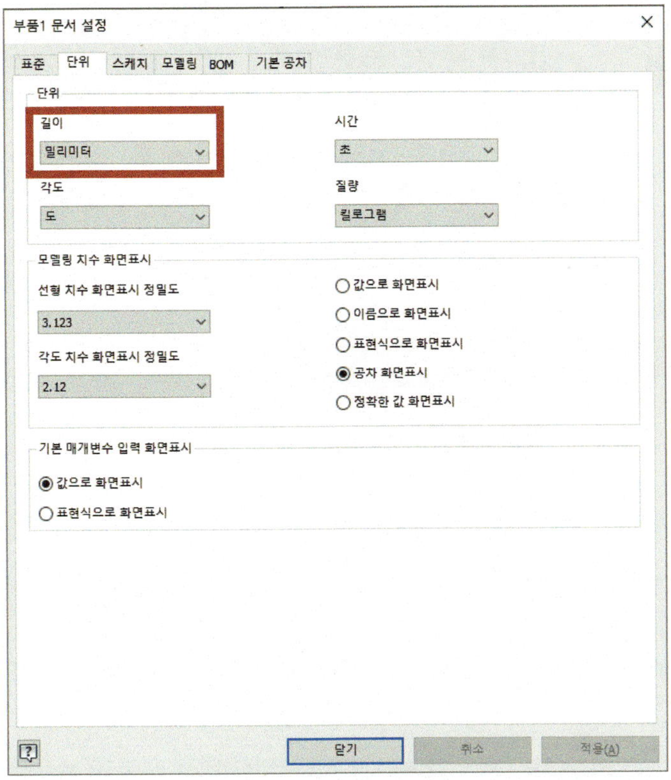

3.

리본 〉 3D 모형 〉 스케치 〉 2D 스케치 시작을 누르고 그래픽 창에서 XY평면을 선택한다.

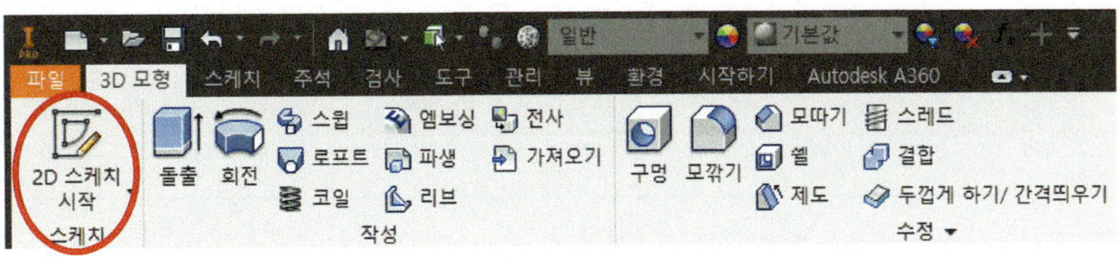

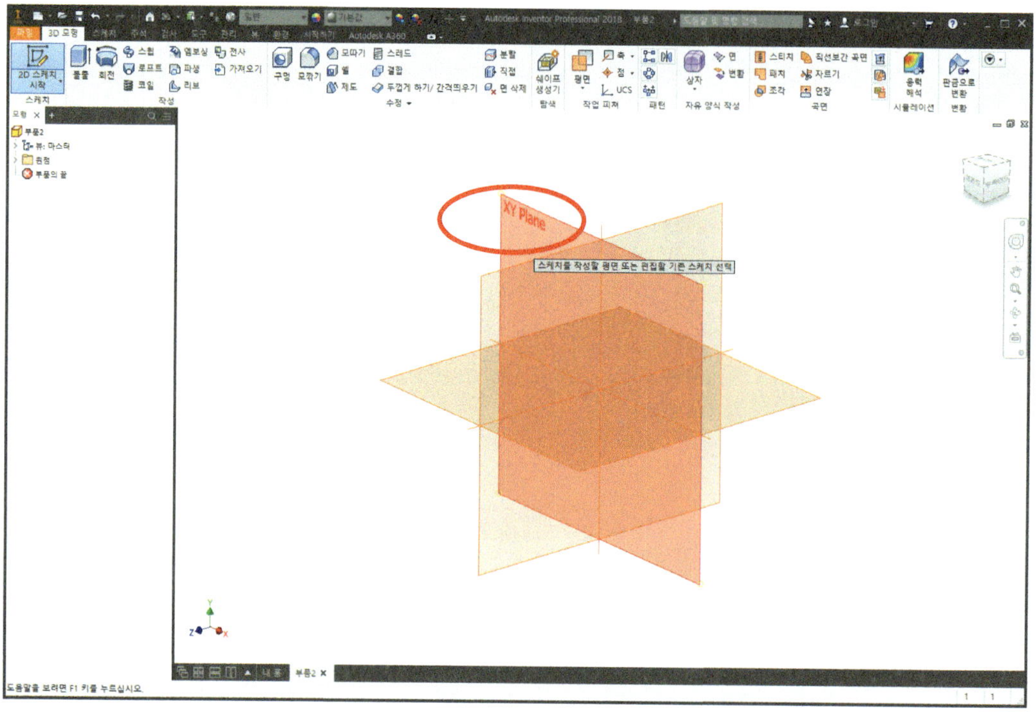
XY Plane
스케치를 작성할 평면 또는 편집할 기존 스케치 선택

4.

리본 〉 스케치 〉 작성 〉 직사각형 명령의 아래 드롭다운 화살표를 클릭하여 직사각형-두 점 중심을 선택한다(리본 〉 스케치 〉 작성 〉 직사각형 〉〉 직사각형-두 점 중심).

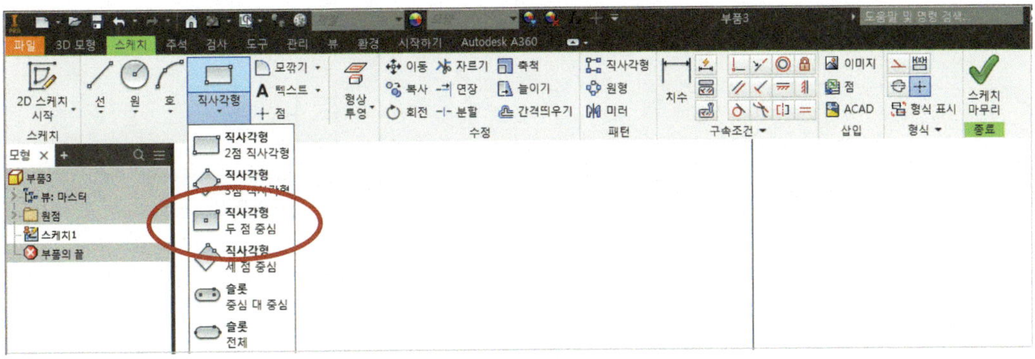

5.

두 번을 클릭하는데 첫 번째는 그래픽 창의 가로선(X축)과 세로선(Y축)이 만나는 원점에 클릭하고(점이 녹색으로 변함) 두 번째는 우측의 임의의 공간을 클릭하여 아래 그림과 같이 만든다.

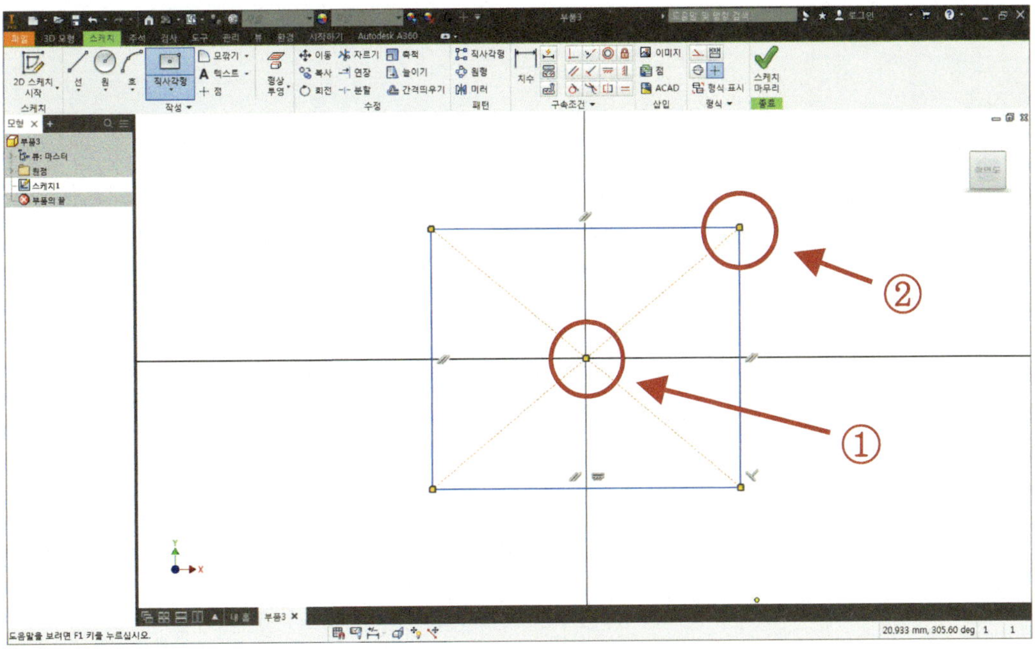

6.

아래와 같이 치수를 입력한다.

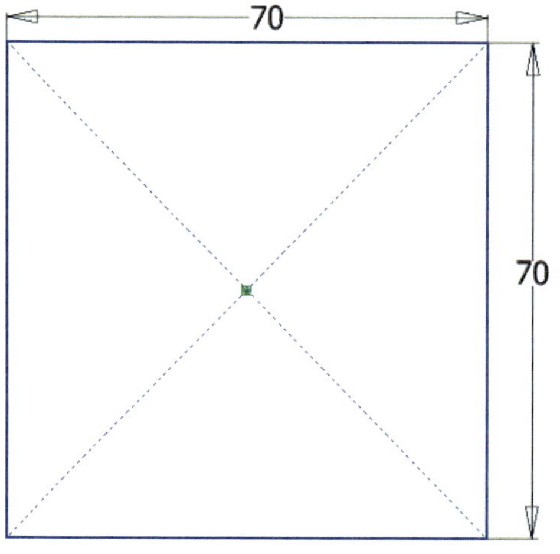

7.

스케치 마무리 명령을 클릭하여 스케치를 종료한다.

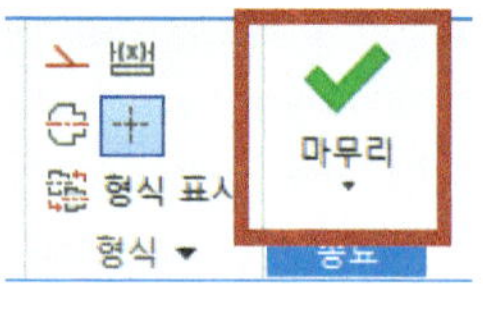

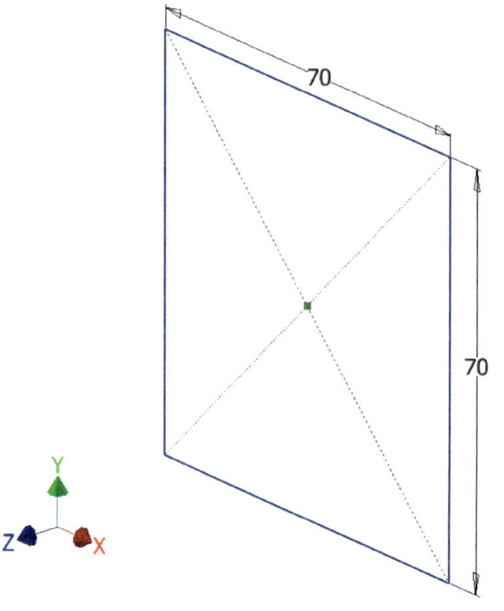

8.

리본 〉 3D 모형 〉 작성 〉 돌출 명령을 클릭한다. 범위는 거리로 선택하고 거리 A값을 28로 입력하고 방향을 반전으로 선택하여 Z-방향으로 정한 다음, [확인] 버튼을 클릭한다.

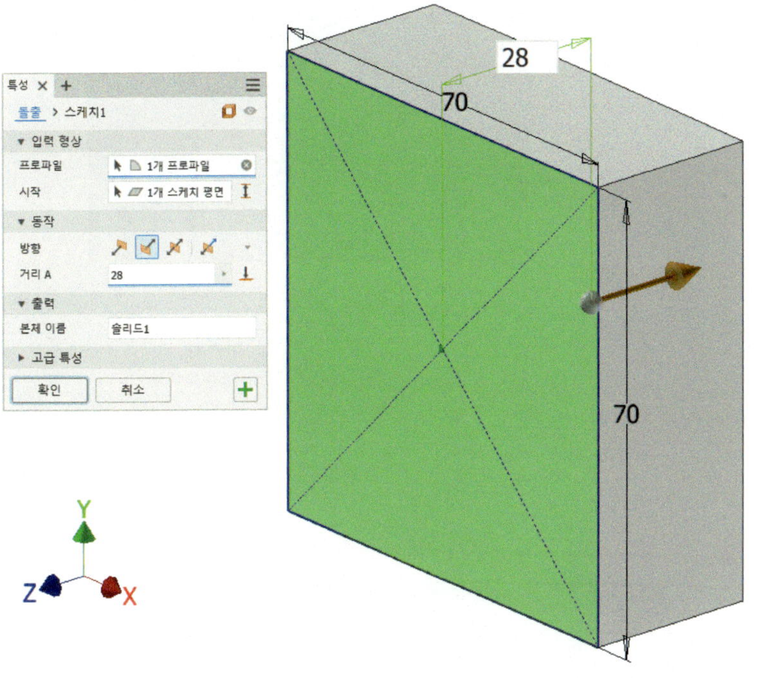

9.

리본 〉 3D 모형 〉 스케치 〉 2D 스케치 시작을 누르고 생성된 부품의 정면을 클릭한다.

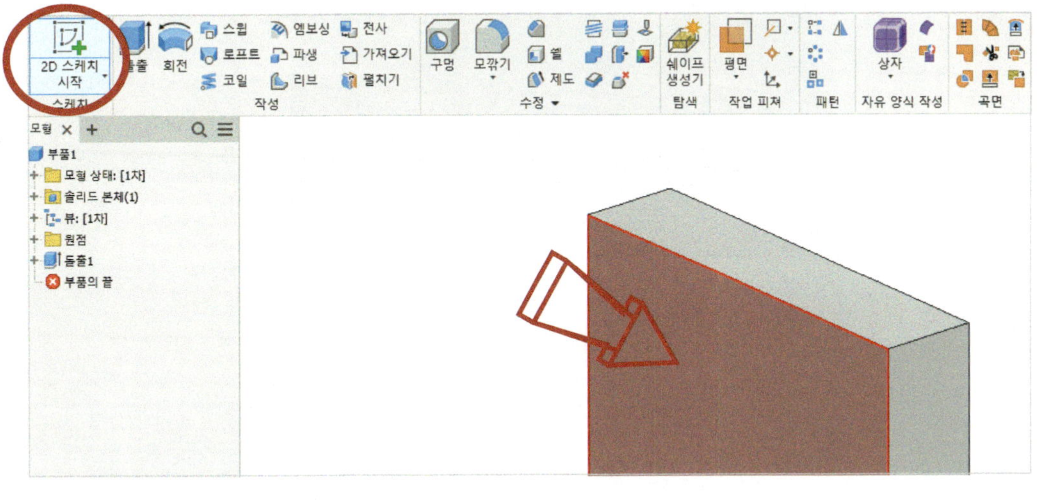

10.

다음과 같이 선을 그리고 치수를 부여한다.

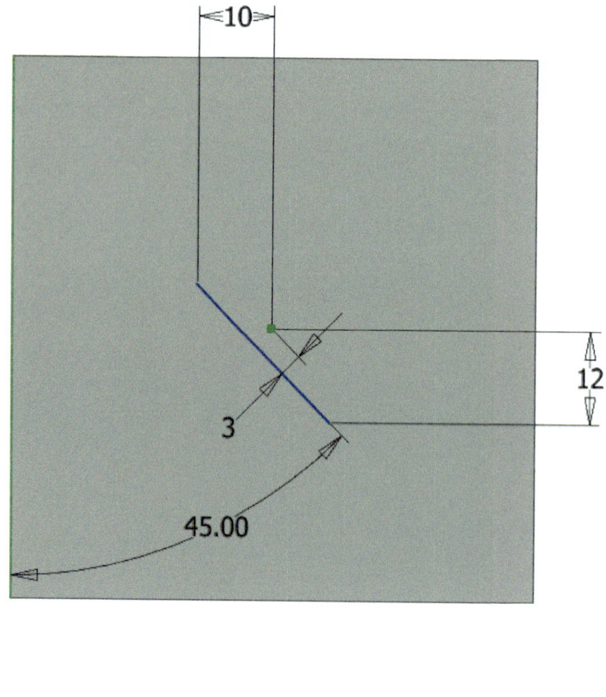

11.

STEP 09.를 참고하여 타원 명령을 실행하고 선의 좌측 상단의 끝점을 클릭하여 타원의 중심으로 하고 두 번째 클릭은 선상의 임의의 위치를 클릭하여 선과 일치 구속조건 발생하도록 한다. 그 다음 아래와 같이 치수를 부여한다.

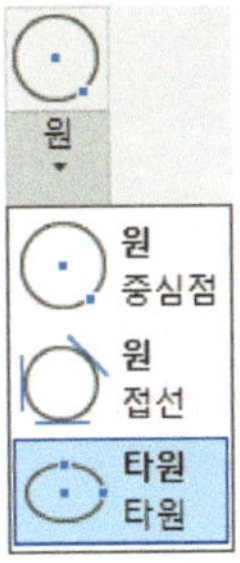

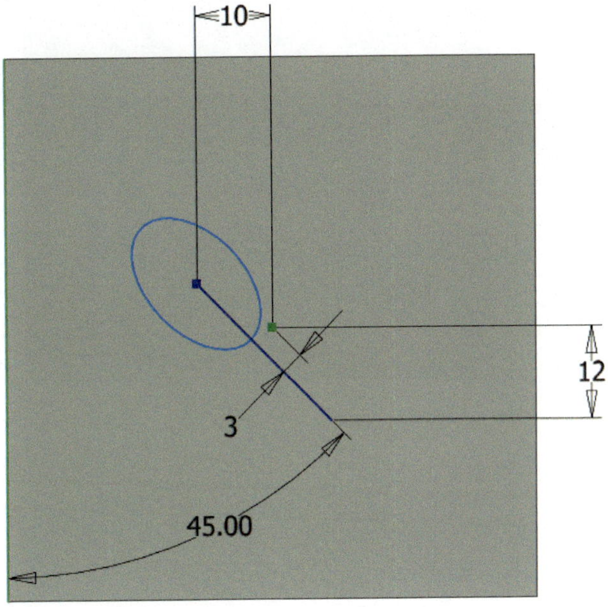

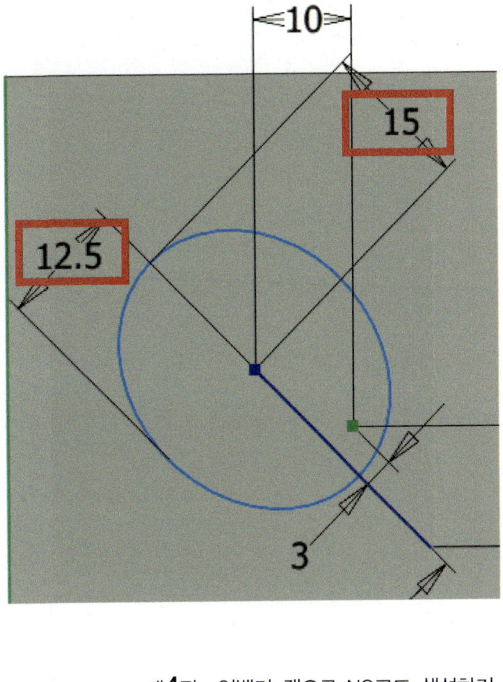

12.

선의 우측 하단에도 11.번을 참고하여 아래와 같이 그리고 치수를 부여한다.

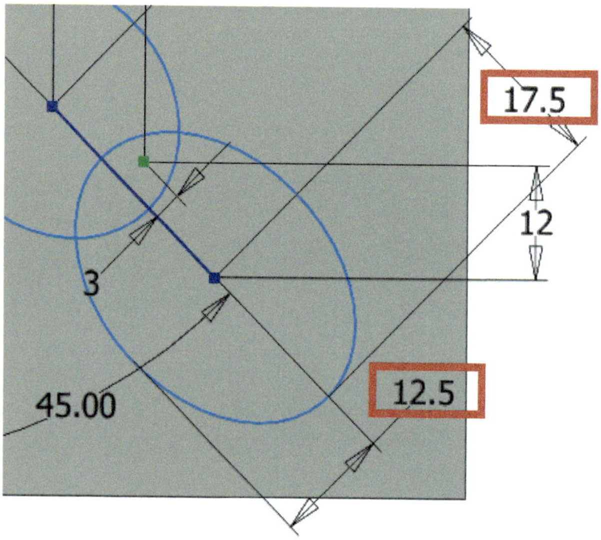

13.

두 타원이 접하는 외곽에 두 원을 그리고 접선 구속조건을 네 번 사용하여 타원과 원을 붙인다.

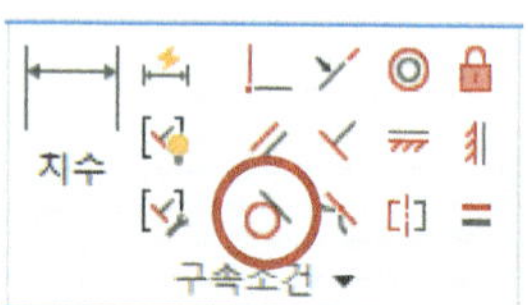

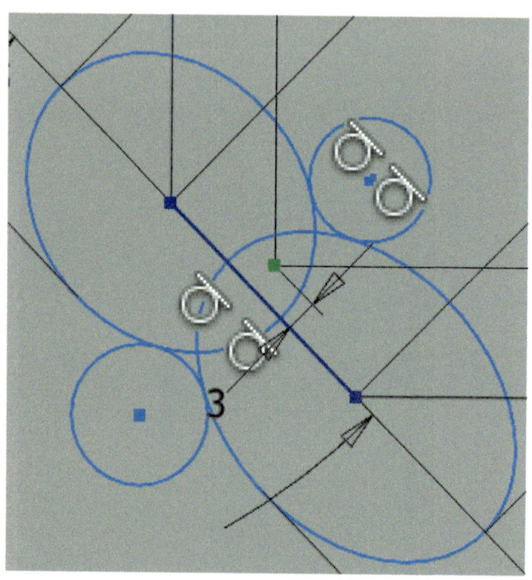

14.

자르기 명령을 사용하여 아래와 같이 타원과 원들을 다듬는다.

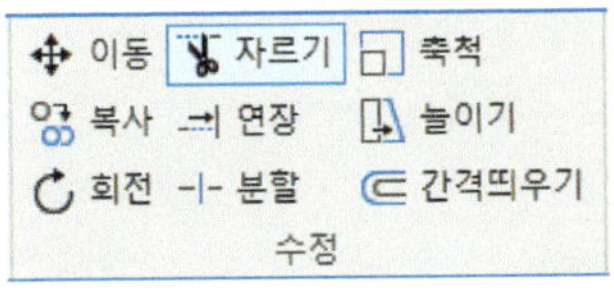

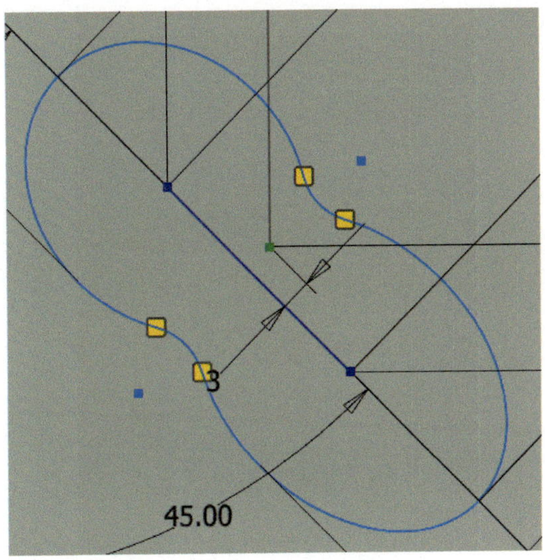

15.

14.번에서 잘린 두 호에 R10의 치수를 부여한다.

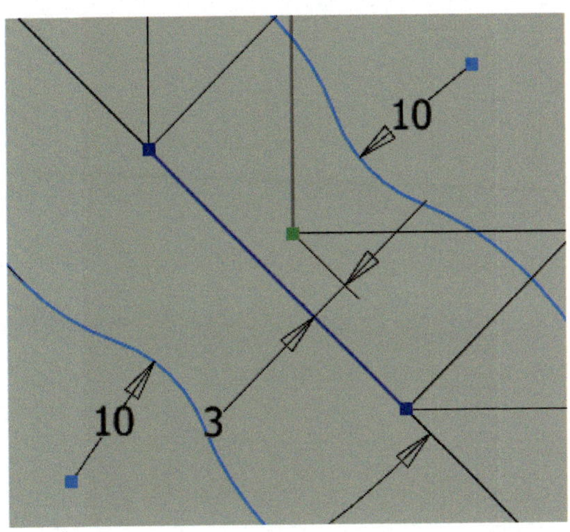

16.

맨 처음 그린 직선이 모형을 만드는데 사용되지 않으므로 이 직선을 선택하고 형식 패널의 구성() 명령을 실행하여 구성선으로 변경한다.

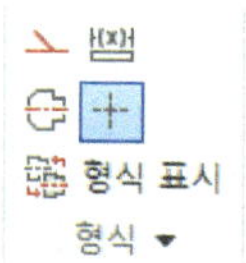

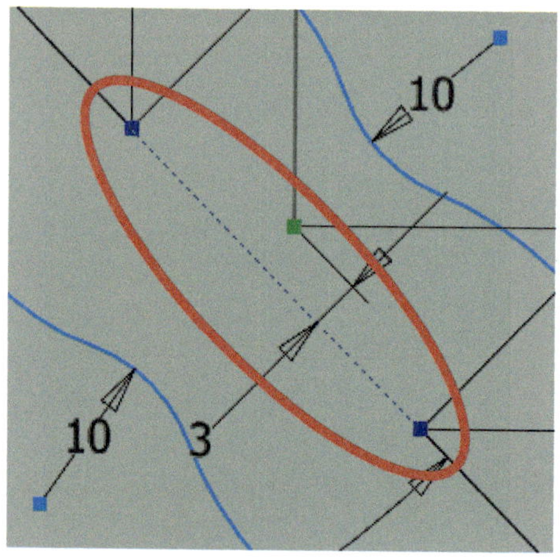

17.

두 타원을 살펴보면 축이 선에 일치하는 구속조건이 자르기 명령을 사용하여 선들을 다듬을 때 없어진 것을 알 수 있다. 이대로 스케치를 마무리해도 되지만 만전을 기하기 위해 타원과 호가 만나는 네 점 중 임의의 한 점에 고정 구속조건을 준다.

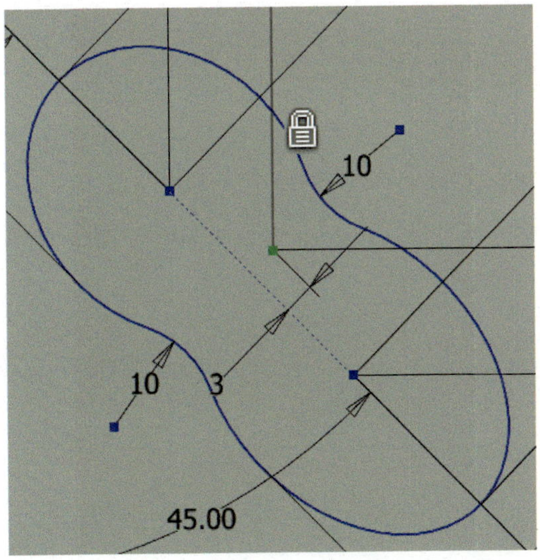

18.

스케치 마무리 명령을 클릭하여 스케치를 종료한다.

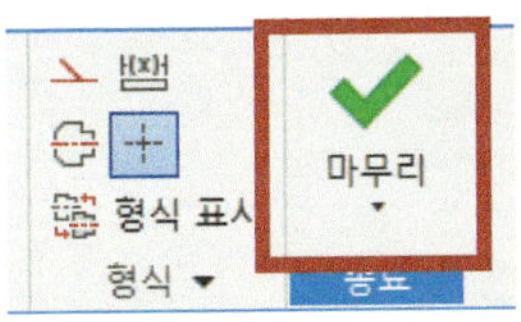

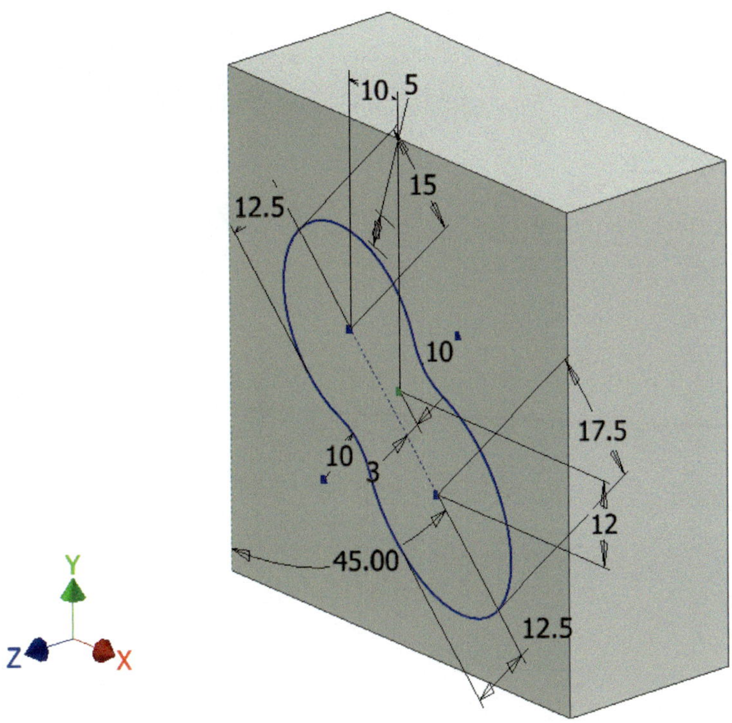

19.

작성한 스케치 면에서 Z- 방향으로 6만큼 떨어진 곳에 다른 스케치를 그리기 위해 그 곳에 작업평면을 만들어야한다. 작업 패널의 작업 평면 명령을 클릭하고 앞에 스케치한 면을 클릭하고 마우스 버튼을 계속 누른 상태로 오른쪽으로 어느 정도 움직인 다음, 마우스 버튼에서 손가락을 떼면 작업평면이 하나 만들어진다. -6을 입력하고 확인(✓) 버튼을 누른다.

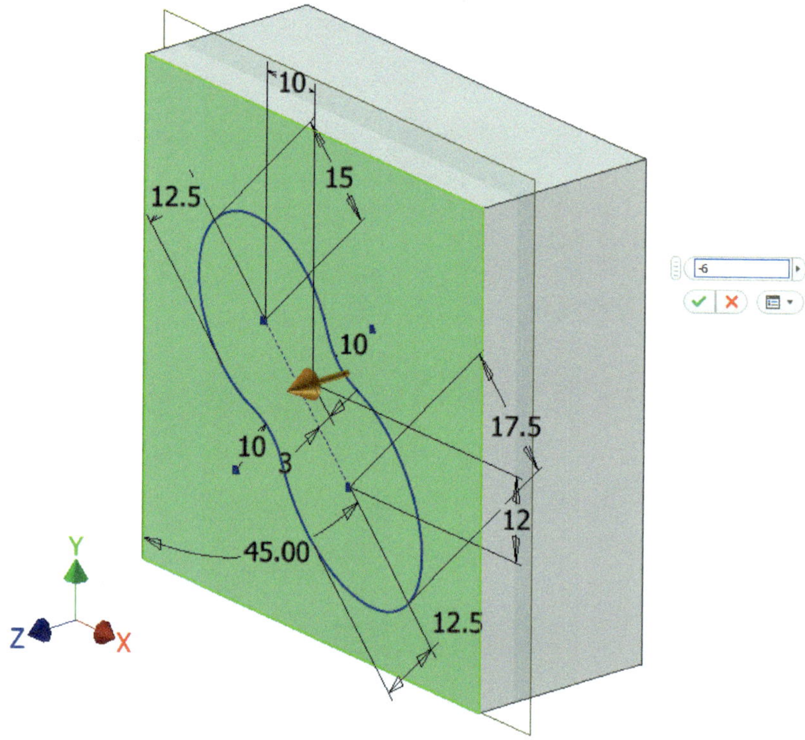

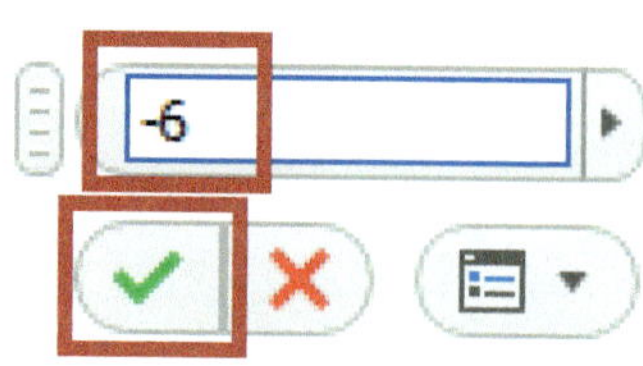

20.

리본 〉 3D 모형 〉 스케치 〉 2D 스케치 시작을 누르고 19.번에서 만든 작업 평면1을 선택한다. 좌측 모형 검색기(브라우저)에서 작업 평면1을 선택하거나 그래픽 창에서 직접 작업 평면1을 선택하면 된다.

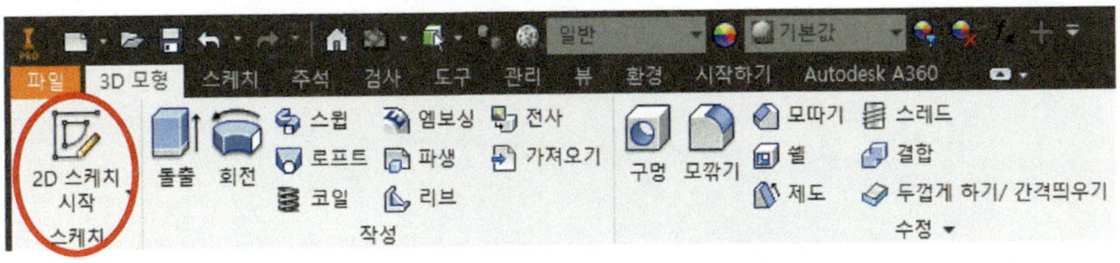

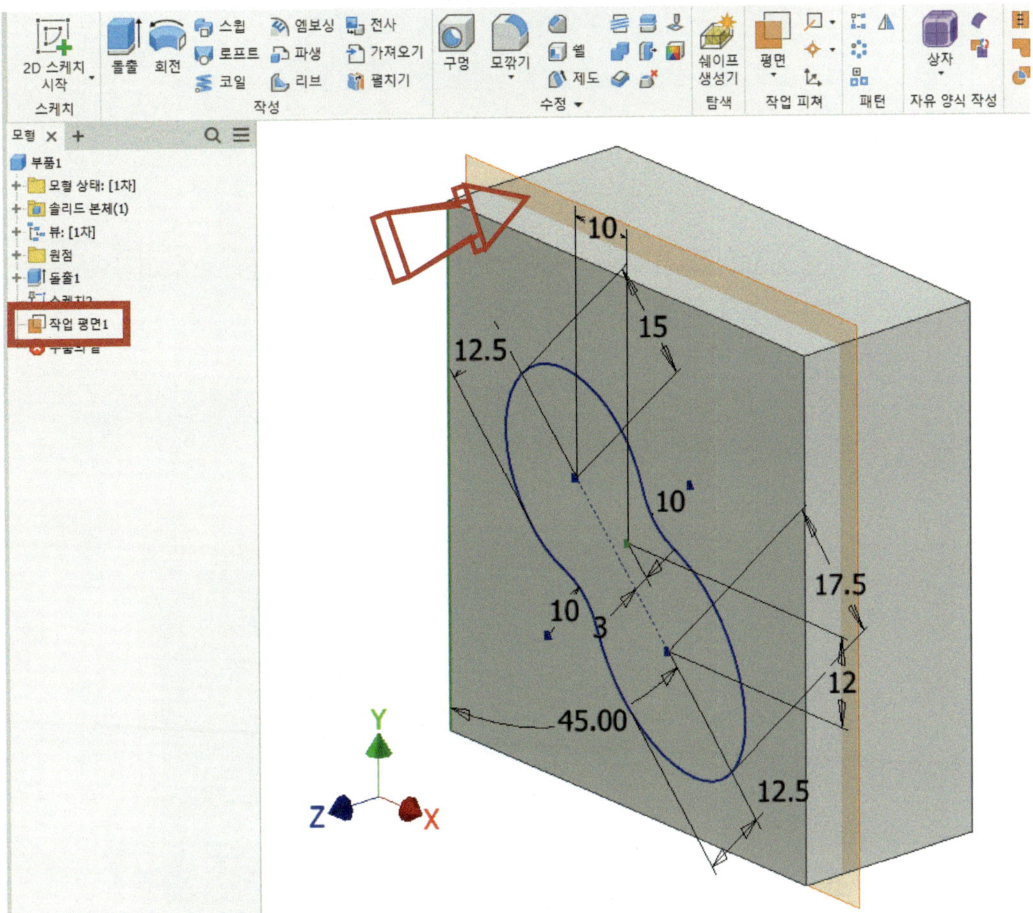

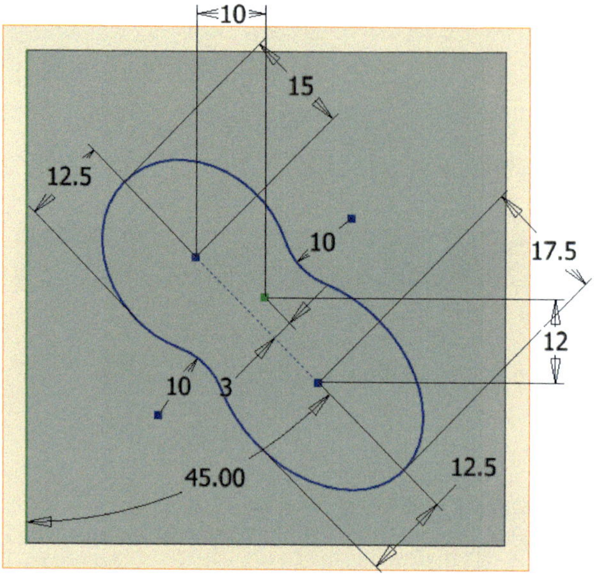

21.

작성 패널의 형상 투영 명령을 사용하여 앞에 그린 스케치를 모두 클릭하여 지금의 스케치에 옮긴다. 잘린 타원 2개와 호 2개, 총 4번 클릭해야 한다.

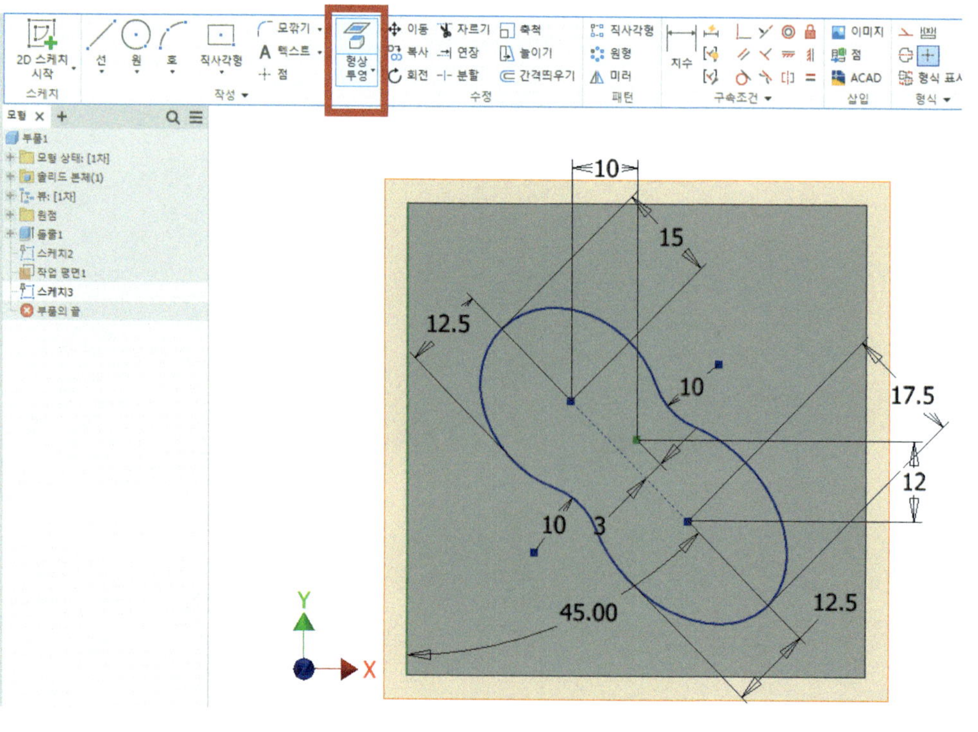

22.

현재 스케치 면에 앞에 만든 모형에 의해 가려 안보이므로 키보드의 F7키(F7)를 눌러 그래픽 슬라이스 기능을 사용한다.

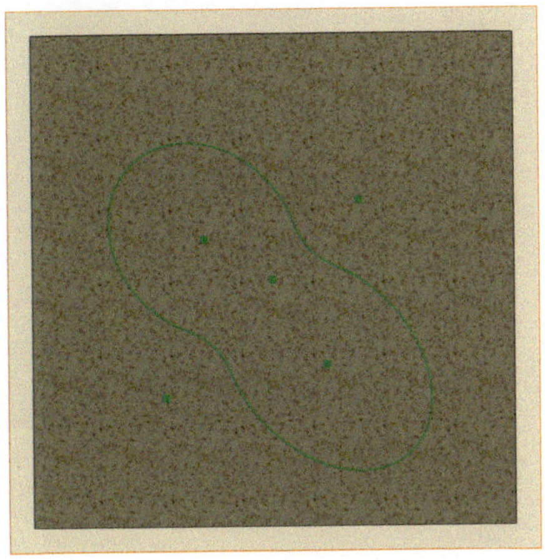

23.

새로 만든 작업 평면 때문에 스케치가 잘 안보이므로 모형 검색기(모델 브라우저, Model Browser)의 트리에서 작업 평면1에 커서를 가져가 우클릭(오른쪽 마우스 버튼을 누름)하고 이때 나타나는 목록에서 가시성을 클릭하여 이 작업 평면이 그래픽 창에서 안보이도록 한다.

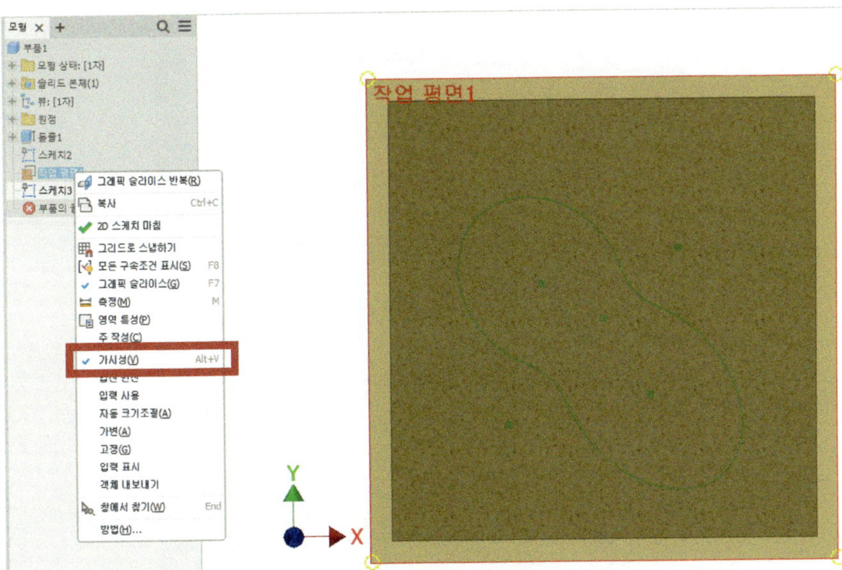

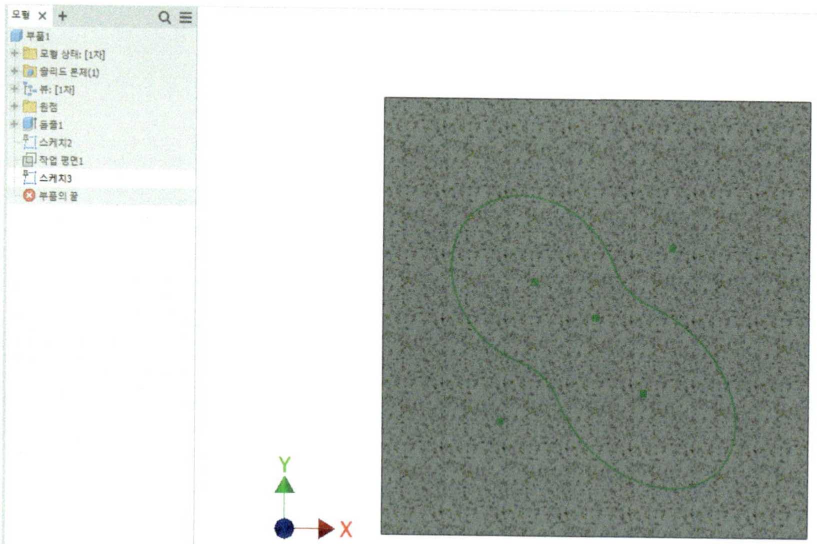

24.

형상 투영된 선들을 모두 선택하고 형식 패널의 구성(⌐) 명령을 실행하여 구성선으로 변경한다. 한 번에 모두 선택할 때는 키보드의 SHIFT키(Shift)를 누른 상태에서 마우스로 각각을 클릭하면 된다.

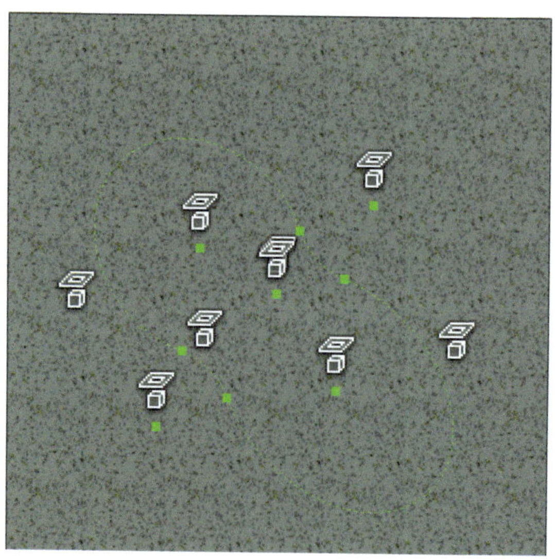

25.

간격띄우기 명령(리본 〉 스케치 〉 수정 〉 간격띄우기)을 사용하여 24.번의 구성선을 클릭하고 그 선의 안으로 동일한 형상의 선을 만든다.

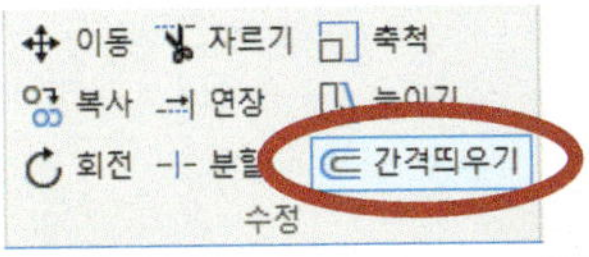

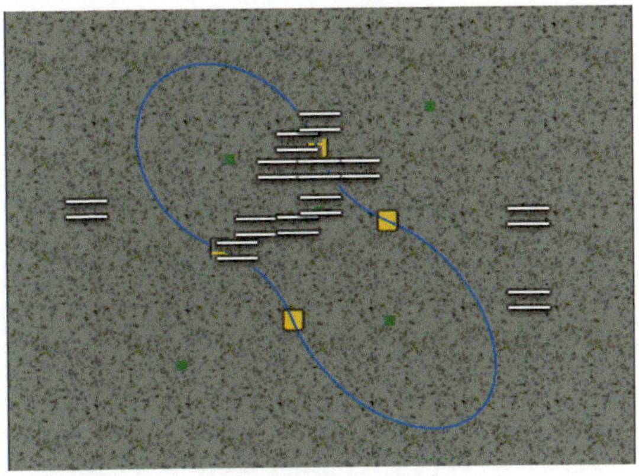

26.

24.번의 구성선과 25.번의 선 사이에 5의 치수는 넣는다.

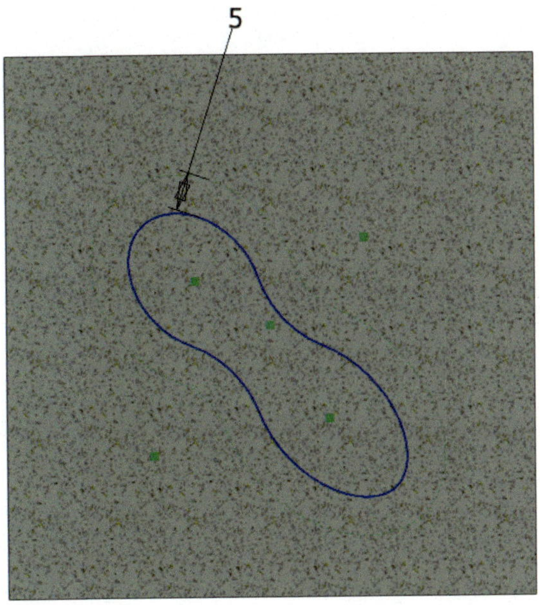

27.

스케치 마무리 명령을 클릭하여 스케치를 종료한다.

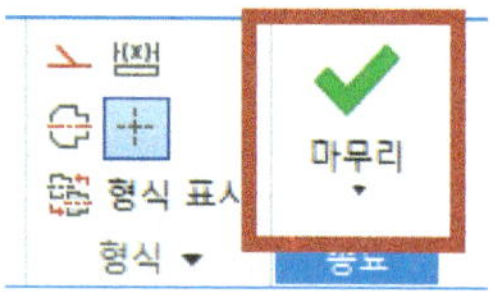

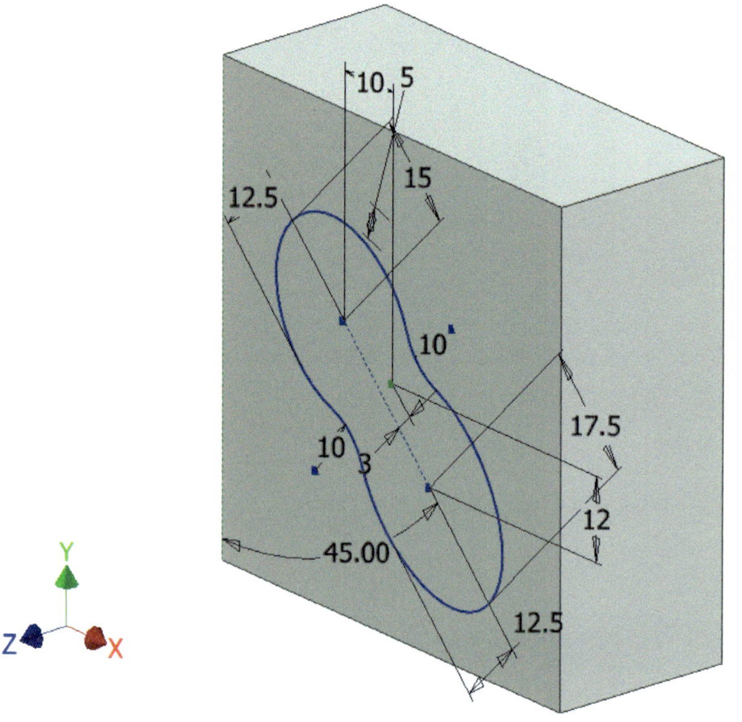

28.

앞에서 작업한 스케치가 안보이므로 이후의 작업을 위해 비주얼 스타일을 와이어프레임으로 변경한다.

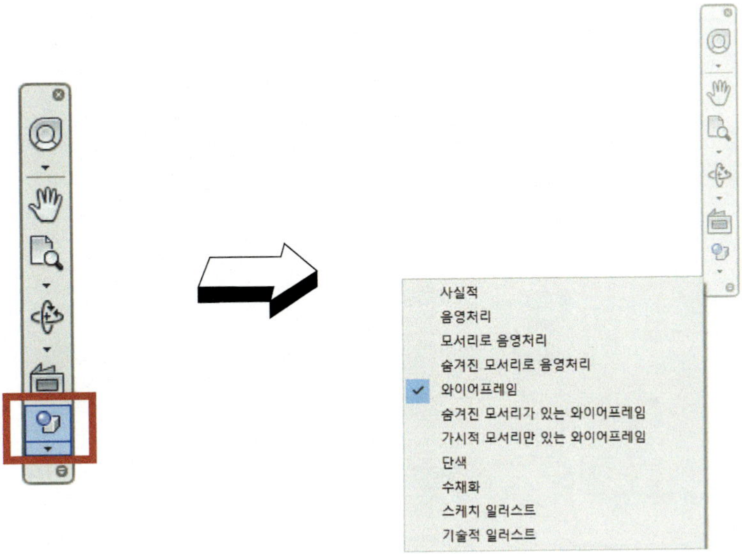

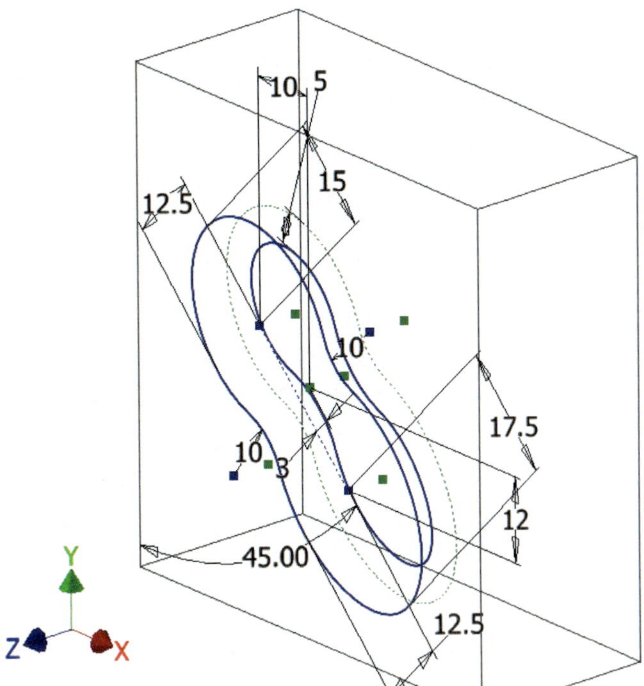

29.

로프트 명령(리본 〉 3D 모형 〉 작성 〉 로프트)을 실행하고 차집합()을 클릭한 다음 두 스케치의 각 선을 클릭하고 [확인] 버튼을 누른다. 작업을 마치면 비주얼 스타일을 다시 모서리로 음영처리로 바꾼다.

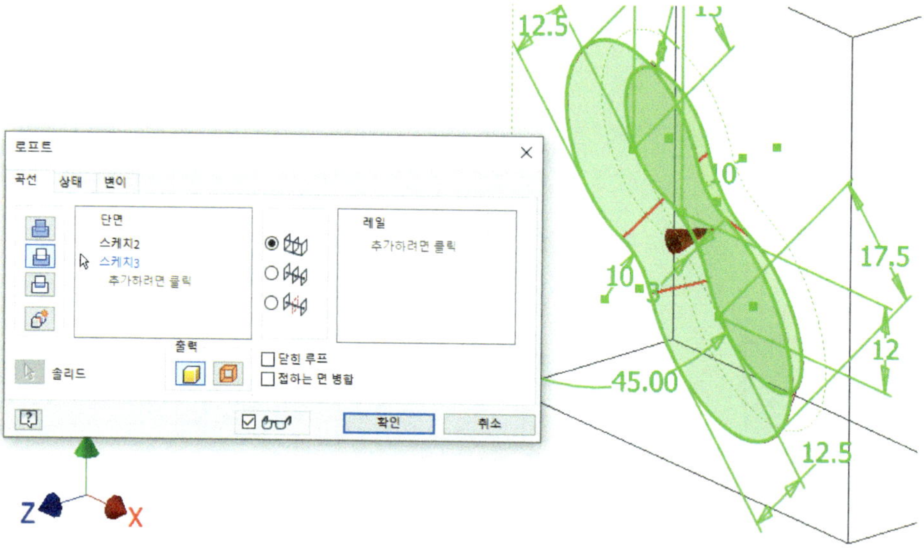

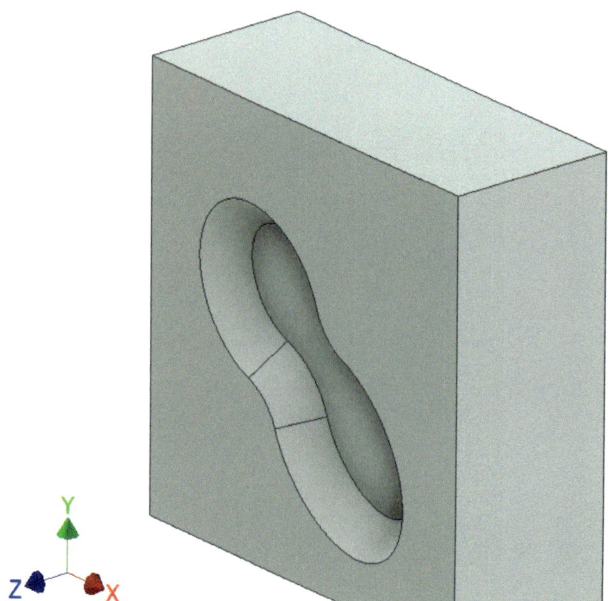

30.

모깎기 명령(리본 〉 3D 모형 〉 수정 〉 모깎기)를 사용하여 아래의 부분에 R5를 부여한다.

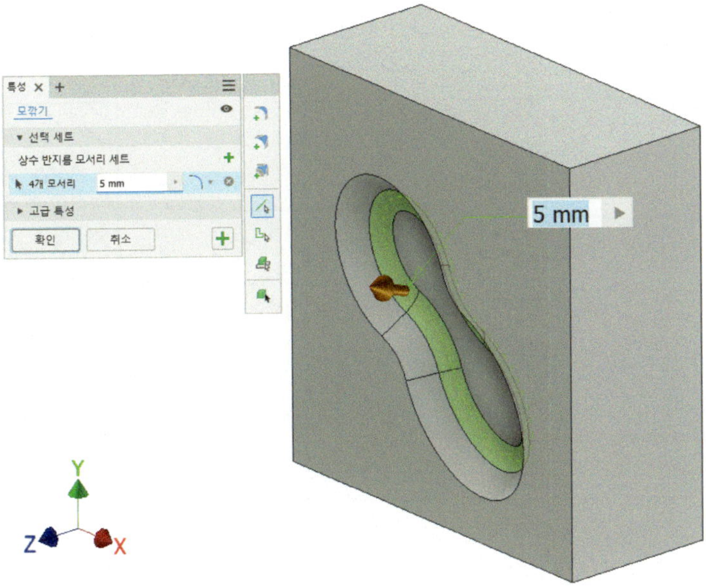

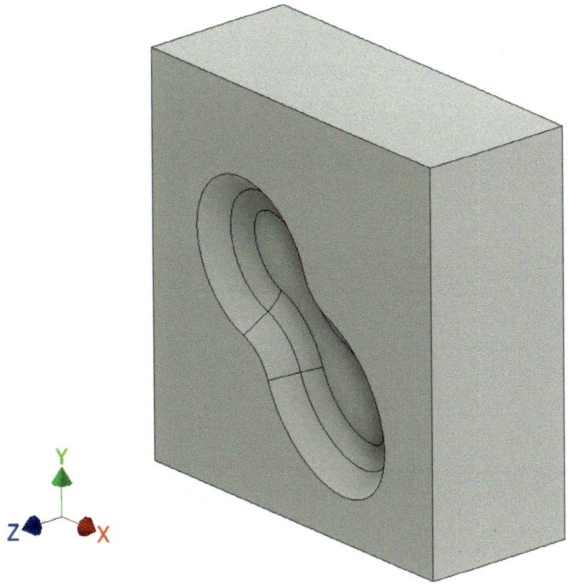

부품의 모델링을 마쳤다. 부품을 저장한다. 이제 CAM작업을 통해 NC 코드를 만들어 보자.

STEP 16 컴퓨터 응용 가공 산업 기사 모델링 (공개 문제 15번)

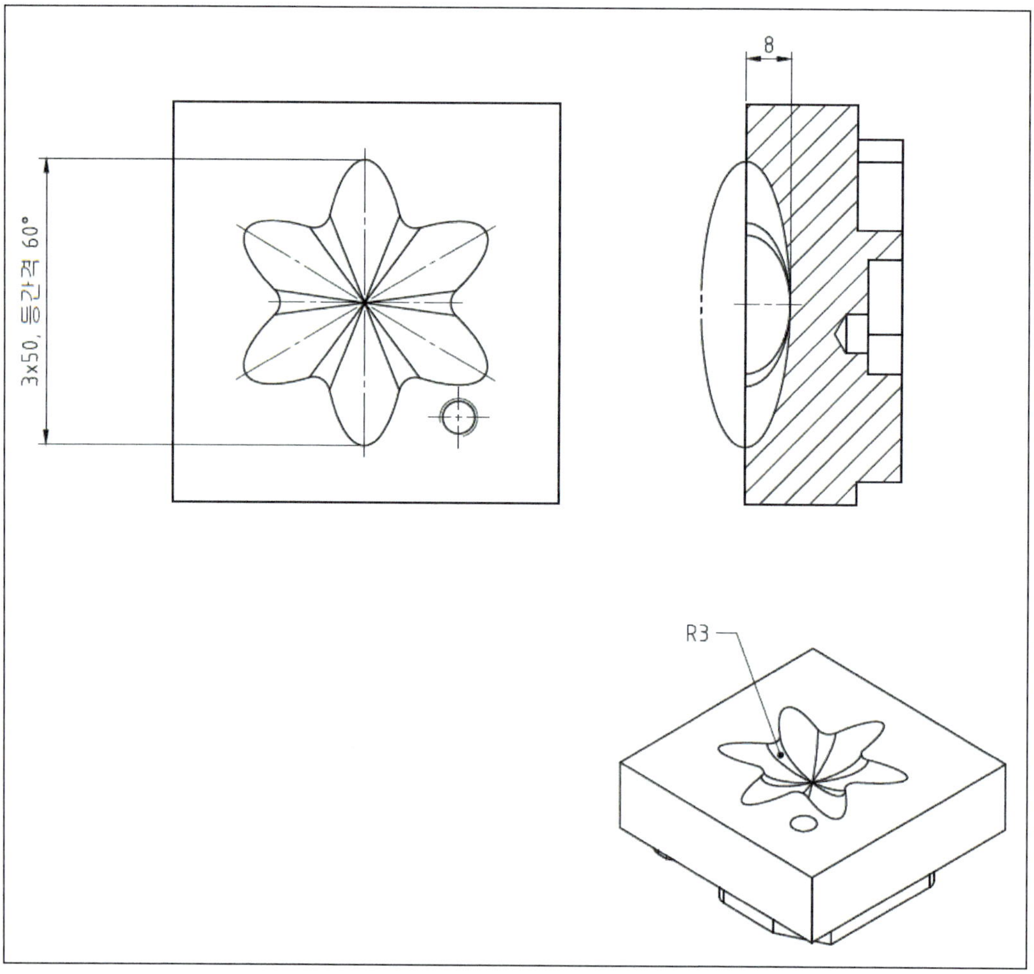

1.

프로그램 화면 맨 위의 왼쪽에 있는 신속 접근 도구막대에서 새로 만들기 (Ctrl+N)를 누르고 Standard.ipt를 선택한다.

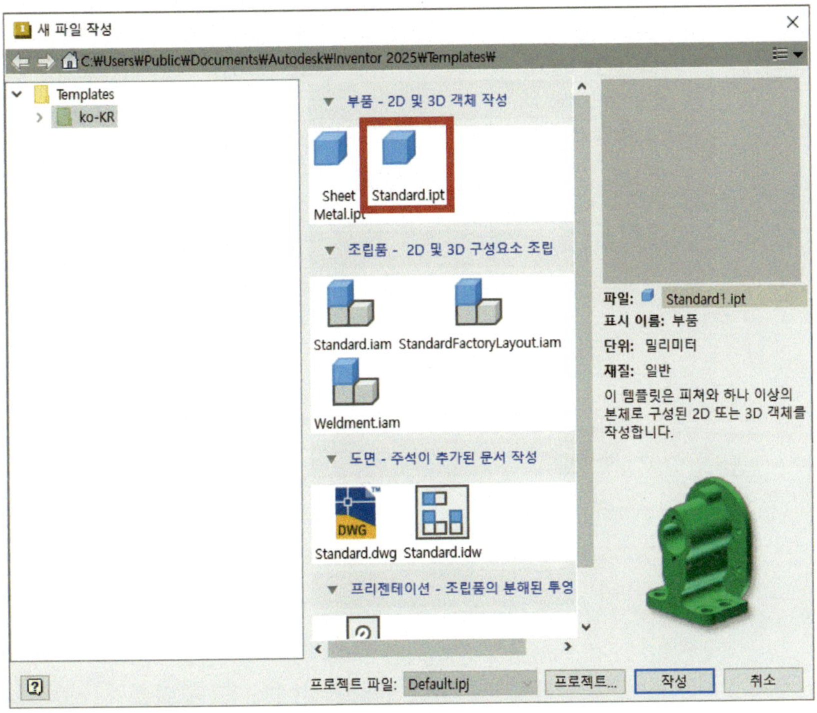

2.

리본 〉 도구 〉 옵션 〉 문서 설정을 누르면 문서 설정 대화상자가 나타난다. 단위 탭에 들어가 길이가 밀리미터인지 확인한다. 확인했으면 아래 [닫기] 버튼을 누른다.

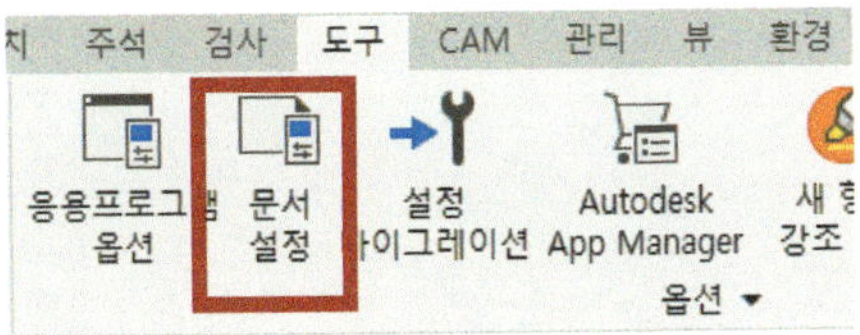

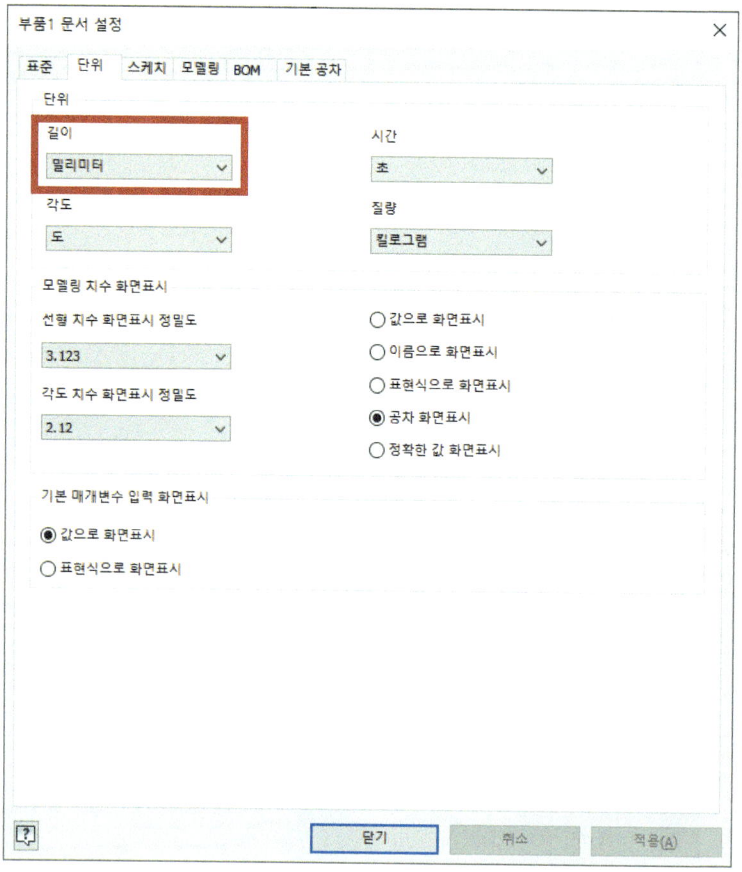

3.

리본 〉 3D 모형 〉 스케치 〉 2D 스케치 시작을 누르고 그래픽 창에서 XY평면을 선택한다.

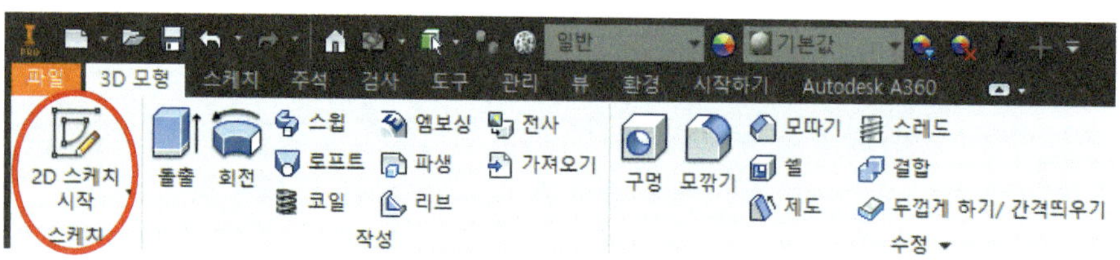

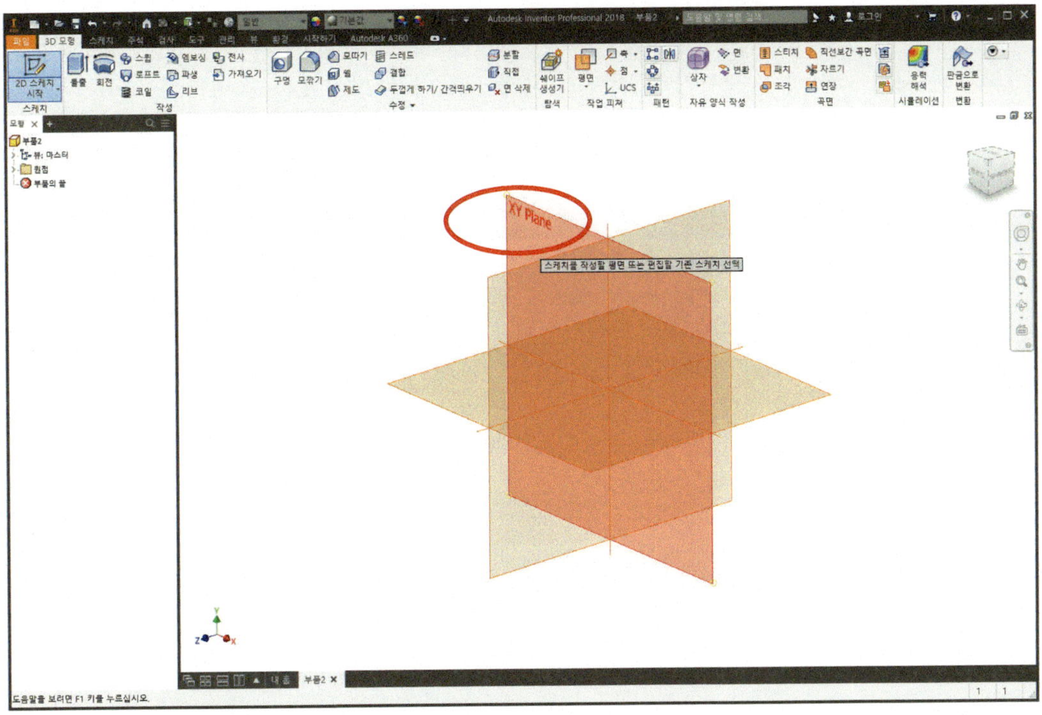

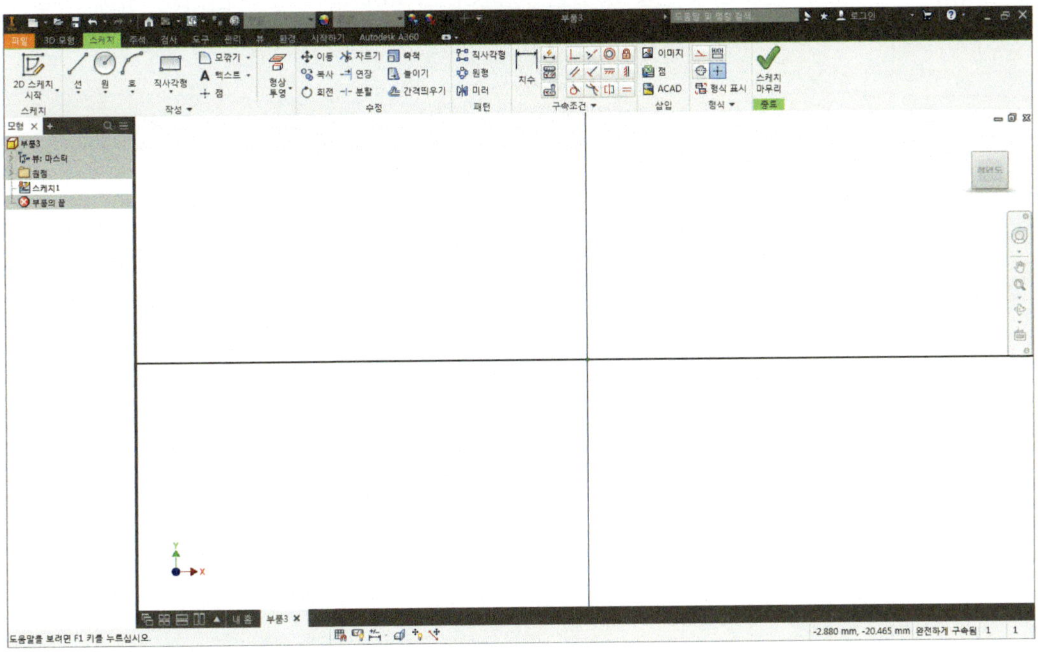

4.

리본 > 스케치 > 작성 > 직사각형 명령의 아래 드롭다운 화살표를 클릭하여 직사각형-두 점 중심을 선택한다(리본 > 스케치 > 작성 > 직사각형 >> 직사각형-두 점 중심).

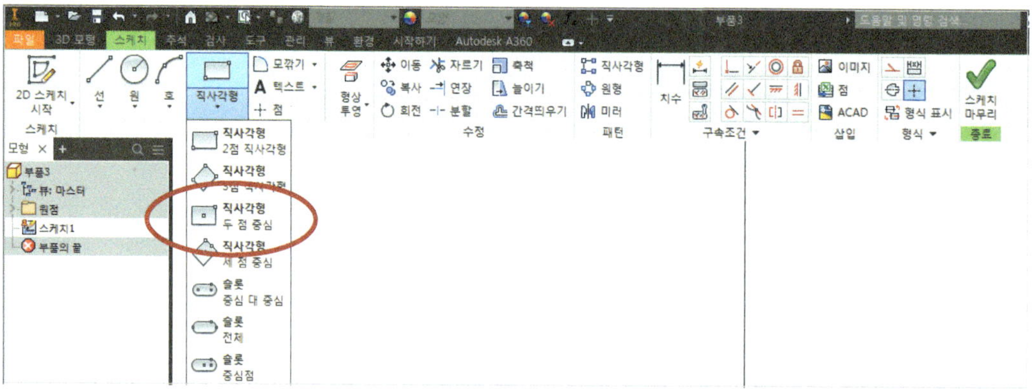

5.

두 번을 클릭하는데 첫 번째는 그래픽 창의 가로선(X축)과 세로선(Y축)이 만나는 원점에 클릭하고(점이 녹색으로 변함) 두 번째는 우측의 임의의 공간을 클릭하여 아래 그림과 같이 만든다.

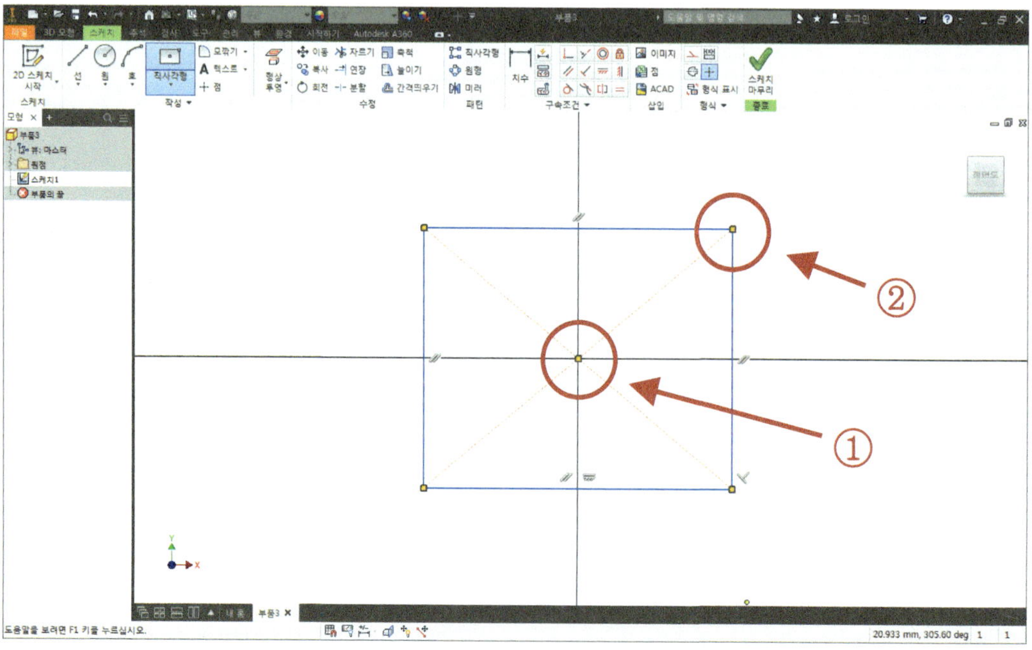

6.

아래와 같이 치수를 입력한다.

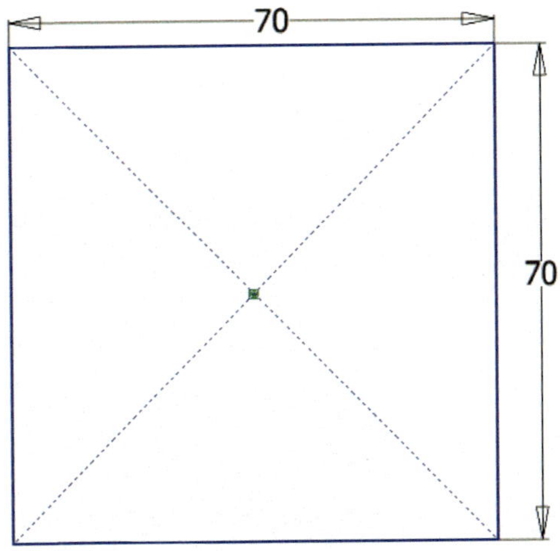

7.

스케치 마무리 명령을 클릭하여 스케치를 종료한다.

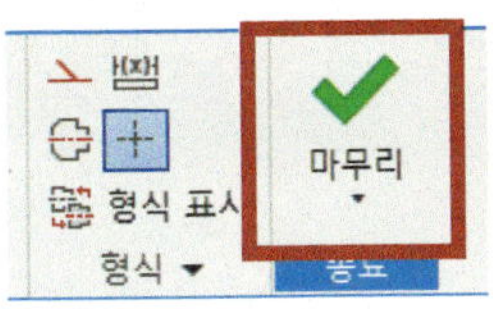

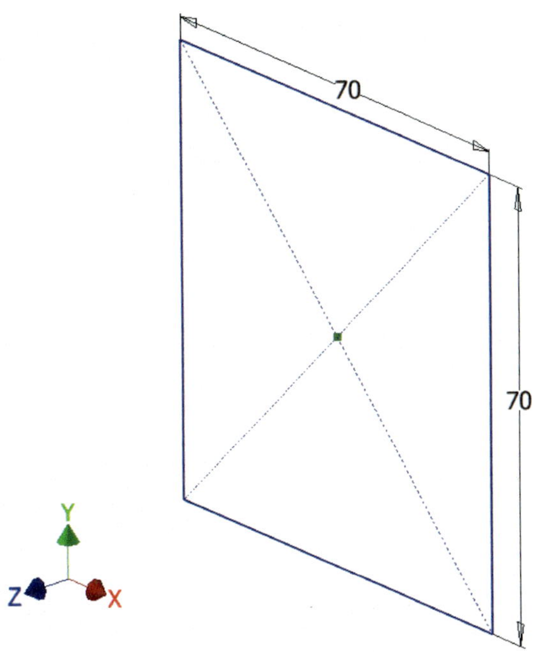

8.

리본 〉 3D 모형 〉 작성 〉 돌출 명령을 클릭한다. 범위는 거리로 선택하고 거리 A값을 28로 입력하고 방향을 반전으로 선택하여 Z-방향으로 정한 다음, [확인] 버튼을 클릭한다.

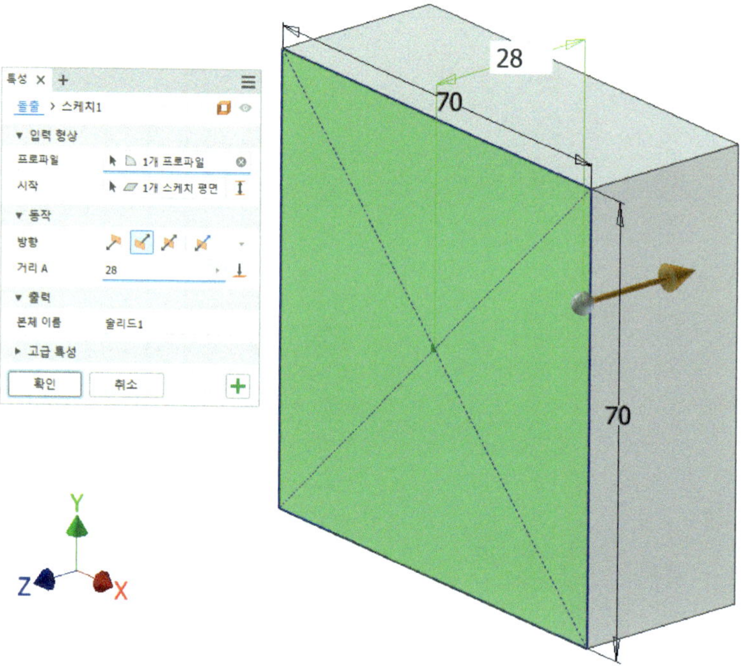

9.

리본 〉 3D 모형 〉 스케치 〉 2D 스케치 시작을 누르고 생성된 부품의 정면을 클릭한다.

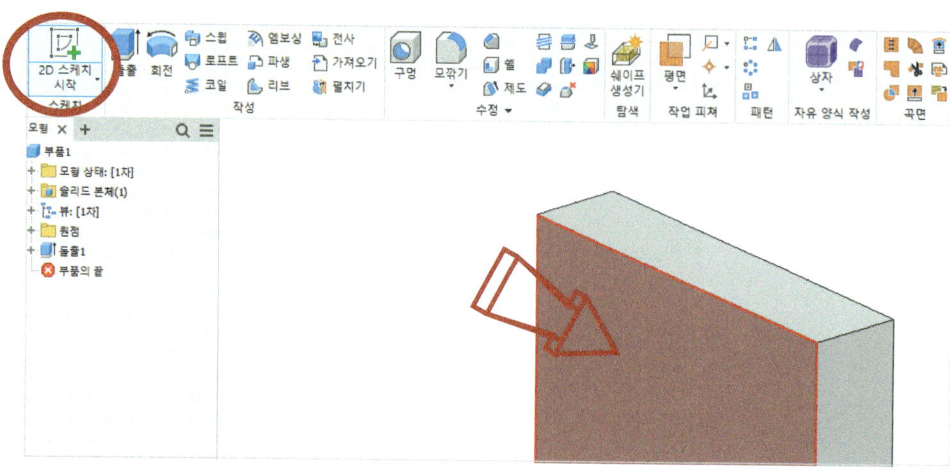

10.

다음과 같이 임의의 수직선을 그리고 타원 명령을 실행시켜 먼저 그린 수평선의 중간점을 타원의 중심점으로 하고 끝점을 타원의 두 번째 선택 점으로 하여 아래와 같이 치수를 부여한다.

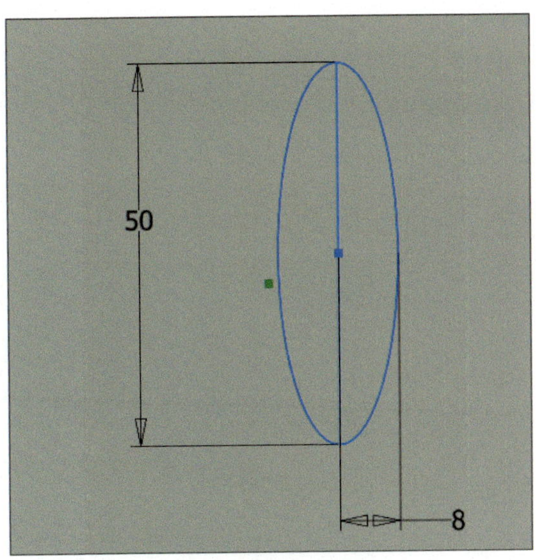

11.

수직선의 중간점을 스케치의 원점과 일치시킨다.

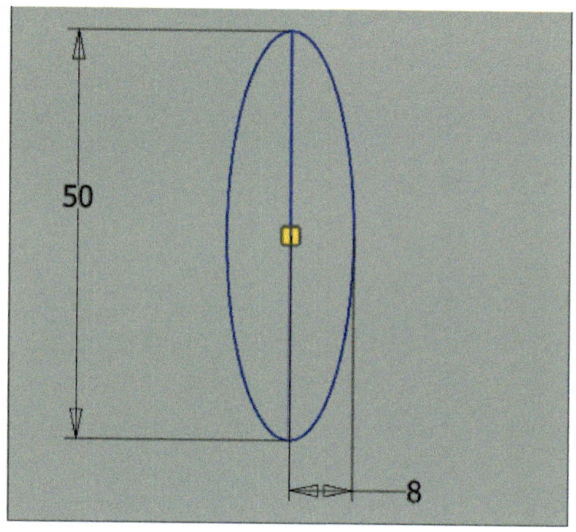

12.

자르기 명령을 사용하여 타원의 좌측 반을 자른다.

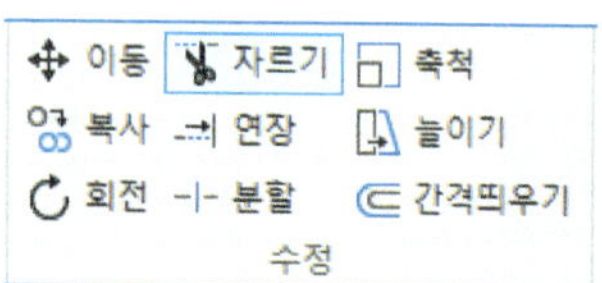

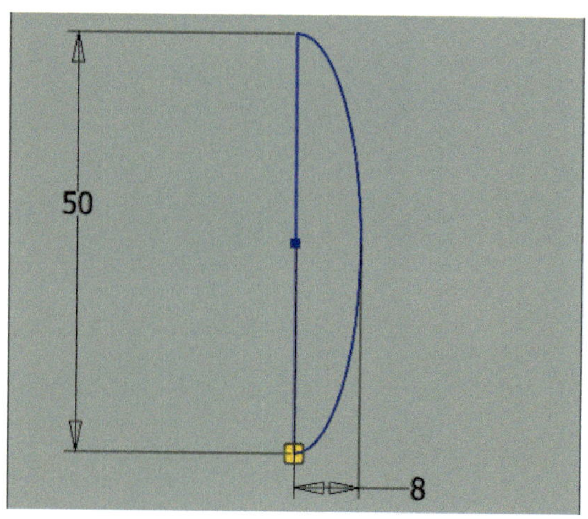

13.

수직선을 클릭하여 선택한 상태에서 형식 패널의 중심선(⊖) 명령을 실행하여 수직선의 특성을 중심선으로 변경한다.

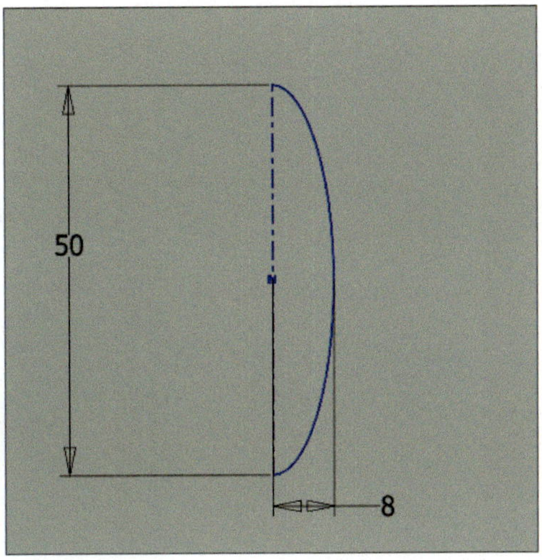

14.

스케치 마무리 명령을 클릭하여 스케치를 종료한다.

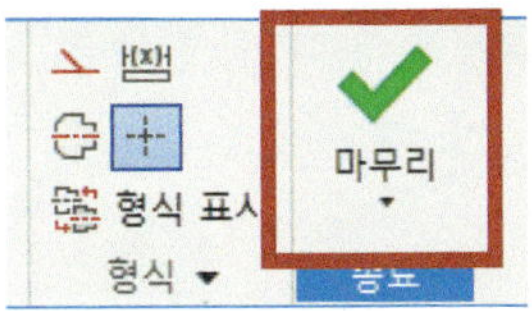

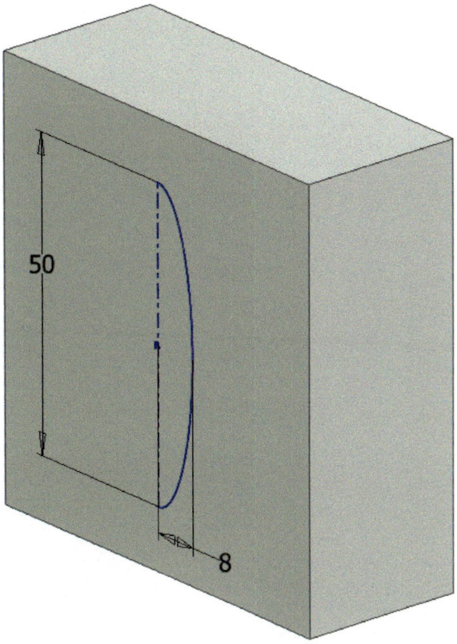

15.

회전 명령(리본 〉 3D 모형 〉 작성 〉 회전)을 클릭하고 나타나는 특성 대화상자의 부울에서 절단()을 선택하고 [확인] 버튼을 누른다.

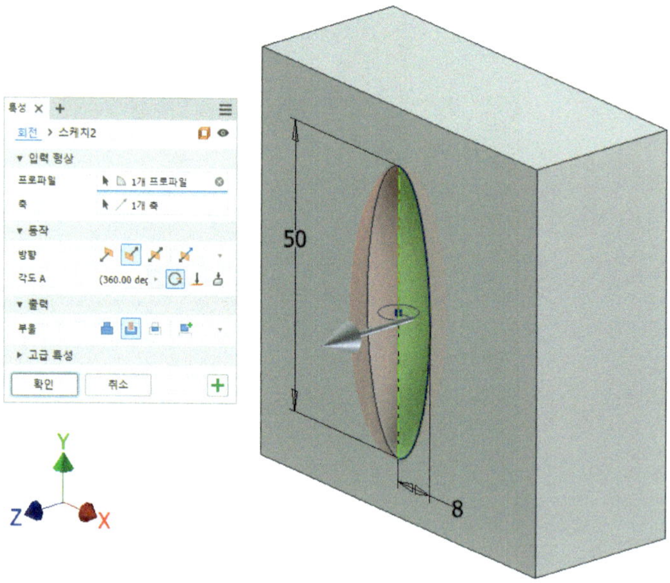

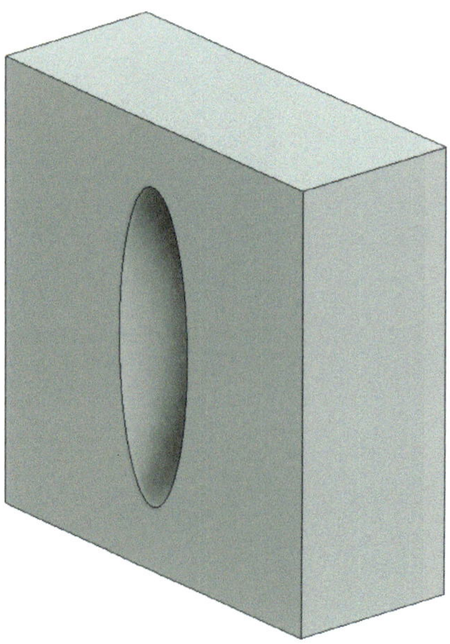

16.

원형 패턴 명령(리본 〉 3D 모형 〉 패턴 〉 원형) 클릭하고 원형 패턴 대화상자가 나오면 모형 검색기(모델 브라우저)에서 회전 1을 클릭하고 대화상자에서 회전축이라는 글자 왼쪽에 있는 붉은 화살표를 클릭한 다음 모형 검색기 원점 폴더 아래 Z축을 클릭한다. 그 다음 대화상자에서 배치에 있는 두 숫자 중 위에 있는 개수에 3을 입력하고 [확인] 버튼을 누른다.

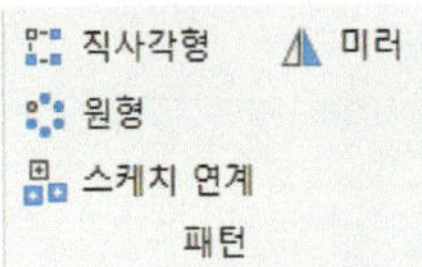

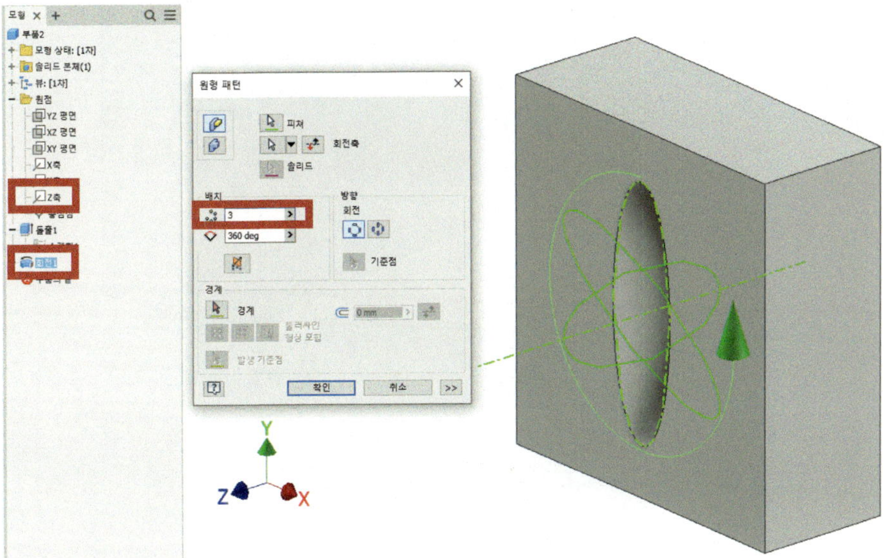

17.

모깎기 명령(리본 〉 3D 모형 〉 수정 〉 모깎기)를 사용하여 아래과 같이 6개의 모서리에 R3을 부여한다.

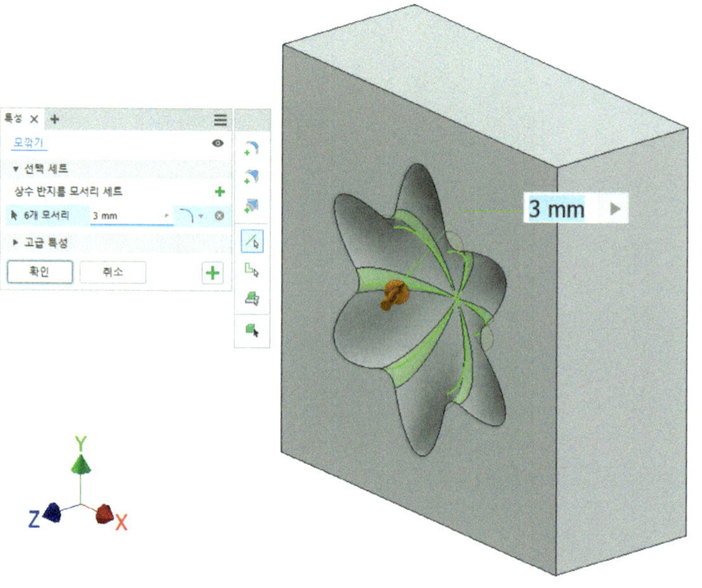

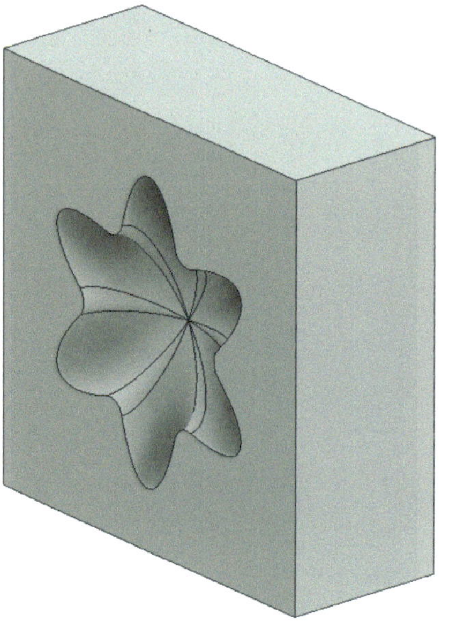

부품의 모델링을 마쳤다. 부품을 저장한다. 이제 CAM작업을 통해 NC 코드를 만들어 보자.

STEP 17 머시닝센터 3D 모델링 공개도면 (산업기사 1~20번)

[공개]

①

4. 도 면(CAM프로그램가공)

자격종목	컴퓨터응용가공산업기사	[시험1]과제명	머시닝센터가공작업	척도	NS

※도면 ②

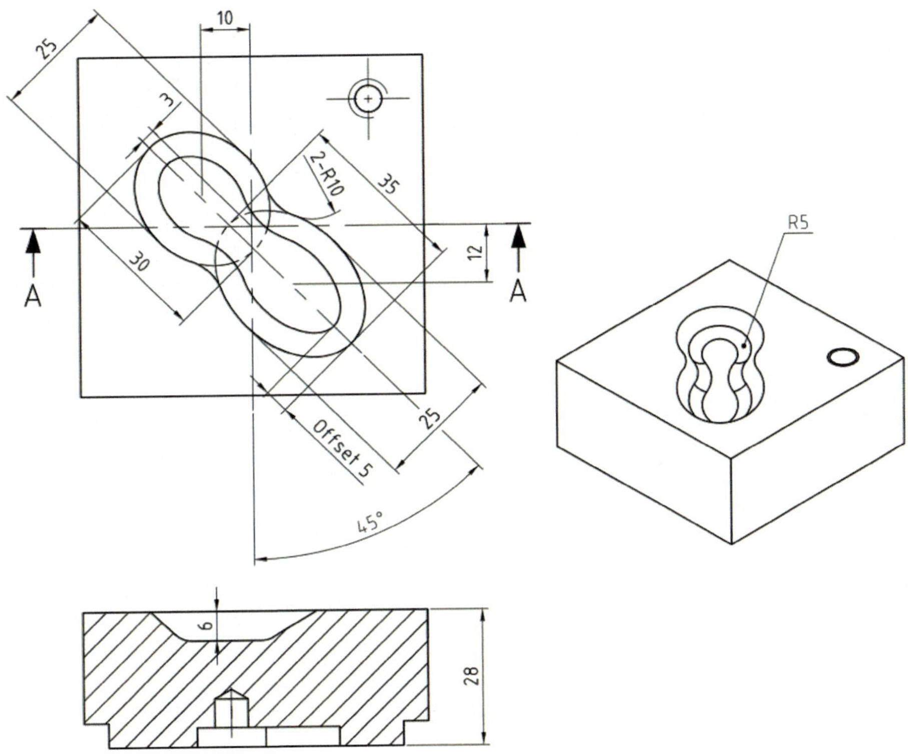

A-A

HRDK [시험 1] 6 - 6

[공개]

②

4. 도 면(CAM프로그램가공)

자격종목	컴퓨터응용가공산업기사	[시험1]과제명	머시닝센터가공작업	척도	NS

※도면 ②

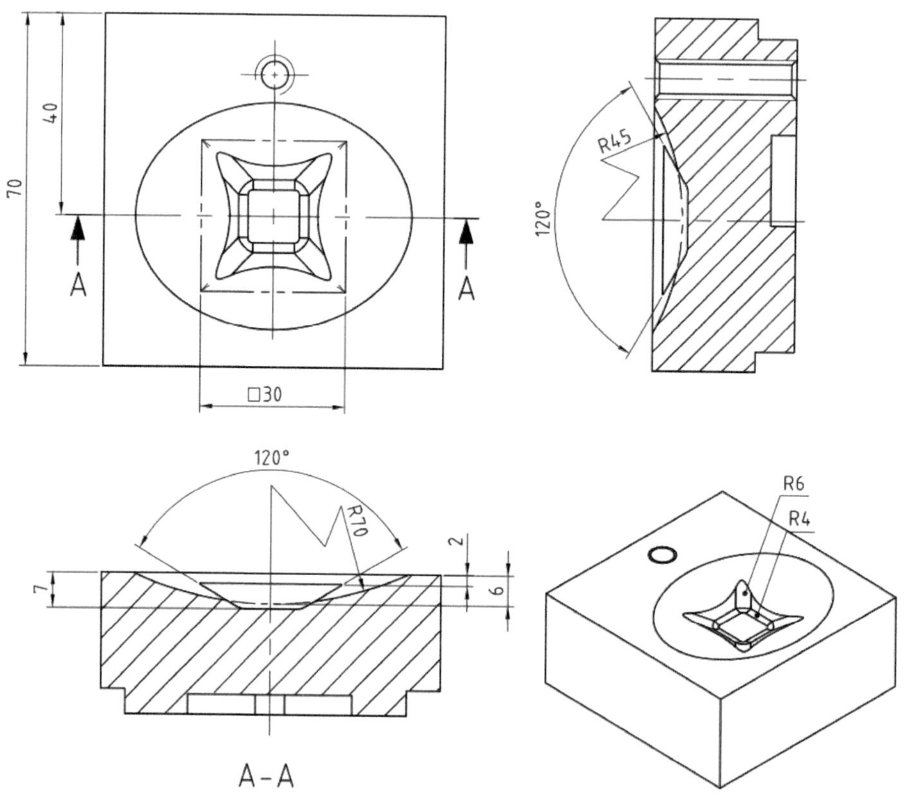

HRDK [시험 1] 6 - 6

[공개]

③

4. 도 면(CAM프로그램가공)

자격종목	컴퓨터응용가공산업기사	[시험1]과제명	머시닝센터가공작업	척도	NS

※도면 ②

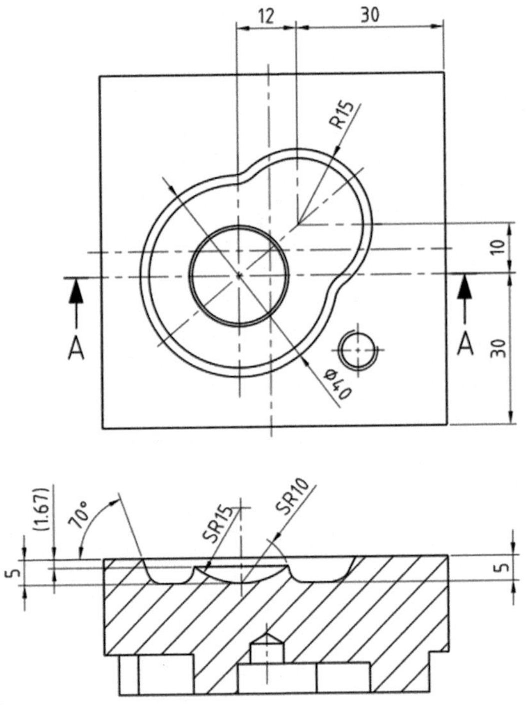

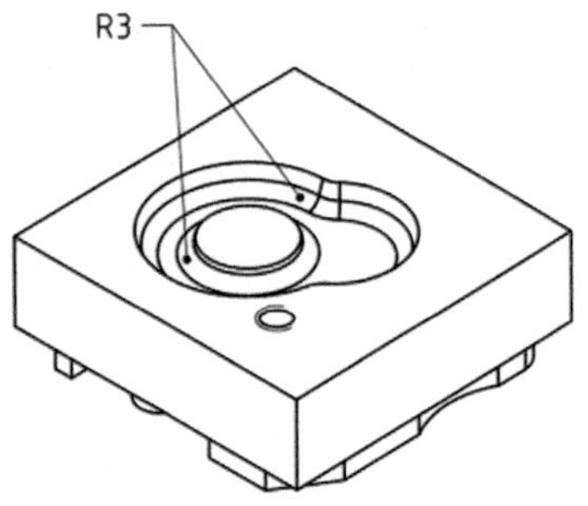

주서

1.도시되고 지시없는 필렛 및 라운드 R3

HRDK [시험 1] 6 - 6

[공개]

4. 도 면(CAM프로그램가공)

④

자격종목	컴퓨터응용가공산업기사	[시험1]과제명	머시닝센터가공작업	척도	NS

※도면 ②

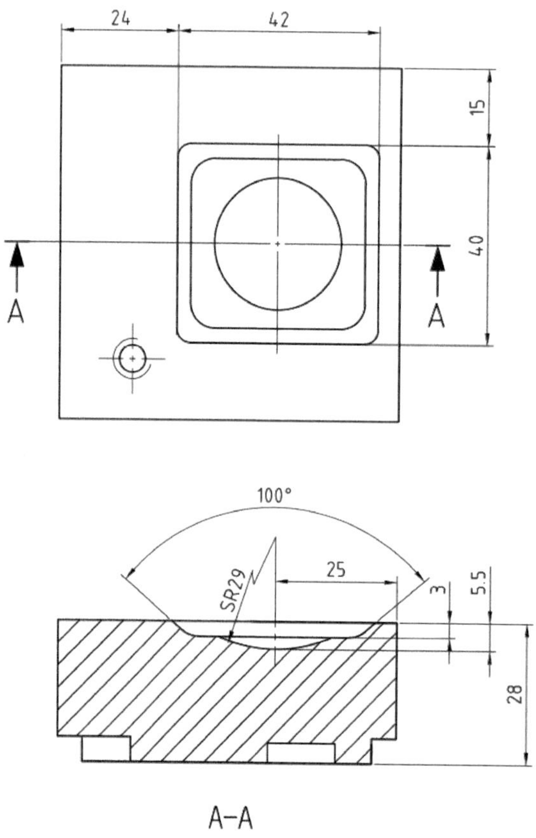

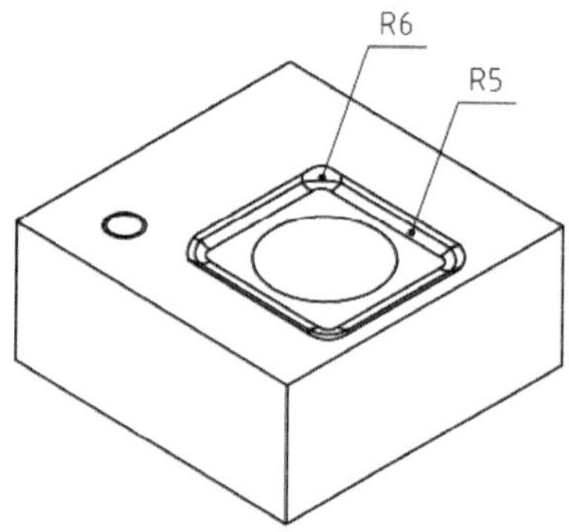

HRDK [시험 1] 6 - 6

[공개]

⑤

4. 도 면(CAM프로그램가공)

자격종목	컴퓨터응용가공산업기사	[시험1]과제명	머시닝센터가공작업	척도	NS

※도면 ②

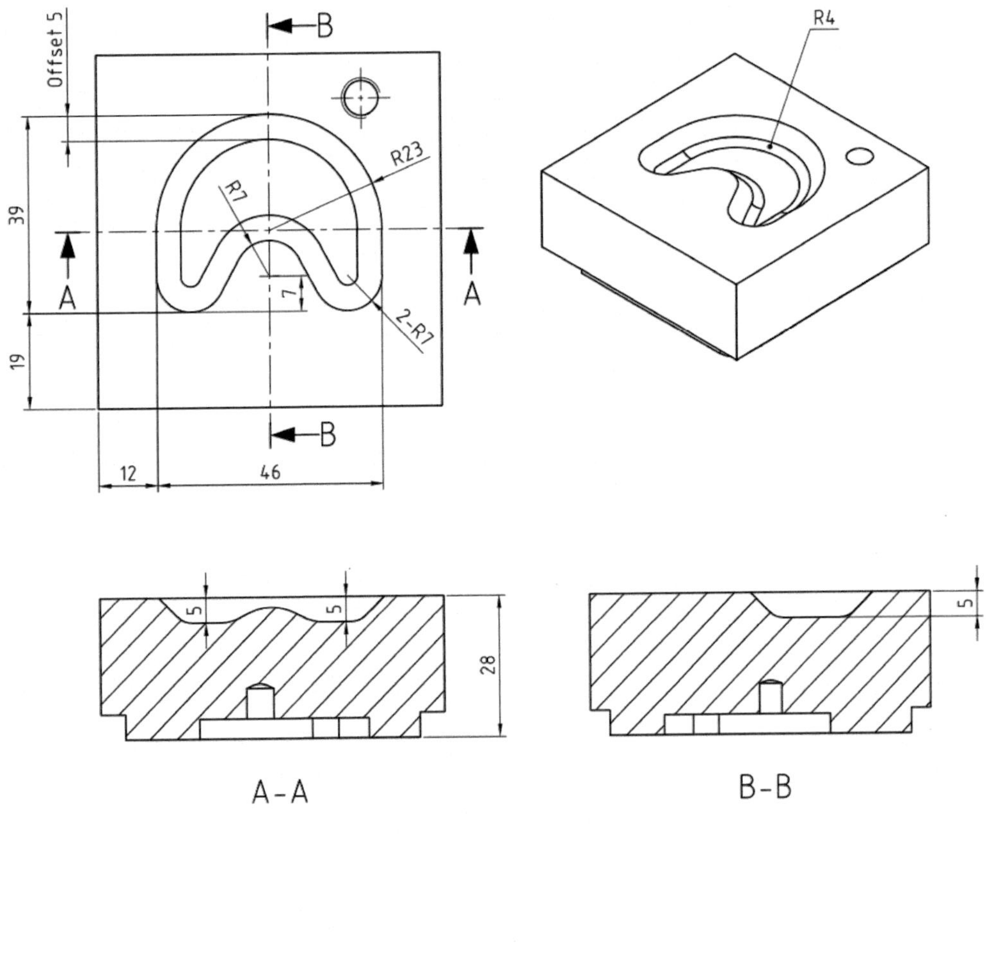

HRDK [시험 1] 6 - 6

[공개]

⑥

4. 도 면(CAM프로그램가공)

자격종목	컴퓨터응용가공산업기사	[시험1]과제명	머시닝센터가공작업	척도	NS

※도면 ②

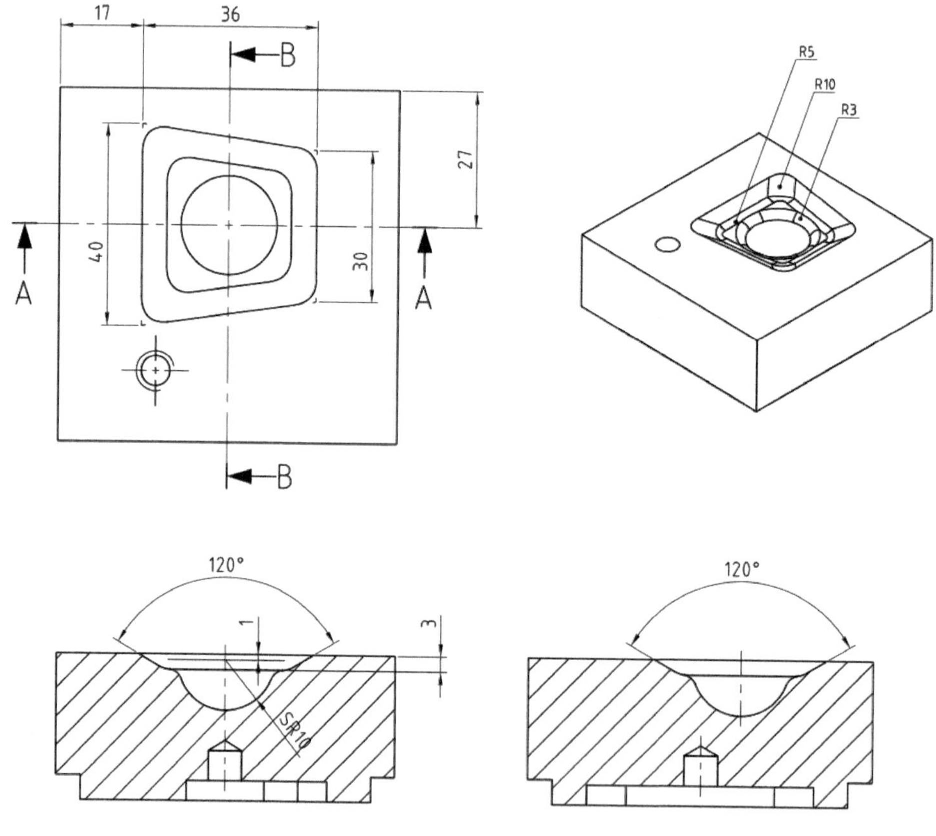

A-A

B-B

HRDK [시험 1] 6 - 6

[공개]

⑦

4. 도 면(CAM프로그램가공)

자격종목	컴퓨터응용가공산업기사	[시험1]과제명	머시닝센터가공작업	척도	NS

※도면 ②

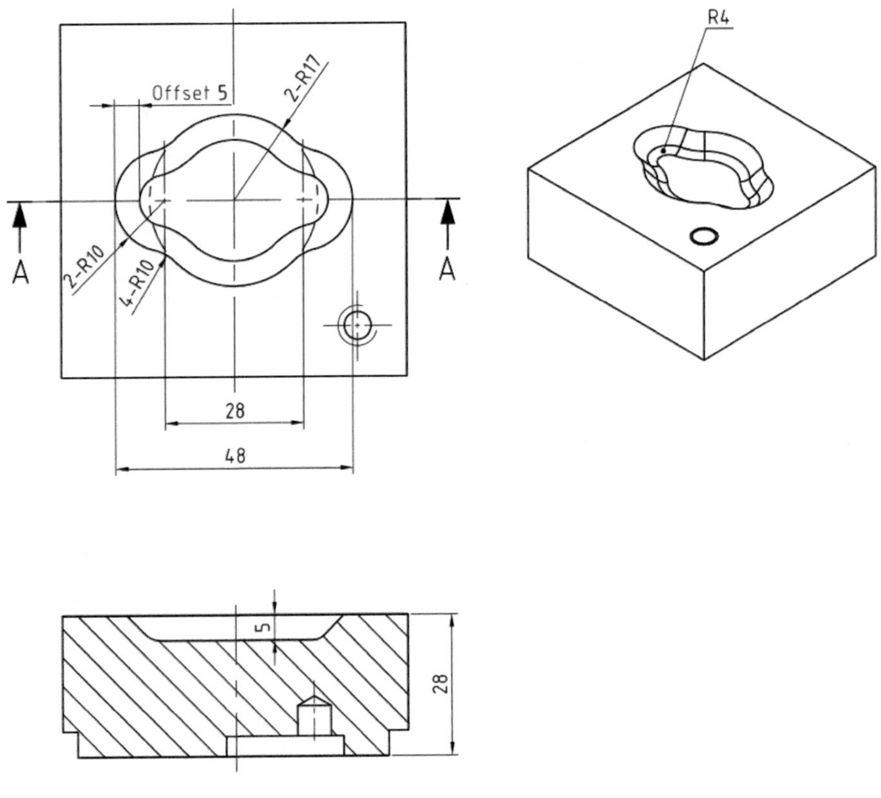

A-A

HRDK [시험 1] 6 - 6

[공개]

⑧

4. 도 면(CAM프로그램가공)

자격종목	컴퓨터응용가공산업기사	[시험1]과제명	머시닝센터가공작업	척도	NS

※도면 ②

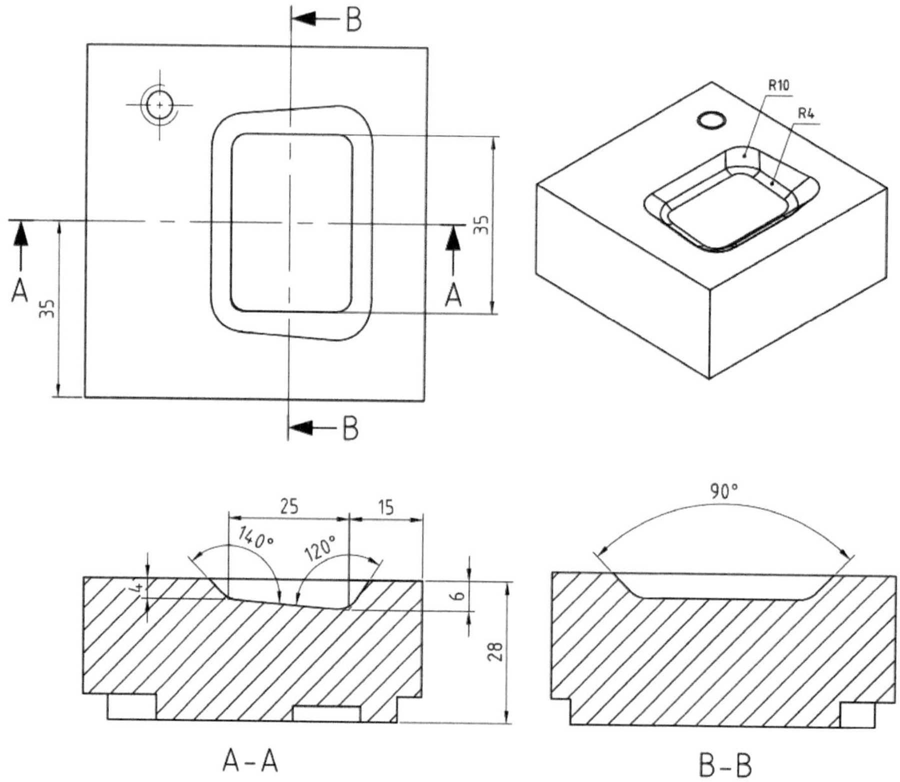

HRDK [시험 1] 6 - 6

[공개]

⑨

4. 도 면(CAM프로그램가공)

자격종목	컴퓨터응용가공산업기사	[시험1]과제명	머시닝센터가공작업	척도	NS

※도면 ②

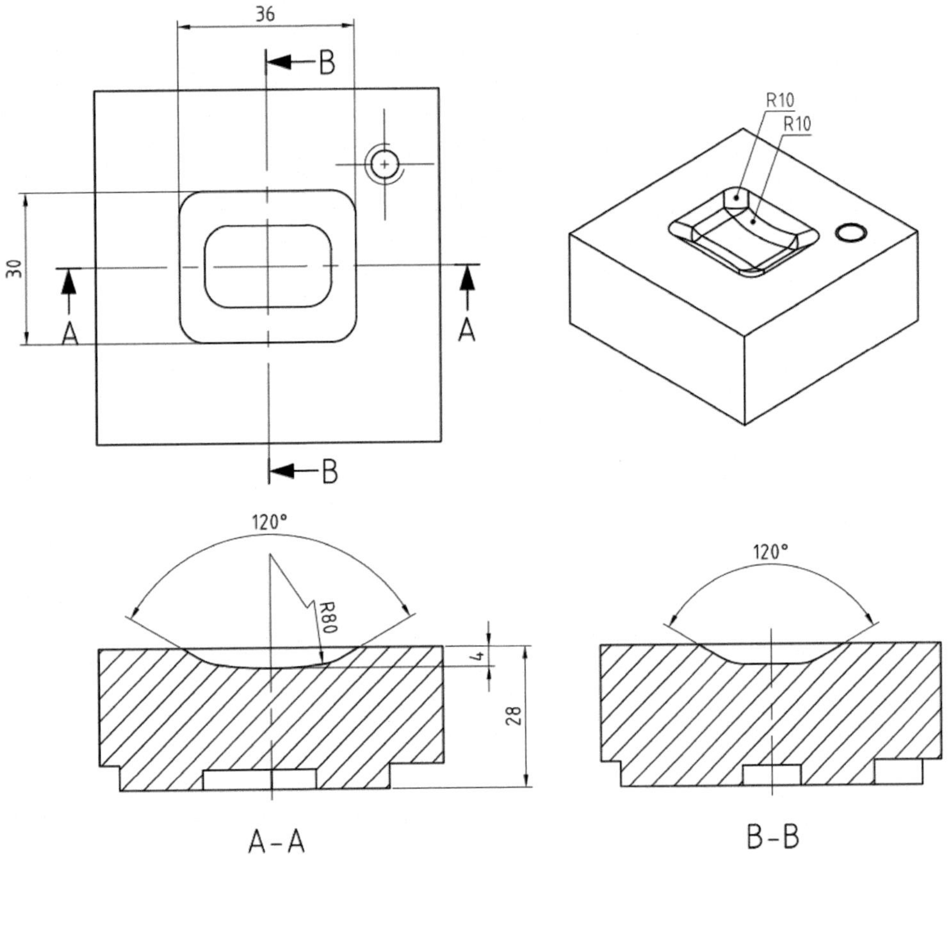

HRDK [시험 1] 6 - 6

[공개]

⑩

4. 도 면(CAM프로그램가공)

자격종목	컴퓨터응용가공산업기사	[시험1]과제명	머시닝센터가공작업	척도	NS

※도면 ②

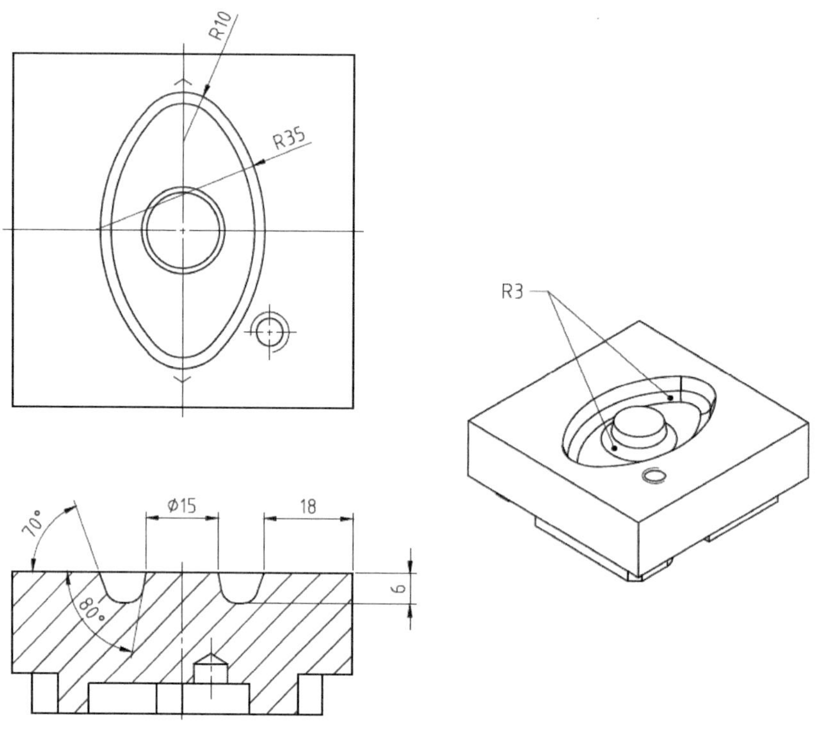

주서

1.도시되고 지시없는 필렛 및 라운드 R3

HRDK [시험 1] 6 - 6

[공개]

⑪

4. 도 면(CAM프로그램가공)

자격종목	컴퓨터응용가공산업기사	[시험1]과제명	머시닝센터가공작업	척도	NS

※도면 ②

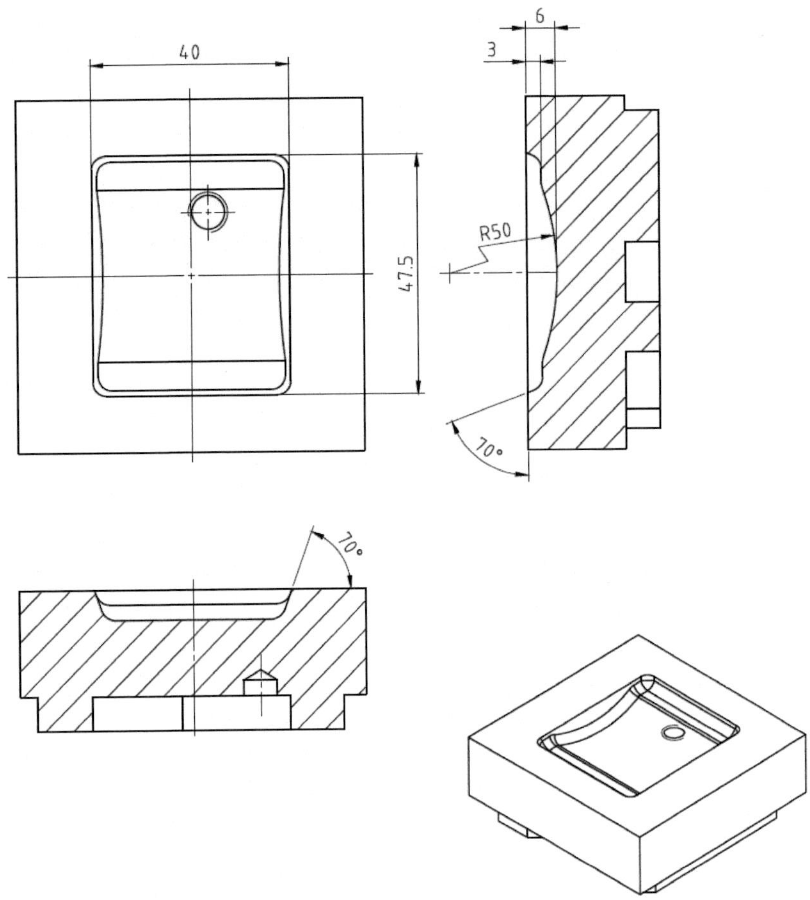

주서

1.도시되고 지시없는 필렛 및 라운드 R3

HRDK [시험 1] 6 - 6

[공개]

⑫

4. 도 면(CAM프로그램가공)

자격종목	컴퓨터응용가공산업기사	[시험1]과제명	머시닝센터가공작업	척도	NS

※도면 ②

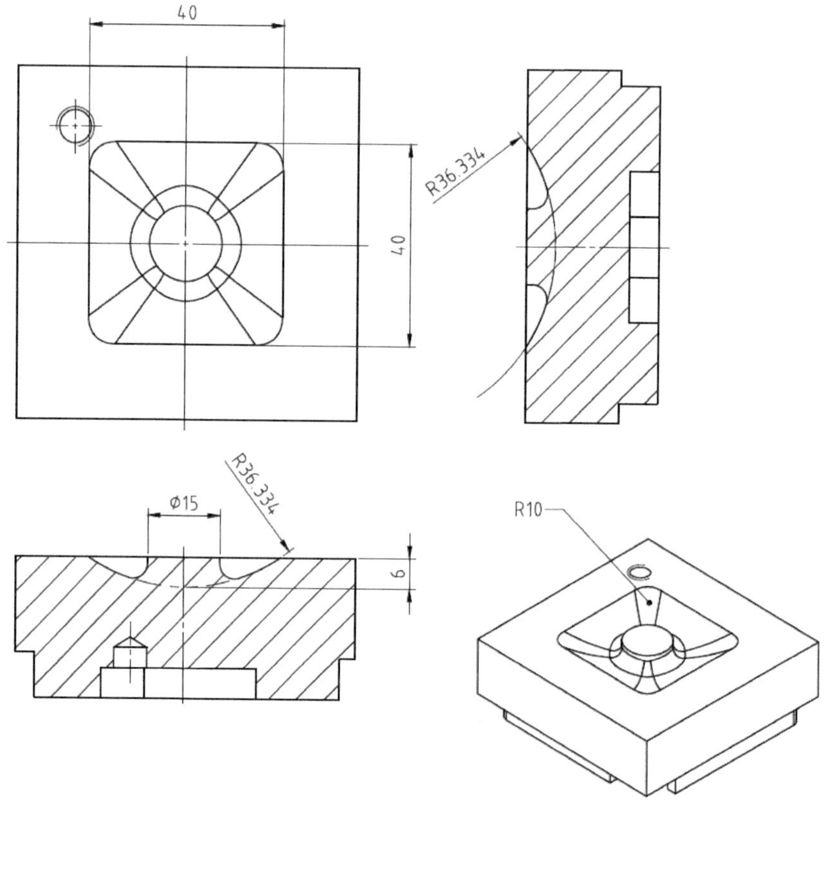

주서

1.도시되고 지시없는 필렛 및 라운드 R3

HRDK [시험 1] 6 - 6

[공개]

⑬

4. 도 면(CAM프로그램가공)

자격종목	컴퓨터응용가공산업기사	[시험1]과제명	머시닝센터가공작업	척도	NS

※도면 ②

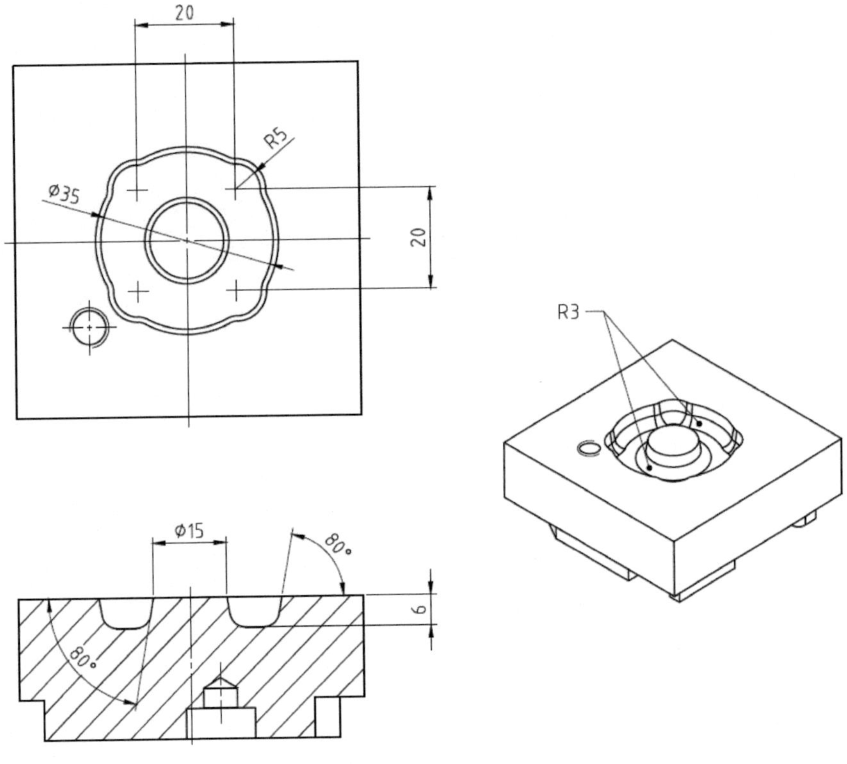

주서

1.도시되고 지시없는 필렛 및 라운드 R3

[공개]

⑭

4. 도 면(CAM프로그램가공)

자격종목	컴퓨터응용가공산업기사	[시험1]과제명	머시닝센터가공작업	척도	NS

※도면 ②

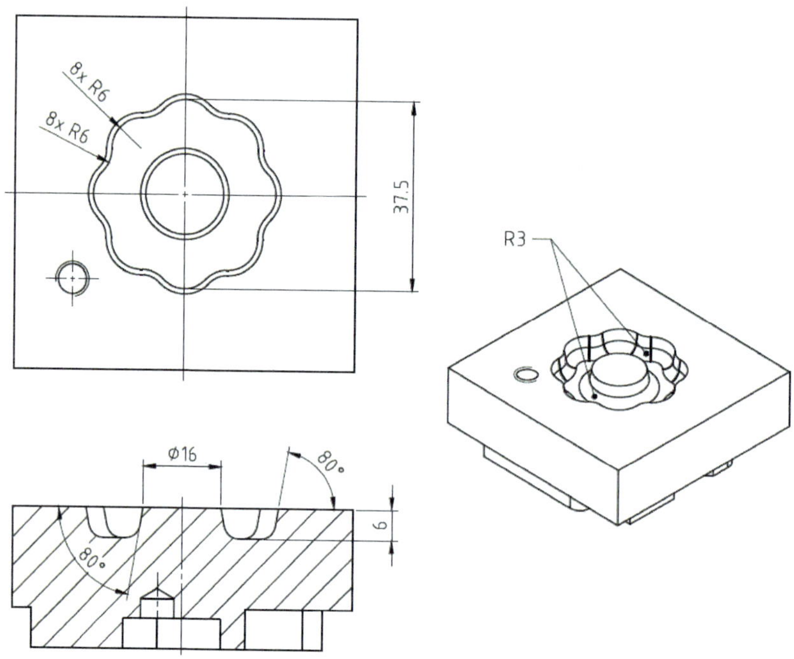

주서

1.도시되고 지시없는 필렛 및 라운드 R3

HRDK [시험 1] 6 - 6

[공개]

⑮

4. 도 면(CAM프로그램가공)

자격종목	컴퓨터응용가공산업기사	[시험1]과제명	머시닝센터가공작업	척도	NS

※도면 ②

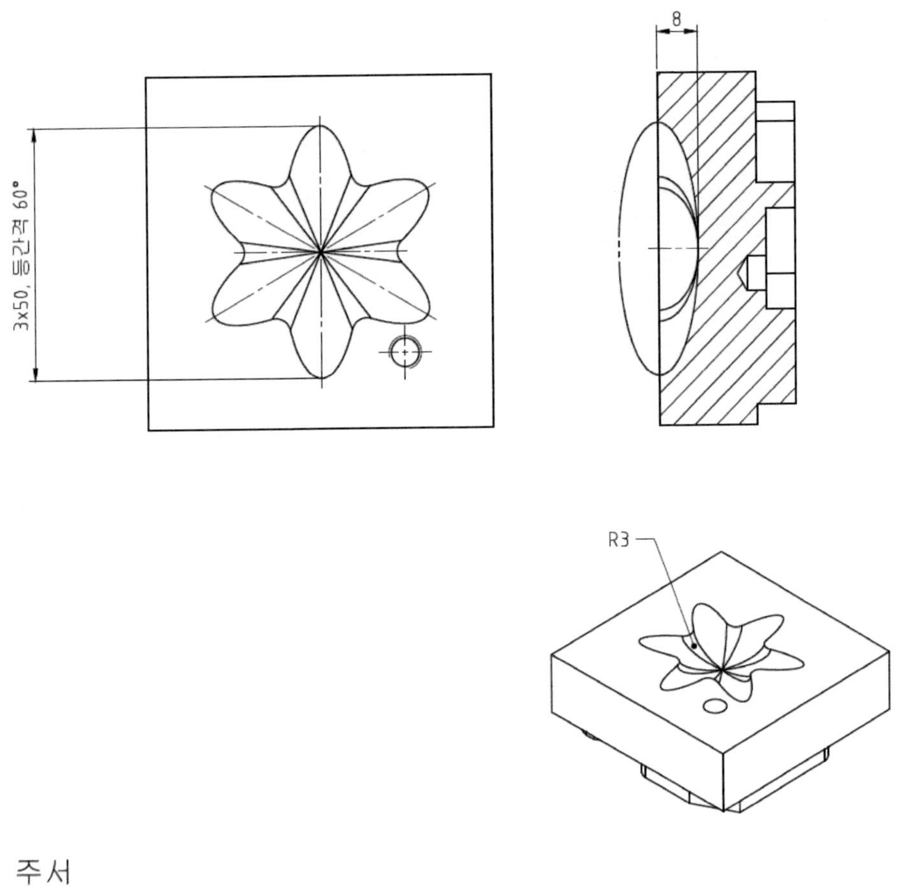

주서

1.도시되고 지시없는 필렛 및 라운드 R3

HRDK [시험 1] 6 - 6

[공개]

⑯

4. 도 면(CAM프로그램가공)

자격종목	컴퓨터응용가공산업기사	[시험1]과제명	머시닝센터가공작업	척도	NS

※도면 ②

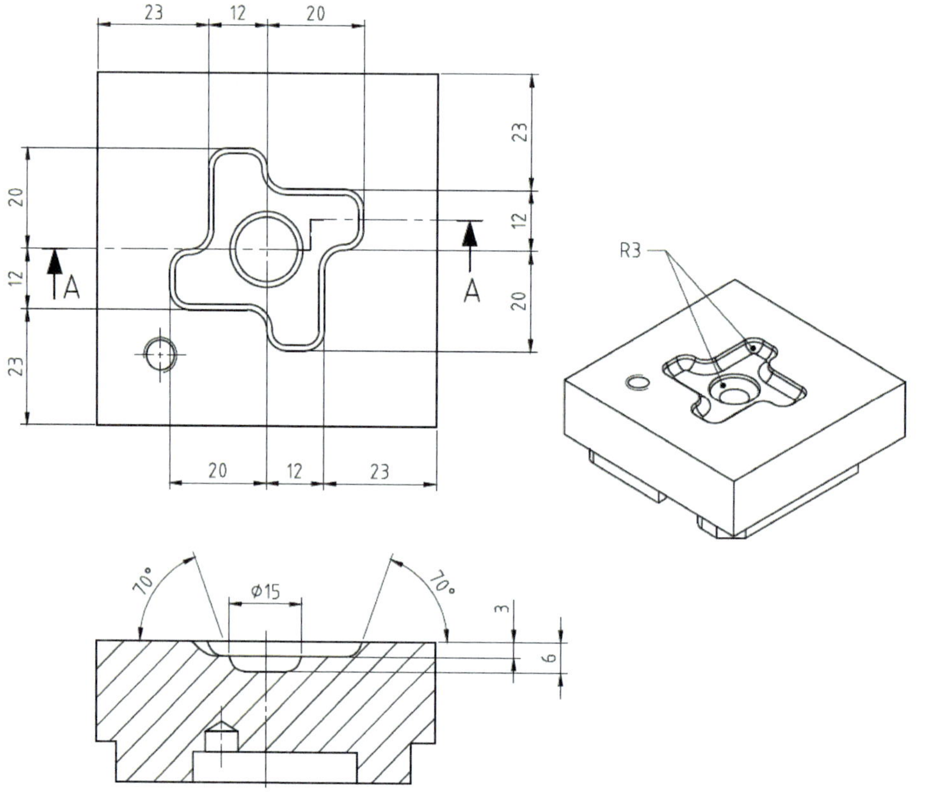

A-A

주서

1.도시되고 지시없는 필렛 및 라운드 R3

HRDK [시험 1] 6 - 6

[공개]

⑰

4. 도 면(CAM프로그램가공)

자격종목	컴퓨터응용가공산업기사	[시험1]과제명	머시닝센터가공작업	척도	NS

※도면 ②

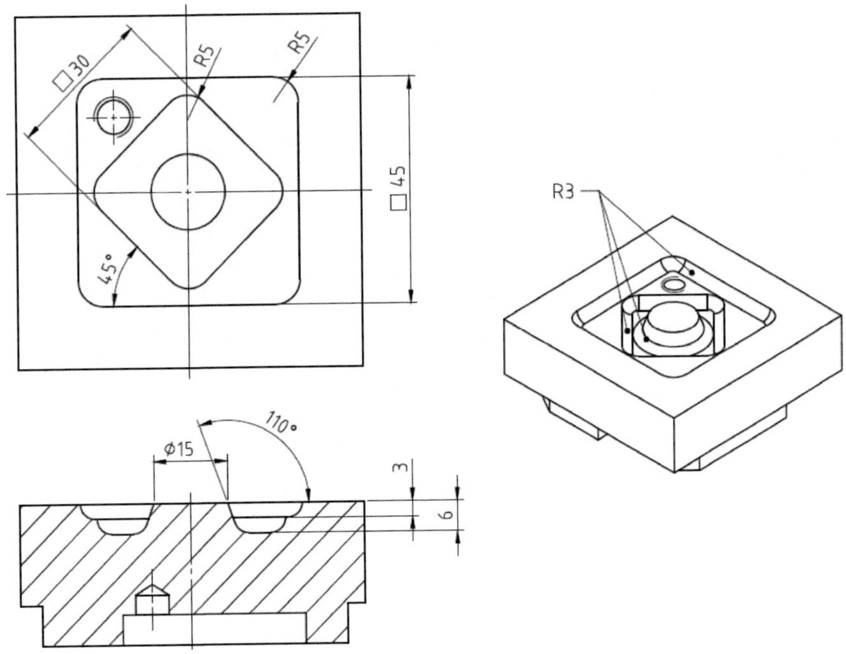

주서

1.도시되고 지시없는 필렛 및 라운드 R3

HRDK [시험 1] 6 - 6

[공개]

⑱

4. 도 면(CAM프로그램가공)

자격종목	컴퓨터응용가공산업기사	[시험1]과제명	머시닝센터가공작업	척도	NS

※도면 ②

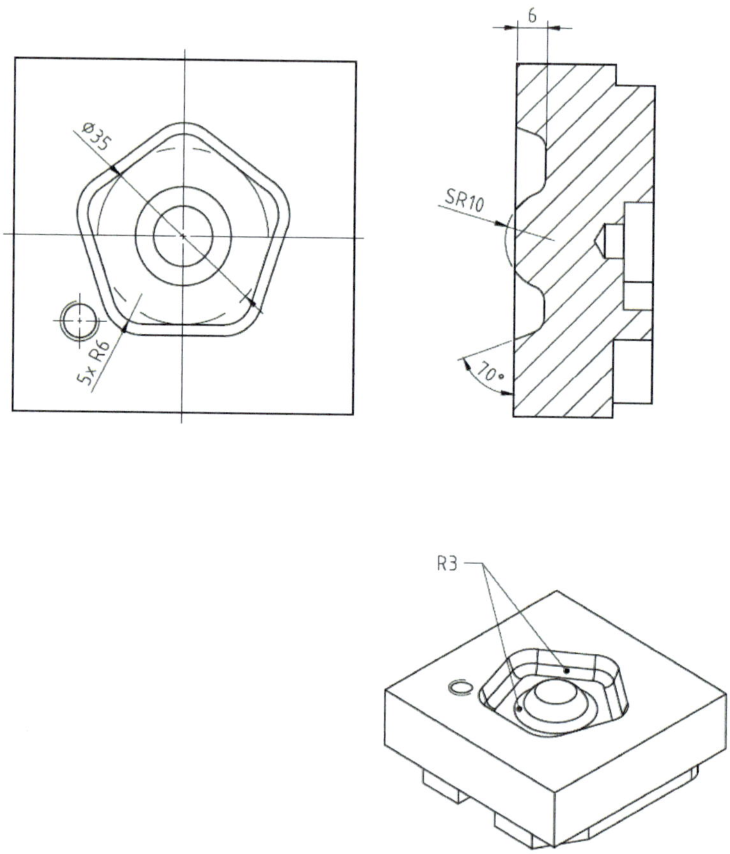

주서

1.도시되고 지시없는 필렛 및 라운드 R3

HRDK [시험 1] 6 - 6

[공개]

(19)

4. 도 면(CAM프로그램가공)

자격종목	컴퓨터응용가공산업기사	[시험1]과제명	머시닝센터가공작업	척도	NS

※도면 (2)

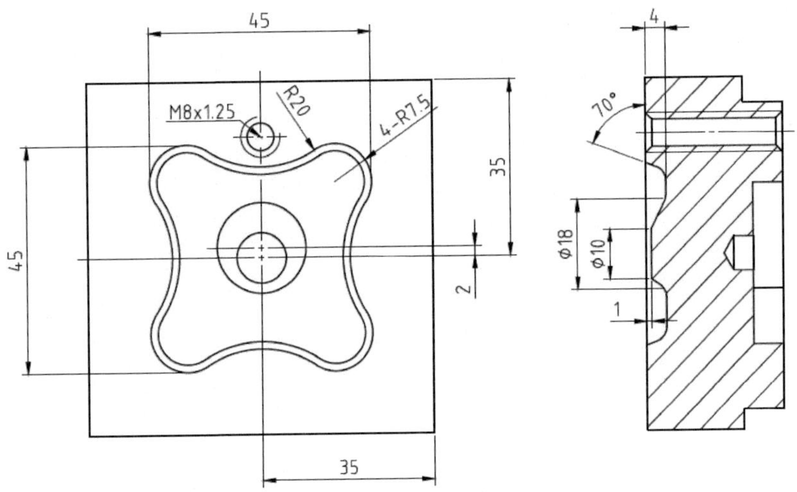

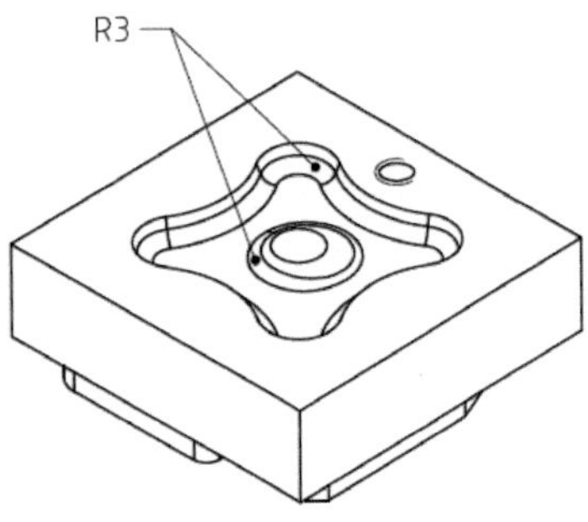

주서

1.도시되고 지시없는 필렛 및 라운드 R3

HRDK [시험 1] 6 - 6

[공개]

⑳

4. 도 면(CAM프로그램가공)

자격종목	컴퓨터응용가공산업기사	[시험1]과제명	머시닝센터가공작업	척도	NS

※도면 ②

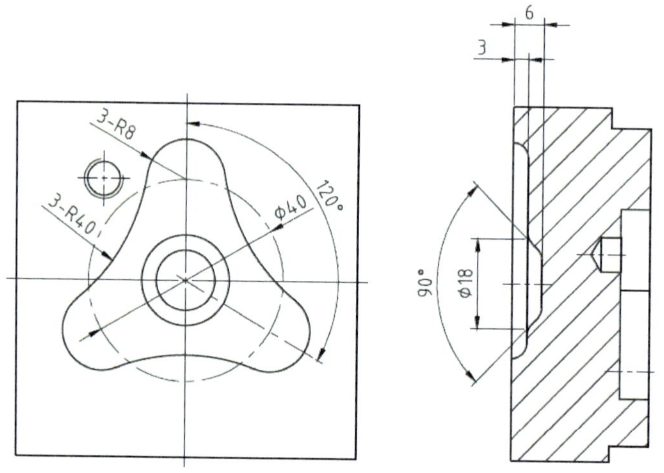

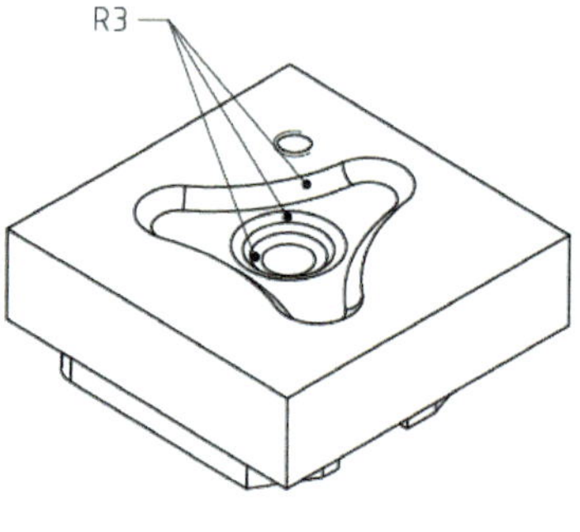

주서

1.도시되고 지시없는 필렛 및 라운드 R3

HRDK [시험 1] 6 - 6

STEP 18 컴퓨터 응용 가공 산업 기사 – CAM 및 시뮬레이션

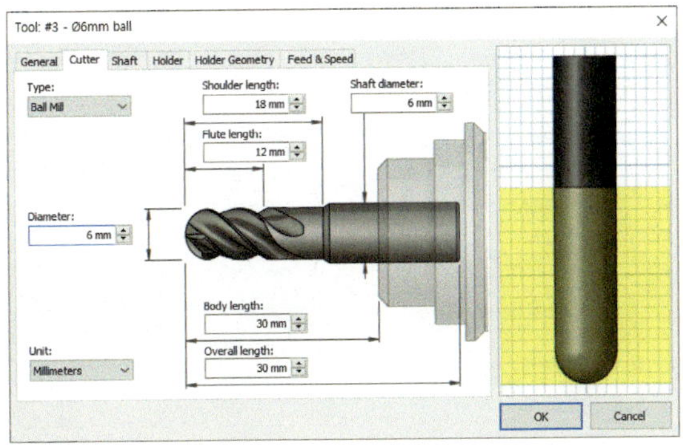

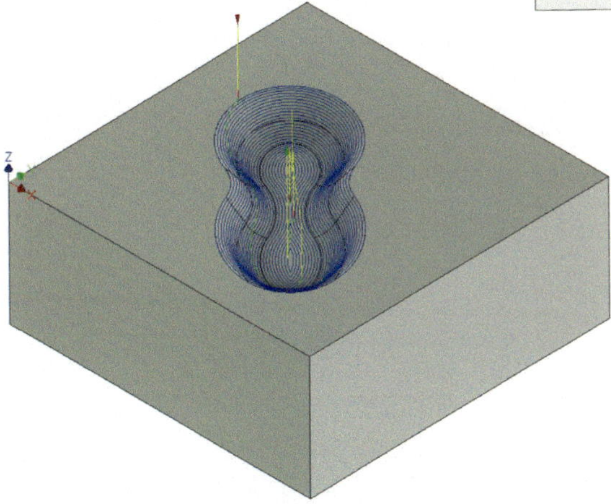

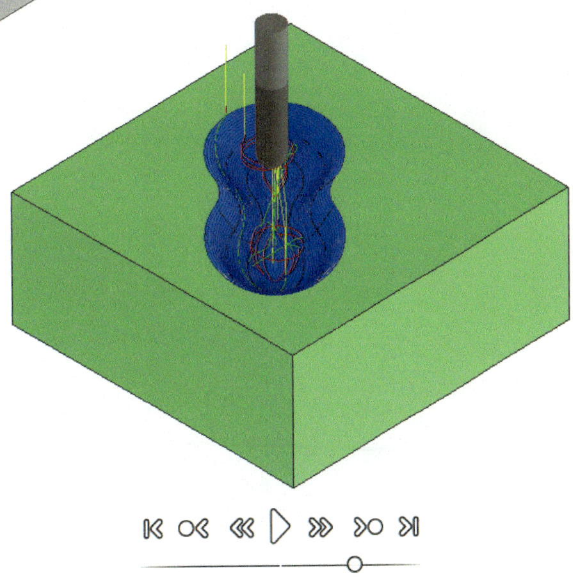

공구번호	공구설명	공구상세	F(피드/피치)	S(주속/회전수)
T01	엔드밀 (End mill)	Ø 10 mm	F150	S2000
T03	볼 엔드밀 (Ball mill)	Ø 6 mm	F300	S2500

1.

앞에서 만든 인벤터 부품 파일(.ipt)이 열린 상태에서 리본의 CAM 탭에 들어간다.

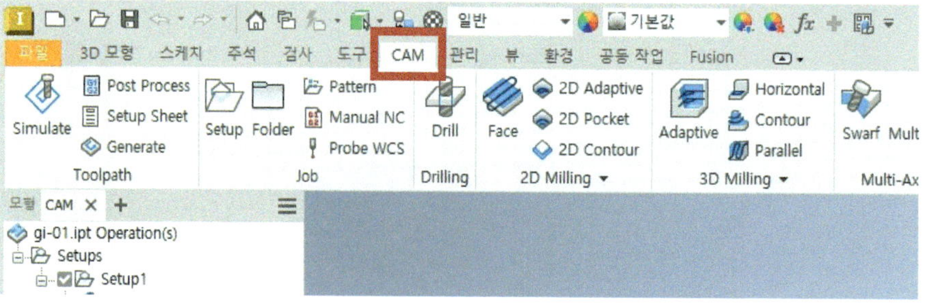

2.

이 책에서 예시로 부품을 만들어 본 공개도면 1번과 15번은 모양은 다르지만 작업하는 방법은 동일하다. 여기서는 1번을 예시하겠다. 이 책에서는 바탕화면에 san-gi-01이라는 폴더를 만들고 그곳에 san-gi-01.ipt를 만들었다.

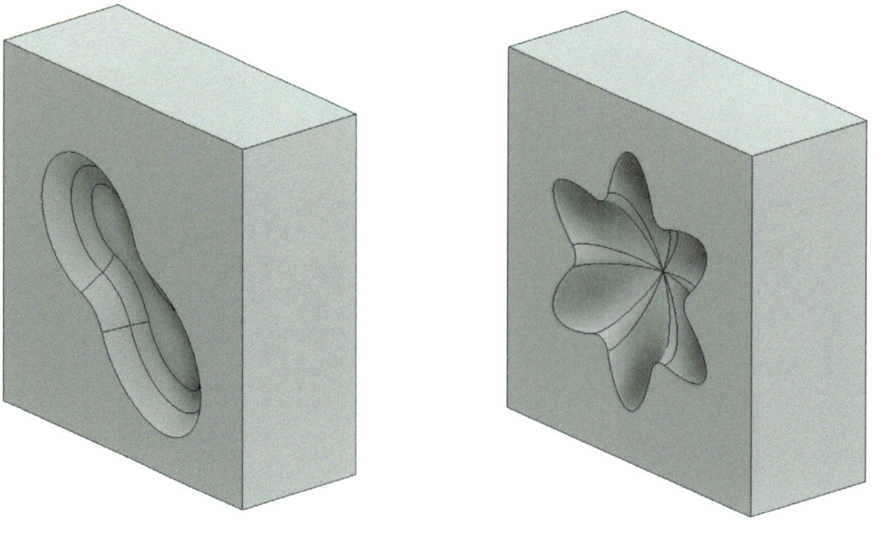

공개문제 1번 공개문제 15번

3.

리본 〉 Job 〉Setup 명령을 실행한다.

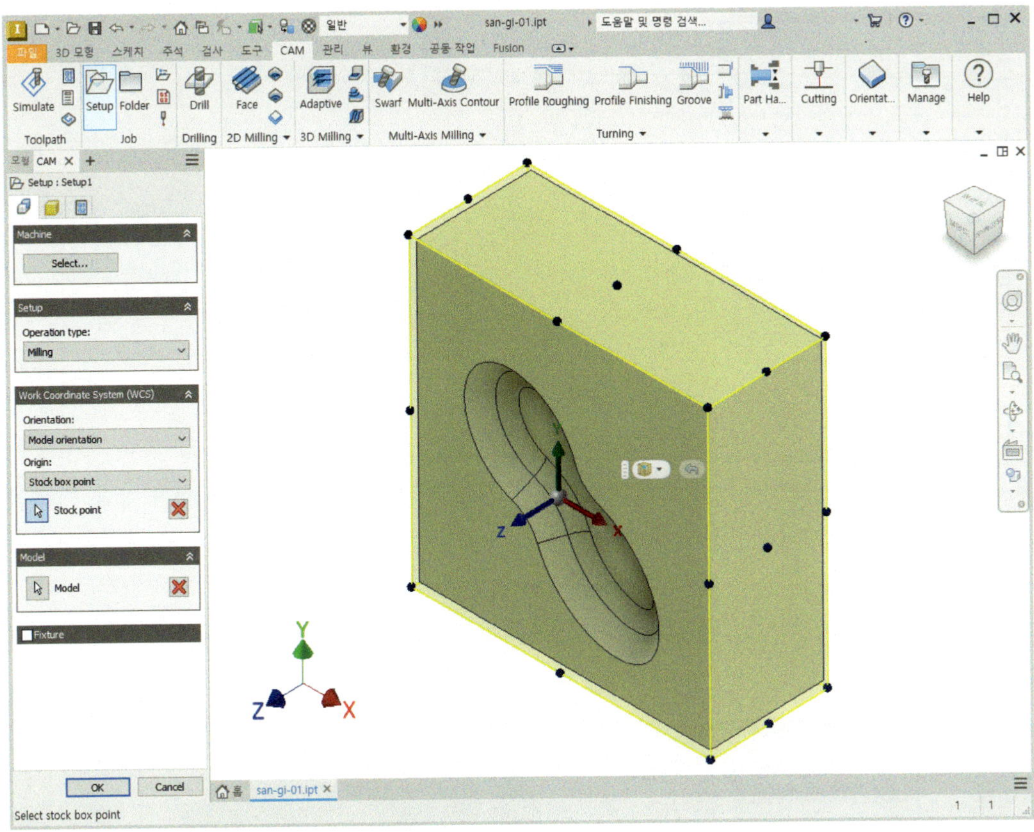

좌측 캠 브라우저(검색기, CAM Browser)에서 Setup 탭( )의 Machine의 [Select...]을 클릭한다.

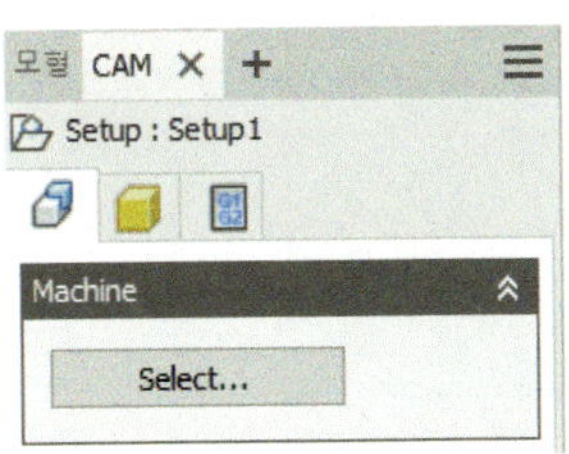

Machines 대화상자가 나타나는데 Milling의 Generic 3-Axis을 선택하고 [OK]를 누른다.

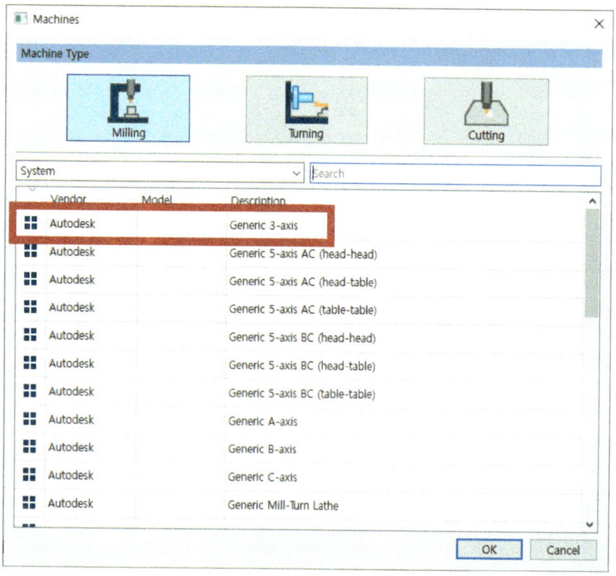

4.

3.번을 선택하고 나면 자동으로 캠 브라우저에서 아래에 있는 공작물 좌표계의 원점을 지정하는 WCS를 선택하는 상태가 된다. 아래 그림의 붉은 원으로 표시된 윗면 좌측 아랫부분을 클릭한다.

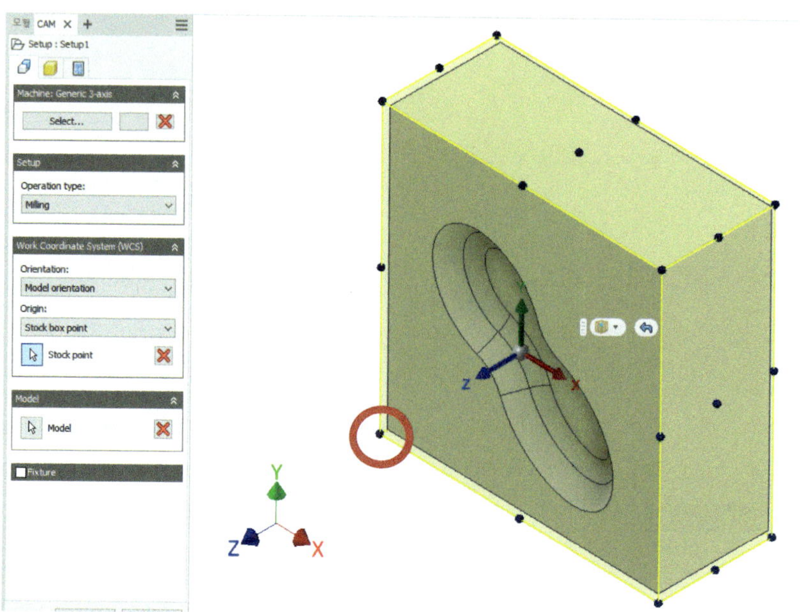

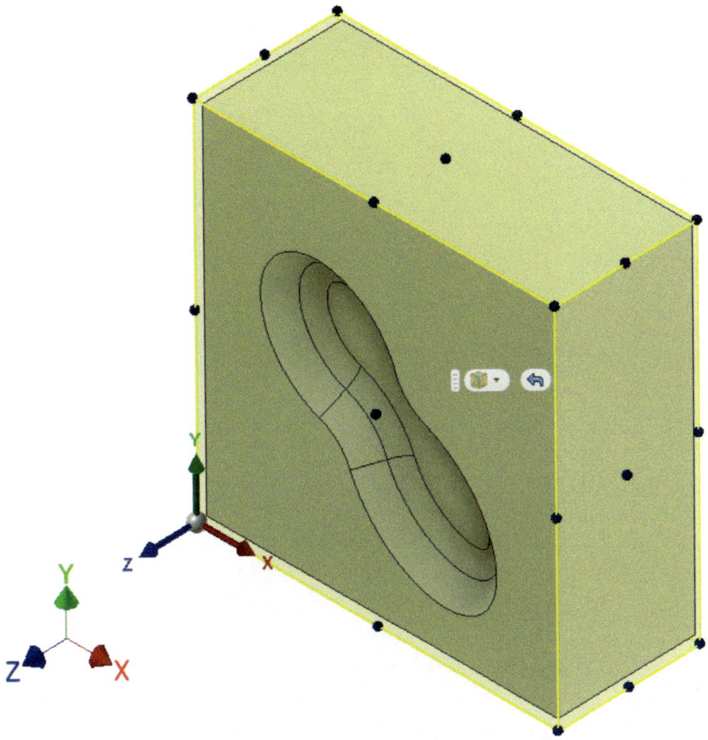

5.

캠 브라우저에서 Stock 탭( )을 클릭하고 Stock의 Side offset과 Top offset을 1 mm에서 0 mm로 변경한다.

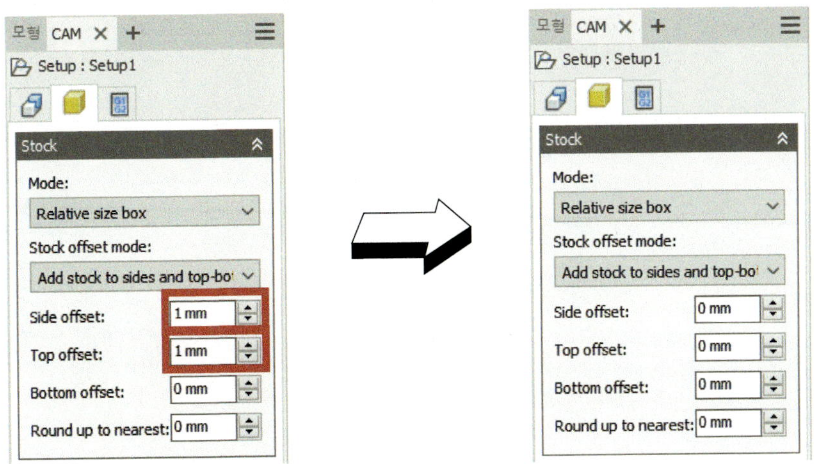

6.

캠 브라우저의 아래에 있는 [OK] 버튼을 클릭한다.

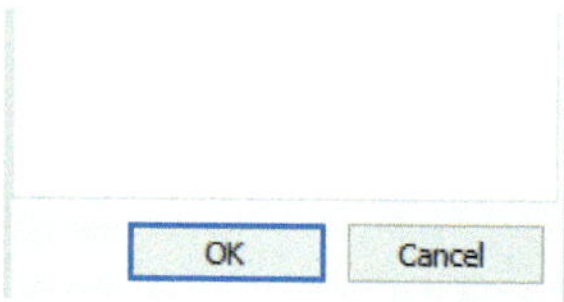

7.

이후 작업의 편의를 위해 아래와 같이 우측 상단의 뷰큐브를 사용하여 뷰를 변경한다.

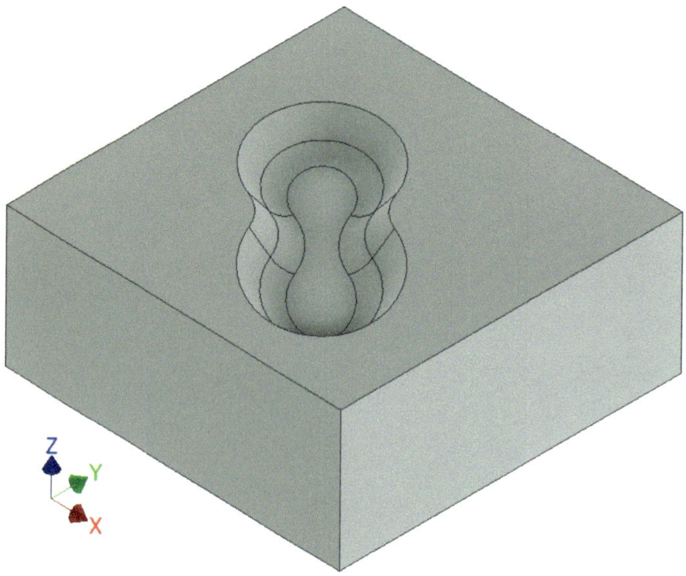

8.

Pocket Clearing 명령(리본 〉 CAM 〉 3D Milling 〉 Pocket)을 실행한다.

9.

Tool 탭( )의 [Tool] 버튼을 클릭한다.

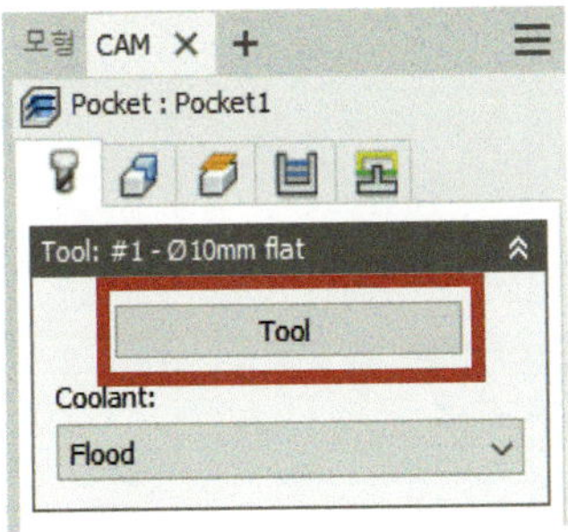

10.

생성된 공구 선택 대화 상자에서 좌측 하단에 있는 [New Mill Tool] 버튼을 클릭한다.

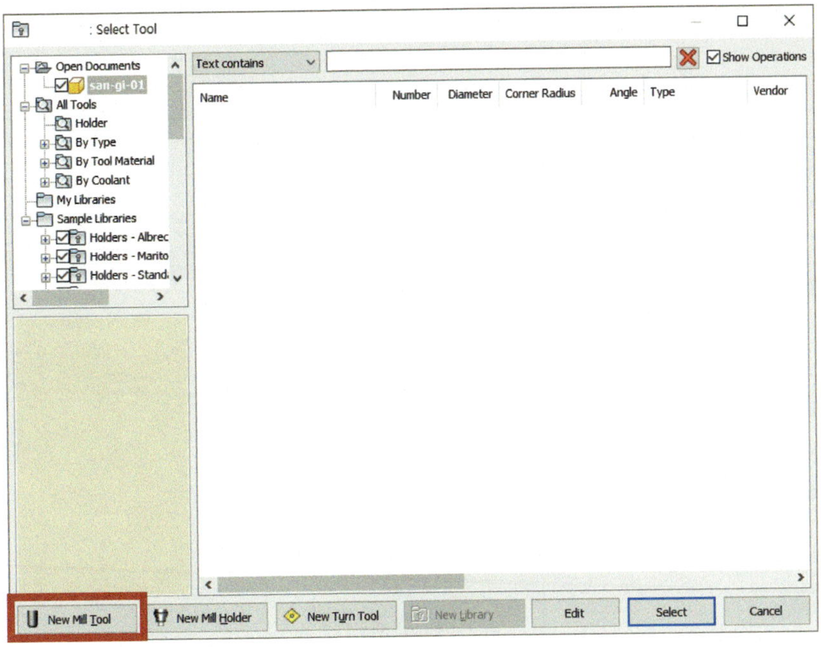

11.

General 탭에서 Number, Length offset, Diameter offset을 모두 1인지 확인하고 아니면 수정한다.

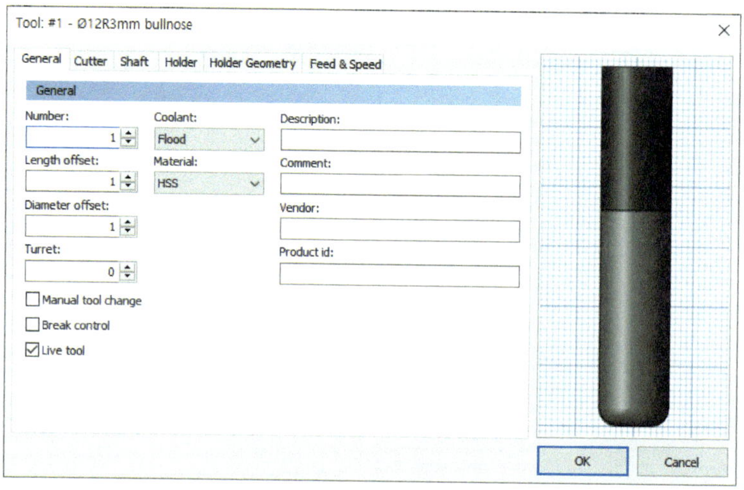

12.

Cutter 탭에서 Type을 Flat Mill로 선택하고 Diameter을 10으로 변경한다.

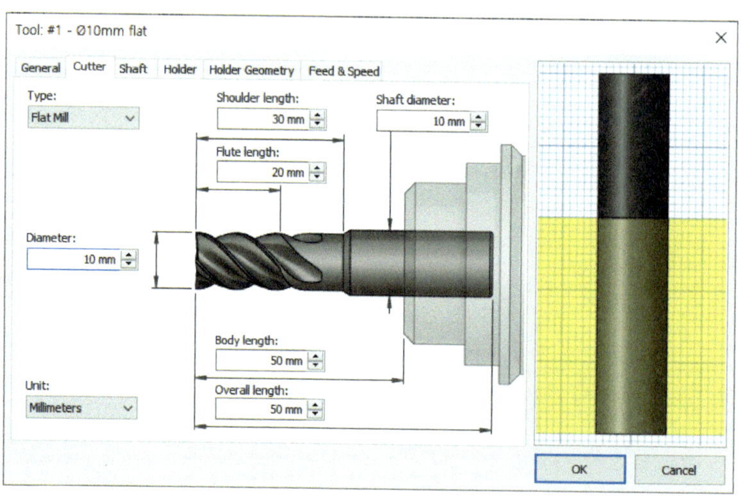

13.

Feed & Speed 탭에서 Speed의 Spindle speed에 2000 (rpm)을, Feedrates의 Cutting feedrate에 150 (mm/min)을 입력하고, Vertical Feedrates의 Plunge feedrate에 150 (mm/min)을 입력한다. 입력을 마치면 우측 하단의 [OK] 버튼을 누른다.

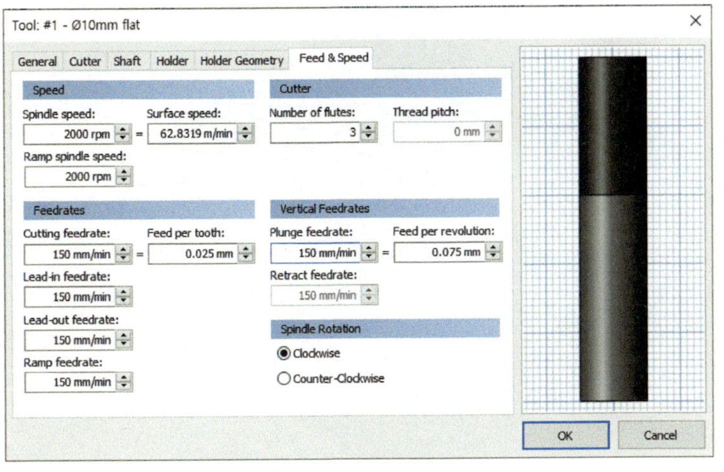

14.

자동으로 공구번호가 1번인 ∅10 앤드밀이 선택되어 있다. 우측 하단의 [Select] 버튼을 누른다.

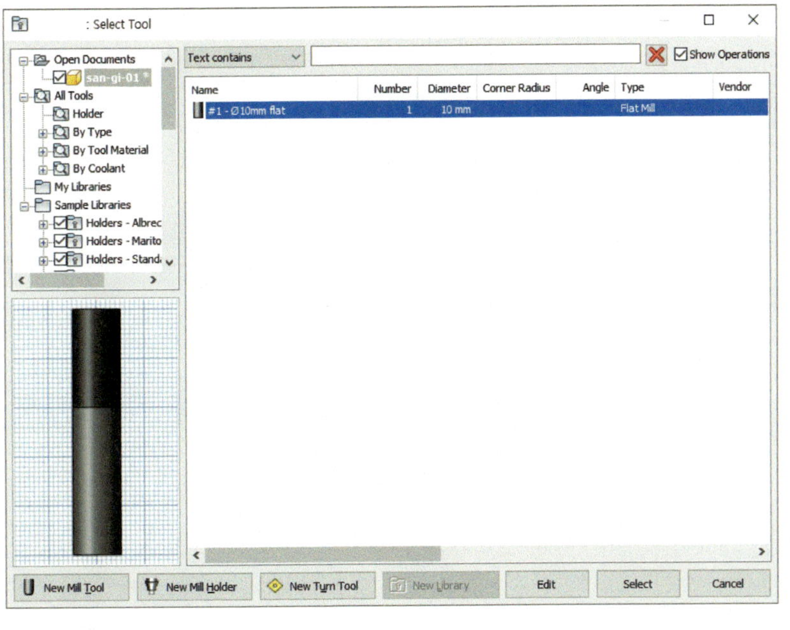

15.

CAM 브라우저의 Tool 탭에 위에서 선택한 공구와 설정 값이 제대로 들어가 있는지 확인한다.

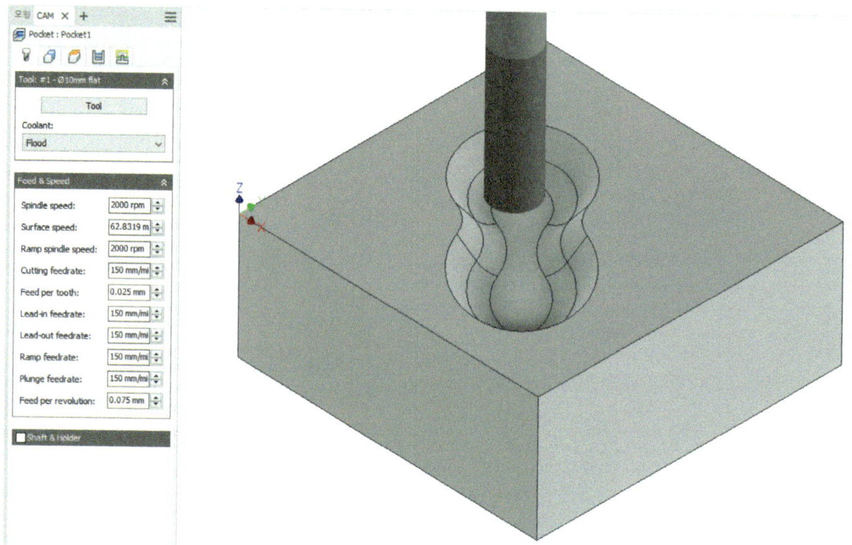

16.

Geometry 탭( )에 들어가 아래의 초록색 선에 해당하는 부분을 마우스로 클릭하여 선택한다.

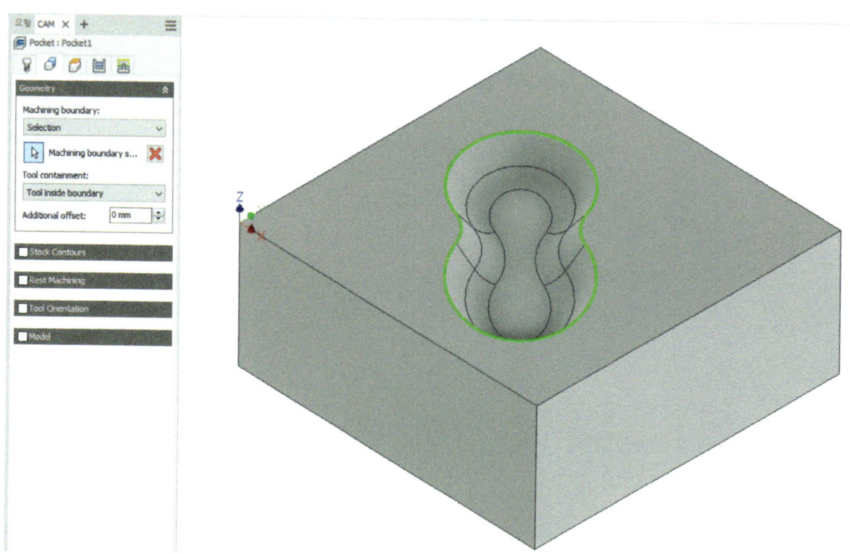

17.

Passes 탭( )에 들어가 Passes에서 Maximum roughing stepdown에 1을 입력하고 Stock to Leave 두 값에 각각 0.5를 입력한 다음 캠 브라우저 아래 [OK] 버튼을 누른다.

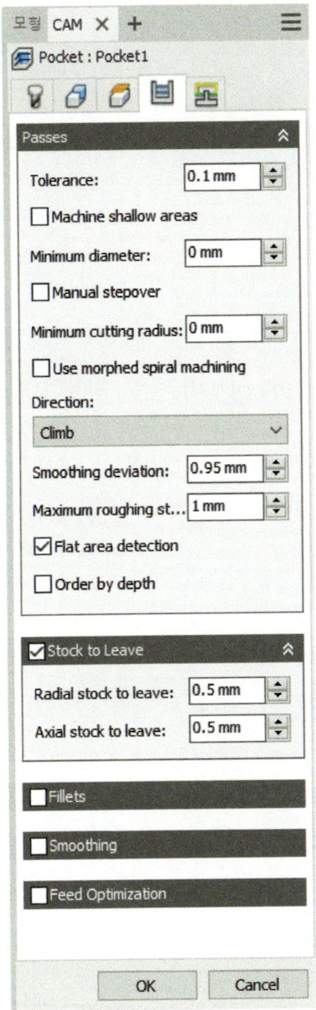

18.

Scallop 명령(리본 〉 CAM 〉 3D Milling 〉 Scallop)을 실행한다.

19.

Tool 탭( )의 [Tool] 버튼을 클릭한다.

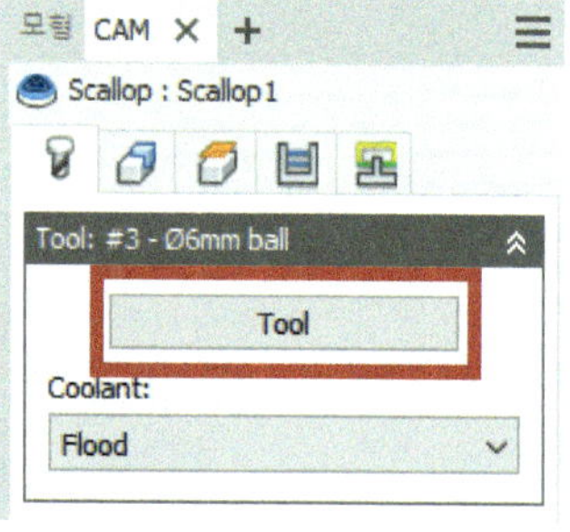

20.

생성된 공구 선택 대화 상자에서 좌측 하단에 있는 [New Mill Tool] 버튼을 클릭한다.

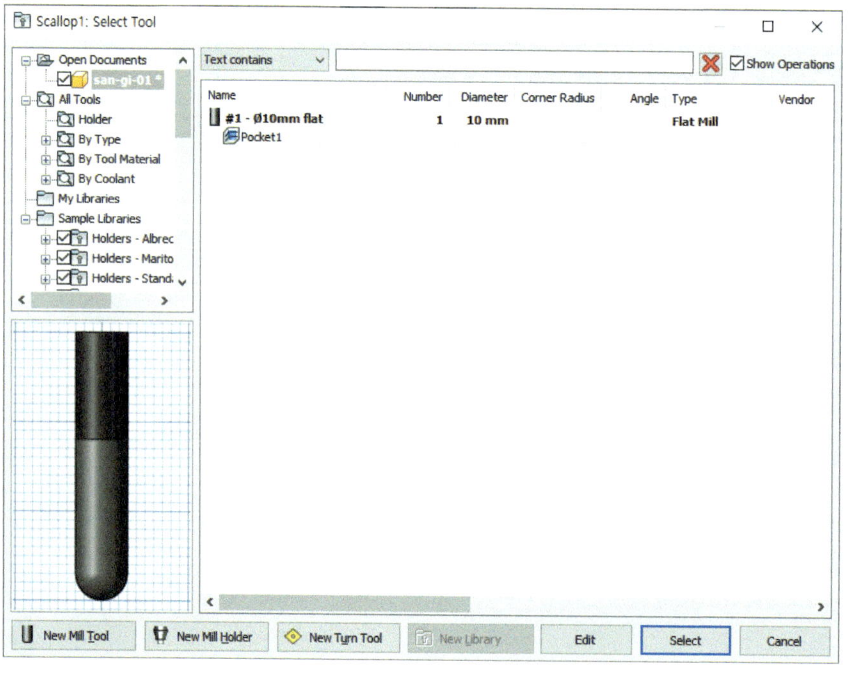

21.

General 탭에서 Number, Length offset, Diameter offset을 모두 3으로 변경한다.

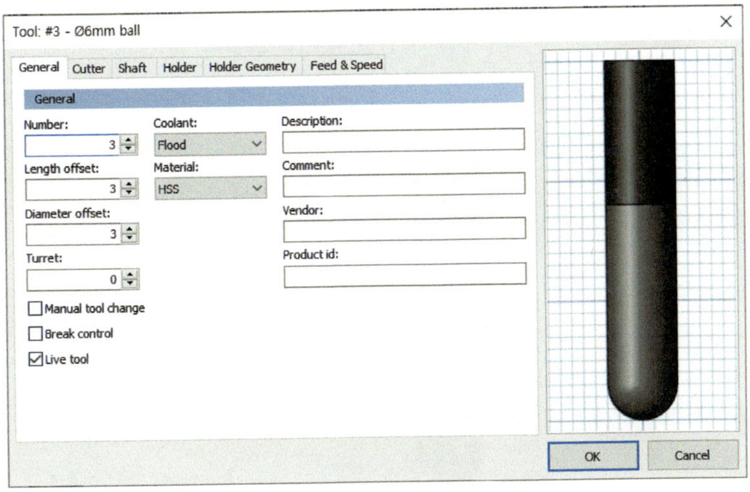

22.

Cutter 탭에서 Type을 Ball Mill로 선택하고 Diameter을 6으로 변경한다.

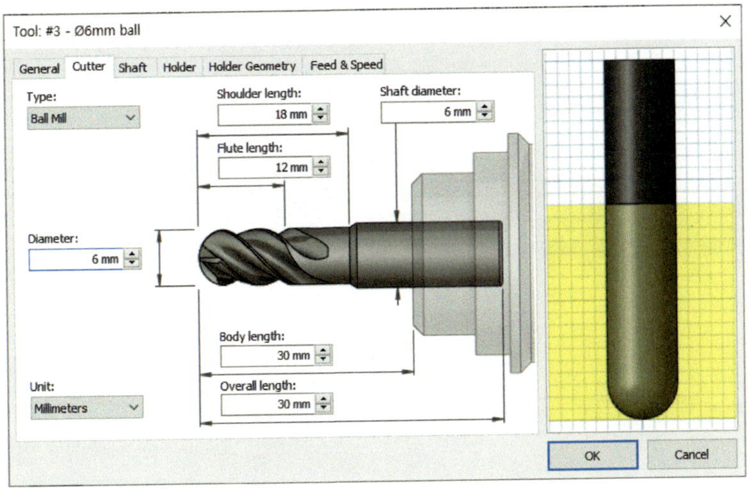

23.

Feed & Speed 탭에서 Speed의 Spindle speed에 2500 (rpm)을, Feedrates의 Cutting feedrate에 300 (mm/min)을 입력하고, Vertical Feedrates의 Plunge feedrate에 150 (mm/min)을 입력한다. 입력을 마치면 우측 하단의 [OK] 버튼을 누른다.

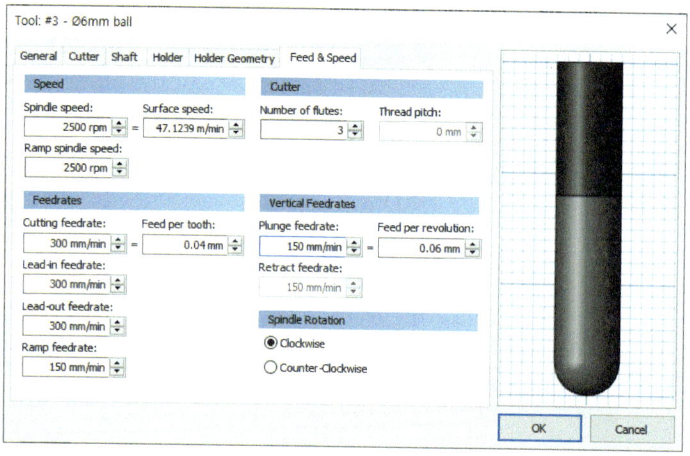

24.

자동으로 공구번호가 3번인 Ø6 볼 앤드밀이 선택되어 있다. 우측 하단의 [Select] 버튼을 누른다.

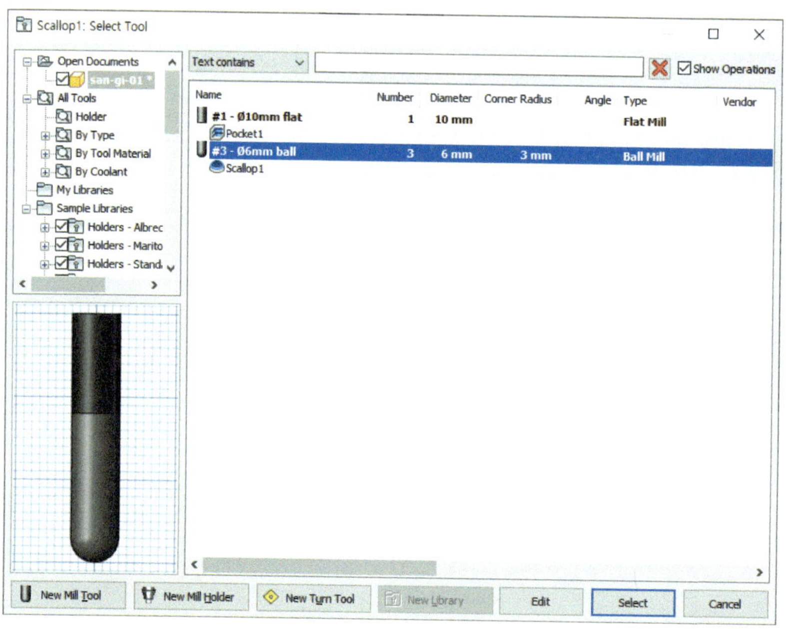

25.

CAM 브라우저의 Tool 탭에 위에서 선택한 공구와 설정 값이 제대로 들어가 있는지 확인한다.

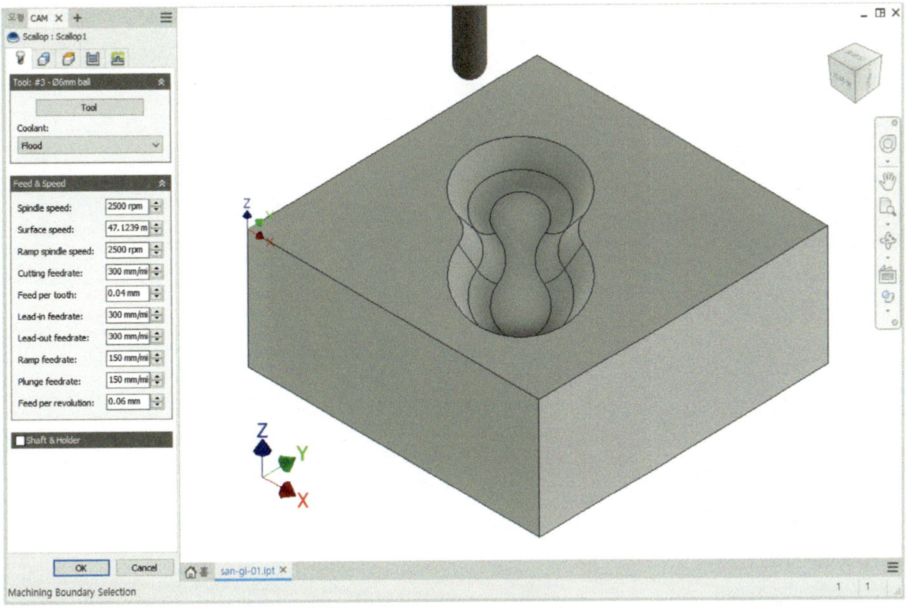

26.

Geometry 탭( )에 들어가 아래의 초록색 선에 해당하는 부분을 마우스로 클릭하여 선택한다.

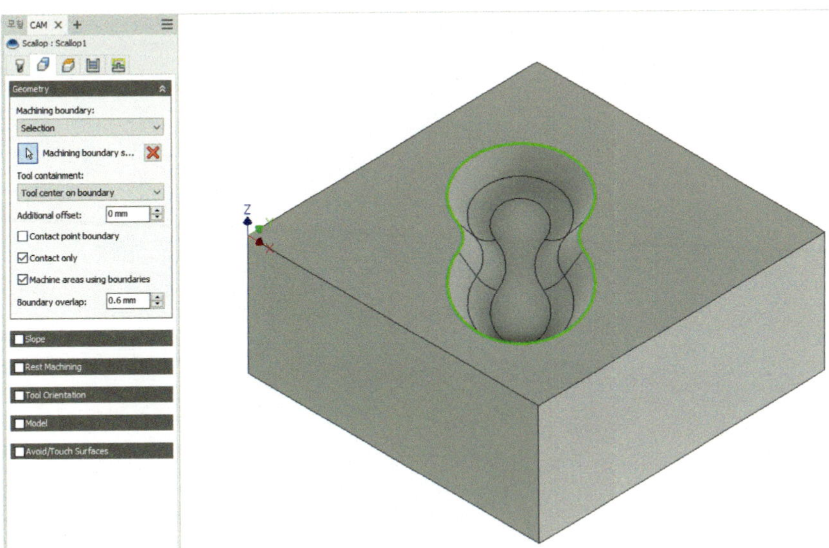

27.

Passes 탭( )을 아래와 같이 설정한 다음 캠 브라우저 아래 [OK] 버튼을 누른다.

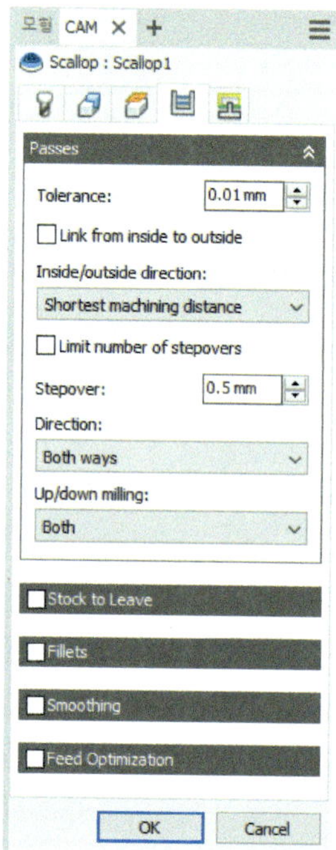

28.

좌측 캠 브라우저에서 각 가공 공정을 클릭하면 공구경로가 표시된다.

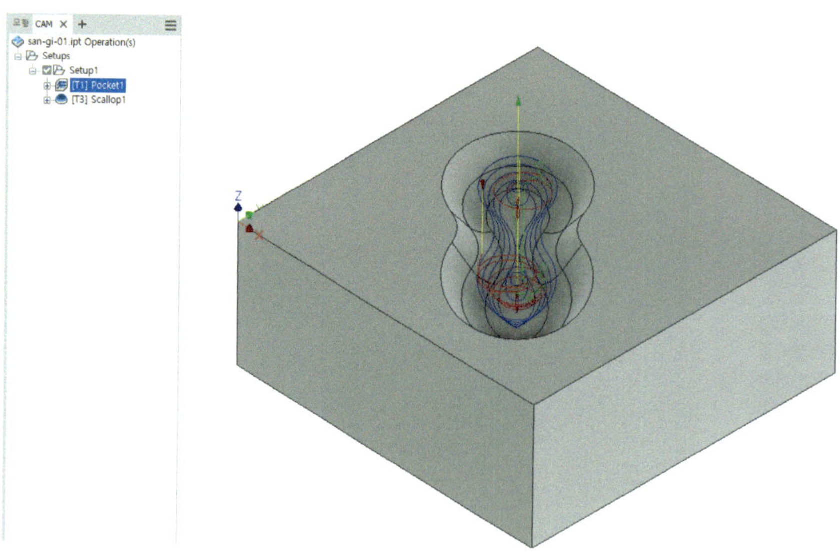

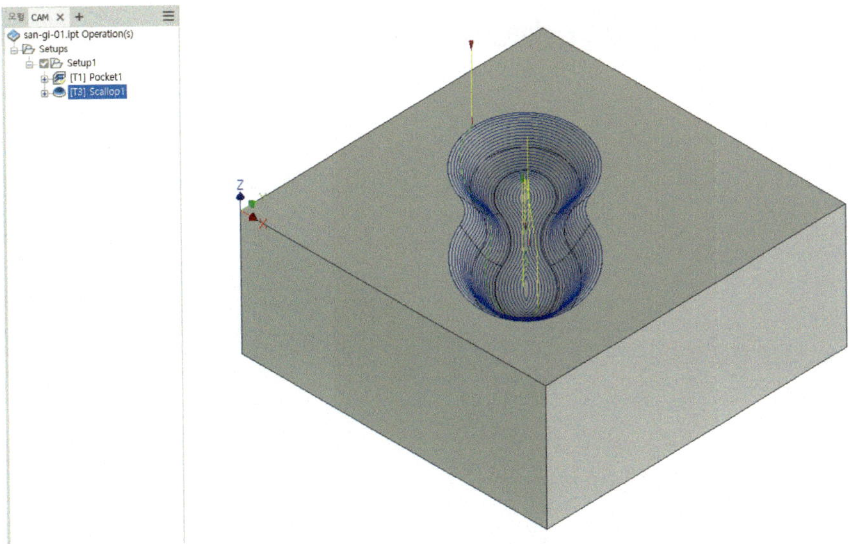

29.

STEP 11.을 참고하여 Simulate 명령으로 가공 시뮬레이션을 해보고 문제가 없으면 저장한다.

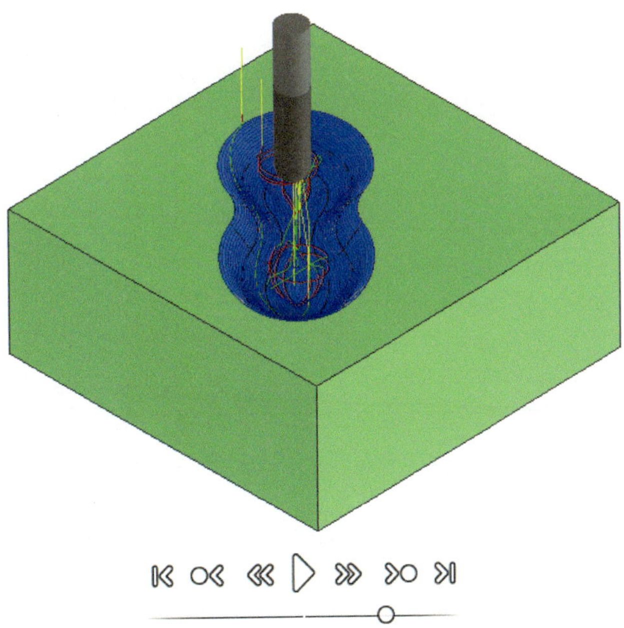

STEP 19 Autodesk HSM Edit(CIMCO)를 사용한 경로 검증(산업기사)

1.

STEP 12.를 참고하여 san-gi-01.nc를 생성한다. 생성되면 자동으로 Autodesk HSM Edit가 실행되면서 NC 코드 파일이 열린다.

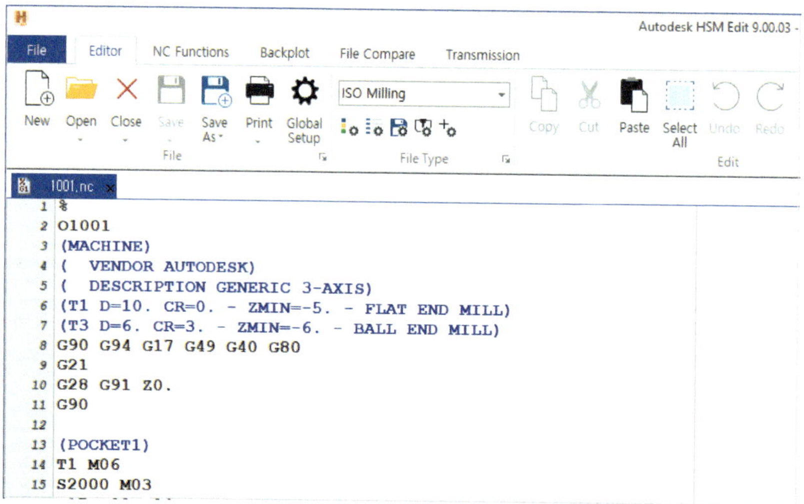

2.

작업 중의 편의를 위해 다음과 같이 주석 문을 넣는다(선택사항임).
(70*70*T30—70*70*T28)

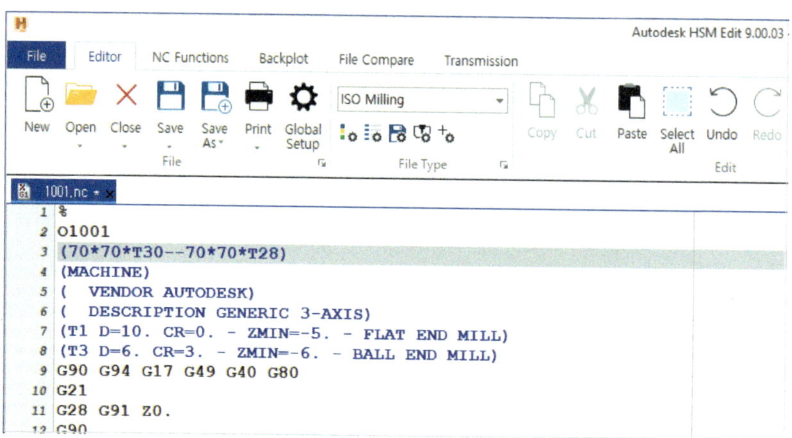

3.

리본 〉 Editor 〉 File Type 〉 File Type에 ISO Milling인지 확인하고 Backplot 탭으로 넘어간다.

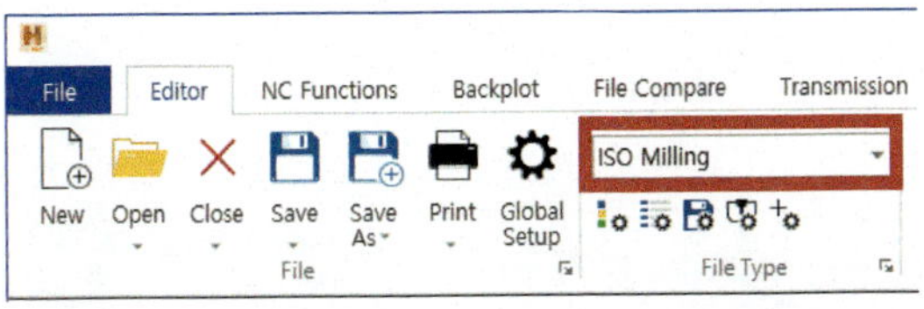

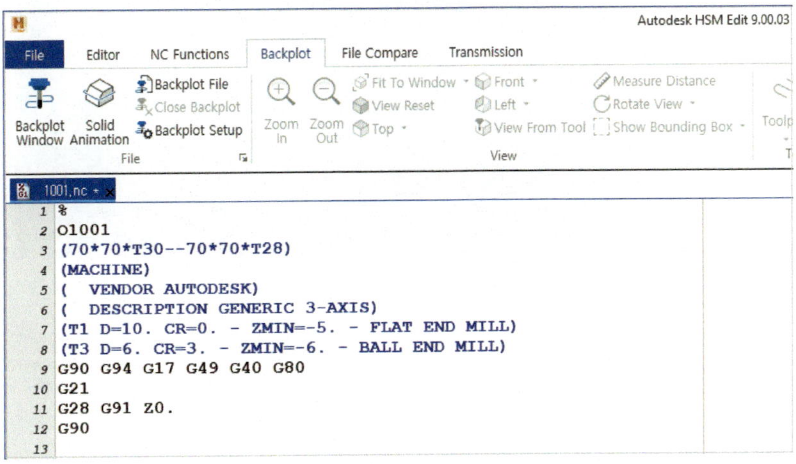

4.

File 패널의 Backplot Window 명령을 선택하여 전체 공구경로를 확인한 다음 Solid Animation 명령을 클릭한다.

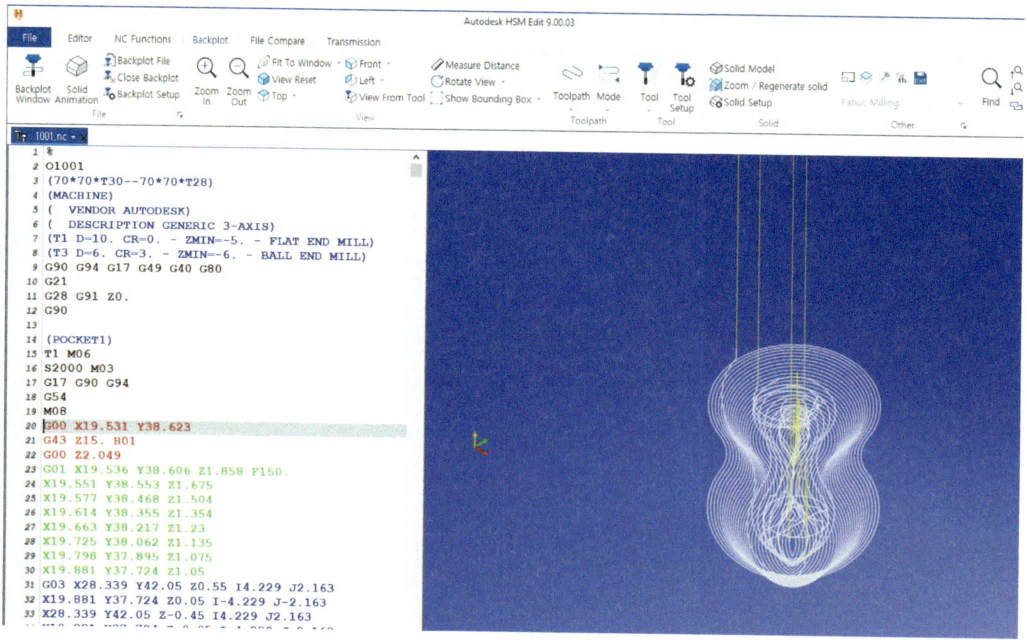

Solid
Animation

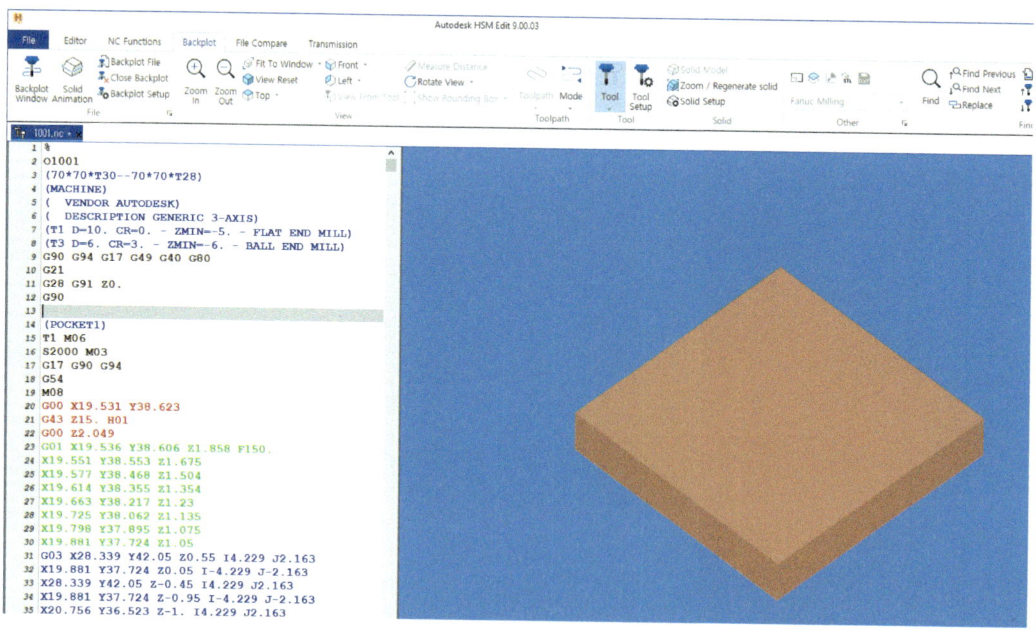

5.

Tool 패널의 Tool Setup 명령을 클릭한다. Tool Setup 대화상자가 나타난다. 아래와 같이 세팅한 다음 [OK] 버튼을 누른다.

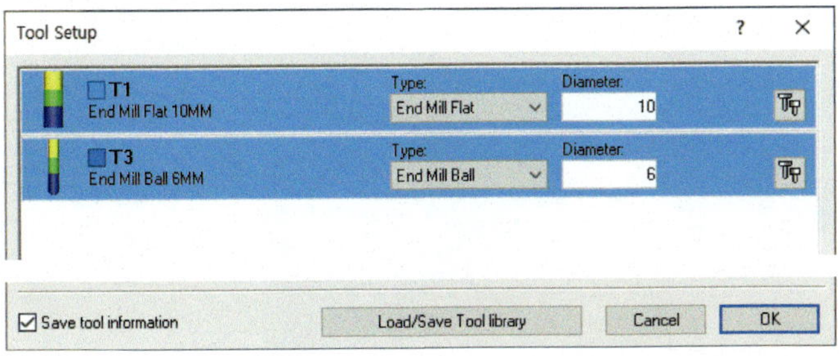

6.

Solid 패널의 Solid Setup 명령을 실행하면 Solid Setup 대화상자가 나타난다. 아래와 같이 설정하고 [OK] 버튼을 누른다.

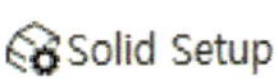

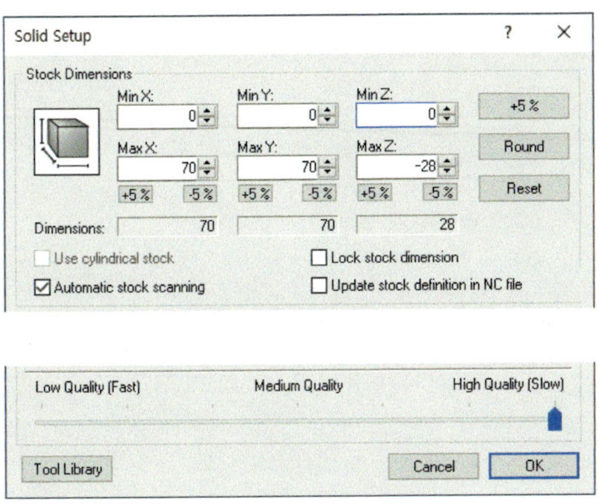

7.

우측 하단의 Start / stop simulation 버튼(▶)을 누르면 시뮬레이션이 시작된다. 세부적인 치수가 맞는지는 인벤터의 검사 탭의 측정 패널에 있는 측정 명령을 사용하여 체크한다.

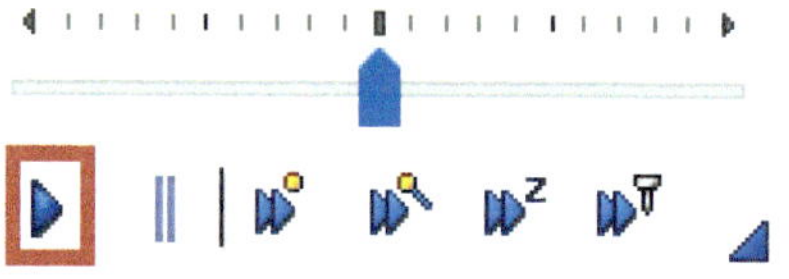

참고문헌

- CATIA CAD/CAM 혼자하기 (2023, 복두출판사)
- CNC 선반/범용선반 가공 혼자하기 (2023, 복두출판사)
- 인벤터로 3D모델링 혼자하기 (2024, 복두출판사)
- FANUC Series 0i-MODEL D Operator Manual (운용 매뉴얼)
- GV-CNC 사용자 매뉴얼 ㈜ 큐빅테크)
- Autodesk Inventor CAM Help
  https://help.autodesk.com/view/INVCAM/2020/ENU/
- 위키피디아 영문판
  https://en.wikipedia.org/wiki/Autodesk
  https://en.wikipedia.org/wiki/G-code
- Autodesk' s Integrated Manufacturing Solutions
  https://www.engineering.com/autodesks-integrated-manufacturing-solutions/
- CIMCO A/S
  https://www.linkedin.com/company/cimco-a-s

저자와의
협의에 의해
인지 생략

인벤터 캠 혼자하기

1판 1쇄 2024년 9월 10일

저 자	추원철 / 권대규 / 황철웅 / 장재현
발행인	송광헌
발행처	복두출판사
주 소	서울특별시 영등포구 경인로82길 3-4 센터플러스 807호 (우) 07371
전 화	02-2164-2580
FAX	02-2164-2584
등 록	1993. 11. 22. 제 10-902 호

정가 : 29,000원

ISBN : 979-11-6675-541-5 93550

한국과학기술출판협회 회원사